刑事诉讼条件论

XINGSHI SUSONG
TIAOJIANLUN

王一超　著

法律出版社
LAW PRESS · CHINA
北京

图书在版编目(CIP)数据

刑事诉讼条件论 / 王一超著. -- 北京 : 法律出版社, 2023
ISBN 978-7-5197-7715-9

Ⅰ. ①刑… Ⅱ. ①王… Ⅲ. ①刑事诉讼-研究-中国
Ⅳ. ①D925.213.4

中国国家版本馆 CIP 数据核字(2023)第048305号

刑事诉讼条件论
XINGSHI SUSONG TIAOJIAN LUN

王一超 著

策划编辑 李沂蔚
责任编辑 李沂蔚
装帧设计 鲍龙卉

出版发行 法律出版社
编辑统筹 法律应用出版分社
责任校对 晁明慧
责任印制 刘晓伟
经　　销 新华书店

开本 A5
印张 8.875　　**字数** 263千
版本 2023年4月第1版
印次 2023年4月第1次印刷
印刷 唐山玺诚印务有限公司

地址:北京市丰台区莲花池西里7号(100073)
网址:www.lawpress.com.cn
投稿邮箱:info@lawpress.com.cn
举报盗版邮箱:jbwq@lawpress.com.cn
销售电话:010-83938349
客服电话:010-83938350
咨询电话:010-63939796

书号:ISBN 978-7-5197-7715-9
定价:48.00元
凡购买本社图书,如有印装错误,我社负责退换。电话:010-83938349

序　言

年少时，见店家打烊，常有一个节目是上窗板。窗板都是老旧木板，有多块，每块都是编着号码的，以便上窗板时对齐整。那时看店员熟练安装窗板，觉得真有一种神奇之感。

多年后，徜徉在刑事诉讼法学研究领域，觉得有一些基本理论范畴，仿佛就是少年时见过的一块块紧密相连的窗板。

在这些“窗板”当中，怎能少了“诉讼条件”。

诉讼条件的法学知识，构成刑事诉讼理论的组成部分，与其他理论知识都具有不可或缺的重要性。遗憾的是，我国刑事诉讼法学研究多年来几乎遗忘了“诉讼条件”这一基本理论范畴。谓予不信，不妨随便翻开当下的一些刑事诉讼法学教材，可以发现，那里是难觅诉讼条件的踪影的。这与日本等国的刑事诉讼法学教材，大不相同。在我国，除了台湾地区刑事诉讼法学教材还能见到“诉讼条件”的阐述而有所不同之外，“诉讼条件”早已成为刑事诉讼法学研究和司法实践中的陌生概念。

究其原因，我国刑事诉讼法学研究中，基本理论范畴的体系没有很好建立起来，不免存在缺漏。刑事诉讼主体、刑事诉讼客体、刑事诉讼价值、刑事诉讼职能、刑事诉讼行为等基本理论范畴的研究，都有了较为深厚的学术研究成果的积累，但是，刑事诉讼条件却没有能够成为学术研究的热门话题,这块“窗板”被漏掉了。

由于这一缘故,当我们看到作者全面、系统、深入探讨诉讼条件的《刑事诉讼条件论》得以付梓,理应感到欣慰。

这本《刑事诉讼条件论》是国内少有的就刑事诉讼中的诉讼条件问题撰写的学术著作。诉讼条件是刑事诉讼基本理论范畴之一。这里提到的“诉讼条件”,也称为“诉讼要件”,概言之,指的是诉讼关系之成立及存续的必要条件。凡法律关系的发生,都需要具备一定条件,刑事诉讼法律关系也是如此。如本书作者中肯地指出:“诉讼条件是刑事诉讼的容许性条件,从整体上制约着国家机关发动并维持刑事追诉的正当性。欠缺诉讼条件,刑事诉讼应从根本上予以禁止。”诉讼条件有广狭两种含义,狭义的诉讼条件为起诉(或称追诉)条件,是刑事诉讼关系成立时的必要条件。易言之,是刑事案件起诉时必备的条件。广义的诉讼条件,是诉讼关系成立以及存续中的一切诉讼行为必须具备的条件,如法院对被告必须有审判权之类。诉讼条件的设定,是案件提起起诉的依循,决定了案件起诉的门槛,也决定了审判的质量,还决定了案件当事人能否早日从无谓的追诉程序中解脱出来。本书作者认为,诉讼条件对于抑制不当有罪判决、抑制不当实体审理与裁判、抑制不当公诉、抑制不当的刑事追诉等方面具有重要意义。

作者以刑事诉讼条件为学术研究的对象,可以说是对自己的一次挑战,此前国内相关研究不足,积累的研究资源不多,要立足于国内的研究资源阐发这一具有理论性的学术问题,难免有捉襟见肘之感。这就需要研究者能够将研究的视野拓宽,向域外学术资源中采集相关研究成果并加以消化、吸收,形成自己学术创见的灵感来源。从本书引用的丰富的域外资料看得出来,作者为完成这一扎实的学术作用,其用功之勤;从篇章结构设计以及丰满的文字内容,也可领略作者思考之广深,认识之深。本书不但为诉讼条件制度提供了理论诠释和学术指引,也为刑事诉讼理论的知识体系的完整性作出贡献,补上了我国刑事诉讼基本理论范畴的一个缺失的“窗板”。

多年来我的一个感觉是我国刑事诉讼法学尚未焕发出足够的理论魅力。刑事诉讼法学能否焕发理论魅力,与基础性理论的研究与应用的状况密切相关。多年来,我国刑事诉讼法学者在基础理论研究方面已经积累了不少研究成果,这是一个可喜的现象;不过,这些基础理论研究成果在在刑事诉讼法学的教学中很少被介绍，这些已经有的基础理论研究成果在学术研究中也很少得到应用，在立法过程与司法实践中更是实践转化不足，这就使刑事诉讼法学的理论魅力难以释放。在我看来，刑事诉讼法学理论研究成果的积累、传播与应用，是刑事诉讼法学理论魅力的源泉，因此，我对于本书的期待是，这部研究诉讼条件的专著，能够引起学界同人对该书主题与观点的兴趣，进而产生同一主题下更多的研究兴趣，使得多年来冷掉的“诉讼条件”这一基本理论范畴得到重新认识与重视，并成为刑事诉讼相关立法与实践之学术助力。

是为序。

摘　要

刑事诉讼是一个实体和程序相结合的过程，其中既存在实体法律关系，也存在诉讼法律关系。犯罪构成要件和诉讼条件分别是上述两类法律关系成立并有效的前提条件。在民事领域，当事人为实现实体权利既可以选择诉讼方式，也可以通过自力救济。与之不同，刑事诉讼是落实国家刑罚权的唯一途径。诉讼条件与国家诉权条件具有一致性，亦为宣告有罪的要件之一。诉讼法律关系与实体法律关系不同，具有动态发展的特征，体现为一种法律状态。因此，诉讼条件功能的发挥不限于某个时点，而是动态地及于整个诉讼。在“整体性”思维下，刑事诉讼包含实体形成、刑事追诉和程序三个面向。刑事追诉乃一媒介，将诉讼的实体面和程序面有机结合为一整体。诉讼条件是刑事诉讼的容许性条件，从整体上制约着国家机关发动并维持刑事追诉的正当性。欠缺诉讼条件，刑事诉讼应从根本上予以禁止。

刑事诉讼具有阶段性特征。研究诉讼条件，可以及早将被追诉人从无谓的追诉程序中解脱出来。在任何一个诉讼阶段，公检法机关均须依职权审查诉讼条件。诉讼条件的证明责任在控诉一方，只要不能排除欠缺的合理怀疑，就应视为其不具备。诉讼条件相对于案件事实具有相对优先审查的地位，如果发现欠缺诉讼条件且不可补正，原则上应当以形式“裁判”终止诉讼,而不再继续进行实体审查。根据《刑事诉讼法》第 16 条的规定,不同诉讼阶段终止诉讼的裁判处理方式分别为:不立案决定、撤销案件决定、不起诉决定、终止审理的裁定和无罪判决。

诉讼条件是一个集合性概念,包含众多具体的诉讼条件事由。各诉讼条件的理论基础不同,但均指向刑事诉讼程序的正当性根本。诉讼条件理论具有开放性特征,既包括诸如时效、赦免、管辖和告诉等的法定诉讼条件,也包括非法定的诉讼条件。以犯意诱发型诱惑侦查和诉讼迟延为例,比较法经验将其定位为非法定的诉讼条件,用以应对司法实践中出现的新型程序违法。目前人们较为熟悉的程序性制裁是非法证据排除,但这只是针对违法取证行为的个别修补,救济力度不足。相较而言,因欠缺诉讼条件而终止诉讼,是杜绝此类严重程序违法的釜底抽薪之举,可以为被追诉人提供最周全的救济保障。

目录

导言 被冷落的刑事诉讼条件

一、"诉讼条件"抑或"诉讼要件"?

本书所称"诉讼条件"乃"诉讼要件"在刑事诉讼领域的对应概念。民事诉讼领域使用"诉讼要件"已约定俗成,少有听闻"民事诉讼条件"的表述。单从词义来看,"要件"具有"重要条件"的含义,相较于"条件"一词,更有助于强调其对于刑事诉讼整体的重要意义。此外,从翻译角度而言,此概念对应的德文表述为 Prozessvoraussetzung,直译应为"诉讼要件"。基于上述原因,刑事诉讼研究中亦有学者称此概念为"刑事诉讼要件"。

无论采何表述,并无本质区别,只有使用习惯上的区分,不至于引发概念的混乱。不过笔者认为,刑事诉讼领域宜使用"诉讼条件"。一方面,追本溯源,此概念于民国时期引入中国时,最初表述即为"刑事诉讼条件"或"诉讼条件"。追溯至朝阳大学 1920 年的《刑事诉讼法讲义》,[1] 以及 1923 年年初版、1931 年再版的夏勤编著的《刑事诉讼法要论》,[2] 使用的都是"诉讼

---

〔1〕 参见朝阳大学编辑:《刑事诉讼法》,吴宏耀、种松志点校,中国政法大学出版社 2012 年版,点校说明、第 19 ~ 22 页。

〔2〕 参见夏勤:《刑事诉讼法要论》,郭恒点校,中国政法大学出版社 2012 年版,第 10 ~ 11 页。

条件”的表述。此后的相关研究多延续此一表述。偶有使用“刑事诉讼要件”的场合，也强调诉讼要件是诉讼条件的同义概念。例如，在戴修瓒原著，康焕栋修编的民国时期的刑事诉讼法教材中，虽称“诉讼要件”，但随后补充“亦称为诉讼条件”。[1] 再如，我国台湾地区的林钰雄教授在其教材中称：“诉讼要件，或称为诉讼条件或程序要件……”[2]另一方面，刑事诉讼条件虽晚出于民事诉讼要件，但毕竟与之有别。研究刑事诉讼条件，须借鉴民事诉讼领域的相关理论，但也不能忽视刑事诉讼本身的特殊要求。若均采用“诉讼要件”的表述，则必须冠以“刑事”或“民事”的限制，方可明确指称的对象。为了实现言词简洁，本文在讨论刑事诉讼领域时采用“诉讼条件”一词，用“诉讼要件”专指民事诉讼相关概念。

无论诉讼条件抑或诉讼要件，都是诉讼整体上的容许性条件。这一点在两大诉讼法领域都适用。民事诉讼领域的通说是将诉讼要件定义为实体判决要件。然而，刑事诉讼与民事诉讼不同，并非仅限于法庭诉讼，而是一个从立案到审判的线形过程。因此，有关实体判决要件的理解在刑事诉讼中并非最为妥当的诉讼条件定义。如果在诉之容许性条件的概念下理解诉讼条件，应将其定位为刑事追诉条件。诉讼条件在刑事诉讼的全过程都必须具备，是国家机关发动并维持刑事追诉的正当性前提。

二、为何要研究刑事诉讼条件

诉讼条件乃刑事诉讼法的基础理论问题。它作为刑事诉讼发生及发展的前提条件，直接关系到诉讼本身的正当性。如果欠缺诉讼条件，刑事诉讼便不被容许启动。然而，正是这个关系“能否”进行刑事诉讼的重大命题，在学界及实务界却备受冷落。缘何如此？笔者认为，其直接原因在于我国刑事诉讼理论尚嫌粗糙，更深层次的原因与我国长期以来“重实体、轻程序”的陋习有关。

近年来对于刑事诉讼程序问题的重视程度已有很大提升。特别是在2012年《刑事诉讼法》修订后，非法证据排除提到了前所未有的高度。但是必须清醒认识到，非法证据排除规定的推进只是在追求案件实体正确过

---

〔1〕 戴修瓒原著，康焕栋修编：《刑事诉讼法释义》，种松志、郭恒点校，中国政法大学出版社2012年版，第15页。根据校勘说明，《刑事诉讼法释义》于1936年首版，并于1937年修编；此次校勘依据的版本是1937年修编后再版的版本。

〔2〕 林钰雄：《刑事诉讼法》（上册），台北，元照出版社2010年版，第239页。

程中的一项附属产品。归根结底,诉讼中仍是“重实体”的思维在发挥作用。诸多冤假错案的曝光,直接刺激人们的是这些被告人事实上都是无辜者,由于刑讯逼供等非法取证手段充当了炮制冤案的元凶而间接进入人们的视野。我国的非法证据排除,主要侧重于证据,特别是言词证据的真实性,目的在于保障实体裁判结果的正确。从这个意义上讲,证据收集合法性的程序问题只是在实体“罪否”问题之下的次级问题,对于刑事程序的关注远未达到可以与实体问题分庭抗礼的程度。在此背景下研究刑事诉讼条件,具有如下理论和实践意义。

第一,强调诉讼条件具有扭转“重实体、轻程序”陋习,拓展审理内容的方法论意义。惩罚犯罪,保障人权,是刑事诉讼法的两大重要任务。这两项任务体现出刑事诉讼两方面的功能意义。一方面,“程序从一开始就是服务于这样一个任务,即导向内容上正义的决定”。〔1〕刑事诉讼的目的之一在于落实国家刑罚权,实现对犯罪的有效追诉。另一方面,刑罚权系通过,且只能通过刑事诉讼才能够得以实现。这种实现路径上的单一性意味着,刑事诉讼对于滥用国家权力侵害人权的行为具有阻却的程序意义。这种阻却意义在具体的诉讼行为上可以得到体现。例如,公安机关适用逮捕,不得自行决定,必须经由检察机关批捕;对于采取非法手段获取的证据应当予以排除;为了实现控辩双方的“武器平等”,被告人的辩护权必须得到保障,等等。然而,经由个别诉讼行为而发挥的阻却效果毕竟有限,只能影响到该诉讼行为所及的程序范围。刑事诉讼条件理论一改之前将刑事诉讼程序分割为若干个别诉讼行为的思路,将刑事诉讼作为一个整体,对于国家发动刑事诉讼本身的正当性进行审查。程序方面“能否”进行刑事诉讼的问题与实体方面的“罪否”问题共同构成了刑事诉讼审查的对象。对程序方面的诉讼条件审查不再附属于实体罪责问题,而是具有与实体平起平坐的独立地位。

第二,研究诉讼条件理论有助于理顺实定法中相关规定,使其回归应然的理论定位,实现实定法与法学理论的互动。诉讼条件从来都不是一个实定法概念,是学者们对实践中存在的若干具体事由进行的理论上的整

---

〔1〕［德］莱因荷德·齐佩利乌斯:《法哲学》,金振豹译,北京大学出版社2013年版,第89页。

合。《刑事诉讼法》第 16 条中关于"犯罪已过追诉时效期限的""依照刑法告诉才处理的犯罪,没有告诉或者撤回告诉的""犯罪嫌疑人、被告人死亡的"规定,都属于传统的诉讼条件事由范畴。在德国、日本以及我国台湾地区,以诉讼条件的理论概念对其予以统合。诉讼条件作为一个集合性的概念,具有类型化的功能意义;其所包含的若干诉讼条件具体事由,各自具有不同的制度功能。将这些具体事由整合为诉讼条件,抽象出诉讼条件的整体制度功能,并在此基础上考虑诉讼条件的开放性,进一步拓展具体的诉讼条件,是一个归纳并演绎的逻辑过程。正是在这个过程中,实定法与法学理论实现了良好的沟通融合,互为促进。尽管在德国、日本以及我国台湾地区,诉讼条件这一表述并未出现于实定法条文中,但在理论界与司法实务界早已深入人心,法院判决中运用诉讼条件理论的也不在少数。然而在我国大陆,学界对诉讼条件的漠视导致了实务部门对诉讼条件的陌生。立法和司法部门并没有认真考虑过欠缺诉讼条件应当进行怎样的程序处理。一旦遇到,倾向于通过行政化方式解决,将案件退回前一机关,而不是遵循司法化处理的思维模式。

第三,经由诉讼条件理论,可以整合实践中的程序性处理手段,开拓程序性制裁的思路,并有助于实现诉讼经济。程序性制裁乃剥夺程序性违法者通过违法所得的不正当利益,希望借此来倒逼其遵守法律所规定的诉讼程序。〔1〕 这是从国家作为执法者角度出发而使用的概念,对于被告人而言可以称为"程序性救济"。目前,刑事司法领域最常见的程序性制裁是非法证据排除,但这只是针对非法取证这一个别诉讼行为违法性的小修小补,面对更高程度的程序性违法无能为力。欠缺诉讼条件,国家发动刑事诉讼进行追诉因欠缺正当性而不被容许。这种"不容许性"及于刑事诉讼整体,不仅仅是某一具体诉讼行为,故无法通过补正等手段进行个别修复。因此,《刑事诉讼法》规定"不追究刑事责任,已经追究的应当撤销案件,或者不起诉,或者终止审理,或者宣告无罪"。其中"终止审理"的规定是 1996 年《刑事诉讼法》修改新增的内容,〔2〕可见彼时立法者已经认识到,刑

〔1〕 陈瑞华:《程序性制裁理论》(第 3 版),中国法制出版社 2017 年版,第 158 ~ 159 页。

〔2〕 参见吴宏耀、种松志主编:《中国刑事诉讼法百年》(中册),中国政法大学出版社 2012 年版,第 765 页。

事诉讼可以从实体和程序两个方面予以终结。侦查阶段撤销案件以及审查起诉阶段作出不起诉决定是在审前终结刑事诉讼的两种可选手段，二者均兼有实体与程序手段的特征。在法庭审理阶段，以有罪或无罪判决终结诉讼只是针对实体问题，出于程序方面的原因，应以“终止审理”的裁判方式终结诉讼。一方面，倘若欠缺诉讼条件可归责于国家，以撤销案件、不起诉、终止审理等方式当即终结刑事诉讼，而不对实体问题进行审查，是针对国家不法行为的一种程序性制裁手段。相对于非法证据排除更加彻底，也可以为遭受违法侵害的被追诉人提供更加周全的保障。另一方面，即使欠缺诉讼条件并非基于国家方面的原因，没有以程序性手段进行制裁的必要，因欠缺诉讼条件而终结诉讼也有助于实现诉讼经济。刑事诉讼因欠缺诉讼条件而不被容许，继续推进诉讼进行实体审查自然也是徒劳。阻却实体审查过程的同时也阻碍了最终实体判决结果的作出，如果任凭刑事诉讼按部就班进行到最终判决阶段，再以实体判决终结诉讼，无疑是在浪费诉讼资源。诉讼条件理论解决了这一问题，实践中有些案件没有必要进行实体审理，可以在程序上终止诉讼。以诉讼条件理论整合撤销案件、不起诉、终止审理等程序性处理手段，有利于节约有限的司法资源，实现诉讼经济。

第四，尽管当前刑事诉讼领域对于诉讼条件理论仍较为陌生，但民事诉讼要件的研究已经达到了一定的程度。截至目前，已有数篇博士论文以诉讼要件为题，〔1〕对诉讼要件的起源发展、理论基础、制度功能等问题进行了梳理研究。刑事诉讼与民事诉讼具有一定程度的共通性。“刑事诉讼具有像民事诉讼一样的形式，至少是一样的外表；它体现了双方的争端：刑事诉讼是在法律共同体，由一个公共机关所代表的国家和一个私人——被控告人之间的争端；民事诉讼则是两个私人——原告和被告之间的争端。”〔2〕刑事诉讼和民事诉讼本质上都是纠纷解决方式，民事诉讼领域的诉讼要件理论在刑事诉讼领域同样应当借鉴。例如，二者在历史起源及理论基础、对诉讼条件审查的顺序、裁判方式等方面呈现较大的同质性。诉

〔1〕 例如，参见冯珂：《民事诉讼要件理论研究——以德国法及理论为中心》，清华大学2014年博士学位论文；闫宾：《民事诉讼要件论》，西南政法大学2012年博士学位论文；孟涛：《民事诉讼要件理论研究》，重庆大学2009年博士学位论文。

〔2〕 [奥]凯尔森：《法与国家的一般理论》，沈宗灵译，中国大百科全书出版社2012年版，第139～140页。

讼要件的研究成果为学界对诉讼条件的研究提供了学习和借鉴的基础。

然而,两大诉讼毕竟存在本质区别,这仍然要求刑事诉讼法学者展开更有针对性的专门研究。例如,研究诉讼条件与诉讼要件的动机不同。对于诉讼条件理论之下若干具体问题的研究,刑事诉讼与民事诉讼的研究思路也大不相同,甚至针对同一问题会得出截然相反的结论。民事诉讼学界研究诉讼要件,主要是为解决实体判决的容许性问题。在我国的特殊环境下,通过区分起诉条件与诉讼要件,还可以纠正起诉标准高阶化,解决“起诉难”的问题。[1] 然而,这一研究动机只适用于刑事自诉案件,在刑事公诉领域显然不能成立。降低刑事诉讼起诉标准,会造成公诉权的滥用,不利于被追诉人的利益保护。研究刑事诉讼条件应旨在保护公民合法权益,避免国家滥行追诉。除了解决有罪判决合法性的问题之外,诉讼条件还应具有及早将被追诉人从无谓的诉讼程序中解脱出来的功能。因此,诉讼条件被赋以遏制公诉权滥用的功能期待,通过扩充诉讼条件的内容达到“抬高”公诉门槛的效果。[2] 也正是基于这种截然不同的研究动机,诉讼条件理论研究中出现了若干在民事诉讼领域未曾被关注的课题:诉讼条件的开放性、诉讼条件与刑事诉讼阶段的特殊关系,以及赦免和告诉等刑事诉讼特有的具体事由,等等。这就要求刑事诉讼领域另起炉灶,对于诉讼条件展开独立的、有针对性的专门研究。

---

〔1〕 参见张卫平:《起诉条件与实体判决要件》,载《法学研究》2004 年第 6 期,第 58 ~ 68 页。

〔2〕 参见龙宗智:《刑事公诉权与条件说》,载《人民检察》1999 年第 3 期,第 46 ~ 47 页。

第一章 诉讼条件的概念界定及主要类型

诉讼条件是什么？这是研究诉讼条件理论首先需要解答的问题。由于诉讼条件并非实定法明文规定的制度，而是将刑事诉讼法上若干具有共同特征的独立制度通过理论研究体系化的结果，因此，没有一个公认的关于诉讼条件的法律定义，只存在学理定义。民事诉讼领域对于诉讼要件的定义经历了诉讼法律关系成立要件说、实体审理开始要件说，目前达成的共识是实体判决要件说或诉之容许性要件说。诉讼条件作为诉讼要件理论在刑事诉讼领域的表达，其定义是在继承诉讼要件定义的基础之上不断发展的。日本学者在前述定义的基础上，发展出了公诉有效条件说。此定义的提出乃一个转折点，是学者们结合刑事诉讼的特点，为诉讼条件“量身打造”的定义。自此，诉讼条件不再附属于诉讼要件，而是成为一个独立的研究课题。公诉有效条件说为诉讼条件理论的发展明确了方向：应以刑事诉讼独有的视角观察诉讼条件。刑事诉讼与民事诉讼的一个重要区别在于诉讼的阶段性。这意味着在刑事诉讼领域，诉之容许性条件与实体判决要件不可能等同适用。如果将诉讼条件理解为诉讼整体的容许性条件，那么定义诉讼条件就不应囿于法庭审判。然而，公诉有效条件说只是将视野从庭审过程提前至庭审启动之时,无法涵盖整个审前阶段,本质上来看并没有完全跳出法庭刑诉的理解。可见,公诉有效条件说仍然具有其局限性。笔者认为,对于诉讼条件的研究不仅应跳出法庭刑诉的窠臼,还必须着眼于整个线形的诉讼过程,结合刑事诉讼的阶段性特征,实现向诉之容许性条件的回归。

一、诉讼条件的定义

(一)诉讼法律关系成立要件

诉讼要件在诞生之初被定义为诉讼法律关系的成立要件。彪罗(Bülow)在创立诉讼法律关系说的同时提出了诉讼要件的概念。长期以来,诉讼被视为是若干诉讼行为的集合,彪罗将诉讼从整体上视为一种诉讼法律关系。他认为法院与当事人之间存在一种具有公法性质的诉讼法律关系,与民事诉讼当事人之间存在的实体上的私法关系相区别,诉讼法律关系成立是法院审理实体法律关系的前提,诉讼法律关系和双方当事人之间的实体法律关系同为诉讼审理的材料。诉讼法律关系的成立需要依附于特定的条件,此即诉讼要件。欠缺诉讼要件将阻碍诉讼的开始。〔1〕 诉讼审理划分为两个阶段:第一阶段的任务是判断诉讼要件是否具备,即法院与当事人之间的诉讼法律关系是否成立;之后再进入第二阶段,对双方当事人之间的实体法律关系进行审理。〔2〕 将诉讼要件定义为诉讼法律关系成立要件的理论特别强调诉讼要件在诉讼入口的把关作用,只有具备了诉讼要件,法院才可以进一步对当事人之间的实体争议进行审查。

诉讼法律关系成立要件的定义源自彪罗对诉讼的两阶段划分,并强调诉讼要件的优先审理地位。彪罗的理论乃受到罗马法的启发。在法定诉讼、程式诉讼时期,罗马法的诉讼程序分为法律审理和事实审理两个阶段。案件需要首先经由司法官进行法律审理并明确争执所在,然后才能由双方当事人选定的承审员进行事实审理。法律审理和事实审理之

---

〔1〕 Vgl. *Oskar Bülow*, Die Lehre von den Proceßeinreden und die Proceßvoraussetzungen, Verlag Roth Gießen 1868, S. 5f.

〔2〕 参见孟涛、潘水良:《论标罗诉讼要件理论的创立》,载《政治与法律》2008 年第 5 期,第 158 页。

间以证讼(*litis contestatio*)[1]步骤连接。证讼的效力在于确定诉讼成立。[2] 经过证讼,原告取得由承审员判处被告的权利;原告的诉权也随之消灭,根据“一事不二讼”原则,证讼后原告不得对同一问题凭原诉权再行起诉。[3] 彪罗将罗马法中的法律审理程序理解为是确认诉讼法律关系是否成立的过程,只有经过证讼程序确认该诉讼法律关系成立,案件方可进入事实审理程序。法律审理的对象就是诉讼法律关系成立的前提条件,即诉讼要件。在罗马诉讼、日耳曼诉讼和普通诉讼历史上,都曾有过对诉讼程序的阶段划分:罗马诉讼区分事实审程序和法律审程序;日耳曼诉讼在实体审理之前有一“准备程序”,需要对被告是否具有答辩义务进行审理;普通诉讼上仍然存在上述准备程序,只是其不再先行于主程序,而是与主程序并行。彪罗主张应当回归具有时间上先后顺序的诉讼阶段划分,[4]将审查诉讼要件的程序置于审理实体内容的程序前面。

在上述理解中,诉讼法律关系并非成立于当事人提起诉讼之时,而是成立于连接法律审理和事实审理的证讼之时。然而,现代诉讼法理论的基本共识是将起诉作为诉讼法律关系的成立时点,案件一经起诉便系属于法院。法律审理是诉讼的一个阶段,即使经过法律审理认为原告不享有诉权,不得继续进行实体事实的审理,诉讼法律关系也已经成立。据此,法院是在诉讼过程中对诉讼要件进行裁判的,即使欠缺诉讼要件,诉讼也可以进行,诉讼要件本身就是诉讼的对象。尽管彪罗的诉讼法律关系说普遍得到承认,但是他将诉讼要件定义为诉讼法律关系成立要件的理论却因为割裂了诉讼与诉讼对象的联系而备受攻击。彪罗在他之后的研究中修正了自己早期的观点。他承认起诉就可以使诉讼法律关系成立,但没有抛弃诉讼要件与诉讼法律关系之间的联系。彪罗引入实体法中的法律关系有效要件理论,将诉讼要件修正为诉讼法律关系的有效要件,并继续坚持诉讼

---

〔1〕 证讼意为证实讼争。参见齐云:《论罗马民事诉讼法上的证讼》,载《比较法研究》2015年第2期,第3页。

〔2〕 周枏:《罗马法提要》,北京大学出版社2008年版,第153页。

〔3〕 周枏:《罗马法提要》,北京大学出版社2008年版,第160~161页。

〔4〕 Vgl. *Oskar Bülow*, Die Lehre von den Proceßeinreden und die Proceßvoraussetzungen, Verlag Roth Gießen 1868, S. 7f.

要件的审理应当优先于本案审理。[1]

(二)实体审理开始要件

既然诉讼要件也是诉讼审理的内容之一,那么诉讼要件便不会是诉讼成立的前提条件,而只能是诉讼过程中对某些内容进行审理的前提条件。在诉讼审理的两阶段构造思路下,欠缺诉讼要件,不得对实体事实进行审理。因此,诉讼要件是案件的实体审理开始要件。该定义与特定的历史背景有关:虽然德国诉讼法理论界与实务界目前已经普遍接受了诉讼要件,但立法早期并未采用诉讼要件的概念表述,而是采用诉讼抗辩概念,并接受了诉讼审理的阶段划分思路。对于诉讼要件的定义是经由立法有关诉讼抗辩的理解改造而来的。

诉讼要件从其诞生之初是作为诉讼抗辩的替代物而存在的。罗马法中的抗辩概念区分为永久抗辩和迟延抗辩。永久抗辩是纯粹的实体法类型抗辩权,迟延抗辩权又区分为基于实体法的抗辩和基于诉讼法的抗辩。迟延抗辩原则上应在证讼之前提出,永久抗辩可以在事实审程序中提出,后来甚至可以在上诉审中提出。永久抗辩权同与实体法相关的迟延抗辩权共同构成了实体法类型的抗辩权;诉讼抗辩权只存在于迟延抗辩权中。彪罗的诉讼要件理论主张推翻以往关于抗辩的理解,将诉讼抗辩从中抽离出来,以诉讼要件代替之。彪罗认为所谓的诉讼抗辩权,不过是消极形式表述下的诉讼要件而已。[2] 诉讼法律关系乃公法关系,作为诉讼抗辩权对象的程序事项应依照职权进行审查,而抗辩则需要由被告申请才可能被受理,仅在例外情况下才可依职权审查,[3]这与诉讼要件的公法性质是相矛盾的。因此,应当废除"诉讼抗辩权",由"诉讼要件"取而代之。

然而,德国1877年的民事诉讼法并没有采纳上述观点,而是继续沿用抗辩的立场对待诉讼要件问题,将诉讼要件事由规定在"诉讼妨碍抗辩"(Prozeßhindernde Einreden)的概念之下。立法采纳了诉讼抗辩需要在实体

---

〔1〕 Vgl. *Oskar Bülow*, Prozeßrechtswissenschaft, 1900, S. 230 ff. 转引自冯珂:《民事诉讼要件理论研究——以德国法及理论为中心》,清华大学2014年博士学位论文,第90页。

〔2〕 Vgl. *Oskar Bülow*, Die Lehre von den Proceßeinreden und die Proceßvoraussetzungen, Verlag Roth Gießen 1868, S. 13.

〔3〕 Vgl. *Max Kaser*, Das Römische Zivilprozessrecht, Verlag C. H. Beck München 1996, S. 261.

审理之前提出的见解，要求原则上须在口头辩论开始之前提出，允许被告基于诉讼妨碍抗辩而拒绝对本案辩论并启动分离辩论程序。此规定一出，本案辩论拒绝权被频繁援引，造成了严重的诉讼拖延问题。1924 年《德国民事诉讼法》修正，废除了被告的本案辩论拒绝权，是否启动分离辩论程序由法官裁量决定。但是此次修法依旧保留了"诉讼妨碍抗辩"的概念，如果法官决定启动分离辩论程序，对有关诉讼要件的抗辩问题仍应在辩论程序之前解决。上述规定限制了诉讼妨碍抗辩提出的时间，实际上就是将诉讼要件作为法院开始进行实体审理的前提条件。

实体审理开始要件说与诉讼法律关系成立要件都强调诉讼的两阶段划分，认为对诉讼要件的审理应当优先于实体问题的审理。实体审理开始要件说与彪罗修正后的诉讼要件定义也有着相当的关联性。[1] 然而，该说因为强调诉讼要件在实体审理入口的把关作用而受到批判。立法允许在例外情况下，可以在辩论开始之后对某些诉讼妨碍抗辩（诉讼要件）事由提出主张，实体审理开始要件的定义在此问题上无法自圆其说。是故，该定义并未成为理论上的通说，只是实体判决要件说发展历程中的一个过渡阶段。[2] 尽管如此，该说所蕴含的诉讼条件具有阻却不当实体审理的功能定位，具有积极的意义，这一点在后续的实体判决要件说中亦得到了坚持。

（三）实体判决要件

实体判决要件说将诉讼要件的作用点由起点转变为终点，巧妙回避了诉讼法律关系成立要件说和实体审理开始要件说可能遭遇的尴尬。诉讼要件作为诉讼审理的内容之一，只有在诉讼的过程当中才能发挥作用，显然不能成为诉讼成立的前提条件。在诉讼两阶段划分式微的背景下，将诉讼要件定义为实体审理的前提条件，也无法适应司法实践。对于诉讼要件的定义应当特别关注其在制约诉讼程序结果方面的意义，实体判决要件说应运而生。诉讼由一系列诉讼行为构成，所有的诉讼行为都共同指向一个目标——判决。诉讼作为一种当事人与法院之间的权利义务关系，也是以

---

〔1〕 参见闫宾：《民事诉讼要件论》，西南政法大学 2012 年博士学位论文，第 30 页。

〔2〕 冯珂：《民事诉讼要件理论研究——以德国法及理论为中心》，清华大学 2014 年博士学位论文，第 91 页。

实体判决为目标的。欠缺诉讼要件,实体判决的目标无法达成。因此,诉讼要件应当定义为实体判决要件。实体判决要件说的代表人物是哥德施密特(Goldschmidt),他提出了诉讼法律状态说,认为诉讼乃一法律状态,是一个以既判力为终点的动态过程。在此过程中若欠缺诉讼要件,诉讼系属仍然发生,只是阻碍最终既判力的实现,不得作出具有既判力的实体判决。因此,诉讼要件乃实体裁判要件。[1] 但只要不作出实体判决,就没有必要考虑是否欠缺诉讼要件。例如,以诉讼和解终止诉讼就不要求具备诉讼要件。这又从反面论证了诉讼要件仅在作出实体判决时才有意义。[2] 实体判决要件说还与本案判决请求说的诉权理论相适应。对于欠缺诉讼要件的案件,由于诉讼已经在起诉时系属于法院,因此法院必须以某种形式终止诉讼。欠缺诉讼要件意味着诉权要件无法满足。当事人不享有诉权,就不得要求法院作出实体判决,法院也没有义务对当事人的实体请求有无理由作出裁判,可以形式裁判驳回诉。

实体判决要件说将对诉讼要件的理解从诉讼阶段划分的思维下解放出来,与诉讼审理的二元复式结构相适应。[3] 诉讼要件事项和实体争议事项都是诉讼的审理对象,但诉讼要件事项并不具有绝对先于实体问题进行审理的优先地位,其优先性仅是针对法院要作出实体判决而言的。法院不必要僵化地优先审理诉讼要件事项,可以基于便宜原则对实体和程序内容一并审查,诉讼要件的一时欠缺不必然妨碍法院对案件实体内容的审理,只要在将要作出实体判决之前确定具备诉讼要件即可。诉讼是一个动态发展的过程,原本具备的诉讼要件可能在之后的诉讼过程中欠缺,原本欠缺的诉讼要件也可能经由补正而具备。对于是否具备诉讼要件的审查只能够反映当下的状态,并不是一劳永逸的。如果将其作为开始实体审理的前提条件,是否进行实体审理就可能处于不确定的状态。因此,从诉讼的结果意义上定义诉讼要件更具合理性。

---

〔1〕 Vgl. *Goldschmidt*, Der Prozess als Rechtslage. Eine Kritik des prozessualen Denkens, Verlag von Julius Springer · Berlin 1925, S. 364 ff.

〔2〕 Vgl. *Goldschmidt*, Der Prozess als Rechtslage. Eine Kritik des prozessualen Denkens, Verlag von Julius Springer · Berlin 1925, S. 4f.

〔3〕 关于诉讼审理的二元复式构造,参见张卫平:《起诉条件与实体判决要件》,载《法学研究》2004 年第 6 期,第 62 ~ 64 页。

实体判决要件说不仅是民事诉讼领域关于诉讼要件的主流观点,在刑事诉讼领域也同样有着重要的影响力。1885 年,冯·克里斯(Von Kries)经《帝国刑事诉讼法中的诉讼条件》一文将诉讼条件的概念引入刑事诉讼领域后[1],德国有关刑事诉讼条件的研究在承继民事诉讼要件研究成果的基础上,得到了很大的发展。刑事诉讼学者将刑事诉讼视为一个整体,从诉讼目的的角度来把握诉讼条件的本质,并在此基础上发展出了刑事诉讼领域的实体判决要件说。例如,艾博哈德·施密特(Eberhard Schmidt)认为,如果将实体判决可能性理解为是刑事诉讼的目的,认为其在刑事诉讼全过程中有着特殊的意义,则诉讼条件可以理解为"实体判决要件"。[2]

然而,实体判决要件说同样也面临着挑战。根据该说,如果经过审查认为欠缺诉讼要件,无法作出实体裁判,但由于案件已经系属于法院,因此需要以其他形式对已经成立的诉讼法律关系作一了断。这就需要以形式裁判的方式终结诉讼。但这看似清晰明白的逻辑关系在刑事诉讼的实际操作中却变得复杂。其一,刑事诉讼中的实体判决分为有罪判决和无罪判决。作出有罪判决必须满足诉讼条件的要求,自不待言。无罪判决是否也必须以满足诉讼条件为前提?既然不需要优先审理诉讼条件,如果在审理过程中先发现被告人无罪,是否仍需要继续审查诉讼条件且必须作出形式裁判?其二,如果审理发现既欠缺诉讼条件,被告人也不构成犯罪,如何处理形式裁判与实体裁判的竞合问题?其三,按照传统的观点,只有实体判决有既判力,形式裁判不具有既判力。然而,诉讼条件所包含的事由十分繁杂,不同的诉讼条件事由,其特性也不同,如果"一刀切"地认为刑事诉讼中的形式裁判均无既判力,是否会过于绝对,导致无法实现对被追诉人的有效保护?可见,刑事诉讼领域对诉讼条件的理解至少还需要能够对上述问题予以回应。

(四)公诉有效条件

公诉有效条件说是专门适用于刑事诉讼领域的诉讼条件定义。根据该说,欠缺诉讼条件,提起公诉行为无效,法官自然也不得继续对案件进行实体审判。公诉有效条件说是日本的主流观点。日本学者早期承继德国

---

〔1〕 参见郑华合:《诉讼条件之研究——以刑事诉讼为范围》,台湾政治大学法律学研究所 1998 年硕士学位论文,第 16 页注 16。

〔2〕 参见郑华合:《诉讼条件之研究——以刑事诉讼为范围》,台湾政治大学法律学研究所 1998 年硕士学位论文,第 24 ~26 页。

诉讼法的观点,将诉讼条件理解为实体审判条件。然而,随着日本刑事诉讼模式从职权主义向当事人主义的转变,日本学者在诉讼条件的机制功能方面进行了大胆的改造,将对诉讼条件的理解从实体裁判条件发展为公诉有效条件。团藤重光认为,刑事诉讼因提起公诉而产生,对于全体诉讼程序之诉讼的判断可以转化为对于提起公诉这一诉讼行为的判断。〔1〕平野龙一认为诉讼具有重叠构造的特征,诉讼条件是在职权主义下从法官角度进行解读的理论,设立诉讼条件事由的基础只在于实现公益保护目的;在当事人主义下,应当转换视角,若从检察官立场进行观察,则可与公诉权理论相结合,关注诉讼条件作为起诉条件的个性特点。如此一来,公诉权理论消解于诉讼条件中,公诉之有效要件即诉讼条件。〔2〕田宫裕将起诉条件、实体审理条件和实体判决条件均放在诉讼条件之内观察,〔3〕特别强调诉讼条件中的抑制公诉功能,如果缺少起诉条件,法官既不能进行实体审理也不能进行实体判决,因此,只要论及公诉条件,就意味着从整体上把握了诉讼条件。

公诉有效条件说的提出及发展与日本司法实务中出现的公诉权滥用问题有关。学者为追求公诉权行使的妥当性,将公诉权理论与诉讼条件理论结合,通过公诉有效条件说强调诉讼条件对于检察机关不当公诉的抑制作用。根据《日本刑事诉讼法》第338、339条〔4〕的规定,如果欠缺诉讼条

---

〔1〕参见[日]团藤重光:《诉讼状态与诉讼行为》,弘文堂昭和二十五年版,第18页。转引自郑华合:《诉讼条件之研究——以刑事诉讼为范围》,台湾政治大学法律学研究所1998年硕士学位论文,第39页。

〔2〕参见[日]平野龙一:《刑事诉讼法》,有斐阁1958年版,第145页以下。转引自郑华合:《诉讼条件之研究——以刑事诉讼为范围》,台湾政治大学法律学研究所1998年硕士学位论文,第39页。

〔3〕参见[日]田口守一:《刑事诉讼法》(第7版),张凌、于秀峰译,法律出版社2019年版,第239页。

〔4〕《日本刑事诉讼法》第338条规定:"在下列场合,应当以判决宣告公诉不受理:一、对被告人没有审判权时;二、违反第340条的规定而提起公诉时;三、已经提起公诉的案件,又在同一法院重新提起公诉时;四、由于提起公诉的程序违反规定而无效时。"第339条规定:"在下列场合,应当以裁定宣告公诉不受理:一、依照第271条第2款的规定,公诉的提起已经失效时;二、起诉书记载的事实虽属真实,但不包含任何可以构成犯罪的事实时;三、撤回公诉时;四、被告人死亡或者作为被告人的法人已不继续存在时;五、依照第10条或者第11条不得审判时。对前款的裁定,可以提起即时抗告。"本文中有关日本刑事诉讼法的条文,参见《世界各国刑事诉讼法·亚洲卷》,中国检察出版社2016年版。

件,法官应作出“公诉不受理”的裁判,这不仅排除了法官对案件实体审理及裁判的可能性,而且也是对检察机关的不当公诉行为主动作出的负面法律评价,有着程序性制裁的意味。为了避免来自法官的否定评价,检察机关需要通过诉讼条件自我检视公诉行为的妥当性,自行抑制不当公诉的提起。如此一来,公诉有效条件说可以激发检察机关履行客观义务,对于侦查行为的合法性进行审查,排除依据违法侦查而作出的起诉决定。日本公诉条件理论的发展与辩护实务中的公诉权滥用问题相结合,拓展了诉讼条件的具体事由,这就又为诉讼条件的开放性研究预留出了空间。根据日本的公诉权滥用理论,公诉权滥用包括三种情形:一为没有嫌疑而起诉;二为超越起诉裁量权而起诉;三为基于违法侦查作出的起诉。〔1〕针对上述情形,学界主张在法定诉讼条件之外,开放性地设立非典型的诉讼条件,并以缺乏非典型的诉讼条件为理由来结束诉讼程序。〔2〕例如,如果诱惑侦查行为的违法性达到了极为严重的程度,以至于不允许进行诉讼程序,就应当以不起诉终结诉讼。〔3〕

诉讼条件是将诉讼作为一个整体而得出的概念,而公诉只是其中的一个诉讼行为,将诉讼条件解读为公诉有效条件,经历了一次概念上的转化,这背后可能隐含着对于刑事领域中“诉讼”的不同理解。其一,如果将提起公诉行为视为是刑事诉讼的起点,那么公诉有效条件说其实是诉讼成立有效条件说在刑事诉讼领域的另一种表述。然而,对于刑事诉讼的此种理解有将刑事诉讼窄化为“法庭刑诉”之嫌。刑事诉讼具有特殊性,尽管审判程序符合“诉讼”之名,将其置于中心地位来讨论并无不妥,但是刑事诉讼实际功能的发挥并不仅限于法庭上的诉讼活动,刑事诉讼各个诉讼阶段都与

---

〔1〕参见[日]土本武司:《日本刑事诉讼法要义》,董璠舆、宋英辉译,台北,五南图书出版公司1997年版,第180页。

〔2〕土本武司反对公诉权滥用理论。他认为上述滥用公诉权的情形无需借助非典型的诉讼条件,完全可以通过无罪判决、对违法公诉行为进行职务犯罪追诉,以及非法证据排除的途径予以克服。参见[日]土本武司:《日本刑事诉讼法要义》,董璠舆、宋英辉译,台北,五南图书出版公司1997年版,第180~182页。

〔3〕参见[日]田口守一:《刑事诉讼法》(第7版),张凌、于秀峰译,法律出版社2019年版,第246页。

审判阶段一样,有着各自独立的重要功能,[1]都是刑事诉讼的有机组成部分。因此,基于法庭刑诉理解之下的公诉有效条件说显然是存在问题的。其二,如果不是将公诉行为理解为刑事诉讼的起点,而是将其视为刑事诉讼整个程序中的关键步骤,则可以将公诉有效条件说理解为是诉之容许性要件说在刑事诉讼领域的一种改造。在诸多刑事诉讼行为中,公诉之提起最为特殊,它连接着审前阶段和审判阶段,具有刑事诉讼主轴之地位。[2]基于此,将对于刑事诉讼程序整体的判断转换为对公诉提起之诉讼行为的判断,公诉要件说在此基础上则具有一定的正当性。

相对于实体裁判要件说,公诉有效条件说将诉讼条件的作用时点提前了。诉讼是一个动态的过程,很多情况下诉讼条件的欠缺可以经由事后补正。若以法院作出实体裁判作为审查诉讼条件的时点,则可以为补正腾出时间。然而,刑事诉讼与民事诉讼不同,在法庭审理之前有长期的审前阶段,早已有机会对诉讼条件予以审查并补正。若在提起公诉时无法满足,而是留待法庭审理时再予以补正,补正的可能性已然大打折扣。基于此,将诉讼条件作为公诉有效条件,可以避免诉讼资源的浪费。此外,根据公诉有效条件说,判断诉讼条件是否存在以提起公诉时为准,若起诉时欠缺则驳回起诉,不允许对诉讼条件予以追补,还可以为被追诉人解除不必要的庭审负担。这一点才是公诉有效条件说更为重要的意义所在,也体现了在刑事诉讼领域这一特定语境下,公诉有效条件说相对于之前几种学说的进步之处。

然而,笔者认为,刑事诉讼中诉讼条件的作用时点还可以再进一步提前。试想一下,如果刑事诉讼法律关系已经成立,但是尚未进展到提起公诉的阶段,那么已然进行的诉讼过程因为无法与提起公诉之行为产生连接,就排斥了公诉有效条件说发挥作用的可能性。如此一来,在作为一个整体的刑事诉讼全过程中,公诉有效要件说的作用空间出现了空白,这显然是与诉讼条件理论的初衷相矛盾的。因此,刑事诉讼中的诉讼条件定义还有待进一步研究,应当回归诉之容许性要件的定义并对诉讼条件的功能

---

〔1〕 [日]土本武司:《日本刑事诉讼法要义》,董璠舆、宋英辉译,台北,五南图书出版公司1997年版,第1页。

〔2〕 参见郑华合:《诉讼条件之研究——以刑事诉讼为范围》,台湾政治大学法律学研究所1998年硕士学位论文,第81页。

重新予以定位。

(五)诉之容许性要件

诉之容许性要件说最初在民事诉讼领域内被提出。1976 年德国修改民事诉讼法,废除了“诉讼妨碍抗辩”的概念,使用了“涉及诉之容许性(Zulässigkeit)的责问”的概念。这体现了立法对于诉讼要件的立场:诉讼要件是诉之容许性要件。诉之容许性要件的定义强调诉讼条件对于诉讼整体上正当性的意义。这是诉讼要件概念从其诞生之初就一直肩负的使命。彪罗创立诉讼法律关系说的同时提出了诉讼要件的概念。该概念将诉讼要件与实体争议一并纳入诉讼审理的范围之内,将诉讼程序的正当性问题也置于司法审查的视野之中。这种理解与法治国思想的发展是分不开的,国家权力需要受到法的拘束。在诉讼中,不仅实体争议需要以法律规范为裁判标准,用于解决实体争议的司法途径本身也必须接受法律的规制。〔1〕诉讼程序的正当性是指诉讼活动能为当事人以及社会上一般人所承认、接受和信任的性质及其制度性过程,包括进入诉讼的正当性、诉讼过程的正当性以及诉讼结果的正当性三个方面。〔2〕诉讼程序具有合目的性和法安定性的价值,应当尽量导向结果正确的裁判,并保证裁判权的运行方式符合法律的规定。此外,法治国原则还要求国家权力运行本身的正当性,即启动诉讼程序用以解决实体纠纷这一行为本身是需要审查的。在这个意义上,诉讼条件作为诉之容许性要件就表现为诉讼法律关系的成立要件或有效要件。如果将诉讼的目的理解为实体审理并作出裁判,那么欠缺诉讼条件而导致的诉讼不被容许就体现为对前述目的的阻却,即可以将诉讼条件定义为实体审理开始要件或实体判决要件。在刑事诉讼领域,如果认为提起公诉的行为具有“牵一发而动全身”的统筹刑事诉讼整体的关键地位,那么诉讼不被容许就可以被解读为对此关键诉讼行为的阻却,即可以将诉讼条件定义为公诉有效条件。可见,诉之容许性要件说是一个开放的定义,可以将其他诉讼条件的定义包含在自身之内。

---

〔1〕 Vgl. *Hans Berg*, Zulässigkeitsvoraussetzungen in Zivilprozess. Jus, 1969, Heft. 3: 123, 125.

〔2〕 参见邵明:《现代民事诉讼基础理论:以现代正当程序和现代诉讼观为研究视角》,法律出版社 2011 年版,第 6～7 页。

也有学者将诉讼要件定义为诉之合法性要件,[1]其实质就是指诉之容许性要件,只是对德文 Zulässigkeit 的翻译不同所致。如果从习惯出发,"诉之合法性要件"作为一种约定俗成的表达并非完全不可接受,但是若为学术研究的精确性,使用"诉之容许性要件"的表述却更为恰当。一方面,Zulässigkeit 直译即为"容许性",而合法性却另有德文与其对应。另一方面,容许性具有许可、同意的意思,是一种主观上的评价;而合法性更侧重于表达符合实定法内容,是一种客观比对。合法性更适合在针对程序违法的场合使用。在对诉讼整体正当性的问题上更适宜使用容许性。[2] 笔者认为,学界与实务界长期以来习惯使用"合法性"来描述具体诉讼行为的适法问题。例如,面对以刑讯逼供取得的证据,我们会说取证行为不合法,应当适用非法证据排除。为表示区别,可以在将诉讼作为一个整体的场合使用容许性的表述。诉讼条件不同于个别诉讼行为的合法条件,它是将诉讼程序整体上作为观察的对象。诉之容许性要件的定义有助于突出诉讼条件在此方面的特殊性。特别是在刑事诉讼领域,学界与实务界虽然已经开始从单纯的"重实体"向关注程序问题转变,但目前仍主要着眼于个别的诉讼行为。非法证据排除规则容易让人"只见树木,不见森林",忽视取证行为背后的诉讼程序整体的正当性,启动并维持诉讼程序本身的容许性问题更是鲜有讨论。从这个角度而言,刑事诉讼理论研究需要从单纯关注个别诉讼行为的合法性向关注诉讼整体的容许性方向发展。

在民事诉讼领域,诉之容许性要件的定义没有动摇实体判决要件说的通说地位。两者从不同角度定义诉讼条件:诉之容许性要件侧重诉讼条件对于程序过程的意义,实体判决要件说侧重强调诉讼条件对程序结果的关注。[3] 由于实践中的大多数情况下,诉之容许性要件和实体判决要件均强调诉讼要件必须在本案实体判决作出之前具备,二者在民事诉讼领域常

---

〔1〕 例如,参见[德]汉斯-约阿希姆·穆泽拉克:《德国民事诉讼法基础教程》,周翠译,中国政法大学出版社2005年版,第70页。

〔2〕 关于"诉之容许性要件"的术语翻译,参见冯珂:《民事诉讼要件理论研究——以德国法及理论为中心》,清华大学2014年博士学位论文,第95~96页。

〔3〕 参见闫宾:《民事诉讼要件论》,西南政法大学2012年博士学位论文,第42页。

被同等使用。[1] 然而,两种定义的区别也是十分明显的。在涉及诉讼要件与本案事实的审理顺序问题上,诉之容许性要件说更容易抵制诉讼要件审理的优先性。实体判决要件说将诉讼条件的作用点置于“判决”,隐含着一种潜在的优先性思维;而诉之容许性要件的作用点在于“诉讼”,强调诉讼作为一个整体,其本身的正当性和必要性价值,更适合用于认识诉讼条件的本质。实体审理是作出实体判决的必经阶段,但却不是审查诉讼条件的必经阶段。在欠缺诉讼条件的场合,完全可能在实体审理之前,就以形式裁判终止诉讼,实体判决要件在此时未免有些力不能及。从这个意义上说,诉之容许性要件更加具有包容性,可以适应不同的诉讼可能性。[2]

诉讼条件作为诉讼的前提条件,对整个诉讼过程都适用。诉讼条件的审查也是诉讼的一部分。以审查诉讼条件的时间为界点,诉讼条件的波及范围不仅关乎自此之后的(*ex nunc*)、未来的诉讼程序,也影响到在此之前已经进行的诉讼程序的有效性。[3] 换句话说,诉讼条件关乎到诉讼整体的容许性,具有向后和向前的溯及效力。欠缺诉讼条件,实体审理不再继续进行并非实体审理要件的机能所致,而是诉之容许性要件发挥作用的结果。诉讼程序自始(*ex tunc*)不被容许,已经进行的诉讼程序也归于无效。欠缺诉讼条件,不仅不得作出实体判决,包括实体审理乃至证据调查在内的,朝向实体判决的一切诉讼行为也都是徒劳的。即使是在民事诉讼中,实体判决要件说相比之下也略显狭隘。诉之容许性要件的定义能够更好地体现出诉讼法律关系不同于实体法律关系的动态发展的特性。

在刑事诉讼中,诉之容许性要件定义的优势更加明显。刑事诉讼与民事诉讼不同,有明显的阶段性特征,刑事诉讼本身包含着法庭之外的审前阶段。公诉有效条件说的提出正体现了学者们对于刑事诉讼阶段性的初步关注。公诉有效条件说将视野从法庭审理阶段提前到了审前,以公诉之提起为媒介,将审前阶段和审判阶段连接在一起。然而,上述定义仍未将

---

〔1〕 冯珂:《民事诉讼要件理论研究——以德国法及理论为中心》,清华大学 2014 年博士学位论文,第 97 页。

〔2〕 参见冯珂:《民事诉讼要件理论研究——以德国法及理论为中心》,清华大学 2014 年博士学位论文,第 96 ~ 97 页。

〔3〕 Vgl. *Lutz Meyer-Goßner*, Prozessvoraussetzungen und Prozesshindernisse, Verlag C. H. Beck München 2011, S. 5.

诉讼条件的影响范围延展至整个刑事诉讼。虽然检察机关可以通过不起诉的方式对侦查过程中欠缺诉讼条件的情形予以把关,但是在漫长的侦查过程中,诉讼条件发挥作用的空间非常有限。无论是诉讼法律关系成立要件说、实体审理要件说、实体判决要件说还是公诉有效条件说,都是将诉讼条件落实到一个具体的时点,是研究者基于自身对于诉讼中关键要素的理解而对诉之容许性要件说进行的再次形塑。然而,诉讼是一个整体,在整个诉讼过程的始终,诉讼条件皆应具备。前述定义方式与诉讼的整体性特征是根本矛盾的。“诉讼条件所欲限制之对象不同,诉讼条件之本质内容即可能不同。”〔1〕笔者认为,为了避免定义不当造成理论研究的盲区,应当继续着眼于作为整体的诉讼,并结合刑事诉讼的阶段性特征,实现诉之容许性条件说的回归。

必须承认,诉之容许性要件的定义尽管正确,但却不容易适用。诉之容许性要件是一个永远不会出错的价值正确的定义,它是一个评价性概念。评价性概念依其本性是不可能精确的,其所使用的概念一定是模糊的,〔2〕正如“诉之容许性”这个概念本身也是模糊的一般。基于这种模糊性,诉之容许性要件的定义不容易遭致批评,但也给具体适用带来了困难。单纯从定义来看,欠缺诉讼条件会导致诉讼不被容许,但具体会产生怎样的程序后果不得而知。下一节中有关“诉讼条件的功能定位”的讨论,就是为了解决此问题而设立的。此外,该定义的模糊性也使诉讼条件具有了一定的开放性,即在法定的诉讼条件之外,如果可以论证某事由关乎诉讼整体的容许性,亦可以考虑将其纳入诉讼条件当中。这一开放性使诉讼条件理论拥有了与时俱进的生命力,但是在理解适用时特别需要注意避免陷入循环论证,即不能够简单说某情形因关系到诉讼整体的容许性而属于诉讼条件,不满足此情形即属于欠缺该条件,故诉讼不被容许。打破循环论证需要选择一个论据并加以论证,〔3〕这要求我们在使用诉讼条件这一概念

---

〔1〕 郑华合:《诉讼条件之研究——以刑事诉讼为范围》,台湾政治大学法律学研究所1998年硕士学位论文,第83页。

〔2〕 参见[德]英格博格·普珀:《法学思维小学堂》,蔡圣伟译,北京大学出版社2011年版,第10~15页。

〔3〕 参见[德]英格博格·普珀:《法学思维小学堂》,蔡圣伟译,北京大学出版社2011年版,第7页。

时，须进一步论证该事项与诉讼整体容许性之间的关系。什么情况下诉讼被容许？什么情况下不被容许？这不是单纯借助逻辑就可以解答的问题，需要从历史经验中吸取教训，在支持与反对的理由之间进行衡量，最终作出价值判断。

二、诉讼条件的功能定位

诉讼条件关系到刑事诉讼整体的容许性。这是一个理论上正确的结论，但是在诉讼实践中却并不实用。司法人员和被追诉人最关心的是，若欠缺诉讼条件应当对案件如何处理。这关系到两个问题：一为在何时，二为采取何种裁判处理方式。诉讼条件的审查处理问题将在本书第四章中集中讨论，此处致力于通过探讨诉讼条件的功能定位，明确其发挥功能的时间点。本节中对于诉讼条件功能的研究实际上是对其功能发挥阶段不断向前推进的过程，换句话说，就是从刑事诉讼的结果向诉讼的过程，从法庭审理阶段向审前阶段不断推进的过程。诉讼条件具有公益性和私益性两方面的功能：一方面，欠缺诉讼条件的诉讼程序不得启动或维持，这关系到国家诉讼制度的公益价值；另一方面，诉讼条件具有对被追诉人的保障功能，其功能作用的时点向前推移，可以更早地将被追诉人从对其不利的刑事程序中解脱出来。笔者认为，无论是在职权主义还是当事人主义的诉讼模式之下，诉讼条件都应具有上述两方面的功能，诉讼条件不应只是一个纯粹学理上的概念，除了具有公益方面的属性之外，还应同时承担起刑事诉讼法保障人权的价值功能。

（一）抑制不当有罪判决

落实国家刑罚权是刑事诉讼的目的之一。刑事诉讼法律关系具有实现刑事法律关系的工具性意义。在此意义上，刑事法律关系是围绕对犯罪行为的确认而展开的。在法院作出有罪判决之前，刑事法律关系只是一种拟制的关系。从侦查、起诉到审判中的定罪，是拟制关系向现实转化的过程。如果经过这一过程，犯罪被确认，拟制的刑事法律关系就转化为现实的刑事法律关系，国家刑罚权得以实现。如果犯罪被否定，上述转化就失去了条件。[1] 刑事诉讼条件的欠缺导致刑事诉讼法律关系无效。手段无效，目的亦无法实现，法院便不得作出有罪判决。诉讼条件既然制约着整

---

〔1〕 参见刘生荣：《论刑事法律关系》，载《中外法学》1993 年第 2 期，第 20 页。

个刑事诉讼,抑制不当的有罪判决也是其功能定位的题中应有之意。若以有罪判决为目的去设计刑事诉讼法,只要被告没有被判决有罪,就不会认为被告人承受了不利。[1] 沿着这一思路,诉讼条件在抑制不当有罪判决方面的功能定位同时也起到了对被告人的保障作用。

毋庸置疑,诉讼条件的确具有抑制不当有罪判决的功能。在许多国家和地区的立法例中,法院如果在庭审过程中发现案件存在被告人死亡、超过追诉时效、被告人获得赦免等欠缺诉讼条件的情况,不得作出有罪判决。[2] 然而,判决被告人无罪的原因有很多种,可能因为他的确没有实施犯罪行为;也可能因为现有证据不足以达到有罪判决的证明标准,案件因为存疑而无法判决有罪;还可能是因为诉讼程序欠缺正当性,丧失了判决有罪的可能性。只强调诉讼条件在抑制不当有罪判决方面的功能,没有区分具体是基于实体原因还是程序原因,所遵循的是一种实体与程序合一的思维。诉讼条件与犯罪构成要件不同,它关系到刑事诉讼法律关系的正当性,具有独立于实体的价值。对于诉讼条件的功能定位也应当遵循独立的诉讼法的思路。刑事诉讼是一个动态发展的过程,以最终是否作出有罪判决这种静态思维来分析诉讼条件的功能是不适当的。因此,抑制不当有罪判决只能是诉讼条件的"底线"功能。各国家和地区的立法实践表明,如果提前已经预知欠缺诉讼条件,不必等到无法作出有罪判决之时,即应停止刑事诉讼。例如,《刑事诉讼法》第16条就授权法院在发现欠缺诉讼条件的情况下终止审理。由此可见,诉讼条件功能的作用时点应当向前推进。

(二)抑制不当实体审理及裁判

诉讼条件不仅具有抑制不当有罪判决的功能,还具有抑制不当的实体审理及裁判的功能。诉讼条件是法院作出实体判决的前提要件,欠缺诉讼条件,法院不仅不得作出有罪判决,也无须作出无罪判决。诉讼条件抑制不当实体裁判的功能与抑制不当有罪判决的功能是统一的。由于刑事诉讼并不当然具有恢复名誉的功能,被追诉人无权要求欠缺诉讼条件的刑事程序继续进行,直至法院作出无罪判决。[3] 因此,不具备诉讼条件不能成

---

〔1〕 Vgl. BGHSt 16,374,379.

〔2〕 例如,参见《刑事诉讼法》第16条。

〔3〕 参见宗玉琨译注:《德国刑事诉讼法典》,知识产权出版社2013年版,第5页。

为无罪判决的充分条件。[1] 刑事诉讼的目的是作出正确的裁判,不仅不是作出有罪判决,而且也不限于实体裁判。对欠缺诉讼条件的案件作出形式裁判也属于正确裁判的一种方式。[2] 寺崎嘉博认为,形式裁判不是实体判决的补充和替代,而是法院积极作出价值判断的表示。法院以形式裁判终结诉讼具有两方面的意义:一方面,法院裁判终止诉讼,禁止继续进行实体审理,发挥了诉讼条件阻却不当实体审理的功能;另一方面,法院以形式裁判处理案件而不作出实体判决,发挥了诉讼条件的实体判决阻止功能。[3] 从抑制不当有罪判决到抑制不当实体审理及裁判,诉讼条件的作用时点由诉讼的终点提前到了法庭审理的过程当中,这背后体现出一种由实体法的静态思维模式向诉讼法的动态思维模式的转变。

须澄清的是,诉讼条件在抑制不当实体审理方面的功能不是其实体裁判阻止功能的反射效果。有人可能会说,既然欠缺诉讼条件不得作出实体判决,那么朝向实体判决的努力,即实体审理自然也不应继续。这种思维是一种以诉讼结果为基准的逆向推理,将诉讼条件在抑制不当实体审理方面的功能消解于其在抑制不当实体裁判的功能之中,仍然没有摆脱实体法的静态思维模式。根据诉讼推进的正常顺序,实体审理乃因,实体裁判为果,诉讼条件在这两方面的抑制功能也是依次发挥作用的。从诉讼条件理论的发展历史来看,也是先出现了实体审理开始要件说,然后才在此基础上发展出了实体判决要件说。不过,此处有关诉讼条件对于不当实体审理的抑制功能与实体审理开始要件说的主张有所不同,重点不在于在实体审理的入口把关,而是强调在欠缺诉讼条件的场合下,实体审理不得继续推进。现代诉讼通常不严格区分实体审理和程序审理的时间先后,两类对象都在法庭审理阶段混同审查。诉讼条件作为审查对象之一不可能是法庭审理开始的前提条件,也不能是开始实体审理的前提条件。进入实体审理

---

〔1〕 需要注意的是,如果作出无罪判决不会过分增加诉讼成本,或者具有更为重要的价值,法院也可以不作出形式裁判而是判决无罪。对此问题的讨论将在本书第四章第四节中具体展开。

〔2〕 参见[日]田口守一:《刑事诉讼的目的》,张凌、于秀峰译,中国政法大学出版社2011年版,第49页。

〔3〕 [日]寺崎嘉博:《诉讼条件论之再构成》,成文堂1994年版,第377页以下。转引自郑华合:《诉讼条件之研究——以刑事诉讼为范围》,台湾政治大学法律学研究所1998年硕士学位论文,第94页。

的门槛不高，并不要求首先证实满足诉讼条件，只要诉讼条件的欠缺不是“显而易见”的即可。只不过如果在庭审开始后，法庭审理“途中”发现欠缺诉讼条件，便不得继续进行实体审理，而应转为对诉讼条件的程序审查：倘若所欠缺的诉讼条件有补正的可能，就中止诉讼，待诉讼条件补正之后恢复庭审；倘若所欠缺的诉讼条件无法补正，则应以形式裁判终止诉讼。如果在法庭辩论终结时发现或发生欠缺诉讼条件的情形，实体审理已经完成，诉讼条件只能发挥其对于实体判决的阻止功能，由法院作出形式裁判。当然，如果诉讼条件的欠缺“显而易见”，那么法院根本无须进行实体审理就可以直接作出形式裁判终止诉讼，诉讼条件在此种情况下便起到了阻碍实体审理开始的功能。〔1〕

赋予诉讼条件以抑制不当实体审理及裁判的功能是将诉讼条件的功能范围扩展到了整个法庭审理阶段。若是在民事诉讼或刑事自诉案件中，这已经与诉之容许性要件说的范围相差无几了，然而，公诉案件的诉讼程序与民事诉讼程序或刑事自诉案件不同，公诉案件中诉之容许性要件说的涵盖范围远不限于此。刑事公诉案件的诉讼程序是分为若干诉讼阶段的，国家与个人之间刑事诉讼法律关系的成立与法院进行案件审理之间存在时间差。由于诉讼本身是一种浮动的法律状态，到了法院审理之时无论诉讼条件是否已经具备，审前阶段都有可能出现欠缺诉讼条件的情况，而诉讼条件对不当实体审理及裁判的抑制功能因其无法向前溯及，力有不逮，因此，诉讼条件功能的作用点仍应继续向前推进。

（三）抑制不当公诉

诉讼条件是关系到诉讼整体容许性的条件。然而，在刑事诉讼领域，却特别强调诉讼条件对于不当公诉的抑制功能。这也是公诉有效条件说所主张的内容。在许多国家和地区的刑事诉讼制度中，侦查的终点乃是否作出起诉决定，而公诉之提起又启动了审判，于是提起公诉成为连接审前与审判阶段的关键步骤。在所有诉讼行为中，公诉行为最能够体现刑事诉讼的整体特征。诉之容许性要件经由抑制不当公诉之提起，可以“承前启

---

〔1〕　例如，如果被告人在案件起诉之后，法庭审理之前死亡，则法院可以不开庭而直接终止审理。实践中也有将案件退回检察机关，再由检察机关作出不起诉决定的做法，但是这种程序倒流的案件处理方式是有问题的。

后”地从整体上约束刑事诉讼。因此，诉讼条件具有抑制不当公诉的功能是不容置疑的。以日本刑事诉讼法规定为例，公诉不受理是一类重要的形式裁判，[1]如果法院发现欠缺诉讼条件，作出不受理的裁判，不仅阻断了继续实体审理和判决的可能性，也是对检察机关不当提起公诉行为的否定法评价。强调诉讼条件在抑制不当公诉方面的功能，可以使诉讼条件的作用时点向前推进到公诉提起之时。除了法院之外，检察机关也要特别注意审查是否具备诉讼条件，否则，如果在决定提起公诉时仍然不能满足诉讼条件的要求，那么就要接受法院作出形式裁判的否定评价。

为何要强调诉讼条件对于不当公诉的抑制功能？试想一下，如果放任对不满足诉讼条件的案件提起公诉，其结果只能是经过一段时间的审理后以形式裁判终结诉讼。这一过程中，国家将诉讼资源浪费在了一个本没有实体审理利益的案件上，更为严重的是，被告人还不得不忍受刑事程序带来的约束。既然如此，何不以不起诉处分作为保障被追诉人权利的一道屏障，及早将被追诉人从对其不利的诉讼中解脱出来？刑事诉讼不同于民事诉讼，其不是平等主体之间的对抗，作为控方的检察机关是拥有国家强制力的国家机关，可以动用国家强制力强制被告人履行应诉的义务。一旦提起公诉，除了法律许可缺席审判的情形，被告人必须出庭应诉。不仅如此，起诉决定本身还对被追诉人有着严重的暗示性意义[2]：无论审判的最终结果如何，被告人在等待审判和审判期间都将被限制甚至剥夺自由，亦有可能在经济和名誉方面受到损失。因此，保护个人免受不当公诉的侵扰是刑事诉讼保障人权的题中应有之义，作为规范诉讼整体容许性的诉讼条件理应负担起此方面的职责。

或许有人会问，诉讼条件作为实体审理条件，是着眼于诉讼过程的动态观察；强调诉讼条件具有抑制不当公诉的功能，岂不是又成了只关注诉讼中一个点，退步成静态的观察了么？非也！关注公诉之提起，虽然看似是诉讼条件的功能又回到了一个特定的时点，但这已经不同于实体法的静

---

〔1〕 我国台湾地区“刑事诉讼法”亦有类似的规定。相关学者对于诉讼条件的理解亦有采公诉有效条件说，认为诉讼条件即提起公诉之有效要件。例如，参见黄东熊：《刑事诉讼法论》，台北，三民书局1989年版，第269页。

〔2〕 [美]伟恩·R. 拉费弗等：《刑事诉讼法》(上)，卞建林、沙丽金等译，中国政法大学出版社2003年版，第741页。

态思维，是在诉讼动态特性下对特定诉讼时点的把握。能够通过诉讼条件起到抑制作用的是关乎刑事诉讼整体容许性的不当公诉行为，那些只在起诉行为本身的合法性上存在缺陷的公诉行为，并不在诉讼条件的约束范围内。因此，诉讼条件关注的不是公诉行为本身，而是通过抑制不当公诉之提起，从整体上约束着刑事诉讼的正当性。这不再是“见山是山”的层次，而是经历了一个过程，达到了“见山还是山”的境界。[1] 然而，笔者认为，要实现对诉讼条件功能的正确把握恐怕还要再经历一轮“见山不是山”的思考。公诉行为对于刑事诉讼整体而言的确很重要，但还没有达到公诉有效条件说的鼓吹者所称之重要程度，如果诉讼程序还没有进行到决定是否起诉的环节，公诉有效条件说根本无法发挥作用。因此，对于不当公诉之抑制仍只是诉讼条件功能定位中的一个阶段，诉讼条件的作用时点还需要进一步提前，约束包括侦查阶段在内的整个刑事诉讼的容许性。

（四）抑制不当刑事追诉

侦查阶段是否应受诉讼条件的规制？早期的回答是否定的。例如，民国时期的学者认为刑事诉讼关系起始于审判程序，尽管广义上的刑事诉讼包括审前的侦查程序，但由于此时被追诉人并无诉讼法上的权利义务，诉讼法律关系也无从谈起，[2] 故侦查阶段不受诉讼条件的制约。彼时学者持此观点可以理解，因为刑事诉讼领域的诉讼条件源于民事诉讼领域的诉讼要件理论，而民事当事人在审前的搜证行为是纯粹的个人行为，自然无须受到诉讼要件的规制，诉讼要件只是针对审判程序而言的。然而，刑事诉讼不是“法庭诉讼”，在庭审之前诉讼法律关系就已经成立，刑事诉讼法律关系的发展具有明显的阶段化特征，国家强制力在各阶段一以贯之。审前阶段是刑事诉讼的重要部分，如果忽视审前阶段诉讼程序的正当性规制，就会使这一灰色地带成为侵害被追诉人权利的重灾区。我国 1979 年《刑事诉讼法》只允许被告人委托辩护人，言下之意是只承认被追诉人在公诉被提起之后才有委托辩护人的权利；1996 年《刑事诉讼法》修改，犯罪嫌疑人自“公诉案件移送审查起诉之日起”有权委托辩护人；2012 年修改《刑

〔1〕 参见郑华合：《诉讼条件之研究——以刑事诉讼为范围》，台湾政治大学法律学研究所 1998 年硕士学位论文，第 41 页。

〔2〕 参见戴修瓒原著，康焕栋修编：《刑事诉讼法释义》，种松志、郭恒点校，中国政法大学出版社 2012 年版，第 13 页。

事诉讼法》,又将犯罪嫌疑人委托辩护人的时间点提前至“在被侦查机关第一次讯问或采取强制措施之日起”。[1] 这些痛定思痛之后的改革表明,侦查阶段的程序正当性是刑事诉讼不可忽视的问题。

既然诉讼条件是刑事诉讼整体的容许性条件,将侦查阶段纳入其规制范围也是当然的推论。但这又会引出一个新的问题:诉讼条件是通过抑制公诉之提起间接影响侦查阶段,还是对侦查阶段有独立的、直接的规制功能?回答此问题必须结合特定的制度现实。公诉抑制说适合于“检警一体”的司法环境:检察机关是侦查主体,警察在其指挥下实施具体的侦查行为;侦查终结时警察需要将其收集的证据移交给检察机关并由检察机关作出是否起诉的决定。如此一来,抑制了不当公诉也就向前溯及地抑制了不当的侦查行为。然而,我国的公安机关、检察机关和法院之间是“分工负责、互相配合、互相制约”的关系,并且侦查和审查起诉各自乃一独立的诉讼阶段,公检法机关各自主导侦查、审查起诉和审判活动,公安机关又无须接受检察机关的领导,因此,必须冷静看待公诉决定对侦查过程的约束效果,不应过分乐观。笔者认为,在我国制度背景下,应当赋予诉讼条件对侦查阶段独立的、直接的规制功能。

任何一个诉讼阶段都不能取代整个刑事诉讼,侦查条件、公诉条件和审判条件都应当包含在诉讼条件的范围之内,但是,又不能将诉讼条件简单定义为是前述三类条件的总和,否则就会沦为是对刑事诉讼的碎片化研究,诉讼条件从整体上规范程序正当性的努力将功亏一篑。笔者认为,对诉讼条件功能的理解应当转变思路,不局限于特定的诉讼阶段,而是从刑事诉讼内在构造的角度加以考量。刑事诉讼具有三个面向:实体形成、刑事追诉和程序。[2] 刑事追诉关联着实体形成面和程序面,使刑事诉讼能够成为一个整体。将刑事诉讼条件理解为刑事追诉条件,是诉讼整体说的当然推论。相较于诉讼条件的前述几种功能定位,刑事追诉条件说更能够充分发挥诉讼条件对诉讼整体上容许性的约束功能(如图1.1)。国家与个人之间的刑事诉讼法律关系成立于立案之时,并持续于侦查、审查起诉

〔1〕 参见吴宏耀、种松志主编:《中国刑事诉讼法百年》(中册),中国政法大学出版社2012年版,第768、806页。

〔2〕 有关刑事诉讼的三个面向,笔者将在本书第二章第二节集中介绍。

和审判的所有阶段。既然在各个诉讼阶段都可能发现欠缺诉讼条件,对行为人及时有效的保护就是在发现欠缺诉讼条件且不可补正时立即终止程序,从整体上抑制不当的刑事追诉。在我国,立案审查阶段的调查核实过程中,公安机关不得采取限制被调查对象人身、财产权利的措施,[1]国家强制力在此时尚未有充分的体现,直至作出立案决定进入侦查阶段后,才可以使用具有强制性的侦查手段。我国实务中习惯以侦查为中心,拘留、逮捕等严重剥夺个人自由的强制措施往往都是早在侦查阶段中就已经采取,单是刑事侦查已使刑事诉讼的强制性显露无遗,若仍寄希望于法院不进行实体审理或作出有罪判决,实在为时已晚。抑制不当公诉的理论尽管较前者有所进步,但是在整个侦查阶段,嫌疑人仍是处于无保护的状态。

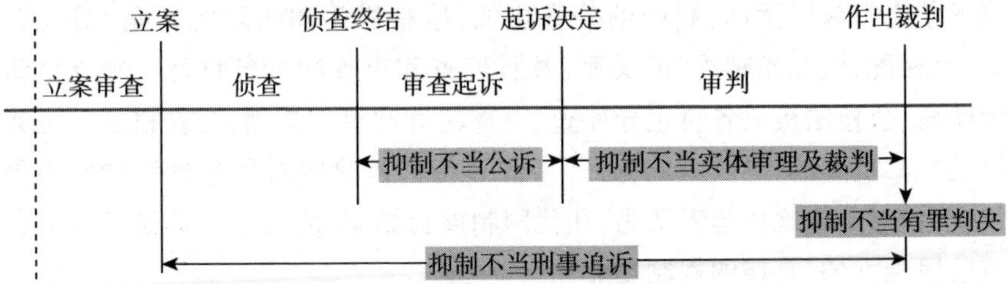

图 1.1 刑事诉讼条件的功能

诉讼条件具有抑制国家不当刑事追诉的功能,欠缺诉讼条件,国家不得发动或维持刑事追诉。通常情况下,刑事追诉发动于立案之时,并持续于包含侦查、审查起诉和审判在内的整个刑事诉讼。由于刑事诉讼是一个动态发展的、不可逆的过程,因此对于诉讼发展过程中出现的错误,无法做到"恢复原状",只能使其"不再恶化",并对于已经造成的损害,通过国家赔偿等途径进行事后救济。为了避免刑事诉讼的正当性状态"继续恶化",无论在哪一个阶段发现欠缺诉讼条件,都构成诉讼障碍,诉讼程序应当就此终止。[2] 具体而言,如果没有真正的犯罪发生,则不得立案;若在侦查过程中发现欠缺刑事诉讼条件,则应当停止侦查,撤销案件,并解除对犯罪

〔1〕 参见《公安机关办理刑事案件程序规定》(以下简称《公安机关规定》)第 174 条。

〔2〕 Vgl. *Roxin/ Schünemann*, Strafverfahrensrecht, Verlag C. H. Beck München 2012, § 21, Rn. 24.

嫌疑人的所有强制措施；到了审查起诉阶段，发现欠缺诉讼条件，检察机关应当作出不起诉决定；如果案件已经进入审判阶段，则应由法院裁定终止审理，而不对案件作出实体判决。

公诉有效条件说之所以会在理论界具有重要地位，是因为该说实现了诉讼条件理论从职权主义向当事人主义思维模式的转变。只着眼于诉讼条件对于实体审理和裁判的功能，是从法院的视角来思考问题，而特别强调诉讼条件在抑制不当公诉方面的功能，就是从检察机关的视角来思考问题，公诉之提起既是检察机关行使控诉权的表现，又有强制被告人应诉的效果，公诉有效条件说因此而被贴上了“当事人主义”的标签。然而，刑事诉讼中的实质当事人是国家，其在不同诉讼阶段委托不同的国家机关代为行使国家诉权。在庭审阶段，与被追诉人相对的一方当事人不是检察机关，而是作为控方的国家。诉讼条件是刑事诉讼程序有效成立并持续下去的条件，其在庭审阶段包括公诉权行使的条件、应诉权行使的条件和裁判权行使的条件。[1] 拓展到刑事诉讼整个过程中，诉讼条件应包括控方追诉权行使的条件、辩方应诉权行使的条件以及裁判方裁判权行使的条件。国家诉权是国家发动和维系刑事追诉的关键权利。从当事人主义角度解读，欲考察国家诉权的正当性，应当将诉讼条件与刑事追诉条件结合起来加以理解。

刑事诉讼中的控诉方和裁判方都是国家，刑事诉讼法律关系也可以理解为是国家与个人之间的一种关系。一旦国家发动刑事追诉，国家与个人的对抗就开始了，国家对于公民个人权利侵害的危险就此而产生，需要通过诉讼条件理论对国家诉权的享有及行使问题进行检讨，这是对于被追诉人基本权利的最彻底的保障。刑事诉讼具有“国家兴讼”的特点，与民事诉讼中平等私主体之间的对抗不同。与此相对应，诉讼条件和诉讼要件的制度目的不尽相同。虽然二者都是诉讼的前提条件，但民事诉讼要件旨在不过分限制私主体的诉权，保障纠纷可以顺利进入司法程序得以解决；刑事诉讼条件的制度目的在于将国家诉权限定在一个牢笼之中，避免国家肆意发动刑事诉讼。笔者认为，诉讼条件理论中应当包含对于是否具有刑事追

---

〔1〕［日］田口守一：《刑事诉讼法》（第7版），张凌、于秀峰译，法律出版社2019年版，第238页。

诉利益的考量，即国家机关将一个人牵扯进刑事诉讼的行为本身是需要受到检讨的。如果不具有刑事追诉利益，甚至不应当发动证据调查，即使进行了充分的侦查，但欠缺起诉的利益，检察官在审查起诉时也应当作出不起诉的决定；如果检察官错误作出起诉决定，法官应当以形式裁判对其作出处理，而无须为检察官的错误负责，案件不必要进入实体审理阶段，更不需要对被追诉人行为的违法性、有责性等进行实体判断。

刑事追诉利益是一个开放的概念，诉讼条件也因此而具有开放性。赦免、豁免[1]、案件已逾追诉时效、被追诉人死亡等是法定的欠缺追诉利益的情形，属于诉讼条件自不待言。除此之外，还有一些法无明文规定的情形也显然欠缺追诉利益。例如，国家享有刑事诉权的前提是存在犯罪，炮制子虚乌有的假案显然是没有任何追诉利益的，绝对不应允许启动刑事诉讼程序；警察设立圈套，先教唆个人犯罪，然后再追究起犯罪的行为严重违反程序正当性要求，诉讼程序自始不应被容许；即使被追诉人真的实施了犯罪，但诉讼程序久拖不决，甚至超过了可能判处的刑罚，再继续维持刑事追诉只会给被追诉人带来严重的权利侵害。上述情形下，针对个别诉讼行为的小修小补都是无济于事的，整个刑事诉讼应基于非法定的诉讼条件而不被容许。

三、诉讼条件的分类

诉讼条件是一个集合概念，将诸多各自具有不同功能的制度内容整合起来。诉讼条件的外延广泛，采用类型化思维将有助于对诉讼条件理论的深入理解。由于不同分类标准下可能会出现采用同样的术语表达却指向不同含义的情况，因此在交叉使用时需要特别予以注意。例如，“追诉条件”这一表述方式既可能出现在狭义诉讼条件中，也可能作为与程序条件相对应的概念单独使用，在阅读使用此类表述时需要特别注意上下文语境。

（一）狭义的诉讼条件和广义的诉讼条件

自民国时起已有关于狭义的诉讼条件和广义的诉讼条件的区分。民

〔1〕 当前，“豁免”一词在刑事司法中广泛使用，但并非所有的豁免均可归入诉讼条件的范畴。笔者认为，可以归入诉讼条件范畴的“豁免”应限于排除一国刑事审判权的外交豁免，以及排除对特定人员刑事诉讼司法途径的豁免（如人大代表豁免权）。

国时期的刑事诉讼教科书中写道:“狭义诉讼条件或称起诉条件、追诉条件,即诉讼关系发生时所必要之条件也。广义诉讼条件或称诉讼上之条件,即诉讼关系发生、进行及其发展时所必须之条件也。狭义诉讼条件不备,虽起诉亦无效;广义诉讼条件不备,虽判决,亦不发生效力也。”〔1〕彼时学者们将狭义的诉讼条件与起诉条件等同。此种理解在当代仍有延续。例如,褚剑鸿认为:“狭义要件,乃……刑事案件起诉时,所必备之要件。故又称起诉要件,或追诉要件。如起诉必有所指之被告及其犯罪事实。广义要件,乃诉讼关系之成立及进行存续中,一切诉讼行为,所必须具备之条件也,如法院对被告必须有审判权。广义要件可包括狭义要件,如狭义要件不具备,则起诉为无效。广义要件不备,则法院所为裁判无效。”〔2〕

笔者对上述理解持保留意见。起诉条件乃个别诉讼行为的条件,其上位概念是诉讼行为条件,而诉讼条件是整个诉讼的容许性条件,诉讼行为条件与之各居不同种属。概念的狭义和广义区分是下位概念和上位概念之间的关系,应只存在于同一种属内,不同种属之间的概念势必范围不同,不能相互代换。〔3〕如果认可起诉条件是狭义的诉讼条件,就可能将只关系到个别诉讼行为有效性的情形“拔高”为诉讼条件,使诉讼条件从整个诉讼的容许性条件“降格”为一切诉讼行为之条件的总和。针对个别的诉讼行为,有诉讼行为无效理论予以规制,不应与诉讼条件理论相混同。个别诉讼行为若并非刑事追诉所不可或缺的,其无效不会影响刑事诉讼活动的继续进行,则该个别诉讼行为的有效条件与诉讼条件之间不会存在混淆的可能。公诉之提起较为特殊,其作为一个别诉讼行为的同时,还因其能够“承前启后”地连接审前与审判程序,而具有“整体性”特征,阻却公诉也就意味着阻却了刑事诉讼的继续推进。因此,提起公诉行为的有效条件就同时包含着反映其“个别性”特征的有效要件和反映其“整体性”特征的有效要件,其中的前者专属于提起公诉行为,而后者在其他诉讼阶段又可能表

〔1〕 朝阳大学编辑:《刑事诉讼法》,吴宏耀、种松志点校,中国政法大学出版社2012年版,第21页。亦参见夏勤:《刑事诉讼法要论》,郭恒点校,中国政法大学出版社2012年版,第10页;戴修瓒原著,康焕栋修编:《刑事诉讼法释义》,种松志、郭恒点校,中国政法大学出版社2012年版,第15页。

〔2〕 褚剑鸿:《刑事诉讼法论》(上册),台北,台湾商务印书馆2001年版,第19页。

〔3〕 参见[德]康德:《逻辑学讲义》,许景行译,商务印书馆2010年版,第93~95页。

现为其他诉讼行为的有效条件。从这个角度来看,公诉行为有效条件和诉讼条件之间的确存在交叉,但其背后的逻辑是因为某因素影响了刑事诉讼整体的容许性,导致刑事追诉从整体上无效,进而落实到具体的公诉行为上是无效的,而非反过来。将狭义的诉讼条件与起诉条件等同,就是混淆了诉讼条件与诉讼行为条件之间的本质区别,这是上述分类的致命缺陷。

笔者认为,如果要坚持狭义的诉讼条件和广义的诉讼条件的分类,就需要对其加以改造。刑事诉讼有广义和狭义之分。狭义的刑事诉讼特指"法庭刑诉",是法院及控诉方、辩护方和其他诉讼参与人共同参加的,在法院主持下进行的,以庭审为中心的诉讼过程。广义的刑事诉讼不但包括审判阶段,还包括立案、侦查、审查起诉阶段,涉及的诉讼主体范围较广。狭义的诉讼条件和广义的诉讼条件不妨与之对应:在审判阶段采用狭义的诉讼条件概念,裁判主体恒为法院,法院恒以裁判的方式对诉讼条件进行裁断;在不同诉讼阶段的线形诉讼过程中使用广义的诉讼条件概念,不同诉讼阶段皆存在"类三角形"的诉讼结构,但代表国家行使"裁判权"的国家机关不同,终结各个诉讼阶段的裁判处理文书也不同〔1〕。故在广义的诉讼条件下,需要考虑不同诉讼阶段中审查诉讼条件的主体以及终止诉讼的方式问题。此外,某些狭义的诉讼条件无须在整个诉讼中持续具备。例如,告诉只需在起诉时满足,并存续整个审判阶段即可;纵使没有合法的告诉,也不妨碍启动侦查。

(二)一般的诉讼条件和特殊的诉讼条件

一般的诉讼条件和特殊的诉讼条件是根据诉讼条件所适用的案件范围所做的分类,前者乃一般刑事诉讼所必备之条件;后者是指在特定种类的刑事诉讼中所需要具备的条件,最典型的就是告诉才处理的刑事案件必须满足告诉的要件。一般的诉讼条件通常包括四种〔2〕:第一,关于"人"的诉讼条件,如一国法院对被追诉人有无审判权,若被追诉人享有外交豁免权,则欠缺此类诉讼条件;第二,关于"地"的诉讼条件,以诉讼管辖最为典型;第三,关于"时"的诉讼条件,如案件是否已逾追诉时效;第四,关于

---

〔1〕 此乃划分诉讼阶段的标准之一,参见[苏]И. В. 蒂里切夫等编著:《苏维埃刑事诉讼》,张仲麟等译,曹妙慧校,法律出版社1984年版,第8页。

〔2〕 关于一般诉讼条件的分类,参见朝阳大学编辑:《刑事诉讼法》,吴宏耀、种松志点校,中国政法大学出版社2012年版,第21页。

“事”的诉讼条件，如是否属于普通刑事案件，这关系到应采取刑事诉讼程序、治安管理处罚程序抑或其他程序予以处理。此外，有些一般的诉讼条件可能同时兼具上述两个或两个以上的属性。例如，赦免可能既涉及“人”又涉及“事”；再如，根据一事不再理原则，案件若已经判决确定则禁止重复追诉，此乃兼具“时”与“事”属性的诉讼条件。

只有对于刑事案件才可以启动并推进刑事追诉，此乃一切刑事诉讼都需要满足的一般诉讼条件。实践中，此项诉讼条件常常与刑法中关于具体各罪的实体规定相关联。例如，各罪的刑事立案标准，以及《刑法》第 13 条中关于“情节显著轻微危害不大的，不认为是犯罪”的但书规定。举例而言，如果某案件未达到刑事立案标准，可以治安管理处罚程序处理，那便不属于刑事案件。这一点在可能涉及刑民交叉、行刑交叉的案件中尤为重要，须避免刑事追诉手段的过分干预。但是，在特定种类案件中，特定的行政前置程序却可能成为特殊的诉讼条件，即在对案件进行刑事追诉时要以履行了特定的行政前置程序为条件。例如，我国《刑法》第 201 条第 4 款规定了逃税罪的“初犯免责”条款：“已受行政处罚的，不予追究刑事责任。”税务机关没有处理或者不处理的，公安司法机关不得直接追究行为人的刑事责任，只有当行为人超过了税务机关规定的期限而不接受处理，才能追究其刑事责任。刑法学界将“经税务机关依法下达追缴通知后，补缴应纳税款，缴纳滞纳金，已受行政处罚”作为处罚阻却事由，[1]这是基于刑事实体法角度的静态思维观察的结论。笔者认为，该项要求与程序正当性之间有更为密切的关系，应是在刑事程序全过程中都需要满足的条件，如果在审前阶段已经发现案件未经行政处理，即意味着显然不满足刑法规定的构罪标准，启动或继续刑事诉讼程序应是不被容许的。从刑事诉讼整体上看，应扭转“重实体、轻程序”的思维定式，将其定位成特殊的诉讼条件更为妥当。田口守一亦将“非刑罚化”作为诉讼条件，他认为，如果刑事案件的解决可采用刑事程序以外的方式处理，那么履行这些程序就是诉讼条件，违反这些程序，将被驳回公诉。[2] 但是，田口守一将违反交通法规的案

---

〔1〕 张明楷：《刑法学》，法律出版社 2011 年版，第 722 页。

〔2〕 参见[日]田口守一：《刑事诉讼法》(第 7 版)，张凌、于秀峰译，法律出版社 2019 年版，第 240 ~ 244 页。

件、违反间接国税规则的案件、少年案件和亲告罪案件并列,均纳入“非刑罚化”这一诉讼条件项下,系基于日本实定法的规定。在我国语境下,对此问题具体理解应用时,须注意到两国在立法、司法层面的区别,如刑事犯罪的起刑点、轻微违法行为的处理方式、刑事诉讼普通程序与特别程序区分等方面的内容。

(三)积极的诉讼条件和消极的诉讼条件

积极的诉讼条件是刑事诉讼必须具备的条件;消极的诉讼条件是刑事诉讼必须排除的条件。这是出于观察角度不同和语言表达习惯而做出的分类。例如,刑事审判要满足管辖权要求,告诉才处理案件需具备合法的告诉,管辖和告诉乃积极的诉讼条件;赦免、超过追诉时效和被追诉人死亡会使刑事诉讼欠缺正当性,故它们乃消极的诉讼条件。消极的诉讼条件又称为诉讼障碍。〔1〕

在刑事诉讼中,诉讼条件和诉讼障碍没有实质区别,逻辑上具有同等价值(logisch gleichwertig)。〔2〕 诉讼障碍即消极的诉讼条件,存在诉讼障碍就意味着欠缺诉讼条件,就会导致诉讼终止。例如,德国联邦最高法院曾在其裁判中表明,诉讼障碍和诉讼条件事由都需要法官依职权搜集审查〔3〕;存在诉讼障碍产生与欠缺诉讼条件一样的程序后果,即法官不得作出实体判决〔4〕。可见,从诉之容许性角度理解,诉讼条件与诉讼障碍具有同质性,应将二者理解为针对同一事物分别从积极和消极角度加以表述的概念。〔5〕

(四)绝对的诉讼条件和相对的诉讼条件

诉讼条件兼具公益性及私益性,具体到个别的诉讼条件,各自对公益性及私益性的偏向程度不同:更偏向公益性的诉讼条件乃绝对的诉讼条

---

〔1〕 有观点认为民事诉讼中的诉讼要件应由法院依职权予以审查,法院对诉讼障碍事由要根据被告的主张抗辩才能予以注意。参见[德]奥特马·尧厄尼希:《民事诉讼法》,周翠译,法律出版社2003年版,第176页。

〔2〕 Vgl. *Lutz Meyer-Goßner*, Prozessvoraussetzungen und Prozesshindernisse, Verlag C. H. Beck München 2011, S. 3. Fn. 7, S. 9, 35.

〔3〕 Vgl. BGHSt 51, 202, 205.

〔4〕 Vgl. BGHSt 10, 74, 75.

〔5〕 Vgl. *Roxin/ Schünemann*, Strafverfahrensrecht, Verlag C. H. Beck München 2012, §21, Rn. 21, 24.

件,又可称为强制的诉讼条件,无论当事人是否提出主张,裁判方都应依职权予以审查;更偏向私益性的诉讼条件乃相对的诉讼条件,又可称为任意的诉讼条件,必须经由当事人主张,裁判方才可予以审查。诉讼条件的公益性质不排除被追诉人提出此方面的申请,即使是绝对的诉讼条件,被追诉人也可以将其作为实现私益的攻击防御方法。但是,若立法者认为当事人的意思自治优先于某些诉讼条件的公益性质,则可以将其界定为相对的诉讼条件,通过当事人的申请制约裁判方的审查权力。民事诉讼中有关协议管辖的规定是较为典型的相对的诉讼要件,当事人的意思表示优先于法律的预设规定。《民事诉讼法》第35条规定:"合同或者其他财产权益纠纷的当事人可以书面协议选择被告住所地、合同履行地、合同签订地、原告住所地、标的物所在地等与争议有实际联系的地点的人民法院管辖,但不得违反本法对级别管辖和专属管辖的规定。"在前述范围内,即使受诉法院与立法预先设定的管辖法院不符,法院也无义务主动审查。如果当事人没有提出管辖异议,并应诉答辩,视为受诉法院有管辖权。[1] 然而,类似规定在刑事诉讼法中并不常见。尽管《日本刑事诉讼法》第331条第1款规定:"如果没有被告人的申请,法院不得就地区管辖作出管辖错误的宣告。"可视为相对的诉讼条件之典型,但《日本刑事诉讼法》的上述规定实乃特例,在其他各法域的实定法背景下并无推广的空间。无怪乎我国台湾地区有学者据此认为"刑事诉讼法"已经不承认相对的诉讼条件。[2]

从历史上看,民国时期曾有学者举例说明过刑事诉讼中的绝对诉讼条件和相对诉讼条件。他将回避区分为狭义的回避和拒却两种情形,认为前者属绝对的诉讼条件,需法官自行回避;后者属相对的诉讼条件,须由被告人提出申请。[3] 但遗憾的是,这一例证并不恰当。一方面,是否存在回避事由仅关系到法官的个人能力,是法官实施各诉讼行为的条件,并不涉及刑事诉讼整体的容许性,并非诉讼条件。如果法官违反回避规定,更换法官重新实施诉讼行为即可,没有必要终止诉讼,更无须将整个诉讼程序推翻重来。民事诉讼中亦有将涉及法官个人能力的条件纳入诉讼要件的情

---

〔1〕 参见《民事诉讼法》第127条。

〔2〕 黄东熊:《刑事诉讼法论》,台北,三民书局1989年版,第271页。

〔3〕 参见朝阳大学编辑:《刑事诉讼法》,吴宏耀、种松志点校,中国政法大学出版社2012年版,第21页。

形,但这其实是对诉讼要件的一种误读。[1] 诉讼法律关系存在于法院和当事人之间,而非法官与当事人之间,即使法官人选发生了变化,也不影响诉讼法律关系的成立及生效。[2] 另一方面,回避和拒却的区分只存在于特定的实定法背景下。例如,我国台湾地区"刑事诉讼法"第 17 条规定了法官自行回避的情形,[3] 法官应依职权自行审查并自觉回避。第 18 条第 2 项又另外规定了"推事有前条以外情形,足认其执行职务有偏颇之虞者",当事人可以申请其回避。可见,我国台湾地区"刑事诉讼法"将第 17 条列举事项之外的其他情形排除在法院依职权审查义务之外,区分回避和拒却在此背景下才是有意义的。然而,在我国大陆的实定法背景下,一切回避事由皆在公安司法机关的审查义务范围内,《刑事诉讼法》第 29 条将"与本案当事人有其他关系,可能影响公正处理案件"的情形规定在办案人员自行回避的范围之内,公安司法机关对其有依职权审查的义务,不得以当事人未提出申请为由推卸责任。

理论上讲,诉讼条件都是从整体上关乎诉讼容许性的关键条件,具有明显的公益属性,应采依职权审查的基本立场,即便控辩双方均未提及此事,裁判方也不得推卸责任。例如,司法实践中,外交豁免权问题关系到法院对案件是否拥有审判权,是必须依职权审查的内容。[4] 《公安机关规定》第 366 条规定:"发生重大或者可能引起外交交涉的外国人犯罪案件的,有关省级公安机关应当及时将案件办理情况报告公安部,同时通报同级人民政府外事办公室。必要时,由公安部商外交部将案件情况通知我国

---

〔1〕 参见[德]康拉德·赫尔维格:《诉权与诉的可能性:当代民事诉讼基本问题研究》,任重译,法律出版社 2018 年版,第 100 页注 14。

〔2〕 参见[德]康拉德·赫尔维格:《诉权与诉的可能性:当代民事诉讼基本问题研究》,任重译,法律出版社 2018 年版,第 127 页。

〔3〕 台湾地区"刑事诉讼法"第 17 条规定:"推事于该管案件有左列情形之一者,应自行回避,不得执行职务:一、推事为被害人者。二、推事现为或曾为被告或被害人之配偶、八亲等内之血亲、五亲等内之姻亲或家长、家属者。三、推事与被告或被害人订有婚约者。四、推事现为或曾为被告或被害人之法定代理人者。五、推事曾为被告之代理人、辩护人、辅佐人或曾为自诉人、附带民事诉讼当事人之代理人、辅佐人者。六、推事曾为告诉人、告发人、证人或鉴定人者。七、推事曾执行检察官或司法警察官之职务者。八、推事曾参与前审之裁判者。"

〔4〕 比较法经验中亦有将此作为相对诉讼条件的。例如,我国台湾地区"最高法院"1992 年度台非字第 372 号判决认为,外交人员的豁免权在程序上仅属一种抗辩;如果外交人员认为案件属于职务上行为,欲享受豁免,须主动向法院提出豁免之主张,否则法院不予主动审查。

驻外使馆、领事馆。”可见，早在侦查阶段，对此问题的职权审查就已经开始了。但是，诉讼条件外延广泛，甚至还包括非法定的诉讼条件。公安司法机关无须对所有诉讼条件一律“未雨绸缪”地先行依职权审查，仅在法律有此例行规定时遵行即可，在法律无明文规定时，公安司法机关仅在其对诉讼条件事由存在疑问时才须依职权予以审查，若无疑问便从事实上推定不存在诉讼障碍。法无明文规定的情形往往是因为所涉诉讼条件之欠缺概率极低且调查困难，立法因此允许公安司法机关推定该诉讼条件满足，除非当事人推翻此推定。此种情形下，尽管外观上是当事人提出了关于诉讼条件的主张，但不应将其误认为是相对的诉讼条件。推定乃一缓解证明困难的证明方法，肯认推定本身就意味着承认职权审查是必要的，况且纵使当事人未提出主张，但如果公安司法机关以一般人的理性为判断标准对所涉诉讼条件是否满足产生疑问，亦可依职权予以审查。因此，此种情形下的诉讼条件仍应为绝对的诉讼条件。

（五）形式的诉讼条件和实体的诉讼条件

以诉讼条件来自诉讼的程序面还是实体面为区分标准，诉讼条件可分为形式的诉讼条件和实体的诉讼条件。形式的诉讼条件只关乎诉讼的程序面向，审查此类诉讼条件无须进行案件的实体审理，仅通过形式审查即可判断此类诉讼条件是否具备。实体的诉讼条件与刑事诉讼的实体面向有关，判断此类诉讼条件是否具备，不可避免地要在某种程度上介入案件的实体内容。此一分类方式由团藤重光最先提出，〔1〕至今仍在日本和我国台湾地区十分流行。在日本和我国台湾地区，裁判根据其处理的内容是关于实体法上的事项还是程序法上的事项可分为实体裁判和形式裁判：实体裁判包括有罪判决和无罪判决；与诉讼条件相关的是形式裁判，具体包括管辖错误判决、公诉不受理（或驳回公诉）判决〔2〕和免诉判决。欠缺形式的诉讼条件，法院须作出管辖错误或不受理裁判；欠缺实体的诉讼条件，

〔1〕［日］团藤重光：《新刑事诉讼法纲要》，弘文堂昭和二十五年版，第109～111页。转引自郑华合：《诉讼条件之研究——以刑事诉讼为范围》，台湾政治大学法律学研究所1998年硕士学位论文，第67页。

〔2〕根据《日本刑事诉讼法》第338、339条，日本有公诉不受理（或驳回公诉）判决和公诉不受理（或驳回公诉）决定两种形式。但笔者认为，第339条所列举作出公诉不受理决定的若干理由中，并非全部为欠缺诉讼条件的情形。

法院应作出免诉判决。根据《日本刑事诉讼法》第337条和我国台湾地区“刑事诉讼法”第302条的规定,免诉判决事由有四类:已有确定判决;追诉时效已过;罪行经过赦免;犯罪后的法律已经废止刑罚。上述四项即为实体的诉讼条件,除此之外的诸如管辖、审判权、被追诉人死亡、告诉才处理案件欠缺告诉等则属于形式的诉讼条件。[1]

有关形式诉讼条件和实体诉讼条件的分类是与日本和我国台湾地区的裁判形式相对应的,但在我国大陆的语境下,指导意义并不明显。在日本和我国台湾地区,关于诉讼条件的此种分类之所以重要,很大程度上是因为免诉这一裁判方式的特殊性:其虽为形式裁判,但却有着与实体裁判一样的一事不再理效果。[2] 基于此,厘清不同诉讼条件对应的裁判方式,明确免诉判决与其他形式裁判之间竞合时的处理方式,尤为重要。但是,免诉判决是法国法的产物,[3]而诉讼条件理论须追溯至德国,二者之间本无交集。日本学者之所以会提出关于诉讼条件的此种分类,是因为日本刑事诉讼法在法律移植过程中,先后引入了上述两项内容,造成了一种“嫁接”的实定法环境,实乃特例。我国台湾地区对此问题的理解承继自日本,同样不具有普适性。在我国大陆,《刑事诉讼法》并没有规定管辖错误、不受理和免诉的裁判方式,只是根据处理事项和救济方式的不同,将裁判处理方式分为判决、裁定和决定,对于诉讼条件的处理也应尊重现行法,落实到上述三种方式之上,并无必要再行区分形式诉讼条件和实体诉讼条件。

除此之外,此分类方式还没有充分考虑下述两方面问题。第一,将诉讼条件区分为形式的诉讼条件和实体的诉讼条件,所依据的是刑事两面构造的思维模式。在诉讼三面构造下,上述分类就需修正为程序条件、追诉条件和实体条件。刑事诉讼的追诉面向内化在程序面与实体形成面中,这要求对所谓的实体诉讼条件再进行划分:案件已经判决确定,属于追诉条

---

〔1〕 参见林俊益:《刑事诉讼法概论》(上),新学林出版股份有限公司2012年版,第172~173页。

〔2〕 在日本,关于免诉判决的此特性甚至还存在争论。参见[日]田口守一:《刑事诉讼法》(第7版),张凌、于秀峰译,法律出版社2019年版,第539页。

〔3〕 在法国,免诉判决和无罪判决都被视为有关案件实体的判决,二者只是适用于不同法庭,在实践中没有其他差别,都发挥了撤销追诉的效果。参见[法]卡斯东·斯特法尼等:《法国刑事诉讼法精义》(下),罗结珍译,中国政法大学出版社1999年版,第788页。

件;赦免、刑罚废止、时效完成属于实体条件。同理,形式的诉讼条件中也是既存在程序条件也存在追诉条件。第二,不同裁判处理方式之区分只对法院有意义,在其他诉讼阶段并无区分的必要。前文已述,诉讼条件发挥着阻却不当刑事追诉的功能,在刑事诉讼中如果发现欠缺诉讼条件且无法补正,应当当即终止诉讼,不应留待法院审判阶段作出处理。在侦查机关主导的侦查阶段以及检察机关主导的审查起诉阶段,终结诉讼的处理方式具有唯一性,并不区分诉讼终止系基于实体原因抑或程序方面原因,至于所欠缺的乃形式的诉讼条件还是实体的诉讼条件,便更没有必要进一步区分了。在当下的语境中,有关形式诉讼条件和实体诉讼条件的分类与免诉判决之间的关联性已经不再有讨论的必要,但是因该分类关系到诉讼条件的审查与案件实体审理的先后及深入程度,故在讨论诉讼条件审理的顺序问题上有一定参考价值。

(六)程序条件和追诉条件

平野龙一认为前述形式诉讼条件和实体诉讼条件的名称并不准确,应将诉讼条件区分为程序条件和追诉条件,二者的区别在于是否允许补正。〔1〕他认为欠缺程序条件虽然不允许维系诉讼,但如果所欠缺的程序条件经过补正,刑事诉讼仍可继续;追诉条件不允许事后追补,一旦欠缺则"全然不许"进行刑事追诉,已经经历的诉讼程序也归于无效。根据平野龙一的观点,欠缺程序条件会引起不受理或管辖错误的裁判;欠缺追诉条件会引起免诉裁判。团藤重光对此分类提出批评,他认为根据此分类,只有欠缺追诉条件才会完全禁止诉讼推进,但"全然不容许诉讼追行"的"被告人死亡"却是程序条件,这其中显然存在矛盾。〔2〕

笔者认为,程序条件和追诉条件的区别应在于法规范对于所欠缺诉讼条件是否允许补正的态度,而非事实上能否补正,团藤重光的前述批评并未正确把握这一区别的本质。对于告诉才处理案件中欠缺告诉、存在管辖

〔1〕［日］平野龙一:《刑事诉讼法》,有斐阁1958年版,第148~149页。转引自郑华合:《诉讼条件之研究——以刑事诉讼为范围》,台湾政治大学法律学研究所1998年硕士学位论文,第68页。

〔2〕［日］团藤重光:《新刑事诉讼法纲要》,弘文堂昭和二十五年版,第156页。转引自郑华合:《诉讼条件之研究——以刑事诉讼为范围》,台湾政治大学法律学研究所1998年硕士学位论文,第68页。

错误等程序条件，尽管其欠缺之时不得推进诉讼，但法律规范允许对其补正，即赋予一种“补正可能性的期待”，如果事后告诉权人提出了告诉，案件移送到了具有管辖权的法院，则刑事追诉可以继续进行。对于案件已有确定判决、案件已过追诉时效、所涉罪行经过赦免等追诉条件，一旦欠缺意味着刑事追诉的正当性从根本上已经欠缺，无法再行修复，故法律不允许对其补正，即在法规范层面直接断绝了对这一补正可能性的期待。欠缺追诉条件所作出的免诉判决具有与实体判决同样的一事不再理效力，除非事后证明作出免诉判决时对于欠缺诉讼裁判的认定存在错误，否则不得变更，但这属于一种纠错程序，与补正有着本质区别。“被追诉人死亡”可以视为是有关当事人诉讼能力方面诉讼条件要求的一项内容，此方面的诉讼条件应为程序条件。被追诉人欠缺诉讼能力可能是因为疾病，也可能是因为死亡。如果是前者，刑事追诉在当下不得继续进行，但在被追诉人康复后便可恢复程序。对于被追诉人死亡的情形，其无法补正的原因并非法规范层面不允许，而是自然规律使然，故不影响其成为一项程序条件。此种“客观上不能”的情形在其他程序条件中同样可能存在。例如，在告诉才处理的案件中，如果告诉权人未提出告诉便死亡，则此项诉讼条件在客观上亦无补正的可能性，但这并不会影响将告诉作为程序条件的正当性。

（七）法定的诉讼条件和非法定的诉讼条件

法定诉讼条件和非法定诉讼条件的分类方式是诉讼条件理论的最新发展，前者指法律明文列举的情况；后者指《刑事诉讼法》虽无明文规定，但应被解释为属于诉讼条件的情况。公诉有效条件说提出后，诉讼条件理论与公诉权滥用理论研究相融合，将无嫌疑的起诉、基于违法侦查作出的起诉和超越起诉裁量权的起诉决定视为欠缺非法定诉讼条件的情形。尽管公诉有效条件说理论存在值得商榷的地方，但其创造性地开辟了诉讼条件开放性理解的新思路。当前，封闭的诉讼条件理论受到了挑战，对于刑事诉讼条件的研究朝着拓展其内涵的方向发展。学者们已经开始围绕犯意诱发、过分诉讼迟延和严重的媒体预断等情形展开讨论，研究其作为非法定诉讼条件的合理性。

诉讼条件作为刑事诉讼整体的容许性条件，具有将无法实现诉讼目的的刑事诉讼排除在外的功能。某事项能否成为一项诉讼条件要求，应取决于其是否影响到诉讼目的的整体实现，而不应只看法律是否已有明文规定。刑事诉讼的目的不仅仅关乎刑事诉讼本身,而且须通过刑事一体化的视角进行观察。克劳思·福克(Klaus Volk)批判将实体与程序分离的研究思路,主张以维护法平和性为诉讼目的,在整体上统合刑事实体法与程序法的目的,提出诉讼条件本质上是维护法平和性(Rechtsfrieden)[1]的前提条件,缺乏诉讼条件,即无依据、理由来维系刑事诉讼,更无法落实刑法的规定。[2] 刑事诉讼的目的是复合性的,具有阶段性的立体结构。实体正义、程序正义以及通过裁量不起诉、刑事和解等达成的社会平和利益等都只是刑事诉讼的中间目的,只有实现这些中间目的,刑事诉讼更高层次的法平和性目的才能实现。[3] 法平和性目的实现与否,不是一个事实判断,而是一个价值判断。实践中,上述刑事诉讼的各项中间目的之间并非总是协调一致,当其存在冲突时,需要进行价值权衡。现代刑事诉讼理论的发展趋势是,程序正义在法平和性目的中占有越来越大的比重,这就意味着,当各中间目的出现冲突时,将着重评价是否实现以及在多大程度上实现了程序正义价值。诉讼条件的开放性理论就是在此背景下得以发展的。除了时效、赦免、告诉等国际范围内普遍认可的法定诉讼条件之外,仍有一些法律未明文规定,但因其严重影响程序正义,会在整体上制约实现法平和性诉讼目的的情形,需要纳入非法定的诉讼条件当中。接下来,理论研究需要进一步解决的问题是,哪些情形可以以及为什么可以解释为非法定的诉讼条件。

(八)其他诉讼条件的分类

各国家和地区的实定法中并无直接规定诉讼条件的条款,有关诉讼条件的内容分散于各处。如果能够将具体的诉讼条件事由以分类列表方式呈现出来,将会极大便利裁判机关在司法实践中参照审查。民事诉讼领域有此方面的传统。罗马法时期,那些具有一般性的诉权前提条件被归纳总结,并类型化为涉及诉讼主体、诉讼标的和诉权消耗的问题,司法官遵循此

---

〔1〕 也有译为"法和平性",参见林钰雄:《刑事诉讼法》(上册),台北,元照出版社2010年版,第10页。或可译为"法律秩序",参见[德]托马斯·魏根特:《德国刑事诉讼程序》,岳礼玲、温小洁译,中国政法大学出版社2004年版,第1页。

〔2〕 Vgl. *Klaus Volk*, Prozessvoraussetzungen im Strafrecht: zum Verhältnis von materiellem Rechts und Prozeßrech, Verlag Rolf Gremer · Ebelsbach 1978, S. 204.

〔3〕 参见[日]田口守一:《刑事诉讼的目的》,张凌、于秀峰译,中国政法大学出版社2011年版,第41页。

顺序予以审查。第一,司法官首先审查涉及诉讼主体的事项,即裁判官的资质和当事人能力。第二,司法官还应审查涉及诉讼标的的事项,具体包括三项内容:其一,法律途径(Rechtsweg)的可容许性;其二,当事人的适格性(Sachlegimation),即诉讼是否是正确的原告针对正确的被告提起;其三,法院对纠纷是否具有事务性管辖权和地域性管辖权(sachliche und örtliche Zuständigkeit)。其中的当事人适格性问题需要借助实体法规则加以回答,但其虽以实体规则进行判断,却发挥着程序法的功能,故归于诉权要件中。第三,司法官还需要审查与诉权消耗有关的事项,即争议案件是否已经被系属,以及是否已经被裁判。〔1〕 诉讼要件从理论上源于诉权的前提条件。根据上述分类,诉讼要件可按照涉及法院、当事人还是诉讼标的分为三种类型。〔2〕

刑事诉讼中继承了这一分类传统,将诉讼条件分为与法院有关、与案件可诉性有关和与被追诉人有关的事项。〔3〕 第一,与法院有关的诉讼条件包括三个方面:其一,本国法院有无审判权,即此案是否在本国主权范围内,本国刑事司法机关是否对其拥有刑事管辖权,如被追诉人是否享有外交豁免权,外逃的嫌疑人是否可以被引渡回国,〔4〕都是需要考虑的内容;其二,刑事诉讼途径的许可问题,〔5〕即本案应采用民事诉讼、刑事诉讼、行政诉讼抑或其他纠纷解决方式;其三,法院诉讼管辖权问题,在德国包括事

〔1〕 参见冯珂:《民事诉讼要件理论研究——以德国法及理论为中心》,清华大学2014年博士学位论文,第33~34页。

〔2〕 例如,参见[德]奥特马·尧厄尼希:《民事诉讼法》,周翠译,法律出版社2003年版,第177~178页。

〔3〕 Vgl. z. B. *Roxin/ Schünemann*, Strafverfahrensrecht, Verlag C. H. Beck München 2012, §21.

〔4〕 Vgl. *Roxin/ Schünemann*, Strafverfahrensrecht, Verlag C. H. Beck München 2012, §21, Rn. 3.

〔5〕 此项诉讼条件可包含很多种情形。例如,如果行为人未达刑事责任年龄,不具有刑事责任能力,则不能通过刑事诉讼程序对其进行刑事责任的追究。再如,《宪法》规定县级以上的各级人民代表大会代表享有执行职务的保障,非经本级人民代表大会主席团许可,在本级人民代表大会闭会期间,非经本级人民代表大会常务委员会许可,不受逮捕或者刑事审判。德国法中亦有类似规定,并将该权利称为豁免权(Immunität),系一项诉讼障碍。尽管从立法规定来看,对于县级以上人大代表,未经许可,并非自始不得启动刑事追诉,但为了避免作为刑事诉讼关键环节的审判程序不被容许,司法机关在审前便会确认排除此项诉讼障碍。

务管辖权和地域管辖权,在我国需要考虑地域管辖、级别管辖及专属管辖。第二,与案件可诉性有关的诉讼条件包括:一事不再理、时效、赦免、告诉等。第三,与被追诉人有关的诉讼条件要求被追诉人存在[1]且有诉讼能力。需注意的是,刑事诉讼能力是指被追诉人具备相应的认识和行为能力,能够为了自己的利益理性受审,行使辩护权。刑事诉讼能力和刑事责任能力不同,一人可能在实施犯罪行为时有完全责任能力,但在诉讼开始后心神丧失,而因此暂时或永久丧失了诉讼能力。刑事诉讼能力与诉讼行为能力也不同。前者以整个诉讼为观察对象,后者是针对个别诉讼行为的,对当事人以外的诉讼参与人也适用。例如,如果证人是幼儿,只要他有与所证事实相适应的认识和表达能力,其作证行为就是有效的,但这并不是一项诉讼条件。

基于诉讼条件在其他方面的特征,还可以有其他不同的分类。例如,可补正的诉讼条件与不可补正的诉讼条件、贯穿刑事诉讼全程的诉讼条件和涉及刑事诉讼关键环节(如审判阶段)的诉讼条件。笔者在文中论及相关诉讼条件时会予以介绍,此处不再赘述。此外,根据案件所适用的追诉形式不同,诉讼条件还可分为公诉案件中的诉讼条件和自诉案件中的诉讼条件。两者在具体事由上没有明显区别,但在具体适用方面有所不同。刑事自诉程序是"法庭诉讼",与民事诉讼十分接近,大部分情况下可直接借鉴诉讼要件的相关经验。公诉案件中适用诉讼条件理论,就需要特别考虑不同的刑事诉讼阶段。相对而言,自诉案件中的诉讼条件问题较为简单,本书的重点是围绕公诉案件中的诉讼条件展开的。

四、本章小结

对于诉讼条件理论研究的最困难之处,恐怕就在于学界对此概念的内涵和外延至今没有达成共识。关于诉讼条件的定义,经历了"诉讼法律关系成立要件—实体审理开始要件—实体判决要件—公诉有效要件—诉之容许性要件"的过程;关于诉讼条件的功能定位,其发挥阻却作用的时点一再提前,从有罪判决之阻却到实体审理及裁判的阻却,再到不当公诉之阻碍,进而发展为不当刑事追诉的全然禁止。总体上看,对于诉讼条件的理解实现了由个别时点向动态过程,由静态的时点向动态的时点,由动态的

---

〔1〕 对于自然人而言,是指被追诉人未死亡;对于法人而言,是指被追诉人存续。

时点向动态过程的转变,是实体法的静态思维向诉讼法的动态思维的彻底转换。诉讼条件的概念界定有几项根本原则:其一,诉讼条件是关于诉讼整体容许性的条件,一定要与个别诉讼行为的有效条件区分;其二,刑事诉讼包括不同的诉讼阶段,诉讼条件在各阶段皆需具备;其三,诉讼条件不仅须由法院审查,在不同的诉讼阶段应由不同的国家机关予以审查。诉讼条件的外延十分广泛,为了便于研究和适用,采用了类型化的研究方法。不同的分类标准侧重不同,可以方便从不同方面展开对诉讼条件理论的微观研究。例如,在诉讼条件的审查处理问题上,有关绝对的诉讼条件和相对的诉讼条件、形式的诉讼条件和实体的诉讼条件之区分对于明确诉讼条件的审查方式和审查顺序具有一定意义。需要说明的是,为了研究内容的集中,本书重点讨论刑事公诉案件的诉讼条件问题,后文中如无特别说明,所涉的诉讼条件均不包含刑事自诉案件,亦不包含刑事特别程序的情形。

第二章　诉讼条件的理论基础

一、刑事诉讼的本质属性

在民事诉讼领域，诉讼法律关系理论是诉讼要件理论的逻辑起点。作为“诉讼要件之父”的彪罗首先是“诉讼法律关系之父”，他率先提出了诉讼法律关系的概念，并在此基础上创立了诉讼要件理论。彪罗认为，民事诉讼乃一种法院与当事人之间的诉讼法律关系，诉讼要件是这一诉讼法律关系的成立要件。对于诉讼本质的不同理解会导致对于诉讼要件完全不同的认识。哥德施密特认为，诉讼在本质上更多体现为一种以既判力为终点的浮动的诉讼法律状态，诉讼要件不是诉讼法律关系的成立条件，而是作为法院作出实体判决的要件，作用于诉讼法律状态的终点。诉讼法律关系说和诉讼法律状态说是关于诉讼本质属性的两大代表性理论。在上述理论形成的有关诉讼本质的认识框架内，诉讼要件理论得以产生和发展。在刑事诉讼领域，对于刑事诉讼本质属性的认识同样是诉讼条件的首要理论基础。根据诉讼法律关系说和诉讼法律状态说，刑事诉讼是一种诉讼法律关系，同时也是一种法律状态。然而，对于刑事诉讼本质属性的研究不应止步于此，还需要结合两大诉讼的区别，进一步探索出符合刑事诉讼特性的理论认识。

(一)诉讼法律关系

1. 诉讼法律关系说的提出

长期以来,学者们对诉讼采取一种“记述式诉讼法”的研究模式:将民事诉讼简单看成是各种诉讼行为的总和。[1] 该模式将研究焦点放在各个零散的、相互独立的诉讼行为上,仅仅停留在表面,没有深入对诉讼进行法律上的宏观解读。这种研究模式将诉讼视为法院行使审判权的过程,强调法院作为国家审判机关的权威。法院和当事人之间是命令与服从关系,法院高高在上,在诉讼中只有职权,没有义务。这种法院与个人之间的不平等性与资产阶级革命强调的天赋人权思想相矛盾。19 世纪,德国资产阶级势力发展壮大,平等思想深入人心,诉讼法学研究也朝着这个方向进步。诉讼法研究不仅仅强调当事人之间的地位平等,也强调当事人与作为裁判主体的法院之间的平等性。法院不再是高高在上的职权主体,而是为了解决当事人纠纷的义务主体。在此背景下,诉讼法律关系说应运而生。

诉讼法律关系说最早由德国学者彪罗在其《诉讼抗辩理论与诉讼要件》(Die Lehre von den Proceßeinreden und die Proceßvoraussetzungen)一书中提出。该说将民法中的法律关系理论移植到诉讼法领域,认为诉讼在本质上是一种“诉讼法律关系”(Prozessverhältnis)。法律关系的核心内容是权利义务,诉讼法律关系是法院与双方当事人之间发生的一种权利义务关系,当事人对法院享有请求裁判的权利,法院对当事人承担裁判义务。这样一来,之前研究中法院与当事人间的不平等性得以改观,诉讼法律关系以权利义务解读当事人和法院的关系,将二者摆在了平等的位置上。

诉讼法律关系依托于诉讼法律规范而客观存在。法规范包括初级规范和次级规范:初级规范规整行为;次级规范规整贯彻初级行为秩序的程序。[2] 初级规范大致对应于实体法律规范,次级规范对应于诉讼法律规范。私主体之间的纠纷之所以能够从事实关系上升为法律关系,是因为可以经由有组织的和法定的强制程序予以贯彻。次级规范作为一种强制贯彻的技术,体现了法与其他社会规范的本质区别。人类社会以公力救济取

---

〔1〕 张卫平:《程序公正实现中的冲突与衡平——外国民事诉讼研究引论》,成都出版社 1993 年版,第 57 页。

〔2〕 本书中采用的是德国有关初级规范和次级规范的理解,与哈特的理解不同,参见[德]莱因荷德·齐佩利乌斯:《法哲学》,金振豹译,北京大学出版社 2013 年版,第 36 页。

代私力救济,就是初级规范和次级规范共同作用的结果。次级规范首先是一种授权规范。“在国家垄断了所有合法强制力的运用之后,强制力不再由拥有权利的个人直接行使;随着从自然法到实证法的过渡,这种对使用强制力的授权变成对其诉讼的授权。”〔1〕次级规范同时也是一种义务规范。为了弥补个人在贯彻权方面所受的限制,每个人必须信赖国家机关能够保障其权利的实现,〔2〕因此法院有义务对提交其审理的诉讼进行审查。

法律规范对应于一定的法律关系。初级规范对应实体法律关系,次级规范对应诉讼法律关系。诉讼法律关系具有与实体法律关系共同的特征,即主体之间是平等的:法院对当事人享有来自国家的权力,也负有不得拒绝审判的义务;当事人必须服从法院对诉讼的指挥,也享有要求法院裁断纠纷的诉权。诉讼法律关系也有与实体法律关系不同的特征:一方面,诉讼法律关系不是当事人之间因为私法纠纷而产生的私法关系,而是具有公法性质〔3〕;另一方面,诉讼具有发展性,诉讼法律关系是一种逐级向前、一步步发展的法律关系〔4〕,而实体法律关系表现为一种完成状态,是一种静态的关系。诉讼法律关系与实体法律关系相互独立。纵使双方当事人所主张的实体法上的权利义务关系不成立,也不影响诉讼法律关系的成立。“记述式诉讼法”模式下的研究只关注到了诉讼的发展特性,忽视了诉讼作为一个整体乃是一种诉讼法律关系。法院和当事人的各种诉讼行为,以及民事案件的审理本身,都只是诉讼法律规范的外在方面,都统合于诉讼法律关系这一诉讼程序的本质上。彪罗的诉讼法律关系说推翻了以往把诉讼视为诉讼行为总和的观点,第一次从具有权利义务内容的法律关系的全新角度来理解诉讼。这就从根本上抓住了诉讼的本质特征,对于诉讼法研究具有里程碑式的意义。

---

〔1〕［德］哈贝马斯:《在事实与规范之间:关于法律和民主法治国的商谈理论》,童世骏译,生活·读书·新知三联书店2003年版,第33页。

〔2〕Vgl. BverfGE 74,261 f.

〔3〕Vgl. *Oskar Bülow*, Die Lehre von den Proceßeinreden und die Proceßvoraussetzungen, Verlag Roth Gießen 1868, S. 2.

〔4〕Vgl. *Oskar Bülow*, Die Lehre von den Proceßeinreden und die Proceßvoraussetzungen, Verlag Roth Gießen 1868, S. 3f.

2. 诉讼法律关系说的发展与回归

诉讼法律关系说将诉讼理解为诉讼主体之间形成的一种权利义务关系。但是,学者们就这一法律关系中诉讼主体的范围产生了不同的理解。为了解答诉讼法律关系究竟是谁和谁之间的关系这一问题,学界发展出了一面关系说、两面关系说、三面关系说和多面关系说。

一面关系说认为民事诉讼中只存在原告与被告之间的一面诉讼法律关系,法院完全是个“局外人”,消极中立,居中裁决纠纷,不与其他主体之间存在诉讼法律关系。一面关系说源自古罗马民事诉讼制度。当时裁判官超然中立,与双方当事人保持同等的司法距离,因此,双方当事人之间的诉讼法律关系更加值得关注。然而,一面关系说放任当事人自行解决争议,将法院排除在外,忽略了法院在次级规范适用过程中发挥的作用,这与实际情况是不相符的。

两面关系说认为,诉讼法律关系是法院与原告之间以及法院与被告之间的两面关系,而非原被告之间的一面关系。尽管原被告双方在诉讼中都有陈述、辩论的权利,但这些诉讼行为不是直接向对方当事人作出的,必须首先向法院声明或陈述,才能产生诉讼上的法律效果。原告与被告之间只存在实体法上的关系,不存在诉讼法上的关系。即使一方当事人行使权利有时会影响到对方当事人,但是这并不是因为双方当事人之间直接存在诉讼法上的关系,而是经由法院带来的法律效果。〔1〕与一面关系说不同,两面关系说不仅不认为法院是个“局外人”,反而将法院摆在了“主角”的位置,法院恒为诉讼法律关系的一方,对双方当事人负有依法裁判的义务。两面关系说强调法院在诉讼中居于主导地位,可以依职权指挥诉讼程序,同时也强调了法院在审理裁判方面的义务主体身份,体现了诉讼法律关系的公法关系属性。

将一面关系说与两面关系说相加,德国学者提出了三面关系说。该说认为:民事诉讼法律关系不仅包括法院与原告、法院与被告之间的两面关系,也应当包括原被告之间的一面关系。法院与当事人之间存在两面的诉讼法律关系,对此学界已无争议。除此之外,双方当事人之间还存在一面

---

〔1〕 参见[德]康拉德·赫尔维格:《诉权与诉的可能性:当代民事诉讼基本问题研究》,任重译,法律出版社2018年版,第125~126页。

不同于实体法律关系的诉讼法律关系。一个典型的例子就是:在诉讼过程中,原告陈述时,被告不得无故打断,反之亦然。这就说明原被告之间在诉讼过程中有彼此忍耐的义务。〔1〕除此之外,协议管辖、诉讼和解等也说明了在诉讼中当事人之间存在直接的诉讼法律关系。〔2〕然而,三面关系说在描述法院与原被告之间诉讼法律关系时与两面关系说并无二样,故该说提出后并没有动摇两面关系说在学界的地位。

德国学者创立的诉讼法律关系说传入苏联后,经过修正发展出了多面关系说。该说认为,民事诉讼法律关系是“作为社会主义审判机关的法院与当事人、第三人、检察长之间的关系”。〔3〕两面关系说只认可法院与双方当事人之间的诉讼法律关系,而苏联民事诉讼法特别强调检察机关的诉讼主体地位,需要发展理论使其更具包容性。根据多面关系说,诉讼法律关系具有如下几方面的特点。第一,诉讼法律关系不是一个单一的法律关系,而是所有诉讼参加人同法院之间的一系列的法律关系。诉讼参与人并不是一个单一的主体。多面关系说拓展了诉讼法律关系的主体范围,将包括检察机关在内的所有诉讼参与人均列入其内。第二,法院是每个民事诉讼法律关系的当然一方主体,各诉讼参与人之间不直接发生诉讼关系。“任何一种诉讼法律关系都只能是由于法院诉讼活动而产生的,也正因如此,法院是任何一个民事诉讼法律关系当然的参加者。没有法院,就不会发生诉讼法律关系,双方当事人和其他参加人的相互联系,只有通过法院相应的活动才能实现。因此,案件参加人之间直接的诉讼关系,是不存在的。”〔4〕第三,多个诉讼法律关系之间不是杂乱无章、彼此分立的。首先,民事诉讼法律关系既有统一的一面,也有分立的一面。诉讼法律关系的一方总是法院就使多面的诉讼法律关系有了统一的基础,各个分立的诉讼法

---

〔1〕田平安:《民事诉讼法律关系论》,载《现代法学》1994 年第 6 期,第 15 页。

〔2〕有观点认为尽管当事人之间相互一致的行为偶尔会成为产生法律效果的前提条件,但这也不是双方当事人之间的法律关系,而是当事人一方与法院之间的法律关系。参见[德]康拉德·赫尔维格:《诉权与诉的可能性:当代民事诉讼基本问题研究》,任重译,法律出版社 2018 年版,第 123~125 页。

〔3〕[苏]克列曼:《苏维埃民事诉讼》,王之相、王增润译,余叔通、洪济校,法律出版社 1957 年版,第 20 页。

〔4〕[苏]阿·阿·多勃罗沃里斯基等:《苏维埃民事诉讼》,李衍译,常怡校,法律出版社 1985 年版,第 45 页。

律关系都有相同的目标——公正解决民事争议。其次,当事人同法院的关系是整个诉讼法律关系的枢纽和主导,其他诉讼法律关系都由此派生。[1]最后,诉讼法律规定强化了法院与诉讼参与人之间不同诉讼法律关系的有序性。例如,法院与被告的诉讼法律关系必然发生在法院与原告的诉讼法律关系之后;在法庭辩论中,只有先出现法院与当事人的关系,才能发生法院与证人的关系。如此,"法律规定的'有序性'使若干'面'的诉讼法律关系形成一个统一的民事诉讼法律关系'束'"。[2] 苏联学者提出多面关系说旨在与具有资产阶级法性质的两面关系说彻底决裂,但事实上多面关系说并没有跳脱两面关系说的理论模式。多面关系说始终把法院看作诉讼的一方,而包括当事人、第三人和检察机关在内的其他人是诉讼的另一方,其实质是法院同一切诉讼参与人之间的两面关系。[3]

诉讼法律关系理论对我国而言是舶来品,经苏联"转口"引进的多面关系说长期以来影响着我国学界。在苏联这种以两面关系说为基础的多面关系说基础上,我国学者又发展出了以三面关系说为基础的多面关系说,将各诉讼参与人之间的法律关系也纳入诉讼法律关系视野中。在刑事诉讼中,公、检、法机关与诉讼参与人之间在诉讼上的权利义务关系都纳入刑事诉讼法律关系体系当中。[4] 如此一来,"诉讼法律关系"变得越发繁杂,究其原因是多面关系说所引发的诉讼主体泛化思维所导致的。大陆法系的诉讼主体限于法院与当事人。无论是一面关系说、两面关系说,还是三面关系说,诉讼法律关系都是诉讼主体之间的相互作用,诉讼主体和诉讼法律关系主体是一致的,没有必要区分。然而,苏联学者提出的多面关系说扩大了诉讼法律关系主体的范围,该说将诉讼中所有存在权利义务关系的参与者都包含其中,将诉讼中的法律关系主体理解为诉讼法律关系主体[5],又没有与诉讼主体进一步区分,认为刑事诉讼主体也就是所谓的刑

---

〔1〕 李铁刚:《民事诉讼法律关系研究综述》,载《法学研究》1989 年第 4 期,第 61 ~ 62 页。

〔2〕 田平安:《民事诉讼法律关系论》,载《现代法学》1994 年第 6 期,第 17 页。

〔3〕 参见张卫平:《程序公正实现中的冲突与衡平——外国民事诉讼研究引论》,成都出版社 1993 年版,第 65 页。

〔4〕 徐静村主编:《刑事诉讼法学》(第 3 版)(上册),法律出版社 2004 年版,第 99 页。

〔5〕 此种关于刑事诉讼法律关系主体的扩大化理解亦参见章海:《刑事诉讼法律关系若干问题探讨》,载《法商研究(中南政法学院学报)》1995 年第 5 期,第 60 ~ 61 页。

事诉讼法律关系主体[1]，这既造成了诉讼法律关系主体的扩大，也势必会造成诉讼主体泛化。证人、鉴定人、翻译人等都堂而皇之地成为"诉讼主体"[2]，他们之间的关系也成了诉讼法律关系，诉讼法律关系极度膨胀。

诉讼法律关系说的初衷是将诉讼中最重要、最基础的诉讼法律关系提炼出来，重点研究。诉讼法律关系的膨胀给学界出了一个极大的难题，学者们不得不再对诉讼法律关系进行类型化划分，厘清其中的内在联系。这方面的努力首先是从区分诉讼主体与诉讼中的法律关系主体开始的。诉讼主体是诉讼构成的必备要素：没有诉讼主体参加诉讼，诉讼将无法进行或失去进行诉讼的实际意义；诉讼主体的诉讼行为对诉讼的发生、变更、终结起着重要的甚至决定性作用。[3] 以此为框架，诉讼主体是法院和当事人，除此之外的其他诉讼参与人至多只能视为诉讼中的法律关系主体。在诉讼中的若干法律关系当中，诉讼主体之间的法律关系是基础性的诉讼法律关系，其他法律关系主体之间是附带性法律关系。探究诉讼的本质，需要回归到以法院和当事人作为诉讼主体的诉讼法律关系理论，如此才能从整体上认识诉讼的本质，避免将诉讼再次碎片化为若干诉讼行为的集合。

（二）诉讼法律状态

1. 诉讼法律状态说的提出

诉讼法律关系说对整个诉讼法学界发挥了不可磨灭的影响，但与此同时也遭遇了挑战。1925 年，德国学者哥德施密特出版《作为法律状态的诉讼：一种基于程序思维的批判》（Der Prozess als Rechtslage. Eine Kritik des prozessualen Denkens）一书，提出了"诉讼法律状态说"。作为一种反诉讼法律关系的学说，诉讼法律状态说的主要内容在于否定当事人与法院之间存在诉讼法律关系，认为诉讼在本质上是一种法律状态。

哥德施密特认为，诉讼法律关系理论下，当事人参加诉讼的目的是实

---

〔1〕 参见陈瑞华：《刑事诉讼的前沿问题》（第 5 版）（上册），中国人民大学出版社 2016 年版，第 70 页。

〔2〕 当前对于刑事诉讼主体的理解，除了审判机关、检察机关、侦查机关以外，还包括当事人与其他诉讼参与人。参见《刑事诉讼法学》编写组：《刑事诉讼法学》（第 3 版），高等教育出版社 2019 年版，第 61 页。

〔3〕 参见章海：《刑事诉讼法律关系若干问题探讨》，载《法商研究（中南政法学院学报）》1995 年第 5 期，第 61 页；蔡彦敏：《对民事诉讼法律关系若干问题的再思考》，载《政法论坛》2000 年第 2 期，第 83 页。

现实体权利;法院的义务是严格依法作出判决实现客观权利。法律关系中的义务具有强制性,将法律规定当作命令。如果承认诉讼法律关系说,就意味着法院负有作出符合法律规定的唯一判决的义务。然而,法院作出怎样的裁判是不确定的:一方面,法院在判决当中并不一定能够正确适用法律,无论是实体法还是诉讼法都不是命令,而只是由法官选择适用的判断标准;另一方面,在事实认定上,法官享有自由裁量权,对事实的见解可能与当事人不同。因此,法院并没有作出上述法律所要求判决的义务,当事人也没有权利要求法院通过判决实现实体权利。诉讼的终点不在于以判决落实实体权利,而在于获得具有既判力的判决。当事人在诉讼中拥有这样一种期待,即对法院作出利己判决的一种期待。

诉讼法律状态说认为权利义务是静止观察的结果,法律关系以权利义务为观察对象,这就决定了诉讼法律关系说不可能如彪罗所承诺的一般,从运动发展变化的角度观察诉讼,而只能是一种静态描述。诉讼法律关系说以实体权利的实现作为诉讼的目的,使诉讼法又回到了依附于实体法的老路上来,无法脱离静止观察的窠臼。与实体法的静的考察方法不同,诉讼法应以一种动态的视角去进行观察,[1]不能将诉讼理解为一种法律关系,而应将其视为一种法律状态(Rechtslage)。诉讼的落脚点不是实体权利,而是具有既判力的判决。实体权利义务只有在法院判决确定后才能发生,此前不存在明确的权利义务关系,只有取得有利既判力的希望或接受不利裁判的负担。在诉讼过程中,一切诉讼事项都与作为诉讼结局之既判力发生某种内在的联系。诉讼是一种以既判力为终点的浮动的法律状态。

根据诉讼法律状态说,以权利义务为内容的法律关系概念在实体法上是妥当的,却并不适用于诉讼法;用诉讼法的思维观察,诉讼是一种法律状态,当事人之间不存在严格意义上的权利义务关系,而是"诉讼期待"和"诉讼负担"的关系。[2] 所谓诉讼期待是指一方主体在对方主体实施特定的诉讼行为时,可以取得某种利益的法律状态;诉讼负担是指一方主体是否实施某种诉讼行为,可以自主决定,但必须承担相应法律后果的一种诉讼

---

[1] Vgl. *Goldschmidt*, Der Prozess als Rechtslage. Eine Kritik des prozessualen Denkens, Verlag von Julius Springer · Berlin 1925, § 18.

[2] Vgl. *Goldschmidt*, Der Prozess als Rechtslage. Eine Kritik des prozessualen Denkens, Verlag von Julius Springer · Berlin 1925, S. 252 f.

法律状态。权利义务关系意味着某一方一旦未履行义务，就需要承担相应的法律责任，而期待和负担之间没有这层关系。有诉讼期待的一方主体没有权利要求对方做出诉讼法律规定的行为，承担诉讼负担的一方主体也不负有以特定方式做出诉讼行为的义务，即使其不承担负担，也并未违反诉讼法。诉讼状态的三个要素是：获得有利判决的希望、诉讼行为的实施和摆脱诉讼的负担。〔1〕 我国台湾地区学者曾以如下通俗的语言解读诉讼法律状态说："德国学者有主张诉讼状态说者，以为当事人为获得有利于自己的裁判，就有实施诉讼行为的必要，从起诉到诉讼结束、诉讼程序为阶段性发展的行为的集合，前一阶段的诉讼行为为后一阶段诉讼行为的基础，所以这种现象就应解释为诉讼状态。"〔2〕

2. 诉讼法律关系说的包容性

法律关系理论是具有内在包容性的，来自诉讼法律状态理论的挑战不足以动摇诉讼法律关系说在学界的权威地位。权利和义务是法律关系的核心概念，对其有广义和狭义两种理解方式。法律关系纷繁复杂，权利和义务作为法律关系的基本研究工具，也具有相当的复杂性。狭义的权利义务概念不足以用于解释所有法律关系的所有问题。霍菲尔德曾将广义权利和义务类型化，提炼出四对基本法律概念：权利与义务；特权与无权利；权力与责任；豁免与无能力，并希望它们可以作为"法律的最小公分母"适用于所有法律问题。〔3〕 但事实证明，霍菲尔德取得的成效也只是阶段性的。要解决全部法律关系的问题，只有这四组基本概念远远不够，对于权利和义务这两个法律概念需要进行更为开放性的理解。在法律关系的研究问题上，可以将权利和义务从广义上理解为"法律性利益"和"法律性不利益"。前者泛指法律关系中的积极要素，除了权利（Recht）之外，还包括权能（Befungnis）、权限（Zuständigkeit）及预期取得（Erwerbsaussichten）；后者

〔1〕 张卫平：《程序公正实现中的冲突与衡平——外国民事诉讼研究引论》，成都出版社1993年版，第60页。

〔2〕 王甲乙、杨建华、郑健才：《民事诉讼法新论》，广益印书局1983年版。转引自张卫平：《程序公正实现中的冲突与衡平——外国民事诉讼研究引论》，成都出版社1993年版，第60页、第76页注9。

〔3〕 参见沈宗灵：《对霍菲尔德法律概念学说的比较研究》，载《中国社会科学》1990年第1期，第67～77页；王涌：《寻找法律概念的"最小公分母"——霍菲尔德法律概念分析思想研究》，载《比较法研究》1998年第2期，第151～165页。

泛指法律关系中的消极因素,包括义务(Rechtpflicht)以及其他法律上的拘束(rechtliche Gebundenheit)、负担性义务(Obligenheiten)。[1] 狭义的权利和义务是人们较熟悉的概念,除此以外的其他概念,拉伦茨逐一作出了解释。“权能”是指还没有从权利中分离出来,不能被独立地转让的法律关系的内容。“权限”是指“一种特殊的法律地位,基于此种特殊法律地位享有特定权限的人可以行使本属于他人之权利,而其效果仍然属于授权人”。“预期取得”是指将来取得一种权利的预期,只有当法律保护预期不受侵害时,预期取得才成为期待权。这就是诉讼法意义上的“期待”。“法律上的拘束”又被称为“容忍义务”(Duldungspflicht),其并非因为没有权利而不采取任何反对措施,而是本有权提出却不提出反对或异议。在诉讼过程中,双方当事人被要求不能无故打断对方的发言,就是这种“容忍义务”。“负担性义务”又称为“不真正义务”,其特点是法律并不强制当事人履行此种义务,若当事人未履行,并不因此而承担法律责任。这就是诉讼法中的“负担”,法律并不强制要求当事人履行,但是是否履行、如何履行影响到当事人的利益。举证责任就是一种典型的负担:双方当事人都不会被强制要求提出证据证明己方的诉讼主张,但是如果不举证,法官可能作出不利于自己的心证判断;为了避免法官的心证对自己不利,当事人会主动举证,使这种“负担”呈现出一种义务的外观。

可见,诉讼法律关系说并不排斥“期待”和“负担”成为其内在要素。诉讼法律关系说的包容性使得其可以通过自身的理论发展来化解诉讼法律状态说发起的挑战。诉讼法律状态说提出的诉讼负担概念具有重要的意义,值得为诉讼法律关系说吸纳。例如,如果在规定的时间和阶段内,当事人没有提出防御的方法,那么他就要承担由此产生的不利后果。有了负担的存在,当事人为了从其中解脱出来,就会积极主动地按照法律的规定实施诉讼行为。然而,单凭负担无法解释法院强制的问题,唯有通过诉讼义务才能进行解释。诉讼不只是当事人之间利益博弈的工具,其作为依法解决纠纷的一种国家制度具有重要的公益性质。诉讼法律关系与实体法

---

〔1〕 参见[德]卡尔·拉伦茨:《德国民法通论》,王晓晔等译,法律出版社2003年版,第263~271页。拉伦茨将这两组概念命名为“广义上的权利”(Berechtigung)和“法律上的负担”(Belastung)。亦可参见朱虎:《萨维尼法律关系理论研究——以私法体系方法作为观察重点》,中国政法大学2008年博士学位论文,第62页注释126~139。

律关系不同,国家在其中发挥着重要的干预作用,这种干预有时需要通过具有强制性的义务加以落实,如果当事人不履行义务,法院可以强制其履行。诉讼法律状态说将诉讼义务完全排除在外,是不恰当的。

3. 诉讼法律关系说与诉讼法律状态说的融合

诉讼法律状态说的提出只能够论证诉讼是一种法律状态,却无法全盘推翻诉讼法律关系说。反过来看,诉讼法律关系说也无法完全否认诉讼法律状态说的存在。从实用主义角度来看,两种学说在诉的主观合并、诉的客观合并以及诉讼继承等问题的解决上不存在不可调和的矛盾,可以共存。〔1〕于是,有学者主张将诉讼法律关系说与诉讼法律状态说加以调和。诉讼法律关系说的提出具有从整体上把握诉讼的里程碑式意义,是对民事诉讼进行整体考察所必不可少的要素。诉讼法律状态说侧重于诉讼发展的阶段性,但如果仅仅将诉讼理解为不同阶段诉讼状态的前后相连,又会使诉讼法学研究“碎片化”。唯有通过诉讼法律关系理论,才能把诉讼中不同阶段的法律状态由碎片统合为一个整体。在此背景下,新诉讼法律关系说酝酿并发展成熟,该说以传统的诉讼法律关系理论为根本立足点,并融入了法律状态理论中的合理因素,认为诉讼从整体上可以理解为是法律关系,而诉讼过程中的各个阶段可以理解为是法律状态。“法律状态既是法律争议发展的各个阶段,是一种法律状态引发另一种法律状态的情形,同时也是诉讼法律关系向前发展的各个阶段。”〔2〕

新诉讼法律关系理论从根本上来说仍是一种法律关系说。该学说建立在三面关系说基础之上,认为诉讼法律关系存在于法院与原告、法院与被告,以及双方当事人之间,否认其他诉讼参与人之间存在诉讼法律关系。诉讼法律关系具有公法性质。法院与当事人之间的关系是一种真正的公法上的义务关系,法官必须遵守法律规定履行审判义务,这是对其的职务要求。双方当事人之间是通过法院发生联系的,因而彼此之间的关系也具有公法属性。这一点与双方当事人基于实体法直接发生的实体法律关系不同。上述三个“面”的法律关系统一于一个整体的诉讼法律关系当中,并

---

〔1〕 参见张卫平:《程序公正实现中的冲突与衡平——外国民事诉讼研究引论》,成都出版社1993年版,第61页。

〔2〕 参见蓝冰:《德国新民事诉讼法律关系理论及启示》,载《政治与法律》2008年第1期,第148页。

指向一致的目标。诉讼法律关系具有发展性,在诉讼过程中通过各个诉讼行为不断向前推进,各个推进阶段被称为法律状况。这些法律状况只在诉讼推进过程当中才有意义,此外没有独立的法律含义。法律状况必须依附于诉讼法律关系,借助法院的裁判和裁判的既判力才能产生诉讼以外的效果。〔1〕

新诉讼法律关系理论吸收了法律状态提出的"诉讼负担"概念,认为在诉讼过程中"诉讼义务"和"诉讼负担"并存。诉讼负担在诉讼中广泛存在,除了前文中提到的举证负担之外,答辩对当事人来说也是一项负担而非义务,因为如果当事人拒绝答辩,法院可以作出缺席判决,而不必因此制裁他。然而,出庭应诉也不总是被告人的诉讼负担,在某些具体情形下如果法院要求被告必须到庭,他就因此负有出庭义务,否则法院可以拘传强制其到庭。〔2〕 诉讼负担与诉讼义务是理论学说上的区分,在立法用语上经常混称为诉讼义务,区分二者可以参考如下标准。第一,从主观上看,对于诉讼义务,当事人必须履行,不得选择;而对于诉讼负担,当事人是否承担可以自由决定。第二,从后果上看,诉讼义务与法律责任相联系,诉讼负担与不利后果相联系。法院可以通过强制手段迫使当事人履行诉讼义务,但当事人不承担诉讼负担不会被强迫实施诉讼行为。需要注意的是,由于当事人不承担诉讼负担而承担的不利威胁可能比迫使当事人履行其义务的强制手段更加严重,故不能简单认为诉讼负担的后果轻于诉讼义务。

(三)刑事诉讼法律关系

从民事诉讼领域发展出来的诉讼法律关系理论和法律状态理论很快传播到了其他诉讼法领域。诉讼法律关系理论首先在刑事诉讼中得到了继受。民国时期刑事诉讼法教材的通说认为,刑事诉讼乃一诉讼法律关系。与民事诉讼法律关系类似,刑事诉讼法律关系具有如下特征:第一,是法院、原告、被告之间的三面关系,各关系人皆享有权利,负有义务;第二,刑事诉讼的法律关系中,原告与被告地位平等,法院介于其中,进行公平裁判;第三,由于法院是国家设立的机关,因此原被告与法院之间的刑事诉讼

---

〔1〕 参见蓝冰:《德国新民事诉讼法律关系理论及启示》,载《政治与法律》2008年第1期,第149页。

〔2〕 参见《民事诉讼法》第112条。

法律关系是公法关系。与此同时,民国时期的刑事诉讼法学者认识到刑事诉讼与民事诉讼存在区别:其一,民事诉讼的原告和被告均是私人,而在刑事公诉案件中,原告恒为代表国家的检察官。其二,民事诉讼的目的在于实现私法上的请求权,但刑事诉讼的目的在于实现公法上的刑罚权。[1]在民事诉讼理论中存在一面关系说、两面关系说和三面关系说的争论,但在刑事诉讼中,学者们普遍偏爱三面关系说,将控辩双方之间的诉讼关系也纳入诉讼法律关系的范畴。陈瑾昆如是解释:"刑事诉讼关系,虽通诉讼全体而一贯,并为整个,但系因诉讼程序之进行终结而发展终结。即在侦查程序,则仅为检察官与被告之关系;在审判程序,通常固仅见各当事人与法院之关系,但当事人相互间亦非全无关系,如检察官在审判中仍得继续侦查,被告仍有服从其侦查权之义务也。"[2]承认刑事诉讼法律关系,有助于从诉讼的角度而非从行政治罪的角度观察刑事诉讼,具有进步意义。然而,民国时期对于刑事诉讼法律关系理论研究的不足也是较为明显的,模仿国外理论、照搬民事诉讼理论的痕迹比较重,存在简单化、公式化的缺陷。[3] 笔者认为,研究刑事诉讼法律关系,除了关注民事诉讼领域的理论基础之外,还十分有必要对两大诉讼的区别进一步深化研究,探索符合刑事诉讼特性的诉讼法律关系理论。

认识刑事诉讼中的法律关系,应当特别注意以下几方面的内容:

第一,刑事诉讼不同于民事诉讼,具有明显的阶段性特征,法庭审判虽是刑事诉讼的中心,但并不是刑事诉讼的全部,各个诉讼阶段都与审判阶段一样,有独立的重要功能。诉讼法律关系说的出发点是要从整体上把握诉讼的本质,因此,研究刑事诉讼法律关系,应从"法庭刑诉"才是刑事诉讼的观念中解脱出来,承认刑事诉讼程序各阶段主体性的多元性。[4] 刑事诉讼法律关系并非起始于提起公诉,而是在立案时就已经成立了。"刑事

---

[1] 朝阳大学编辑:《刑事诉讼法》,吴宏耀、种松志点校,中国政法大学出版社 2012 年版,第 17 ~ 19 页;夏勤:《刑事诉讼法要论》,郭恒点校,中国政法大学出版社 2012 年版,第 9 ~ 10 页。

[2] 陈瑾昆:《刑事诉讼法通义》,法律出版社 2007 年版,第 110 页。

[3] 参见陈瑞华:《刑事诉讼的前沿问题》,中国人民大学出版社 2005 年版,第 101 页。

[4] [日]土本武司:《日本刑事诉讼法要义》,董璠舆、宋英辉译,台北,五南图书出版公司 1997 年版,第 31 页。

诉讼法律关系制约着整个诉讼程序,使诉讼有组织有秩序地进行。"[1]无论案件进行到哪个阶段,都有其特定的体现刑事诉讼关系的形式。诉讼主体在一定的诉讼法律关系范围内活动,自始至终受到诉讼法权利义务的制约。此外,刑事诉讼法律关系并非只有通过法院裁判才可以终结。在侦查阶段、审查起诉阶段,诉讼法律关系也可能因为公安机关撤销案件、检察机关作出不起诉决定而消灭。刑事诉讼具有明显的动态发展的特征,既在整体上体现为诉讼法律关系,也在各个阶段体现为不确定的法律状态。

第二,诉讼法律关系强调法院和原被告之间互相享有权利并履行义务,诉讼地位彼此平等。在民事诉讼领域,两面关系说和三面关系说都有一定的影响力。然而,刑事诉讼法律关系理论中往往更强调三面关系说,且这种三面关系又会体现为国家和被追诉人之间的单面关系。在刑事诉讼法律关系中,法院作为裁判方,公安机关、检察院作为追诉方尽管是在不同阶段、作为不同诉讼主体出现的,但都是代表国家利益的国家机关,原本的三面关系就此而体现为合为一体的抽象意义上的国家机关与被追诉人之间的单面关系。造成此现象的原因在于,现代社会的合法强制力被国家垄断。在民事诉讼中,只有法院代表国家行使裁判权,国家强制力仅仅作为一种消极备位性的力量,保障各主体之间诉讼权利的实现和诉讼义务的履行。然而,在刑事诉讼中,控方和裁判方均由国家机关担任,其作为诉讼法律关系主体所具有的诉讼权利和诉讼义务都是国家权力的具体化,[2]国家强制力成为一种积极的刑事法律关系的实现动力。与此同时,在实体权利层面的国家强制力又以最为严厉的刑罚为主要实现形式。由此可见,刑事诉讼中的被追诉人要受到来自两方面国家强制力的压力,处于一种更为危险的境地。因此,在刑事诉讼法律关系的成立、发展、消灭问题上,必须特别关注被追诉人的权利保障。

第三,刑罚的落实以刑事诉讼为唯一途径。这一点与民事诉讼存在巨大的不同。刑事诉讼担负着实现刑罚权和维持程序公正的双重任务。前

---

[1] 李健民:《略论刑事诉讼法律关系》,载《西北政法学院学报》1986年第2期,第75页。

[2] 李健民:《略论刑事诉讼法律关系》,载《西北政法学院学报》1986年第2期,第73页。

者是刑事诉讼结果意义上的目的,后者是刑事诉讼过程本身的目的。〔1〕一方面,为了确保法律保障功能的实现,作为刑事诉讼主体的国家机关,其诉讼权利和诉讼义务是合一的,代表国家行使强制力是其诉讼权利的一项内容,但又不仅仅是权利,而是作为对其的职权要求,不得放弃,因而又具有诉讼义务的含义。例如,公诉机关享有公诉垄断权,也负有公诉义务,且这种义务只有在例外情况下才可被免除,〔2〕不允许其像民事诉讼中的原告一样自由撤诉。侦查机关在侦查阶段行使的是追诉权,但其作为国家机关的代表,也承担着追诉的义务,这也是对其进行法律监督的一项重要内容。刑事诉讼中法院的裁判职权同样需要受到更为严格的审视。刑事诉讼是落实国家刑罚权的唯一手段,若法院怠于行使裁判权,将直接导致国家刑罚权实现可能性的根本落空。另一方面,从过程上来看,刑事诉讼具有其他诉讼不可比拟的强制性,维护程序正当性的任务尤为艰巨。相对于民事诉讼中的被告,被追诉人一旦进入刑事诉讼当中,所面临的国家强制力除了可能来源于作为裁判方的国家机关,还可能源于作为追诉方的国家机关,而后者在诉讼结构中本应是与被追诉人处于平等地位的对方当事人。刑事诉讼中的被追诉人因其与国家机关之间的"对抗性"往往处于更加危险的程序地位,这一点是刑事诉讼的特性所决定的。从维护程序公正原则出发,刑事诉讼法律关系成立的门槛应当高于民事诉讼,并且,在刑事诉讼法律关系成立并维持的全过程中,应当特别审视诉是否合法。除了个别刑事诉讼行为合法与否之外,还要全程关注刑事诉讼作为一个整体的容许性问题。

二、刑事诉讼的内在构造

(一)诉讼的内在构造:三面说与两面说

诉讼法律关系说与诉讼法律状态说是关于在宏观上如何认识诉讼的理论。要在微观层面对诉讼进行观察,需要进一步探究诉讼的内在构造。这也有助于发现为什么诉讼的本质属性当中既包含了诉讼法律关系的特征,也包含诉讼法律状态的特性。需要强调的是,尽管探究诉讼的内在构

〔1〕 参见[日]田口守一:《刑事诉讼的目的》,张凌、于秀峰译,中国政法大学出版社2011年版,第49页。

〔2〕 [德]莱因荷德·齐佩利乌斯:《法哲学》,金振豹译,北京大学出版社2013年版,第231页。

造需要将诉讼进一步拆分,但这只是对“不可分的同一诉讼整体”[1]的不同侧面的观察,不应因此而影响到诉讼作为一个整体的理论前提。基于此,本书没有采纳“三分法”“二分法”的表述,而将相关理论表述为诉讼内在构造的“三面说”与“两面说”。

三面说的代表人物是绍尔(Sauer)。他在1919年出版的《诉讼法基础理论》(Grundlagen des Prozessrechts)一书中提出诉讼的发展包括三个相互重叠的发展过程,即实体形成(Sachgestaltung)、诉讼追行(Verfolgung)以及程序(Verfahren)三个面向。实体形成面主要是指实体法律关系的形成过程;诉讼追行面是指以确保实体形成为目的,当事人所进行的追诉活动;程序面是指现实地进行追诉活动的过程。在诉讼的三面构造中,实体形成与诉讼追行之间是目的与手段的关系,诉讼追行与程序之间是内容与形式的关系。[2] 根据三面说,诉讼不再是程序的同义词,而是一个统摄多个层面的立体概念。诉讼也脱离了单纯落实实体法的工具意义,独立价值更加凸显。“程序法并不是助法,而是具有实体内容形成作用的法的重要领域。”[3]在诉讼的三面构造中,诉讼追行面作为连接诉讼的实体形成面和程序面的中介,价值尤为突出。一方面,诉讼追行表现为当事人的具体诉讼行为,体现为程序的启动、推进,乃至终结;另一方面,当事人如何推进诉讼追行是在实体法规范的指引下进行的,又与实体形成面连接起来。[4] 诉讼三面构造中对于诉讼追行面的强调,突出了对于当事人作为诉讼主体的利益变动的关注。在民事诉讼领域,诉讼追行体现为当事人的攻击防御,随着攻击防御在原被告之间展开,当事人争议的实体问题范围随之扩大或缩小,[5]当事人借此实现了对法院职权的约束,体现出了当事人主义的特征。

诉讼三面构造说为诉讼法研究提出了一种新的理论框架。然而有学

---

〔1〕 [日]团藤重光:《新刑事诉讼法纲要》,创文社1967年七订版,第139页。转引自徐静村主编:《刑事诉讼法学》(第3版)(上册),法律出版社2004年版,第96页。

〔2〕 徐静村主编:《刑事诉讼法学》(第3版)(上册),法律出版社2004年版,第95页。

〔3〕 [日]谷口安平:《程序的正义与诉讼》(增补本),王亚新、刘荣军译,中国政法大学出版社2002年版,第6页。

〔4〕 参见章恒筑:《关于民事诉讼结构理论的考察和反思》,载《现代法学》2005年第6期,第87页。

〔5〕 参见王亚新:《诉讼程序中的实体形成》,载《当代法学》2014年第6期,第150页。

者认为诉讼的三面划分过于复杂，诉讼追行面可以融入实体与程序过程中，从而将三面说修正为实体与程序两面说。最先提出两面说的是日本学者团藤重光。他认为，没有必要对诉讼进行三面划分，实体与程序两面说已经具备足够的解释力，足以对诉讼法上的各种基本概念进行统一的体系化解释。团藤重光在两面说基础上，还主张诉讼法律关系说和诉讼法律状态说的调和。他认为，诉讼的实体面是实体法在诉讼中的形成过程，是具体案件中实体法律关系由形成到确定的浮动的、具体的法律状态；诉讼的程序面体现为法院与当事人之间的诉讼法律关系，由若干诉讼行为连接而成。[1] 团藤重光的两面说影响深远，一度成为日本的多数说。然而该说也遭遇到了挑战。小野清一郎认为，既然日本刑事诉讼法从职权主义转变为当事人主义，那么应当坚持诉讼三面构造说，并特别强调其中的诉讼追行面向。[2] 小野清一郎提出："民事诉讼恐怕是以追诉（攻击防御）为中心的，在那里，是以当事人主义为基本的。"[3] 他以民事诉讼为例，强调诉讼追行面向最能够体现出诉讼的当事人主义特征，不仅不能被消化在实体和程序面中，而且应当成为观察诉讼的中心。平野龙一也坚持诉讼应包含诉讼追行过程、实体过程和程序过程三个面向，其中诉讼追行过程就是当事人请求法院作出裁判的诉讼行为，包括申请、主张、证实等，这一过程既不同于实体面向，又不是纯粹的程序面向，有必要独立出来。[4] 在刑事诉讼当事人主义背景下，三面说又成为日本的多数说。在此理论基础上，日本学界根据诉讼行为与诉讼结构的关系，将诉讼行为分为诉讼追行行为、裁判行为和程序行为。[5]

此外，平野龙一还对团藤重光的诉讼法律关系和诉讼法律状态调和说

---

〔1〕 参见徐静村主编：《刑事诉讼法学》（第3版）（上册），法律出版社2004年版，第96～97页。

〔2〕 参见［日］小野清一郎：《犯罪构成要件理论》，王泰译，中国人民公安大学出版社1991年版，第115页。

〔3〕 ［日］小野清一郎：《犯罪构成要件理论》，王泰译，中国人民公安大学出版社1991年版，第116页。

〔4〕 参见徐静村主编：《刑事诉讼法学》（第3版）（上册），法律出版社2004年版，第97～98页。

〔5〕 参见［日］田口守一：《刑事诉讼法》（第7版），张凌、于秀峰译，法律出版社2019年版，第256页。

提出了批评,他认为将诉讼的实体面理解为单纯的诉讼状态,程序面理解为单纯的法律关系是片面的。他采“法律关系与法律状态并立说”[1],并认为诉讼作为一个整体,既是法律关系,同时也是法律状态,无论在实体面还是程序面中,都呈现出法律关系和法律状态的两种性质。[2] 具体而言,尽管诉讼的实体面是实体法经过诉讼而实现的过程,是浮动的,因而具有诉讼法律状态的性质,但是由于法院有公正裁判的义务,因此也具有法律关系的特性。法院形成何种心证并非总是一种不确定的状态,如果证据充分,法院就有依法形成特定心证的义务。诉讼的程序面虽然主要为一种诉讼法律关系,但是由于诉讼法律关系不同于实体法律关系,具有动态发展的特性,因此法律关系属性不排除法律状态属性。这主要体现为法院需要对某些程序事项进行裁断。例如,诉讼中法院需要就回避申请等作出判断,在判断作出之前,程序面中就呈现不确定的法律状态。至于诉讼追行面,笔者认为,同样是兼具法律关系和法律状态的两种性质。实体形成目的必须通过诉讼的手段才能实现,从起诉开始,到诉讼终结为止,诉讼的追行过程都持续存在。诉讼追行是当事人行使诉权的过程,表现为当事人与法院之间的一种诉讼法律关系。在形式上,诉讼追行表现为当事人的申请、主张、证实等请求法院作出裁判的诉讼行为,此过程中势必会包含当事人与法院裁判之间的期待与负担,且这种期待与负担不仅仅体现在实体层面,表现为诉讼追行过程中的法律状态属性。

(二)刑事诉讼三面构造理论的回归

在刑事诉讼的内在构造问题上,我国目前流行的是实体和程序两面说。然而,笔者认为,有必要回归诉讼的三面构造理论。两面说与三面说的区别不仅仅在于基于职权主义和当事人主义诉讼模式的不同角度理解,更重要的区别在于:第一,三面说可以更好地从整体上把握刑事诉讼;第二,三面说有助于更好地把握刑事诉讼不同于民事诉讼的特性,即对于被追诉人的强制性。在刑事诉讼中,诉讼追行无法像在民事诉讼中一般,表现为平等当事人之间的相互攻击和防御,而是更多体现为一种控方的刑事

---

〔1〕 参见陈朴生:《诉讼关系与诉讼状态》(上册),载《军法专刊》1966 年第 3 期,第 11 页。

〔2〕 参见徐静村主编:《刑事诉讼法学》(第 3 版)(上册),法律出版社 2004 年版,第 97~98 页。

追诉,被追诉人虽亦根据应诉权行使诉讼追行权,[1]但系被动牵扯进诉讼当中。而且,在刑事公诉案件中,控方系国家机关,刑事追诉因此具有了强制性,这一点与民事诉讼也存在不同。基于此,笔者认为传统诉讼三面构造中的“诉讼追行”在刑事诉讼中更为突出的表现为“刑事追诉”。如此一来,刑事诉讼的三面构造就可理解为包含实体形成、刑事追诉和程序三个面向:国家定罪量刑权的实现需要进行事实认定和法律适用,这便是实体形成方面;为落实定罪量刑权,国家需要行使国家诉权,必须发动并推进刑事追诉;而诉讼的程序面就是通过若干诉讼行为逐步推进刑事追诉的现实过程。刑事追诉作为联系诉讼实体面和程序面的中介,内化于实体形成和程序过程当中,同时又将诉讼的三个面向统合成一整体,任何一个面向不具备,诉讼就不复存在。

三面说相对于两面说的最大区别在于对刑事追诉一面的特别强调,而这正是能够将刑事诉讼视为一个整体的关键。事实上,对诉讼采实体和程序二元观察的前提正是,三面构造中的诉讼追行面向已经分别融入实体形成和程序面向当中。否则,诉讼就会被割裂为实体和程序两个孤立的部分。

理解实体形成与刑事追诉之间的关系,需要区分刑事诉讼中的刑事法律关系和刑事诉讼法律关系。刑事法律关系的客体是刑事案件;刑事诉讼法律关系的客体是由刑事案件派生出来的对被追诉人刑事责任的追究,贯穿诉讼全过程。[2] 实体法律关系的还原主要是犯罪构成要件事实逐步呈现的过程,是通过实体形成面实现的。“在讲‘案件’时,必须含有某种实体性的东西在内。在刑事案件中,这种实体就不能不是刑事性质的,必须受到刑罚法规的适用的东西,而且这种实体还必须是具体的、特殊的东西。不过它的内容不一定是一开始就明确地表现出来的。最初,它的内容没有明确地表现出来,在法律方面、事实方面还有不清楚的地方。它正是随着程序的进行逐步得以明确。检察官对案件全貌明朗了,就决定提起公诉;

---

〔1〕 参见[日]田口守一:《刑事诉讼法》(第7版),张凌、于秀峰译,法律出版社2019年版,第235页。但是,田口守一此处只提到了作为与检察官公诉权相对应权利的被告人应诉权,仅限于法院审判阶段的诉讼追行过程。

〔2〕 参见裴苍龄、易萍:《论刑事诉讼法律关系》,载《法律科学(西北政法学院学报)》1996年第2期,第76页。

在诉讼中法官对案件的内容形成充足心证时,就可以很容易地进行审判。而这就是诉讼中的实体形成过程。"[1]诉讼中的实体法律关系与实体形成是两个不同的概念,前者是一种静态的法律关系,后者是动态的刑事诉讼法律关系的一部分。犯罪事实虽不能直接引起刑事诉讼法律关系的发生,但却是刑事诉讼法律关系发生的总根据,[2]唯有对于已经发生的犯罪事实才能够发动刑事追诉,并由此成立刑事诉讼法律关系。经由刑事追诉的催化,静态的实体法律关系成为诉讼中的实体形成面,成为一种动态的诉讼法律状态。实体形成过程随着刑事追诉,贯穿刑事诉讼始终,如果刑事追诉缺乏存续的正当性,就应当立即终止诉讼,实体形成过程也不得继续推进,国家刑罚权自然无法落实。

理解刑事追诉与程序之间的关系,需要对所涉及的诉讼行为理论进行必要的澄清。如果说诉讼的程序面是若干诉讼行为的前后连接,那么刑事追诉可以理解为连接这些诉讼行为背后的逻辑。缺失了后者,诉讼的程序面向就可能会变成若干诉讼行为的简单相加,无法从整体上把握刑事诉讼法律关系的本质。诉讼法研究可能又会回到彪罗之前的"记述式诉讼法"时代。强调诉讼的刑事追诉面,就是特别强调刑事诉讼作为一个整体。组成程序的若干诉讼行为不是一个个孤立的"碎片",而是在刑事诉讼这个"拼图"中的一部分。这个"拼图"的逻辑就是刑事追诉,每个个别诉讼行为基于该逻辑彼此有序连接,并最终落实到刑事诉讼上来。强调刑事追诉还可以解释在不同的刑事诉讼中,为什么每一个诉讼阶段的裁判处理主体不仅对所在阶段的诉讼行为有审查的权力和义务,还可以对之前诉讼阶段中的诉讼行为进行审查。例如,法院本无在侦查阶段的司法审查权,但却可以在法庭审理过程中对侦查阶段的非法取证问题进行审查。这其实是法院通过一种事后司法审查的形式将司法裁判权延伸到了审前阶段。[3]

---

〔1〕 [日]小野清一郎:《犯罪构成要件理论》,王泰译,中国人民公安大学出版社1991年版,第118页。

〔2〕 参见李健民:《略论刑事诉讼法律关系》,载《西北政法学院学报》1986年第2期,第70页;裴苍龄、易萍:《论刑事诉讼法律关系》,载《法律科学(西北政法学院学报)》1996年第2期,第76页。

〔3〕 参见马可、闫奕铭、李京涛:《程序法事实的三维度分析——新的证明对象、裁判对象和刑事诉讼法律关系客体》,载《中国人民公安大学学报(社会科学版)》2014年第1期,第135页注3。

实践中检察院作为法律监督机关也有权对侦查阶段的取证行为进行合法性审查。上述现象之所以存在且合理,是因为刑事诉讼各阶段的诉讼行为首先是因为刑事追诉的逻辑连接为一个整体,只是由于诉讼阶段的客观存在,作为整体的诉讼法律关系被拆分后,才会具体表现为单个的诉讼行为。每个诉讼阶段的裁判处理主体都有对之前已经历阶段中的诉讼法律关系部分溯及既往地进行审查的权力,表现为对之前诉讼阶段的诉讼行为进行审查。

强调刑事诉讼的三面构造,不仅具有从整体上把握刑事诉讼的优势,还有助于更好地把握刑事诉讼的强制性。刑事诉讼具有明显的阶段性,刑事诉讼的强制性不限于法院审理阶段。实体与程序的双面构造没有充分考虑到刑事诉讼的线形结构,对于刑事诉讼一以贯之的强制性特征也关注不足。这种强制性是由国家行使诉权导致的,在诉讼中通过刑事追诉面向体现出来的,从审前一直持续到审判阶段。一旦进入诉讼,被追诉人的人身自由就可能受到限制乃至剥夺。正是这个原因,在刑事诉讼中应当特别强调诉之合法性的判断。国家落实定罪量刑权必须借助刑事追诉。诉讼作为诉权行使的载体,其中的刑事追诉面向才是诉讼的灵魂。因此,刑事追诉不仅是最能够体现刑事诉讼整体性的一面构造,也是最直接呈现刑事诉讼强制性的一面。对于刑事诉讼诉之合法性的判断可以也应当通过对刑事追诉条件的审查实现。如果欠缺刑事追诉条件,国家自然不得发动或维持追诉,以刑事追诉为中介的诉讼程序面以及实体形成面也都不得有所进展,刑事诉讼的三个方面都受到了抑制,诉讼从整体上就此终止。

三、刑事诉权理论

诉权是人类社会从私力救济发展到公力救济的时代产物。国家制定法律,不仅包括直接规范法律主体行为的初级规范,也包括使司法机构或某些控制机构在特定条件下负有贯彻初级规范义务的次级规范。基于次级规范,国家因垄断裁判权而与纠纷当事人之间存在一种诉讼法律关系。在此法律关系中,纠纷当事人享有诉权,即有权要求国家通过诉讼的形式解决纠纷;而法院作为国家的代表也相应承担裁判的义务。当事人行使诉权需要具备一定的前提条件。欠缺这些条件,法院便不能作出实体判决。在诉讼的三面构造中,诉讼追行的过程就是当事人行使诉权的过程。诉权条件是诉讼要件的最初来源。

(一)诉权的渊源:Actio

诉权的概念源于罗马法。尽管诉权最初适用于民事诉讼领域,但刑事诉权与之同源。“古代各国先有刑法,后又诸法合一,但古罗马由于商品经济的发展,民法部分远较刑法部分为发达,故诉讼法的发展,有关刑诉方面即因袭和附属于民诉。”[1]古罗马的权利体系实际上是一种诉权体系[2]:先有诉权而后才能谈到权利,如果没有诉权,权利就无法得到保障。应得之物作为核心目的,审判被当作获得应得之物的手段,是一种手段性利益。Actio即通过审判要求获得自己应得之物的权利。Actio含义丰富多变,在汉语中很难找到一个概念与之完全对应,本书侧重从诉权角度对其进行剖析。

Actio在罗马法历史上经历了一个发展变化,进而逐渐消亡的过程。罗马法诉讼大致经历了法定诉讼、程式诉讼、非常程序三个时期。作为技术性概念的Actio起源于法定诉讼。当时的Actio只具有程序性含义,表示诉讼行为或诉讼本身,尚不具有明显的实体法因素,亦不具有“诉权”的含义。法律保护的权利十分有限,凡是法律没有规定的,即使其正当利益受到了侵害,法官亦无权受理。此外,法定诉讼具有严格的形式化特征,即使在法律保护的权利范围内,也可能因为很小程度的形式违法而遭遇败诉。当事人必须遵行严格的言辞格式和仪式行为。例如,关于砍伐葡萄树的诉讼,如果没有使用“树木”一词而直接称“葡萄”,将遭遇败诉,因为《十二铜表法》只规定了非法砍伐树木的应处罚金。[3] 可见,法定诉讼是十分机械的,也正是因其愈加僵化,法定诉讼在历史发展中逐渐被摒弃。

在程式诉讼中,司法官的权力不断扩大。在法定诉讼不能涉及的领域,司法官可以运用自己在诉讼中的主导地位,以“诉讼程式书”的形式创造新的诉讼方法或诉权,确立与其相适应的实体权利;即使法律有明文规定,如司法官认为法律规定已经过时,也可以拒绝接受。[4] 此时期,Actio

---

〔1〕 周枏:《罗马法原论》(下册),商务印书馆2014年版,第939页。

〔2〕 [意]朱塞佩·格罗索:《罗马法史》,黄风译,中国政法大学出版社1994年版,第247页。

〔3〕 参见周枏:《罗马法原论》(下册),商务印书馆2014年版,第946页。

〔4〕 参见周枏:《罗马法原论》(下册),商务印书馆2014年版,第964页。

的含义扩展到了实体法领域,用来指代为了实现那些获得法律承认的、能够在程式诉讼中进行主张的私法要求,而设置的类型化的诉讼程式书。每一种私权类型都有着各自不同的模板化的程式书,并借此创造相应的诉权Actio。此时期的Actio体现出横跨诉讼法与实体法的“两面性”。凯瑟(Kaser)对Actio界定如下:“原告向司法官请求授予的这种诉权Actio,是一种供原告支配的法律手段(das Rechtsmittel),用以通过诉讼途径追诉由法律规范所承认的私权主张。”此时期的罗马法从权利实现可能性的角度看待权利:某人具有一种诉权Actio,才能够以胜诉的期望来提出主张。[1] 从这个意义上说,无Actio则无权利。

在罗马法程式诉讼与法定诉讼时期,Actio还具有划分诉讼阶段的意义。此时期的诉讼程序区分为法律审和事实审两个阶段,在事实审之前,司法官要先进行法律审,对Actio的审查便是要在此阶段完成的工作。这也就意味着,对Actio条件的审查结果决定了是否可以开启对本案的实体审理。司法官在法律审过程中审查的是授予诉权Actio的前提条件,此即诉讼要件的前身:一方面包括一般性的诉讼前提条件;另一方面是针对原告的实体法请求权,但审查的重点不在于原告是否享有这种实体权利,而在于这种实体权利本身的法律容许性。司法官根据审查结果决定向原告授予诉权或驳回原告给予诉权的请求。只有当司法官许可了原告的诉权Actio时,进一步的诉讼才被允许,并可开启事实裁判程序,否则,诉讼程序就在法律审阶段终止了。

在非常程序时期,诉讼程序奉行便宜原则,不再拘泥于形式。审判既不需遵行法定诉讼时期的法定言辞和行为,也不需要程式诉讼时期的诉讼程式书。[2] Actio概念随之消亡。审判侧重于查明当事人的真实意思,不区分法律审和事实审,原告的私法主张直接由司法官评判。

(二)作为基础的民事诉权理论

德国法在继受罗马法的过程中继承了Actio,并在此基础上发展出了现代民事诉权理论。罗马法最初创立Actio的概念,是国家干预私人生活的

---

〔1〕 *Max Kaser*, Das Römische Zivilprozessrecht, Verlag C. H. Beck München 1996, S. 13, 233.

〔2〕 参见周枏:《罗马法原论》(下册),商务印书馆2014年版,第1006页。

一种表现。Actio 最初是一种身份的象征:因为资源稀缺,不能充分地供给一切人,罗马立法者利用身份为工具,保证那些自己认为有用的人能够得到分配。身份就是表征这种受优先分配的符号。为此就要牺牲那些被认为无用的人得到分配的机会,即不赋予或剥夺其身份。[1] 可见,诉权概念最初建立在一种当事人与裁判者不平等的基础之上,诉权更类似于一种恩赐,是国家对当事人授予的一种资格。然而,19 世纪下半叶开始,法治国思想发展起来,国家被认为负有保护和实现公民权利的使命,上述理解就被改观了。诉讼法律关系说正是在此历史背景下提出,与之相伴的是对罗马法诉权理论的彻底改造。民事诉权理论将视野从当事人之间拓展到当事人与国家之间。"诉讼法上的'诉'和实体法上的'请求'具有不同的性质,前者是针对法院提起的诉讼上的请求,后者是针对民事主体相对方提起的司法上的请求。"[2] 当事人除了享有私法上的权利之外,还拥有一项针对法院的公法上的权利,即诉权。

如今,公法诉权说已经成为民事诉权理论中的通说,但是围绕国家在诉讼法律关系中所负义务的范围不同,公法诉权说内部又有若干理论学说的分化。诉权的概念几经发展,学界至今没有达成一致意见。恰如法国学者所言:诉权"这一术语,不论法律界对其如何熟悉,却仍然是一个性质与特点都会引起激烈争论的概念"。[3] 但这并不妨碍学界就诉权的一些基础问题达成共识。这些基本共识对于刑事诉权理论的研究具有方向性的指导意义。

1. 诉权是一项公法性质的权利

诉权不是与人类社会同时出现的,而是公力救济取代私力救济之后才出现的"对价"。在人类社会早期,人们通过私力救济的方式解决纠纷。彼时,合法强制力为个人所拥有,个人以其社会地位、财富和身体的强壮程度等来保障自身权利的实现。随着社会的发展,合法强制力逐渐为国家所垄断。个人虽仍可以选择私力救济,但无法同时获得合法的强制力保障。国

---

〔1〕 参见徐国栋:《寻找丢失的人格——从罗马、德国、拉丁法族国家、苏联、俄罗斯到中国》,载《法律科学(西北政法学院学报)》2004 年第 6 期,第 71 ~73 页。

〔2〕 江伟、邵明、陈刚:《民事诉权研究》,法律出版社 2002 年版,第 12 页。

〔3〕 [法]让·文森、塞尔日·金沙尔:《法国民事诉讼法要义》,罗结珍译,中国法制出版社 2001 年版,第 115 页。

家在垄断所有合法强制力的同时,以诉权为"对价",允诺个人在必要的时候可以获得国家的公力救济。

由上可见,诉权是一种公民对于国家的权利,是一项公法性质的权利。纠纷发生后,当事人行使诉权,将纠纷提交法院,请求国家通过民事诉讼提供公力救济。诉权具有单向性特征:当公民行使这一权利并提出主张时,这种主张的对象总是指向国家,也就是说权利人是向国家提出权利满足的要求的。[1] 诉权的权利主体恒为当事人,义务主体恒为国家,权利和义务主体的地位不会互换。在民事诉讼中,国家介入的方式为法院行使审判权,故民事诉权针对的义务机关为法院。尽管对方当事人也会做出应诉、抗辩等若干诉讼行为,但这并不是在针对一方当事人行使诉权而履行的义务,而只是当事人根据自身利益的行为负担。[2]

诉权作为一项公法性质的权利,体现了公民权利对国家权力的制约。一方面,司法权具有被动性,必须遵循"不告不理"的原则。"直到一位当事人提起诉讼,司法系统才能获得有一起纠纷等待解决的信号。"[3] 诉权是一种发动力,除非当事人主动行使诉权,否则国家不得主动介入到纠纷解决过程中。如果当事人自愿撤诉,民事诉讼即告终结。在民事领域,公力救济与私力救济并存,当事人可以自由选择以何种方式解决纠纷,对于该选择,国家必须尊重。在国家权力倾向于滥权干预的场合,有必要强调诉权对审判权滥权作为的制约作用。另一方面,国家应当保障当事人的诉权,"有告必理"。如果当事人行使诉权,国家必须履行义务,实行一定的司法行为。"权利受到侵害的诉讼无论为大为小,法院必然受理,必然设法补救。"[4] 诉权是"开启诉讼的敲门砖",如果得不到尊重,当事人的实体争议就迈不进诉讼的门槛。扼住诉权就相当于向公民关上了法律之门。从这个意义上说,诉权乃公民要求国家不得无故拒绝审判的权利,诉权对审判权怠权不作为具有制约作用。

---

〔1〕 刘荣军:《程序保障的理论视角》,法律出版社 1999 年版,第 258 页。

〔2〕 参见[德]罗森贝克、施瓦布、戈特瓦尔德:《德国民事诉讼法》(上册),李大雪译,中国法制出版社 2007 年版,第 12 页。

〔3〕 [美]米尔伊安·R. 达玛什卡:《司法和国家权力的多种面孔——比较法视野中的法律程序》,郑戈译,中国政法大学出版社 2004 年版,第 164 页。

〔4〕 [英]戴雪:《英宪精义》,雷宾南译,中国法制出版社 2001 年版,第 252 页。

2. 诉权乃一中介,具有程序与实体的双重内涵

如果从诉讼的三面构造角度观察,当事人行使诉权的过程对应着诉讼的诉讼追行面向,连接着实体形成和程序两个面向。即便是在当前主流的两面说语境下,诉权也不是单纯的实体权利或单纯的程序权利,而是具有程序和实体的双重面向,程序意义上的诉权是实现其实体内涵的方式和途径;实体意义上的诉权是其程序内涵的目的。诉讼法乃实体法发展之母体。[1] 诉权便是通过诉讼实现实体权利的中介。受苏联民事诉权理论的影响,长期以来影响我国的诉权理论是二元诉权说,根据二元诉权说,程序意义上的诉权是提起诉讼的权利,即起诉权;实体意义上的诉权是当事人通过法院向对方当事人主张实体请求的权利,即胜诉权;前者是满足后者的保障。然而,上述对诉权的二元划分损害了诉权内在要素的统一性,在司法实践中进行上述划分相当困难而且没有必要。[2] 诉权的实体面与程序面是内在统一的,不应人为割裂。离开程序面向上的诉权这一媒介,诉权的实体内涵就无法实现;若忽略诉权在其实体面向上的内涵,就是为了诉讼而诉讼,与当事人的实际心理并不相符,而且可能为诉权滥用大开方便之门。

实体面向上的诉权区别于实体权利,它所强调的是与实体权利之间的联系,而非实体权利本身。一方面,胜诉权并非诉权的应有之义。即使拥有诉权,也不代表当事人的实体权利一定能实现。诉权的具备只是赋予当事人一种对胜诉的期待。另一方面,离开实体权利,诉权也无从谈起。任何当事人不可能只提出不包含任何实体上目的的纯粹的程序要求。因此,诉权从本质上来说是一项诉讼权利,它不包括实体上的权利,但又与实体权利有必然的联系。[3]

民事诉讼中诉权不是实现实体权利的必要条件,离开民事诉权,当事人的实体权利依然可能得以实现。民事诉权只是将纠纷引入司法程序的中介,不是当事人解决纠纷、实现实体权利的唯一途径。解决民事纠纷既可以采取公力救济,也可以采取私力救济。只有当当事人要求通过诉讼程

---

〔1〕 [日]谷口安平:《程序的正义与诉讼》(增补本),王亚新、刘荣军译,中国政法大学出版社 2002 年版,第 59~68 页。

〔2〕 参见顾培东:《诉权辨析》,载《西北政法学院学报》1983 年第 1 期,第 75 页。

〔3〕 顾培东:《诉权辨析》,载《西北政法学院学报》1983 年第 1 期,第 76~78 页。

序获得公力救济,以国家强制力保障纠纷解决的效果时,诉权作为中介才有其存在的必要。如果当事人能够在诉讼以外,以私力救济的形式解决纠纷,民事诉讼便无必要,诉权亦无发挥作用的舞台。

3. 诉权具有平等性

民事诉讼中当事人双方平等地享有诉权,并在行使诉权过程中拥有平等的法律地位。民事诉权的平等性体现在其启动和运行的过程中。一方面,纠纷发生后,法律为双方当事人提供了平等的救济可能性。诉权并非由一方当事人独占,而是由双方平等享有。任何一方当事人都可以首先向法院行使诉权,启动诉讼程序,而不管该当事人在诉讼中的地位如何,也不管他在纠纷中是否真正享有实体权利。因此,纠纷双方有平等的机会成为原告,诉权启动具有平等性。民事诉权在此方面的平等性与民事纠纷双方的平等性有关。

另外,诉讼启动后,原被告双方在诉讼运行过程中平等地行使诉权。诉权行使的目的是希望通过法院裁判确认双方当事人的权利义务关系,使争议得以解决。原被告对于法院作出有利于已的判决拥有平等的胜诉期待。原告与被告的诉权虽然在具体表现形式上存在不同,但实质上是平等的。诉权对于原告来说,是用以陈述其实体内容,以便法官判断其请求是否于法有据的一种权利;对于被告而言,诉权则是应诉以及针对原告的请求进行抗辩的权利。[1] 诉权运行过程中的平等性与纠纷双方的平等性无关,在任何一种诉讼形式中都适用。诉权是当事人诉讼权利的基础,在设计具体诉讼权利的过程中应以诉权平等性为指导原则,以实现诉权之间的有效对抗。

4. 诉权贯穿诉讼过程的始终

诉权贯穿民事诉讼的全过程。没有当事人的诉权,诉讼程序根本不会启动;在诉讼的任何一个阶段,诉权都是支撑和推动民事诉讼程序的重要动力,离开当事人诉权的民事诉讼是不存在的。[2] 只有当事人诉权与法院审判权相结合,民事诉讼才能正常运作。正是因为诉权贯穿诉讼始终,

---

〔1〕 参见张卫平:《法国民事诉讼中的诉权制度及其理论》,载《法学评论》1997 年第 4 期,第 67 页。

〔2〕 常怡主编:《比较民事诉讼法》,中国政法大学出版社 2002 年版,第 140 页。

在不同的诉讼阶段,诉权的具体形式呈现为不同的诉讼权利。

现代社会民事纠纷解决方式多元化,国家强制力是否介入纠纷解决受制于当事人的诉权。诉权在纠纷发生后,诉讼开始前已经由当事人享有,在纠纷没有得到司法最终解决前不会丧失。〔1〕民事诉讼实行"不告不理",只有当事人行使诉权,选择诉讼为纠纷解决方式,民事诉讼才能启动。在民事诉讼中,国家强制力的介入大多仅仅通过法院行使审判权实现。在法庭审理之前,国家强制力介入的渠道被截断,当事人因为欠缺义务对象而无法实际行使诉权,只能自行取证为行使诉权做准备。一旦起诉,诉权就正式进入实施阶段。诉讼启动后,当事人诉权仍须持续具备,民事诉讼才能正常持续运作;如果途中当事人的诉权丧失,法院不作出实体判决,而是以形式裁判终结诉讼程序。例如,如果该纠纷在此之前已经过诉讼方式得以解决,当事人的诉权因为已经实现而归于消灭,不得再次发动诉讼。

5. 诉权具有条件性

诉权并非无条件的抽象存在。为避免权利滥用,诉权需要满足一定的条件限制。首先,诉权乃一救济权,以纠纷之存在为前提条件。诉权总是针对某一具体纠纷而言的,不能泛泛地谈某人是否拥有诉权。"无争议便无诉权。"〔2〕存在争议是纠纷解决机制发挥作用的前提,当事人行使诉权是在若干纠纷解决机制中选择公力救济,故存在争议亦为诉权的前提条件。如果纠纷尚未发生或者纠纷已经解决,诉权就不存在。

其次,当事人行使诉权还要求其具有纠纷解决的必要性和实效性。这从主观层面要求当事人适格;从客观层面要求具有诉的利益。〔3〕适格当事人与当事人是有区别的,是在形式当事人的概念基础上对"何人应当作为当事人"作出的指示。在民事诉讼中,首先需要确定当事人,然后再对所确定之人是否是适格的当事人进行判断。〔4〕纠纷双方通常是适格的当事人,此外通过法定的诉讼担当或任意的诉讼担当也可以取得适格当事人的

---

〔1〕 李龙:《民事诉权论纲》,载《现代法学》2003 年第 2 期,第 85 页。

〔2〕 李龙:《民事诉权论纲》,载《现代法学》2003 年第 2 期,第 85 页。

〔3〕 [日]高桥宏志:《民事诉讼法制度与理论的深层分析》,林剑锋译,法律出版社 2007 年版,第 207 页。

〔4〕 [日]高桥宏志:《民事诉讼法制度与理论的深层分析》,林剑锋译,法律出版社 2007 年版,第 210 页。

资格。适格当事人的判断常与诉的利益相关联。民事诉讼中诉的利益是“原告谋求判决时的利益,即诉讼追行利益。这种诉讼追行利益与成为诉讼对象的权利或者作为法律内容的实体性利益以及原告的胜诉利益是有区别的,它是原告所主张的利益(原告认为这种利益存在而做出主张)面临危险和不安时,为了去除这些危险和不安而诉诸于法的手段即诉讼,从而谋求判决的利益及必要,这种利益由于原告主张的实体利益现实地陷入危险和不安时才得以产生”。[1] 诉的利益与案件内容有关,是诉权与实体权利之间联系最直接的体现。欠缺诉的利益,当事人就不是享有诉权的适格当事人,法院可以以无诉权为理由驳回起诉。

（三）刑事诉讼中的国家诉权

诉权用以解答“因何可以诉讼”的问题。该问题不仅存在于民事诉讼,亦存在于其他诉讼形式中。纠纷以及纠纷解决的诉讼机制随着社会分工的扩大化出现了类型化,诉权作为纠纷与诉讼机制的媒介也随之类型化,具体到刑事诉讼领域,就形成了刑事诉权。[2] 然而刑事诉权是最高等级的诉权,[3] 十分复杂。若对刑事诉权进行全面介绍,本文可能偏离既定的主题。基于如下理由,笔者欲将本节的研究对象限定为刑事公诉案件中的国家诉权。第一,刑事诉讼分为公诉和自诉,在不同的追诉形式下,诉权呈现出不同的样态。考虑到自诉与民事诉讼类似,更多体现的是平等主体之间权利的对抗,直接引入民事诉权理论的争议和难度都较小,故不作为本书研究的重点,本节内容主要围绕公诉案件中的刑事诉权展开。第二,公诉案件中,控辩双方均享有刑事诉权。但由于国家权力的介入,控辩双方仅在诉讼地位上平等,实质平等难以实现。因此,需要特别关注被追诉人刑事诉权的保障。然而,笔者认为,对控方诉权的研究也是实现控辩双方“武器平等”的应有之义。在刑事诉讼中,对于辩方诉权的威胁除了可能来自裁判权,还可能源于控方,而且在审前阶段主要表现为后者。基于此,本书以控方的刑事诉权为研究对象,以下若无特别说明,本节中所称刑事诉权均指控方诉权。第三,公诉案件中的控方为侦查机关、检察机关代表的

〔1〕［日］谷口安平:《程序的正义与诉讼》(增补本),王亚新、刘荣军译,中国政法大学出版社2002年版,第188页。

〔2〕陶杨:《刑事诉权研究》,中国人民公安大学出版社2011年版,第70页。

〔3〕李龙:《民事诉权论纲》,载《现代法学》2003年第2期,第86页。

国家及被害人，存在公、私两种性质的控方诉权。被害人诉权可以称为私诉权。考虑到“公诉权”一词在刑事诉讼中已有特定含义，即检察机关提起公诉的权力，为避免语词表述相同而引起的概念混淆，笔者以“国家诉权”指称国家享有的为了维持法律秩序而进行诉讼，追究犯罪者刑事责任的基本权利。[1] 在公诉案件中，尽管侦查机关、检察机关可能征求并考虑被害人的意见，但是私诉权往往需要服从国家诉权。因此，最终是否发动并维持追诉还是要取决于国家机关如何行使国家诉权。

刑事诉权理论是在民事诉权理论基础上构建起来的。然恰如儒攀基奇所言：“民事诉讼，作为一种平等主体之间的抗辩式程序，是基本的、原生的；而刑事诉讼则是其衍生的变异物。”[2] 刑事诉权虽衍生自民事诉权，但却发生了变异。因此，上一节中总结出的民事诉权的基本特征对刑事诉权原则上适用，但亦应在刑事诉讼的语境中进行解读。

1. 国家诉权的本质是国家权利

国家诉权虽由国家机关行使，但不妨碍其在本质上是一种公法性质的权利。理解刑事诉权，首先需要将作为诉权主体的国家拟人化，同时区别于以强制力实现纠纷解决的国家。刑事诉权就是国家（作为纠纷的一方主体）对于国家（作为纠纷解决者）的一项公法性质的权利。“一切犯罪，包括对私人的犯罪都是在侵犯社会。”[3] 国家因其权利受损成为纠纷的一方，具有解决纠纷的现实需求，因而享有诉权。拟人化的国家与一般受害人并无不同，也需要通过诉讼实现自身利益。此时，国家利益同私人利益处在同样的诉讼地位上，必须通过政府官员经由刑事诉讼来实现。[4] 在古罗马，刑事诉权是由公民直接行使的，属于侵权所生之诉权，为私权诉讼。国家诉权以公民的诉权为基础，并从公民的诉权中派生出来，是国家权力介入刑事诉权后形成的。

---

〔1〕 汪建成、祁建建：《论诉权理论在刑事诉讼中的导入》，载《中国法学》2002 年第 6 期，第 124 页。

〔2〕 [斯洛文尼亚]卜思天·M. 儒攀基奇：《刑法——刑罚理念批判》，何慧新等译，中国政法大学出版社 2002 年版，第 224 页注。

〔3〕 [意]切萨雷·贝卡里亚：《论犯罪与刑罚》，黄风译，北京大学出版社 2013 年版，第 23 页。

〔4〕 参见[美]米尔伊安·R. 达玛什卡：《司法和国家权力的多种面孔——比较法视野中的法律程序》，郑戈译，中国政法大学出版社 2004 年版，第 116 页。

司法实践中国家诉权由国家机关行使,使其呈现出国家权力的假象。这是因为国家作为一个虚拟的集合概念,虽实质上享有诉权但不可能亲自行使,只能委托国家机关代为行使。在公诉案件中强调国家诉权,目的在于提醒国家机关,其只是被害一方的代位人,即使代理的是国家,与对方当事人的地位也是平等的。因此,国家机关行使诉权只是一种"执行权利的权力"〔1〕,并不因其由国家机关行使而改变诉权的本质属性。

诉权对国家裁判权的制约作用在公诉案件中同样存在。国家诉权由国家机关行使,其中渗入了公权的因素,这种权利就演化为一种权力。因此,国家诉权对国家裁判权的制约作用呈现一种权力制约的状态。其一,国家机关一旦行使诉权,申请启动刑事诉讼,作为裁判主体的国家就负有作为义务,不能不了了之。〔2〕 其二,国家裁判权的审理范围受到诉权行使范围的限制,不得在诉权主张之外主动追诉犯罪。〔3〕

2. 刑事诉权是刑罚权实现的唯一媒介

刑事诉权作为连接刑事诉讼与刑罚权的中介,是国家落实刑罚权的唯一途径。与民事诉讼的发展历史不同,刑事法"通常是从授权受害人对侵害行为加以制裁的法律秩序,到确认刑法中具有公共利益的制度,再到逐步出现的国家对刑罚加以垄断"〔4〕的过程。国家刑罚权分为抽象刑罚权和具体刑罚权:抽象意义上,国家可以将某种行为规定为犯罪,在刑事立法中创制刑罚,并有对潜在的罪犯进行处罚的权限〔5〕;而具体刑罚权是国家针对特定犯罪人的特定犯罪而产生的。现代社会禁止刑事领域的私力救济,公力救济是解决刑事纠纷的唯一合法途径。落实具体刑罚权唯有通过刑事诉讼,刑事诉权的行使过程就是实体法规则通过诉讼实现的过程。从

---

〔1〕 陶杨:《刑事诉权研究》,中国人民公安大学出版社2011年版,第40页。

〔2〕 樊学勇、陶杨:《刑事诉权理论视野下的刑事审判制度改革》,载《当代法学》2005年第4期,第80页。

〔3〕 参见汪建成、李扬:《再论诉权理论在刑事诉讼中的导入》,载陈光中、汪建成、张卫平主编:《诉讼法理论与实践——司法理念与三大诉讼法修改》(2006年卷),北京大学出版社2006年版,第63~68页;李扬:《三论诉权理论在刑事诉讼中的导入——刑事诉因制度研究》,载《政法论坛》2009年第2期,第129页。

〔4〕 [美]H. W. 埃尔曼:《比较法律文化》,贺卫方、高鸿钧译,清华大学出版社2002年版,第66页。

〔5〕 参见黎宏:《刑法学》,法律出版社2012年版,第326页。

这个意义上说,刑事诉权就是程序意义上的国家刑罚权。一方面,从刑事诉权的角度对国家刑罚权进行观察,可以通过对刑事追诉过程中诉权的规制,检讨国家落实具体刑罚权的正当性。另一方面,将诉权与实体法建立密切联系,可以避免刑事诉权理论的空洞化。[1]

此外还需要注意的是,刑事纠纷以诉讼为唯一救济方式,这一方面排除了强权者恣意妄为的危险,但另一方面也为被害人获得救济设置了门槛。"禁止私力救助的禁令要能得到切实有效的执行,各方就必须得到某种保障是能够获得正确判决的。"[2]在公诉案件中,被害人诉权处于附属地位。虽然被害人和国家均享有诉权,但刑事诉权却由国家机关垄断行使,被害人不得作出与其相左的表达。如果国家机关不行使诉权,被害人就不可能通过公诉获得救济。因此,制度设计了"公诉转自诉"的途径,以被害人诉权制约国家诉权。即使国家诉权怠权不作为,被害人还是可以直接提起自诉,其诉权有表达的机会。

3."国家兴讼"加剧了控辩双方诉权的不平等

诉讼只能通过诉权的主动行使才能运行。何方首先启动诉讼,必然占有先机。民事诉讼中,纠纷双方是平等主体,均不掌握国家强制力,且有平等的机会成为原告;对于一方当事人的起诉,另一方当事人可以出庭应诉,也可以接受缺席审判,甚至可以反诉,都是在平等基础上行使诉权。然而,刑事诉讼具有"国家兴讼"的特征,控辩双方的角色定位是恒定的。加之国家作为一方主体先天拥有强制力,其从诉讼一开始就拥有双重优势。反观刑事被追诉人,其在应对诉讼的能力方面先天不足。从侦查阶段到审判阶段,国家都可以运用强制力对被追诉人采取强制措施,迫使其到案应诉。刑事被告人又无反诉的权利,没有扳回一局的机会。此时再将应诉称为一种权利,未免有些自欺欺人。笔者认为,刑事被告人的应诉更多是一种义务,是一种不利的负担,是被告人与强大的控诉方对抗的无奈之举。为了实现刑事诉讼中的平等对抗,现代法治国家唯有通过诉权行使过程中对平等性的制度保障予以弥补。然而,从实际情况观察,对诉权平等性的矫正

---

〔1〕 汪建成、祁建建:《论诉权理论在刑事诉讼中的导入》,载《中国法学》2002 年第 6 期,第 127 页。

〔2〕 [德]哈贝马斯:《在事实与规范之间:关于法律和民主法治国的商谈理论》,童世骏译,生活·读书·新知三联书店 2003 年版,第 289 页。

效果往往并不理想。因此，釜底抽薪之策是从入口把关，抬高国家兴讼的门槛，禁止国家机关在并无实益的情况下行使诉权，启动刑事诉讼。简言之，确保控辩双方“武器平等”的第一步要求应是：控方不得轻易拿起武器。

4. 国家诉权具有阶段性特征

刑事诉权贯穿刑事诉讼始终，不仅限于法庭审理过程。刑事诉权的行使具有阶段性特征：诉权往往不是直接启动审判权，而是要经过一系列审前程序的过滤与审核，才能最终启动审判权。[1] 如果仅以民事诉权理论为蓝本，单纯讨论审判阶段的刑事诉权问题，就会造成审前阶段国家诉权的行使处于“灰色空间”，难以实现依法规制。因此，审前阶段的刑事诉权是刑事诉讼的重点研究课题。

界定诉讼的起点须以国家强制力的最初介入为标准。在民事诉讼中，国家强制力的介入多仅以审判权为限，诉讼以起诉为开端，仅限于法庭审理过程。审判前一系列证据的调查和收集活动是由纠纷双方当事人自己进行的，并非诉讼过程。由于此时国家作为诉讼法律关系的义务主体尚未介入，故在审前阶段，当事人仅是在为诉权的行使做准备，而非实际行使诉权。然而在刑事诉讼中国家强制力的介入要早得多，待到检察机关提起公诉时，诉讼已经历过半。刑事诉讼始于立案，在侦查、审查起诉、审判若干个诉讼阶段中，国家强制力一以贯之，诉权对应的义务主体一直存在，刑事诉权也一直处于实际行使的状态。在不同的诉讼阶段，诉权呈现不同的面貌，但同时又有着一些共性特征。

首先，诉权是启动诉讼的发动力，不认可审前诉权的存在就会使刑事立案、侦查陷入师出无名的尴尬境地。刑事诉权的目的不仅在于启动审判，还在于刑事追诉。如果说国家刑罚权的最终落实只有在审判阶段才能实现，以刑事追诉为目的的国家诉权早在立案之时就已经在发挥作用了。目前虽已有学者关注到了刑罚权在程序方面的意义，并将刑罚权区分为制刑权、求刑权、量刑权与行刑权，[2] 但上述划分无法克服审前阶段刑罚权真空的怪现象。审前阶段并非“热身赛”，作为追诉方的国家和被追诉者已经处于正式的对抗赛当中。从程序意义上理解刑罚权，必须通过刑事诉权

---

〔1〕 陶杨：《刑事诉权研究》，中国人民公安大学出版社 2011 年版，第 55 页。

〔2〕 参见于志刚：《刑罚消灭制度研究》，法律出版社 2002 年版，第 2～8 页。

的视角,才能做到与各个诉讼阶段的无缝对接。

其次,在不同的诉讼阶段,诉权的享有者恒为国家,但却委托不同的国家机关代为行使诉权。这就造成了刑事诉权主体的多元化:公诉案件在立案、侦查阶段由公安机关或其他侦查机关行使诉权;在审查起诉和审判阶段由检察机关行使诉权。[1] 立案权、侦查权和公诉权的具体实施主体虽然不同,但归根结底都是国家诉权的具体实施形式。刑事诉讼中不同诉讼阶段和由不同主体具体行使的国家诉权都服务于一个共同目的,即刑事追诉。国家诉权即国家的刑事追诉权,是启动并维持整个刑事诉讼的关键权利。

最后,诉权理论启示我们,诉讼是当事人诉权和国家裁判权共同作用的结果。因此,在刑事诉讼的各个阶段都存在类三角形结构:享有刑事诉权的国家作为纠纷一方主体;被追诉人是纠纷另一方主体;依法拥有强制力的国家作为纠纷解决者,是双方当事人诉权的行使对象。刑事诉讼是国家(作为纠纷解决者)对于国家(作为纠纷一方)刑事诉权的审查过程。国家机关以强制力保障诉讼,所依据的是其审查者身份,而非诉权主体身份。然而,主体在进行自我观察时难以避免主体性干扰。[2] 刑事诉讼制度通过三方面途径予以克服。其一,审查者与被审查者由不同的国家机关,或者同机关中不同的职能部门分饰。例如,侦查机关实行逮捕需要经过检察机关的羁押必要性审查;检察机关的侦查部门负责对特定案件进行侦查,但是对此类案件的起诉工作必须交由公诉部门完成。法院的身份十分特殊,恒为审查一方,永远不会成为国家诉权主体。其二,国家身兼观察及被观察主体的双重身份,需要通过一种客观外在的评价标准来保障此一观察可行,即制定法律规范,以此作为自我观察的依据。国家权力的出发点本是救济权利,但当权力失去抑制或偏离原本目标时,权力就成为新的侵权形式。[3] 被控诉人提起程序性抗辩就是在其诉权受到侵害后,借助上述客观外在的审查标准寻求新的救济。其三,基于诉讼法律关系的整体性,

---

〔1〕 汪建成、祁建建:《论诉权理论在刑事诉讼中的导入》,载《中国法学》2002 年第 6 期,第 124 页。

〔2〕 [德]莱因荷德·齐佩利乌斯:《法哲学》,金振豹译,北京大学出版社 2013 年版,第 208 ~209 页。

〔3〕 参见刘作翔主编:《多向度的法理学研究》,北京大学出版社 2006 年版,第 209 页。

审查机关不仅负责所在诉讼阶段,还有权对先前诉讼阶段中的诉讼行为溯及既往地进行审查。例如,检察机关在审查起诉阶段有权对侦查阶段的取证行为进行合法性审查;法院是终极审查者,有权对整个诉讼中是否存在非法取证行为进行审查。

(四)国家诉权的条件

刑事诉权与民事诉权一样,是附有条件的。民事诉权概念的创立主要是为了限制国家审判权的不作为,体现了个人对国家的一种要求;而将诉权附加条件就是为了对这种权利的正当性进行检验,目的在于限制诉权的滥用。国家诉权事实上是一种国家权利,因为国家既是该权利的享有者,同时也是权力的享有者,其诉权正当性就更加值得讨论。刑事诉讼通过诉权而贯彻实施,具有两方面的意义:一为积极意义,即诉权是贯彻落实国家实体刑罚权的手段;二为消极意义,即诉权有过滤作用,将那些不具有国家刑罚正当性的情形排除在外。刑事诉权消极方面的意义体现了刑事诉讼的永恒主题:限制警察、检察官和法院的权力。[1] 此方面的功能是通过国家诉权条件实现的,即国家发动并维持刑事追诉必须满足一定的条件。

以民事诉权理论为参考,国家诉权的条件有三:第一,存在犯罪;第二,当事人适格;第三,具有诉的利益。第一项为国家享有诉权的条件,后两项为国家诉权的行使条件。

1. 国家诉权的前提:存在犯罪

国家享有刑事诉权以犯罪的存在为前提。若无犯罪,抽象的国家刑罚权没有具体的案件可以附着,诉权也就无从谈起。这一点与民事诉权理论是相通的。如果当事人的权益处于正常状态,没有受到侵害,也没有与他人发生利益纠纷,就不存在诉诸法院的公正理性审判寻求司法救济的问题。因此,国家审判保护手段的运用与当事人保护实体权利的要求是相适应的。当当事人的权益受到侵害或有纠纷需要解决时,可以借助国家审判力量予以自我保护,通过诉讼制裁违法行为,解决纠纷,进而恢复权益至正常状态,这便是行使诉权。[2]

---

〔1〕 参见陈瑞华:《比较刑事诉讼法》,中国人民大学出版社2010年版,第191页。

〔2〕 参见王红岩、严建军:《广义诉权初探》,载《政法论坛》1994年第5期,第70~73、82页。

与民事诉权不同的是，犯罪是国家享有诉权的充分必要条件。一旦发现犯罪，国家诉权就相伴而生，即使事后国家放弃了追诉，这也只是诉权行使过程中的处分问题，不影响国家在犯罪发生当时已经享有诉权。此外，因为诉权的行使对象是国家，而非对方当事人，所以判断国家是否享有诉权，只需判断是否存在犯罪即可，并不要求从一开始就明确犯罪嫌疑人。也正是基于这样的考虑，《刑事诉讼法》第 109 条规定的立案条件为发现犯罪事实或者犯罪嫌疑人。立案、侦查行为的启动是对事而不对人的，只要发现了犯罪，无论是否已经获悉行为人，都不妨碍国家享有诉权。例如，某地发现一具尸体，经尸检确定为非正常死亡。此时即使不知道该人死亡是何人所致，也应当立案、侦查启动刑事诉讼。当然，在诉讼过程中，国家为了保障诉权的行使效果，可能会请求运用国家权力介入诉讼。采取强制措施即为一例，而强制措施又是针对人的，这就要求侦查机关在立案后要积极寻找确定犯罪嫌疑人，否则诉权的行使效果难以得到保障。

2. 公诉案件中的适格“当事人”〔1〕

当事人适格所要解答的是诉权主体资格问题。在刑事诉讼中，直接推进刑事追诉的是公安机关、检察院等国家机关。人们常以为这些国家机关就是当然的诉权主体。然而，上述机关行使诉权不是因为自身与被追诉人存在直接的纠纷，而是在代表国家行事。因此，公安机关和检察院并不是当然的诉权主体，需要借由诉讼担当理论解决当事人适格问题。

刑事纠纷是一种被犯罪化的侵权行为，所侵害的是社会公共秩序，受害方恒为国家，故国家是当然的诉权主体。“一般而言，享有实体权益就享有诉权，实体权益主体和诉权主体本是同一的。然而两者分离的情形在现代社会已是屡见不鲜的了。在两者分离的情形中，诉权可以独立于实体权益主体而赋予他人。”〔2〕国家是一个虚拟的集合体，无法亲自行使诉权，所以在实践中国家诉权只能够委托其他主体代为行使，于是公安机关、检察院等国家机关就经由诉讼担当成为适格的当事人。所谓诉讼担当，是指非实体法律关系主体以诉讼当事人身份为保护争论实体法律关系主体的合

〔1〕 尽管在实定法层面，公安机关、检察院等国家机关并不属于当事人，但是其的确承担着控方当事人的诉讼角色。

〔2〕 江伟、邵明、陈刚：《民事诉权研究》，法律出版社 2002 年版，第 201 页。

法权益而进行诉讼,但是实体权利义务仍归属于争论的实体法律关系主体。[1] 在此过程中,存在实质的当事人和形式的当事人,前者指实体法律关系主体,后者指诉讼担当人。如果形式的当事人参加诉讼是基于法律规定或者实质当事人的合法授权,它就成为适格当事人,可以行使诉权。在刑事诉讼中,作为自然人的犯罪嫌疑人、被告人代表自己参与诉讼,实质的当事人和形式的当事人统一,没有区分的必要。但是,侦查机关和检察机关不过是代理行事,它们只是形式的当事人,而非实质的当事人;实质的当事人是国家。

民事诉讼中的诉讼担当分为法定的诉讼担当和任意的诉讼担当。国家诉权只认可法定的诉讼担当,不认可任意的诉讼担当。[2] 在刑事公诉案件中,只有法定的国家机关可以行使国家诉权,其他机关和个人无权行使。在日本准起诉制度下,代替检察官行使公诉权的可能是律师,[3] 这也是属于法律明确规定的特殊情况。简言之,国家诉权问题上只有"法定代理人",不存在"委托代理人"。这就大大简化了适格当事人的判断。实践中当事人不适格的情况并不多见,一旦出现也十分容易判断。例如,犯罪发生后,某地吸纳公检法各机关相关人员成立专案组,在侦查终结的诉讼文书上以"专案组"的名义落款盖章,这便是典型的主体不适格,因为根据《刑事诉讼法》的规定,"专案组"不是法定的侦查主体,不得行使国家诉权。

3. 刑事诉讼中诉的利益

诉的利益是指诉讼追行利益,只有满足了诉的利益条件,诉讼才具有正当性。民事纠纷中的当事人既可以通过民事诉讼解决纠纷,也可以采取私力救济或其他纠纷解决方式。诉的利益只有在当事人提起诉讼时才有讨论的必要。相较于民事纠纷,刑事纠纷关涉的利益更为重大,在对纠纷

---

[1] 陶杨:《刑事诉权研究》,中国人民公安大学出版社2011年版,第102页。

[2] 此处仅指国家诉权问题。在被害人等主体的私诉权问题上,法律也认可任意的诉讼担当。根据《刑事诉讼法》第46条规定,被害人及其法定代理人或近亲属、附带民事诉讼的当事人及其法定代理人、自诉案件的自诉人及其法定代理人,可以通过任意的诉讼担当委托诉讼代理人。

[3] 参见《日本刑事诉讼法》第268条第1款规定:"法院在依照第266条第2项的规定将案件交付该法院审判时,应当从律师中指定对该案件维持公诉的人。"

处理上体现出法定性和强制性。刑事实体纠纷的诉讼化解决具有垄断性特征,一旦发生了犯罪,国家立即享有诉权。即便如此,在国家诉权的具体行使过程中,仍需要对诉的利益进行审查。

人类社会经历了漫长的发展过程,逐渐总结出在一些情况下需要放弃刑事追诉,并通过法律确定下来。这其中既有无奈之举,也有基于国家理性的自我限权。(1)被追诉人死亡的情况下,国家刑罚权的行使失去了对象。(2)如果犯罪已过追诉时效,则一方面,证据因为灭失而难以收集,刑罚权落实效果不佳;另一方面,行为人在一定的时间内没有再犯罪,意味着刑罚权行使已无必要。(3)对于赦罪型赦免而言,是国家主动放弃了刑罚权。(4)在告诉才处理的案件中,如果不存在告诉或告诉被撤回,国家刑罚权无法落实。在上述情况下,法律规定国家不享有刑罚权,通过放弃对特定案件的胜诉期待,放弃了诉的利益。(5)从禁止双重危险原则出发,国家对一纠纷只有一个诉权。判决确定之后,国家诉权即行使完毕,双重起诉或双重审理因欠缺诉权基础而不被允许。(6)管辖权问题关系到诉权行使的对象。如果存在管辖错误,会因为代表国家裁判的主体错误而影响诉权的落实。(7)诉的利益还可能基于诉权主体的处分而丧失。例如,检察机关作为国家的诉讼担当人,可以代表国家放弃对个别案件的追诉,作出不起诉决定。总之,诉的利益可以基于法律规定或当事人的自我处分而丧失。无论在哪种情况下,国家作为裁判者在审查诉的利益时,都不必担心自我观察中的主体性干预,只需要严格依据实定法或者国家机关作出的诉讼文书进行审查即可。

诉的利益具有积极和消极两方面的功能:一方面可将需要诉讼救济的事项纳入诉讼中,另一方面还可将无须诉讼救济的事项排除于诉讼之外。〔1〕两大诉讼在诉的利益的功能追求方面有不同侧重。民事诉讼中诉的利益与权利生成之间关系密切,为了避免当事人的某些纠纷"状告无门",法院通过承认诉的利益在诉讼过程中生成新的实体权利。〔2〕然而在刑事诉讼中,如果扩大认定诉的利益的范围,就相当于扩大了国家刑罚权

〔1〕 陶杨:《刑事诉权研究》,中国人民公安大学出版社2011年版,第107页。

〔2〕 参见[日]谷口安平:《程序的正义与诉讼》(增补本),王亚新、刘荣军译,中国政法大学出版社2002年版,第178~195页。

的范围,将违背罪刑法定、程序法定原则。因此,刑事公诉案件中更侧重于诉的利益的排除功能。

4. 国家诉权条件与诉讼条件

20 世纪 90 年代,诉权理论引入我国刑事诉讼领域初期,[1] 刑事诉权研究多集中于被追诉人诉权和被害人诉权,强调对私人诉权的保护,国家诉权只是其中一个很小的分支。刑事诉权条件与诉讼条件在外延上存在很大的差异。然而,本节的研究对象为国家诉权,其在刑事诉讼中体现为刑事追诉权,国家诉权条件即刑事追诉条件。这与作为刑事追诉容许性条件的诉讼条件呈现出更多的共性,二者只是对于同一问题从不同侧面的理解。之所以认为国家诉权条件与诉讼条件之间具有一致性,是基于如下的理由。

首先,诉讼条件与诉权条件同源,现代诉讼要件就是从罗马法时期的 Actio 的前提条件发展而来的。在法定诉讼和程式诉讼时期,司法官首先要审查当事人是否享有诉权,然后才决定是否开启事实审理。例如,裁判官的资质和当事人能力、法律途径的可容许性、当事人的适格性、法院对纠纷是否具有事务性管辖权和地域性管辖权等,这些都是司法官需要先行审查的诉权前提条件。此外,司法官还需要审查与诉权消耗有关的事项,即争议案件是否已经被系属,以及是否已经被裁判。这些诉权的前提条件后来发展成为诉讼要件事由。

其次,诉讼条件与国家诉权条件在功能方面具有一致性。为诉权附加条件的目的在于防止诉权滥用,当诉权的主体为国家时,这种对诉权滥用的防范就起到了将那些不被容许的刑事诉讼排除在外的效果。诉讼条件与国家诉权条件都强调对于不当刑事追诉的排除功能,二者都起到阻碍国家刑罚权实现的功能。这种阻碍并非仅指法院不能作出有罪判决,而且还指向刑罚权的实现可能性,即国家机关使个人陷入刑事诉讼的行为本身都是要受到检讨的。在这一功能引导下,国家诉权条件和诉讼条件都呈现开放性的特征。日本有关刑事诉讼条件的研究与公诉权滥用理论相融合,一定程度上也体现了国家诉权条件与诉讼条件的一致性。美中不足的是公

---

〔1〕 参见徐静村、谢佑平:《刑事诉讼中的诉权初探》,载《现代法学》1992 年第 1 期,第 6~10、24 页。

诉权滥用理论仅将视野局限在了刑事审判阶段,对于审前阶段的国家诉权问题关注不足。

最后,对国家诉权条件和诉讼条件的审查都需要考虑刑事诉讼的阶段性问题。大部分国家诉权条件是需要在刑事诉讼全过程中予以关注的,其与诉讼条件一样,从整体上制约着刑事诉讼的正当性,故在刑事诉讼各个阶段均应具备。但是,也存在例外。例如,管辖、告诉只是某一阶段国家诉权的行使条件,诉权主体在起诉时接受审查即可,在侦查阶段无须考虑。同样,管辖、告诉作为诉讼条件事由,也只是关涉到特定诉讼阶段的追诉容许性问题。总之,对国家诉权条件和诉讼条件的审查在刑事诉讼中是同步的。

诉权理论强调"只要有诉权就可以进行刑事诉讼",即强调诉权对于刑事诉讼的充分性;而诉讼条件理论强调"只有具备了诉讼条件才可以推进刑事诉讼",即强调诉讼条件对于刑事诉讼的必要性。两大理论研究的对象有重合,但彼此侧重不同。刑事诉讼中纠纷双方地位不同,基于不同的立场,功能导向不同:对于辩方侧重诉权的保障;而对于控方则侧重于限权,避免国家诉权的滥用。通过为国家诉权附加条件,将国家诉权的"授权"功能矫正为"限权",刑事诉权理论与诉讼条件理论共同服务于限制国家滥权的目的。

四、本章小结

刑事诉讼的本质属性、诉讼的内在构造和刑事诉权理论是诉讼条件的三大理论基础。

对诉讼本质的理解直接关系到对诉讼要件(诉讼条件)如何定义,是诉讼要件(诉讼条件)理论的逻辑起点。例如,彪罗将诉讼理解为一种诉讼法律关系,诉讼要件即此诉讼法律关系的成立要件;哥德施密特将诉讼理解为一种以既判力为终点的法律状态,诉讼要件就相应地被界定为实体判决要件。研究诉讼条件理论,必须首先回归对刑事诉讼乃一刑事诉讼法律关系的本质认识。在诉讼法律关系理论基础之上,进一步探究刑事诉讼法律关系不同于民事诉讼法律关系的特性。

诉讼条件是诉讼整体的容许性条件。对诉讼条件的深入研究要求我们对诉讼采用一个整体性的理解。然而,程序与实体两面说对诉讼中"分"的因素关注过度,而对"统"的特征关注不足。诉讼条件理论呼唤重新认识刑事诉讼构造理论,采纳能够结合诉讼“分”与“统”特征的诉讼三面构造说。刑事诉讼具有实体形成、刑事追诉和程序三个面向,以刑事追诉面向为媒介,诉讼的实体形成和程序面向连接在一起,从而将刑事诉讼贯穿为一个整体。刑事诉讼三面构造理论系诉讼条件的第二大理论基础。把握住了诉讼中的刑事追诉面向,就从整体上把握住了刑事诉讼。诉讼条件作为诉讼整体的容许性条件,在刑事诉讼中相应可体现为刑事追诉条件。

刑事诉权理论是诉讼条件理论的又一理论基础。在罗马法时期,诉讼要件最初是当事人诉权的前提条件,后因二者的理论出发点不同,[1]民事诉讼要件和诉权逐渐发展成相对独立的两大理论。在刑事诉讼中,国家乃刑事诉权的一方主体,诉权主体与裁判处理主体同一,上述因诉权主体和裁判主体分离而催生的理论研究出发点的分歧已然消弭。国家诉权条件和诉讼条件呈现出更多的一致性,两者的具体事由在范围上也应逐渐趋同。诉讼条件理论研究欲突破民事诉讼理论的藩篱,刑事诉权理论是一个重要的突破口。日本的公诉权滥用理论为我们提供了一个范例。特别是在非法定的诉讼条件问题上,现代研究倾向于以失权思维指导研究,即国家因特定原因丧失了国家诉权,这为研究诉讼条件理论开辟了新的思路。

---

〔1〕 诉权理论是从当事人角度考虑问题,即当事人是否享有诉权或诉权是否合法;诉讼要件理论是从法院角度考虑问题,即法院对诉讼审查的容许性判断。参见孟涛:《民事诉讼要件理论研究》,重庆大学2009年博士学位论文,第29页。

第三章　诉讼条件的审查处理

一、诉讼条件的审查主体及方式

（一）审查主体

刑事诉讼中诉讼条件的审查问题相较于民事诉讼要件的审理更为复杂，因为审查诉讼条件必须考虑到刑事诉讼的阶段性特征，而这又会造成审查主体的多元化。民事诉讼中的裁判方只有法院，诉讼要件的审查主体恒为法院。但是，刑事诉讼不止包括法庭刑诉，还包括审前阶段，诉讼条件应在诉讼的整个过程中“自始至终”地具备，在各诉讼阶段皆需对其审查。不同诉讼阶段各由不同的国家机关主导，审查诉讼条件的主体也必然不同：立案、侦查阶段由侦查机关审查；审查起诉阶段由检察机关负责审查；在法庭审理阶段由法院予以审查。除此之外，检察机关因其为法律监督机关在整个诉讼过程中都有权审查诉讼条件。

法庭审理是一个由控辩审三方组成的典型的三角型结构，裁判主体和追诉主体分离，负责审查诉讼条件的是作为中立裁判者的法院，而非作为控方的检察机关。同理，在审前阶段负责审查诉讼条件的也应当是与法院职能相当的诉讼主体。尽管在侦查、审查起诉阶段往往表现为侦查机关、检察机关与被追诉人之间的二元关系,[1]但其实审前阶段也存在类三角型结构,只不过裁判主体和追诉主体是合一的。侦查机关和检察机关"分饰两角":既代表国家行使国家诉权,也代表国家行使裁判权力,对于它们客观公正的职责要求正是基于这个理由。例如,《刑事诉讼法》第56条第2款规定:"在侦查、审查起诉、审判时发现有应当排除的证据的,应当依法予以排除,不得作为起诉意见、起诉决定和判决的依据。"可见,侦查机关、检察机关和法院作为不同诉讼阶段的裁判处理主体,都应当审查取证行为的合法性,发现非法取证应予排除的,即时作出裁断。事关个别诉讼行为的程序合法性问题尚且如此,诉讼条件关乎整个刑事诉讼的容许性,各机关需要一以贯之地予以审查,自不待言。在审前阶段的类三角型结构中,侦查机关和检察机关负责审查诉讼条件,并非基于其代表国家行使追诉权的身份,而是因为它们同时也是所在诉讼阶段的裁判处理机关。这就要求它们在实施追诉的过程中必须一再提醒自身的裁判者身份,强调客观审查义务。

《刑事诉讼法》第16条是立法对诉讼中欠缺诉讼条件的综合性规定,在不同的诉讼阶段均适用。该条中"不追究刑事责任""免予追究刑事责任"的立法表述,尽管看似是从实体法角度作出的规定,但实际指向的是诉讼条件的功能——抑制不当刑事追诉。从《刑事诉讼法》第16条列举的诉讼处理方式,可以推导出立法对于不同阶段诉讼条件审查主体的态度:侦查机关、检察机关、法院皆有权审查诉讼条件。除此之外,公检法三机关的解释性规范中也不乏不同阶段诉讼条件审查处理问题的规定,可视为是落实《刑事诉讼法》第16条的解释性规定。笔者在此按照诉讼阶段的先后顺序,试做一不完全列举。(如表3.1)

表3.1 各阶段诉讼条件的审查主体

诉讼阶段	审查主体	对应条文
立案审查阶段	公安机关	《公安机关规定》第176条第1款、第178条
	检察机关	《检察院规则》第171、175条
	法院	《最高院解释》第316、320条

---

〔1〕 也存在少数追诉方与裁判处理方分离的情形。例如,侦查阶段公安机关作为追诉方要对犯罪嫌疑人采取逮捕的强制措施,必须经由检察机关的审查批准。

续表

诉讼阶段	审查主体	对应条文
侦查阶段	公安机关	《刑事诉讼法》第163条,《公安机关规定》第186、283条
	检察机关	《检察院规则》第242条
审查起诉阶段	检察机关	《刑事诉讼法》第171条,《检察院规则》第330、365条
审判阶段	法院	《最高院解释》第一章、第218条等
刑事诉讼全程	公检法	《刑事诉讼法》第16条

在立案审查阶段,三机关在立案管辖范围内,均需对诉讼条件进行审查。(1)根据《公安机关规定》第176条第1款的规定,公安机关在立案审查阶段要对告诉才处理案件中的"告诉"条件予以审查。[1] 第178条还规定,对于诸如没有犯罪事实[2]、依法不应追究刑事责任[3]等显然欠缺诉讼条件的情况,不予立案。(2)《人民检察院刑事诉讼规则》(以下简称《检察院规则》)第171条规定检察机关对于直接受理的案件,应当审查三方面的诉讼条件后方可决定是否立案:首先,确认是否存在规定于《刑事诉讼法》第16条的欠缺诉讼条件的情形;其次,确认是否有犯罪事实;最后,是关于刑事诉讼途径的许可问题,即违法事实已经达到立案程度,须经由刑事诉讼程序予以规制,而不能采取其他纠纷解决途径。此外,《检察院规则》第175条还要求检察机关在立案审查时注意人大代表的豁免权问题。(3)根据《最高人民法院关于适用〈中华人民共和国刑事诉讼法〉的解释》(以下简称《最高院解释》)第316条的规定,法院受理自诉案件时,需要对管辖和告诉等诉讼条件予以审查。此处的管辖不仅包括审判管辖的内容,也包括

---

〔1〕 笔者认为,告诉才处理并非自诉才处理,告诉并非立案时必须满足的要件要求。具体论述参见本书第四章第二节。

〔2〕 本书在刑事诉权的部分已经指出,诉讼条件与国家诉权条件具有一致性,存在犯罪是国家享有诉权的前提条件,也是当然的诉讼条件之一。

〔3〕 从《刑事诉讼法》第16条的规定中可以发现,立法将很多欠缺诉讼条件的情形规定在"依法不追究刑事责任"的情形之下。此处公安机关需要审查的诉讼条件事由,不限于《刑事诉讼法》第16条第1至5项明确列举的情形。

立案管辖的内容。[1] 第320条规定，如果欠缺上述诉讼条件，应当说服自诉人撤回起诉，自诉人拒绝的，法院应裁定不予受理。由于自诉案件不存在诉讼阶段的划分，法院上述决定是否受理案件的审查，亦可理解为是对自诉案件的立案审查。

在侦查阶段，可能涉及的审查主体有公安机关、检察机关。根据《刑事诉讼法》第163条、《公安机关规定》第186条规定，如果在侦查过程中发现欠缺诉讼条件，公安机关应当撤销案件或对有关犯罪嫌疑人终止侦查。《公安机关规定》第283条将"依法应当追究刑事责任"规定为侦查终结的条件之一，意在要求公安机关在侦查终结移送审查起诉时，需要排除《刑事诉讼法》第16条所规定的欠缺诉讼条件的情形。《检察院规则》第242条要求检察机关对于直接受理的案件，在侦查过程中或侦查终结后须再次注意是否存在《刑事诉讼法》第16条中列举的，以及其他因欠缺诉讼条件而不应发动刑事追诉的情形，若存在应撤销案件。

在审查起诉阶段，检察机关是唯一的审查主体。根据《刑事诉讼法》第171条和《检察院规则》第330条，"是否属于不应当追究刑事责任"的情形，是检察机关审查移送起诉的案件过程中应予查明的内容。《检察院规则》第365条还规定了欠缺诉讼条件的处理方式：如果发现犯罪嫌疑人没有犯罪事实，或者符合《刑事诉讼法》第16条列举的情形之一，应作出不起诉决定。

在审判阶段，由法院集中综合审查全案的诉讼条件问题。《最高院解释》第一章规定了法院的诉讼管辖问题。根据《最高院解释》第218条的规定，管辖是案件起诉后，法院首先需要审查的诉讼条件。[2] 该条件较为特殊，是在法院审判阶段才需要具备的诉讼条件，在审前阶段不做要求。此外，是否存在《刑事诉讼法》第16条列举的情形，也是法院受理起诉案件需要审查的内容。进入审判阶段，是审查诉讼条件是否具备的截止时间，对于那些在审前阶段尚不具备，但具有补正可能性的诉讼条件而言，此时必

---

〔1〕 但是根据诉讼条件的传统理论，我国的审判管辖对应的才是"管辖"这一诉讼条件的本来含义。

〔2〕 笔者认为，管辖作为一项诉讼条件指法院的诉讼管辖权。尽管公安机关、检察机关也存在对管辖问题的审查，但不属于诉讼条件的范畴，故笔者未在立案、侦查、审查起诉阶段的描述中列举"管辖"相关的条文规范。有关管辖的具体论述见本书第四章第一节。

须已实现补正的完成状态。例如，对于告诉才处理的案件而言，无论在之前的诉讼环节中告诉人是否撤回过告诉，截至此时必须存在合法告诉，否则审判程序不能继续推进下去。案件经过了审查受理，在之后的庭审过程中及作出裁判时，《最高院解释》亦有诸多有关法院审查诉讼条件的规定，并较为细致地区分了不同情形下的具体裁判方式。由于本节重点论证诉讼条件的审查主体，涉及具体裁判处理方面的问题，笔者不欲在此处展开，留待本章第四节中详细阐述。

（二）审查方式

审查方式体现的是裁判者和当事人之间在提出事实主张和提出证据两方面问题上的权责分配关系。审查方式可分为辩论主义和职权主义两种。纯粹的辩论主义包括三个方面：第一，法院只能从当事人的辩论中获得裁判资料，未经当事人主张的事实不能作为裁判基础；第二，法院应将双方当事人无争议的事实当然作为判决的基础，并需受到当事人自认的约束；第三，法院能够实施调查的证据只限于当事人提出申请的证据，禁止法院依职权调查未经提出的证据。〔1〕 反之，如果上述三个方面，法院均不受当事人的约束，则为纯粹的职权主义。然而，纯粹的职权主义和辩论主义是按照“一切和没有”的原则在当事人和法院之间分配责任，只限于极端的情形，〔2〕实践中往往需要更为多样化的分类。民事诉讼中以辩论主义为原则，但不绝对排除法官职权因素的介入。日本学者根据法官职权介入程度的不同，将资料搜集的方式区分为职权探知主义、辩论主义以及职权审查三种。

民事诉讼以辩论主义为原则，但对诉讼要件的审查乃一例外。诉讼要件关系到诉讼整体的容许性，更多体现出公益性质，适用职权主义的审查原则。相对于诉讼要件从整体上的职权主义审查原则，对特定诉讼要件的审查又是“例外的例外”。如果对于某些诉讼要件而言，当事人的意思自治优先于公益性，法院审查诉讼要件就不再依职权审查，而要适用辩论主义，需要以当事人主张抗辩为前提。针对不同的诉讼要件事由，上述日本学者

---

〔1〕 参见［日］高桥宏志：《民事诉讼法制度与理论的深层分析》，林剑锋译，法律出版社2007年版，第329～332页。

〔2〕 ［德］奥特马·尧厄尼希：《民事诉讼法》，周翠译，法律出版社2003年版，第124页。

提出的三种审查方式都有其各自适用的场合。[1] 首先,职权审查是最常用的诉讼要件的审查方式:一方面,法院如果对诉讼要件满足与否存在疑问,无须等待当事人主张,可以直接行使释明权敦促当事人提供相关资料,但不允许法院依职权自行收集资料;另一方面,法院的判断不受当事人自认拘束,可以通过对已有证据的调查,认定与当事人自认不同的事实。其次,辩论主义要求在主张提出及资料提供方面,法院都需要受到当事人意思的约束。以当事人协议管辖问题为例,如果当事人没有就此提出主张,法院便不得予以审查。最后,对于可能导致判决无效的诉讼要件适用职权探知主义,法官不仅可以依职权启动审查,还可在当事人之外自行收集资料。简言之,随着诉讼要件的公益性程度递增,审查方式中职权因素的介入程度也逐渐增强。

刑事诉讼奉行职权主义的审查原则,对诉讼条件依职权审查也已成为共识。这是与刑事诉讼更注重探究事实的自身规律相适应的。[2] 我国刑事诉讼法不认可自认,也未见有相对的诉讼条件,故诉讼条件的审查方式较为单纯,若认为有必要,裁判处理主体一律依职权审查即可。[3] 民事诉讼领域只需要考虑法院审查诉讼要件的情形,但在刑事诉讼中,需要兼顾不同诉讼阶段裁判处理主体的不同,即对于诉讼条件的审查主体不同。首先,在审判阶段,诉讼条件的审查方式与民事诉讼中诉讼要件的审查方式大致相同,如果法院基于现有事实没有发现疑问,就推认诉讼条件具备,无须进行调查[4];如果法院在审查现有证据的过程中对是否具备诉讼条件产生疑问,可以不待当事人申请,直接对诉讼条件予以审查[5]。诉讼条件之具备,是法院在每一个审级阶段都要依职权审查的内容。其次,《刑事诉

〔1〕 参见[日]高桥宏志:《重点讲义民事诉讼法》,张卫平、许可译,法律出版社2007年版,第7~8页。

〔2〕 Vgl. *Klaus Volk*, Prozessvoraussetzungen im Strafrecht, Verlag Rolf Gremer · Ebelsbach 1978, S. 123.

〔3〕 在刑事诉讼领域,职权审查与职权探知(Untersuchungsgrundsatz)常同义使用,参见林钰雄:《严格证明与刑事证据》,法律出版社2008年版,第27页。

〔4〕 参见[德]汉斯-约阿希姆·穆泽拉克:《德国民事诉讼法基础教程》,周翠译,中国政法大学出版社2005年版,第81页。

〔5〕 参见[德]罗森贝克、施瓦布、戈特瓦尔德:《德国民事诉讼法》(上册),李大雪译,中国法制出版社2007年版,第537页。

讼法》第52条要求审判人员、检察人员和侦查人员在合法取证的前提下，全面客观收集对被追诉人有利及不利的各种证据。可见，探究事实不只是法院的职责，该规定也是公安机关和检察机关依职权调查证据的法律依据。

在审前阶段，侦查机关和检察机关基于裁判处理主体的身份，也应本于职权探求事实的真相。针对某些较易于查明的诉讼条件，公安机关和检察机关的解释性规范中将其作为需要“例行”查明的事项。例如，犯罪嫌疑人是否属于人大代表，是两机关在侦查讯问时一定要主动查明或核实的事项。[1] 再如，《检察院规则》第328条规定了一项颇具特色的制度，要求检察机关在审查起诉时要预先考虑案件的审判管辖问题，将审查起诉阶段作为协调案件审前管辖与审判管辖的“适配器”。“各级人民检察院提起公诉，应当与人民法院审判管辖相适应。”为了避免案件起诉后存在管辖错误，如果检察机关发现本院所对应的法院无管辖权，应预先将案件移送到有管辖权的法院所对应的检察院。对于依法需要指定审判管辖的案件，检察机关应提前协商同级法院办理指定管辖事宜。在法律及解释性规范无“例行”规定的情况下，即便犯罪嫌疑人没有主动提出存在诉讼障碍，侦查机关和检察机关一旦对诉讼条件满足与否产生疑问，也应依职权予以审查。不仅如此，它们还应在不侵害各方主体基本权利的前提下，尽可能收集资料，以澄清有关诉讼条件的疑问，作出相应的诉讼处理。

审前阶段的侦查机关、检察机关同时兼具追诉者身份，它们主动审查诉讼条件是否具备，可以避免追诉权在下一个诉讼环节遭遇裁判处理主体的否定评价，这与它们的诉讼角色是相一致的。但是，法院只有客观中立裁判者的唯一身份，要求法院在控辩双方主张之外依职权审查诉讼条件是否具备，是否有违背“不告不理”原则之嫌？笔者认为，此种担心实无必要。“不告不理”包括两方面的意义。其一，裁判权的行使以控方诉权的行使为前提。在刑事公诉中，只有国家诉权才能启动裁判权；国家发动刑事追诉之前，裁判权处于休眠状态。在庭审阶段就体现为检察机关的公诉权启动法院的裁判权。其二，该原则还要求法院的审理范围不得超出起诉范围，

---

〔1〕 参见《检察院规则》第187条和《公安机关规定》第203条。

目的在于避免法院与检察机关联手追诉被告人，在庭审过程中以控方未指控的不利事实突然袭击被告人。法院职权审查的范围以其审判范围为限，自然也不得超出检察机关的起诉范围。然而，检察机关的起诉范围并非以起诉书中所载法律条文为准，而是以犯罪事实本身为单位。[1] 基于案件同一性，审判范围可以在一罪的范围内适当扩张。在此范围内，依职权调查证据不仅是法院的权力，亦是其义务。恰如我国台湾地区“刑事诉讼法”第163条第2项所言：“法院为发现真实，得依职权调查证据。但于公平正义之维护或对被告之利益有重大关系事项，法院应依职权调查之。”诉讼条件关乎刑事诉讼整体的容许性，其对于公平正义之维护方面的意义毋庸赘言。此外，检察机关提起公诉，不仅要证明所指控的事实，亦须证明该指控是基于合法、正当的手段而作出。诉讼条件作为刑事追诉的前提条件，即使没有明文写进起诉书，也当然地包含在检察机关的控诉范围内。由此可见，法院依职权审查诉讼条件，并不违反不告不理原则，更不必担心造成纠问主义的复辟。不仅如此，从诉讼效果来看，审查诉讼条件实际上是增添了检察机关指控的困难，故法院对诉讼条件的职权审查，不仅不会造成对被告人的突然袭击，反而很有可能“帮助”被告人瓦解指控，为其带来实际利益。

需要注意的是，职权审查不应动摇刑事诉讼的对抗性本质。第一，允许法院的职权调查不等于法庭成为“一言堂”，漠视控辩双方的主张。例如，1976年《德国民事诉讼法》中所使用的表达是关于诉之容许性的“责问”（Rügen）。“责问”一词乃民事诉讼传统的抗辩立场在职权审查原则下的一种华丽转身[2]：一方面暗示法院在当事人未提出主张时也可依职权审查诉讼要件；另一方面强调当事人的主体身份，当事人主动提出的诉讼主张是对法院有约束力的。这一理解在刑事诉讼中同样适用，控辩双方可以主动就诉讼条件的欠缺问题提出诉讼主张，以此“责问”裁判者。具体而言，如果检察机关在庭审过程中发现欠缺诉讼条件，认为不应追究被告人刑事责任，可以向法院提出撤回起诉的申请。[3] 法院应当审查撤回起诉

---

〔1〕 参见林钰雄：《刑法与刑诉之交错适用》，台北，元照出版社2008年版，第288页。

〔2〕 冯珂：《民事诉讼要件理论研究——以德国法及理论为中心》，清华大学2014年博士学位论文，第143页。

〔3〕 参见《检察院规则》第424条。

的理由,作出是否准许的裁定。[1] 如果被告人认为存在诉讼条件欠缺的事由,也可以在庭审中就此质疑,将其作为一项抗辩理由,法院不得视而不见,而应启动审查。当然,为了防止被告人滥用权利,频繁提出诉讼条件方面的"幽灵抗辩",干扰诉讼正常进行,法院在被告人提出此方面抗辩后首先须判断此问题是否足以形成争点,只在法官就诉讼条件问题存在疑问的心证前提下才负有启动审查的义务。[2] 第二,法官依职权启动对诉讼条件的审查之后,在证据资料的收集方面应尽量保持克制。较为妥当的方式是首先晓谕控辩双方提出证据或证据调查申请,如在此之外仍有必要,法院再依职权收集并调查证据。毕竟有关诉讼条件的证明,是与控辩双方有直接关系的问题。

二、诉讼条件的审查顺序

审查诉讼条件是否需要遵循一定的顺序,若需要,应遵行怎样的顺序,以及该顺序是否有强制的约束力,是实践中公安司法机关十分关心的三个问题。诉讼条件的审查贯穿于整个诉讼过程,主导在后诉讼阶段的国家机关不仅要对前一阶段诉讼条件的审查结果检验把关,还要结合所在诉讼阶段的新事实,对诉讼条件的变动情况及时作出反应。因此,诉讼条件审查顺序的问题在任何一个诉讼阶段都需要予以关注。诉讼条件的审查顺序包括两方面的内容:一为诉讼条件相对于案件实体内容的审查顺序;二为诉讼条件内部相互之间的顺序。

(一)诉讼条件的"优先性"

目前学界的共识是,诉讼条件相对于案件实体内容具有优先地位。诉讼条件关系到诉讼整体的容许性,诉讼条件的优先性是理论推导的必然结论。此外,这也是避免诉讼资源浪费的必要举措。否则,如果首先思考案件所涉及实体法规范的可适用性,然后才发现国家机关无权就实体问题作出有拘束力的裁判,无疑不利于诉讼经济。[3] 诉讼条件相对于案件实体内容的优先地位很早已经确立,但是对"优先性"的理解却经历了一个发展

---

〔1〕 参见《最高院解释》第 296 条。

〔2〕 参见王一超:《刑事证明与"幽灵抗辩"》,载《司法改革论评》2013 年第 1 期,第 312 ~ 325 页。

〔3〕 参见[德]齐佩利乌斯:《法学方法论》,金振豹译,法律出版社 2012 年版,第 129 页。

的过程。

罗马法诉讼经历了法定诉讼、程式诉讼、非常程序三个时期。在早期的法定诉讼形态中,诉讼是一个统一整体,不存在诉讼阶段的划分,由同一个司法权主体全程参与。后来,统一的司法权逐渐被拆分,司法官不再亲自参与审判,而是将其职责委任于审判官。这一司法权配置上的改变带来了诉讼阶段的区分。“诉讼要件”相对于本案实体内容的优先地位便是从此时开始确立的。在法定诉讼和程式诉讼中,诉讼被区分为法律审和事实审两个阶段,只有经过法律审,认为原告享有诉权(满足“诉讼要件”),才能进入下一阶段的事实审。到了非常程序时期,诉讼程序又变成一个单一的结构,不再区分法律审和事实审。尽管如此,罗马法长期以来的程序分割的精神内核依旧存在,司法官仍然需要先对“诉讼要件”进行审查,一旦发现欠缺该要件,诉讼便不能继续进行。可见,在诉讼要件理论正式诞生以前,“诉讼要件”相对于本案实体内容的优先地位就已经在事实上确立了。

随着诉讼要件理论的出现及发展,诉讼要件的优先性地位得以进一步巩固,并伴随审理结构的转变演化出了新的表现形式。在理论提出之初,诉讼要件是作为诉讼法律关系的成立或有效条件而存在的。此时期诉讼要件相对于案件实体内容的优先地位仍表现为实际审理顺序在先。彪罗提倡罗马法式的诉讼二阶构造,认为诉讼程序应对诉讼要件和本案要件分为先后两个阶段进行审理,若欠缺诉讼要件,则不进入本案要件审理阶段,否则本案判决归于无效。然而,司法实践中,二阶审理构造可能造成严重的诉讼迟延。在追求诉讼效率的前提下,诉讼审理逐渐从二阶构造转变为“复式平行诉讼”,并为现代诉讼广泛采用。在该模式之下,关于诉讼要件的审理和关于案件实体内容的审理是两条相互平行的审理脉络,二者并行推进,不互相干扰,共同指向裁判的结果。诉讼要件审理的优先顺序不是绝对的,即使法官对是否欠缺诉讼要件存在疑问,也可以本着迅速、经济的考虑进行合目的性裁量,决定是否要继续实体审理。〔1〕在二元复式的审理结构下,诉讼要件的审查在时间和空间上并行于对实体问题的审理,诉

〔1〕 参见[日]高桥宏志:《重点讲义民事诉讼法》,张卫平、许可译,法律出版社2007年版,第3~4页。

讼要件的优先性不再体现为审理顺序的绝对优先,而是体现为形式裁判相对于实体判决的优先性。法律对司法机关优先审查何内容不做限制,但要求法院作出的实体判决应以诉讼要件之具备为前提条件。换言之,如果发现欠缺诉讼要件,虽然可以继续进行实体审理,但不能作出实体判决,而应以形式裁判终结诉讼。如此一来,诉讼要件的作用空间就从阶段化的前程序拓展到了复式审理结构的整个诉讼程序。〔1〕诉讼要件优先性的影响力推移至诉讼的终点,体现为结果意义上的裁判优先性。

然而,上述有关形式裁判优先性的理解在刑事诉讼中却并不具有充分的解释力。刑事诉讼包含若干不同的诉讼阶段,诉讼条件是刑事诉讼整体的容许性条件,在任何一个诉讼阶段都应依职权审查,并根据审查结果决定是继续推进诉讼还是终结诉讼。然而,在刑事诉讼审前阶段,终结诉讼只能通过单一的方式,〔2〕并不区分是形式"裁判"还是实体"裁判",只有到了法院审判阶段才会对裁判进行实体或形式的性质区分。也就是说,在漫长的审前阶段,诉讼条件的优先地位都无法通过形式裁判的优先性得以体现。要将诉讼条件的优先性彻底拓展至整个刑事诉讼,不能仅仅强调其在诉讼终点的功能,还要强调诉讼条件在整个诉讼过程中的"逻辑优先性"〔3〕。"逻辑优先性"的理解回归诉讼条件的理论定位——刑事诉讼整体的容许性条件。该理解与前述有关审理顺序优先性、裁判方式优先性的理解并不冲突,其优势在于可以克服单纯强调一方面优先性而造成的僵化问题。"逻辑优先性"的理解契合现代诉讼的复式平行审理结构。只要不过分损害诉讼效率,公安司法机关可以裁量决定是否首先就诉讼条件问题进行审查,但如果在审查过程中发现存在欠缺诉讼条件的可能性,则应对其分离审查,分离审查后认为欠缺诉讼条件的,可直接终结诉讼〔4〕;认为诉讼条件具备的,再回归到复式平行审理当中。如果在后续审查过程中又

---

〔1〕 参见冯珂:《民事诉讼要件理论研究——以德国法及理论为中心》,清华大学2014年博士学位论文,第147页。

〔2〕 例如,无论是因为实体原因、程序原因,抑或是因为欠缺兼具实体及程序属性的诉讼条件原因,需要终止诉讼,公安机关在侦查阶段都是以撤销案件决定的方式,检察机关在审查起诉阶段都是以不起诉决定的方式。

〔3〕 Vgl. *Lutz Meyer-Goßner*, Prozessvoraussetzungen und Prozesshindernisse, Verlag C. H. Beck München 2011, S. 96.

〔4〕 在审前阶段,以统一的方式终结诉讼;在审判阶段,以形式裁判终结诉讼。

发现有新的欠缺诉讼条件的可能性，再重复上述工作，直至案件内容审查完毕。此外，为了能够尽早将被追诉人从诉讼中解脱出来，形式裁判的优先性不是绝对的。无罪判决尽管也是实体判决，但其与形式裁判都是对被告人罪责的否定，相对于有罪判决都具有优先性。形式裁判只是相对于有罪判决具有优先性，不具有对抗无罪判决的优先效力。即使法院还没有来得及对所有的诉讼条件进行全面审查，只要现有证据足以证实被告人的清白，就应直接宣告被告人无罪。

刑事诉讼本身即是惩罚。公安司法机关在审查诉讼条件的过程中，应当致力于尽早将被追诉人从对其不利的诉讼中解脱出来。通常来说，形式审查简单易行，如果仅通过形式审查便可以发现欠缺诉讼条件的问题，作出形式裁判，无疑会提前诉讼终止的时间。因此，在实体审理之前优先对诉讼条件问题进行形式审查，是值得提倡的。例如，我国台湾地区“最高法院”1983 年度台上字第 4481 号判例认为：“法院对于提起自诉或公诉之案件，应先为形式上审理后，认为欠缺诉讼之要件，即应为形式之判决，毋庸再为实体上之审理。”《最高院解释》第九章第一节亦有关于法院在开庭审理前，对检察院起诉的案件进行审查并做庭前准备的规定。管辖、时效、赦免、告诉以及被告人是否死亡等有关诉讼条件的问题都可在此阶段予以审查。[1] 这可以理解为，司法解释从规范层面肯定了诉讼条件的优先地位，要求法院在庭审之前要先以形式审查的方式予以确认。上述范围之外，法院在庭审前也可以对其他诉讼条件基于便利性进行审查。如果能够在法庭审理之前筛选出欠缺诉讼条件的案件，从形式上终止诉讼，这些涉案的被告人便无须再忍受后续刑事庭审带来的“程序性惩罚”。不仅如此，此举还将有助于实现案件分流，缓解办案压力。

（二）各诉讼条件之间的审查顺序

诉讼条件相对于本案实体内容具有逻辑上的优先性地位。那么，在诉讼条件内部，是否也需要遵循一定的审查顺序？笔者认为，答案是肯定的。以顺序主义原则展开对各诉讼条件的审查，不仅是维护程序的安定性及人们对程序正当性预期的必然要求，还可以避免公安司法机关在审查诉讼条件的具体工作中出现“无章可循”的情况。

---

〔1〕 参见《最高院解释》第 218 条、第 219 条第 1 款第 6 项、第 228 条第 1 款第 1 项。

在设计具体审查顺序时,需要考虑各诉讼条件之间的隐含逻辑。笔者认为,从不同的角度出发,有以下几项顺序原则可供参考。(1)在各个诉讼阶段,对案件进行实体审查之前都需要先经一个形式审查过程。以对诉讼条件的审查是否须经过实体审查为必要的标准,诉讼条件可分为形式的诉讼条件和实体的诉讼条件。由于案件实体审查往往在形式审查之后,因此,对形式诉讼条件的审查原则上优先于实体诉讼条件的审查。至于各实体诉讼条件之间,可再依据其各自所需要介入实体审查的程度不同来确定审查顺序。实务中的操作往往也遵循该顺序原则。例如,管辖问题常常是公安司法机关首先审查的诉讼条件。此举一方面是必要的,因为公安司法机关需要首先确认处理此案是否在自身的权限范围内;另一方面是先确认管辖问题是可能的,因为此乃纯粹形式的诉讼条件,无须涉及实体审理,仅从形式上进行书面审查,即可发现该诉讼条件欠缺与否。(2)审判权、管辖权等与司法机关有密切关系的诉讼条件因直接关系到裁判者身份的正当性,应当优先进行审查。从比较法上看,亦有对该顺序予以明确规定的经验。例如,我国台湾地区"法院办理刑事诉讼案件应行注意事项"第155项规定:"法院对于刑事诉讼案件,应依下列顺序审查之:(一)审判权之有无。(二)管辖权之有无。(三)其他不受理原因之有无。(四)免诉原因之有无。"主体身份的正当性是其有权对案件进行审查的前提。从这个方面看,上述审查顺序具有合理性。然而,倘若审查之后发现审判权或管辖权欠缺,又应如何解释作出这一审查结果的主体正当性问题呢?换言之,没有审判权或管辖权的法院是否有权就审判权或管辖权的欠缺问题作出裁判呢?对于此问题,目前达成的共识是,裁判者仅在审查上述诉讼条件时被假定为拥有正当的身份。倘若在审查后发现欠缺审判权或管辖权,则该主体将无权再对其他诉讼条件采取诉讼处理,否则将被认为是越权行事。(3)审查诉讼条件应遵循先易后难的逻辑顺序,首先对较易于查明的诉讼条件进行审查。例如,如果被追诉人在诉讼过程中死亡,确认该诉讼条件相对容易,司法机关可以不必再考虑时效、赦免、告诉等其他诉讼条件是否具备,直接以被追诉人死亡为由终结诉讼。(4)不可补正的诉讼条件优先于可补正的诉讼条件。例如,公民报案有涉嫌故意伤害的犯罪行为,公安机关受理后发现属于告诉才处理的虐待案。此时,应先对被追诉人是否死亡、时效、赦免等不可补正的诉讼条件予以审查。如果存在上述诉讼障碍,即可终止诉讼,无论后续发现是否存在合法的告诉都不影响该诉讼处理结果。但是,如果先审查的是告诉条件,那么即使被害人此时提出了告诉,在之后的诉讼过程中也可能撤回,诉讼条件的状态可能因为诉讼条件的补正或撤回而变得不稳定。因此,从维护法安定性角度出发,应先对不可补正的诉讼条件予以审查,及早作出诉讼处理。(5)除上述顺序原则之外,如果法律规范就公安司法机关需要审查的诉讼条件进行了列举,条文中所呈现的列举顺序亦具有一定的参考意义。(6)此外,诉讼条件是一个开放的概念,在法定诉讼条件之外,还存在非法定的诉讼条件,对于前者的审查原则上优先于后者。对于法定的诉讼条件,无论被追诉人是否提出申请,公安司法机关都应当依职权主动进行审查。但对于非法定的诉讼条件而言,如果被追诉人没有提出此方面的抗辩,则通常情况下认为没有必要对其予以审查。

需注意的是,上述顺序只是参考性的,即使不遵守该顺序也不构成违法。出于适当性的考虑,偏离通常的审查次序也是允许的。如果无须经过繁琐的审查即能轻易发现某一诉讼条件不具备,即使其通常的审查顺位在后,也可以直接以缺乏此诉讼条件为由终止诉讼,而无须再对其他诉讼条件费时费力予以审查。〔1〕 各诉讼条件具有功能的一致性,欠缺任何一项诉讼条件都会导致从形式上终结诉讼。确定诉讼条件的审查顺序,是以案件能够迅速经济地予以解决为目的的。倘使僵化地遵循某一审查顺序会引起诉讼迟延,就应抛弃教条主义。只要能够尽快将被追诉人从不正当的诉讼程序中解脱出来,实现法的安定性,灵活把握诉讼条件的审查顺序,不仅符合诉讼经济,也是完全合乎逻辑的。

三、诉讼条件的证明

证明一词的含义因语境不同而存在差异。日常生活中习惯将一切根据已知事实判断未知现象的主观认识活动统称为证明。在刑事诉讼中,对于诉讼证明亦有广义和狭义的不同理解。狭义的证明只在法庭审理阶段适用,且证明的主体仅限于控辩双方,侦查机关查明案件事实和法院依职

---

〔1〕 参见[德]齐佩利乌斯:《法学方法论》,金振豹译,法律出版社2012年版,第129页。

权审查事实等行为不属于证明。[1] 本节中,笔者所采纳的正是上述对于证明的狭义理解。

(一)证明责任

无罪推定是刑事诉讼的一条金线,不容动摇。根据此原则,刑事诉讼中的证明责任恒在于控诉一方,被告人不承担任何证明责任。控方不仅要负责对实体事实的证明责任,也要承担对诉讼法事实的证明责任。例如,《刑事诉讼法》第59条要求“在对证据收集的合法性进行法庭调查的过程中,人民检察院应当对证据收集的合法性加以证明”。这是因为,检察机关用于证明被告人有罪的证据必须是基于合法手段取得的,证据收集合法性的证明责任也自然因此而归属于检察机关。在分配证明责任时,对于诉讼程序问题的证明须适用与实体内容证明责任相一致的原则,因为当事人必须对其实体请求所依据的诉讼法规范的前提条件同时也承担证明责任。[2] 诉讼条件是整个刑事诉讼的容许性条件,是刑事追诉的正当性要件,也是刑事指控成立的前提。既然控方对指控事实承担证明责任,那么有关诉讼条件的证明责任也应由其承担。例如,诸如告诉才处理案件中的告诉[3]等积极的诉讼条件,即便辩方未有人质疑,控方也应提前主动予以证明。

要求由控方承担诉讼条件的证明责任,不代表只有控方才可以针对此问题提出证据。在刑事诉讼中,各方诉讼法律关系主体均可以出于自身诉讼角色的考虑而就诉讼条件予以审查或证明。以审判权、管辖权和刑事诉讼途径的容许性为例,这些诉讼条件攸关法院裁判权的容许性,法院对其有自我省察的义务,有权利也有义务依职权予以审查。控辩双方也可就上述与法院有关的诉讼条件问题举证,因为裁判权行使的正当性同时也是关系到当事人法定法官利益的重要问题。[4] 在刑事诉讼中,该项利益尤其

---

〔1〕 参见张建伟:《证据法要义》,北京大学出版社2014年版,第336页。

〔2〕 参见[德]莱奥·罗森贝克:《证明责任论——以德国民法典和民事诉讼法典为基础撰写》,庄敬华译,中国法制出版社2002年版,第401~410页。

〔3〕 有观点误认为告诉才处理案件只能通过自诉途径解决,排除公诉的追诉形式。对此种观点的批判将在第五章第二节详细展开。

〔4〕 Vgl. *Teixeira de Sousa Miguel*, Die Zulässigkeitsprüfung im Zivilprozess, Verlag Peter Lang 2010, S. 55.

关乎被追诉人的诉讼权益。而且由于审判法院往往是控方主动选择的结果,因此,就上述诉讼条件事项,辩方反而可能是更为经常提出相关证据的一方。

司法实践中相对常见的情形是,辩方出于辩护策略的考虑,很可能主动将欠缺某诉讼条件作为一项抗辩提出,并积极提供证据予以证明。出现这种现象可能是基于两个方面的原因。其一,对于若干法定的诉讼条件而言,公安司法机关早已在审前阶段对诉讼条件进行过层层把关。若到了审判阶段仍存在诉讼条件的欠缺,除个别诉讼条件出现了动态变化这一小概率事件外,大概率是因为审前阶段相关部门审查过程中的疏漏。此疏漏可能是过失之举,亦有可能是有意而为,不论如何,都亟须辩方予以明确“提示”。其二,诉讼条件外延广泛,除了法定的诉讼条件,还包括非法定的诉讼条件。对于非法定诉讼条件,法律规范层面并无相关明文规定,自然不得要求控方主动对此予以证明,只能理解为法律推定这些诉讼条件满足,除非存在相反的证据推翻此推定。此时辩方的举证便是其推翻上述推定的努力。理解辩方就诉讼条件问题举证的行为,可以类比辩方提供自己无罪和罪轻证据的行为。尽管辩方不对其有罪与否承担证明责任,但“原告提供有罪证据后,而法院认此证据有相当证力时,被告为其利益故,亦应行使其权利而提供无罪之证据,以供法院参酌,否则,被告将有蒙罪之危险也”〔1〕。辩方提出证据并非因为被告人就此承担证明责任,而是为了提示法院,承担证明责任的控方并未成功卸去其证明负担,不利的裁判后果仍应由控方承受。

需强调的是,无论事实上是由哪一方诉讼法律关系主体提供了证据资料,都不会影响控方承担证明责任这一判断的成立。证明责任所强调的是一种结果意义上的责任。“在重要的事实主张的真实性不能被认定的情况下,它(证明责任)告诉法官应当作出判决的内容。也就是说对不确定的事实主张承担证明责任的当事人将承受对其不利的判决。”〔2〕只要法院在裁判时无法确认诉讼条件已经满足,就应根据证明责任裁判控方对此承担不

---

〔1〕 东吴大学法学院编:《证据法学》,吴宏耀、魏晓娜点校,中国政法大学出版社 2012 年版,第 19 页。

〔2〕 [德]莱奥·罗森贝克:《证明责任论——以德国民法典和民事诉讼法典为基础撰写》,庄敬华译,中国法制出版社 2002 年版,第 2~3 页。

利后果。至于事实的真伪不明是由于控方的懈怠,还是被告人的有力辩护所致,在所不问。法院依职权审查诉讼条件,在一定程度上会淡化当事人的证明责任,[1]但并不免除控方对证明责任的最终承担。法院的职权审查侧重于实现一种平衡,避免被告人因为诉讼的能力较弱而不当承担不利的裁判后果。例如,“刑诉上之被告未提出无罪主张,或主张而不提供证料,或提供而无佐证时,法院不应即宣告其有罪,仍须调查原告(检察官或自诉人)证据之是否充足与科信,及被告有无其他无罪之证据可以利用”[2]。同理,如果辩方未就诉讼条件问题质疑,但法官对此有疑问,亦应依职权启动审查,并可以在控辩双方之外自行收集证据。倘若控辩双方的举证连同法官的职权取证均无法澄清有关诉讼条件方面的事实,法官须依照证明责任作出裁判,由控方负担不利后果。

(二)证明方式

根据证据方法、证据调查程序和证明程度三方面要求的不同,刑事诉讼中的证明可分为严格证明和自由证明两种。二者对于证明程度的要求不同,严格证明需要达到确信的程度,自由证明只要求达到释明的程度即可。[3] 但是,这种证明程度上的差别并非严格证明和自由证明最为本质的差异,二者最重要的区别在于证据方法和证据调查程序的要求不同。严格证明对证据提出法定的证据方法和法定的调查程序双重限制,只有二者都满足,证据才具有证据能力,可以进入法官心证的范畴,成为裁判的基础。[4] 法定的证据方法以法律明文允许为限,在法定证据方法之外,即使取证过程没有采取违法手段,也不能被认为是合法的证据方法。在我国,法定的证据方法对应的就是法定的证据种类,如果使用了《刑事诉讼法》第50条明确列举的八种证据之外的证据材料,便意味着其不符合严格证明的要求。法定的调查程序要求会根据不同的证据方法有所区别。例如,书证

[1] [日]松尾浩也:《日本刑事诉讼法》(下卷),张凌译,金光旭校,中国人民大学出版社2005年版,第21页。

[2] 东吴大学法学院编:《证据法学》,吴宏耀、魏晓娜点校,中国政法大学出版社2012年版,第19页。

[3] Vgl. *Roxin/ Schünemann*, Strafverfahrensrecht, Verlag C. H. Beck München 2012, §24, Rn. 23.

[4] 参见林钰雄:《严格证明与刑事证据》,法律出版社2008年版,第7~8页。

要求当庭宣读或告以要旨,而如果是证人证言,则应要求证人出庭作证,并须经具结[1]。区别不同证据方法的目的之一在于明晰对于该特定证据方法适用的特定的证据调查程序。此外,无论对于何种证据,法定的调查程序还要求调查证据均应遵循直接审理、言词审理及公开审理原则。[2] 以上两方面的调查程序要求中,任何一项不满足,都会被视为是对严格证明要求的违反。

显然,相对于自由证明而言,严格证明的要求更为苛刻。严格证明为控方举证和法院认定事实设置了更高的门槛,具有限制国家滥用刑罚权、保障被告人的诉讼权利和促进实现实体真实三方面的意义;自由证明方式则因其约束较少而在提高诉讼效率方面有其优势。[3] 考虑到诉讼资源的有限性,刑事纠纷必须在一定时间和空间范围内予以解决。如果事事要求严格证明,虽然能够对国家刑罚权的行使形成科学、合理的限制,避免恣意裁判,但势必旷日费时。因此,应区分不同的事项,分别适用严格证明或自由证明的要求。目前,与被追诉人罪责相关的事实证明适用严格证明,已成共识,但关于刑事诉讼条件事实应适用何种证明方式,尚无定论。

裁判类型基准说、待证事实属性说是传统上有关严格证明和自由证明界分标准比较有代表性的学说。它们能够解释与被追诉人罪责相关的事实应适用严格证明的问题,但却无法对诉讼条件应适用何种证明方式这一问题给出有效的回答。

贝林(Beling)以裁判类型为基准决定应适用严格证明还是自由证明:如果法院要作出实体判决,就要求严格证明;如果要作出的是形式裁判,自由证明即可。根据该理论,对于关乎被告人是否有罪的事实问题,如果法院查证属实,应作出有罪判决,反之,应作出无罪判决。无论有罪判决还是无罪判决,都属于实体判决,故就此方面事实应适用严格证明的方式。形

---

〔1〕 从比较法上看,许多国家和地区有关于证人作证须经宣誓或具结的规定。例如,我国台湾地区"刑事诉讼法"第186条第1项规定:"证人应命具结。但有下列情形之一者,不得令其具结:一、未满十六岁者。二、因精神障碍,不解具结意义及效果者。"然我国大陆对此并不强调。

〔2〕 参见林钰雄:《严格证明与刑事证据》,法律出版社2008年版,第8~17页。

〔3〕 参见闵春雷:《严格证明与自由证明新探》,载《中外法学》2010年第5期,第686~687页。

式裁判适用于欠缺诉讼条件的案件。根据裁判类型基准说，似乎可以得出与诉讼条件相关的事实应适用自由证明方式的结论。然而，该结论却是经不起推敲的。对于与被告人罪责相关的事实而言，无论最终审查的结果如何，法院均能够作出相应的实体判决。然而，形式裁判只是在欠缺诉讼条件的情况下才会作出，如果具备诉讼条件，法院便无须作出任何裁判，直接继续法庭审理。可见，以裁判类型为标准，只能解决诉讼条件欠缺时的情形，在诉讼条件具备的场合是失灵的。[1] 此外，从各诉讼行为之间的自然顺序来看，首先应是相关主体就事实问题进行证明，其次由法院根据该事实所适用的证明方式对其进行审查，最后，法院才会根据审查的结果决定是否作出裁判，以及作出何种裁判。裁判类型基准说以时序在后的裁判类型为标准区分在先的证明方式，犯了倒果为因的逻辑错误，正确的思维逻辑应是以待证事实本身的特征作为区分证明方式的判断标准。

待证事实属性说着眼于证明的对象是实体法事实还是程序法事实，如果是实体法事实，则适用严格证明；如果是程序法事实，则适用自由证明。毫无疑问，与被告人罪责相关的事实属于实体法事实的范围，据此应对其适用严格证明方式。这一结论也是与当下的共识相一致的。然而，该标准在判断诉讼条件事实的证明方式方面却是无效的。这是因为该标准背后的逻辑是实体和程序的二分思维，而与诉讼条件更加契合的是诉讼构造三面论。前文中有关刑事诉讼本质的部分已经指出，刑事诉讼具有实体形成、刑事追诉和程序三个面向，以刑事追诉面向为媒介，实体和程序结合在一起，刑事诉讼从而被联结成为一个整体。诉讼条件作为刑事诉讼整体的容许性条件，既非单纯的实体面向条件，也非单纯的程序面向条件，而是刑事追诉条件，如果一定要以二分法去看待的话，那就是既有程序面向的意义，也对实体面向发挥作用。面对具有实体和程序双重性质的诉讼条件，上述以实体和程序二分法为逻辑的待证事实属性说自然无能为力。

笔者认为，不妨转换一下思路，不预先就严格证明和自由证明的范畴提前作出划分，而是首先集中思考一个问题：该事项是否有必要归入严格证明的范畴。自由证明本就是为了缓解严格证明造成的证明困难而采取

---

〔1〕 Vgl. *Klaus Volk*, Prozessvoraussetzungen im Strafrecht, Verlag Rolf Gremer · Ebelsbach 1978, S. 81.

的一种变通手段,各个国家和地区的刑事诉讼法均没有对其适用范围明确加以规定。无须严格证明的事项,就会落在自由证明的范围之内。从这个意义上看,运用排除法来确定自由证明的范畴或许会比直接划定这一范围更加轻松一些。对罪责问题等法律保留事项一定要严格证明,是一个底限要求。只要不触动该底限,针对其他事实的证明方式都是可以讨论的。对于证明方式的选择可以转化为对特定待证事实重要程度的价值判断:如果某项事实足够重要,那么就值得为其付出更多的诉讼成本,提供更为周全的程序保障,换句话说,应对其适用严格证明要求。据此思路再回到待证事实属性说的理论中,就会得出对诉讼条件采严格证明方式的结论。〔1〕诉讼条件具有双重性质,既关乎罪责问题,也关系到诉讼程序问题,既然其中包含了应适用严格证明的实体面向,若允许适用自由证明方式,便是降低了对该重要事实的程序保障力度,故而,应从整体上适用严格证明方式。此外,运用"举轻以明重"的逻辑,也可以得出对诉讼条件采严格证明方式的结论。与罪责相关的事实适用严格证明,这是法律的底限要求。客观处罚条件具有能够启动刑罚的功能,自然也应对其适用严格证明。诉讼条件是整个诉讼的容许性条件,其重要性不在客观处罚条件之下。既然客观处罚条件采严格证明,那么诉讼条件也应采用严格证明的方式。〔2〕不仅如此,目前有关证明方式的总体趋势是,严格证明的事实范围在不断扩大。〔3〕例如,传统认为量刑情节只通过自由证明即可,但是近来的观点认为,倾向于加重被告人刑罚的情节事实相当于犯罪构成要件的事实必须严格证明。〔4〕同理,诉讼条件作为被告人承担罪责的前提条件,要求对其严格证明符合上述大趋势的要求。

尽管在诉讼条件是否具备本身成为争议的场合,由辩方提出诉讼条件方面的抗辩,是司法实践中更为常见的情形,但是要求对诉讼条件事实适

---

〔1〕德国联邦最高法院的裁判中体现了这一观点。Vgl. BGH StrV 82,101.

〔2〕Vgl. *Roxin/ Schünemann*, Strafverfahrensrecht, Verlag C. H. Beck München 2012, §21, Rn. 23.

〔3〕[日]松冈正章:《严格证明与自由证明》,郭布、罗润麒译,载《环球法律评论》1981年第5期,第58页。

〔4〕参见[日]田口守一:《刑事诉讼法》(第7版),张凌、于秀峰译,法律出版社2019年版,第441页。

用严格证明方式，并不会因此而加剧辩方抗辩的负担。这是由刑事诉讼中特殊的证明责任分配原则决定的。民事诉讼的证明责任由双方当事人分担，不同诉讼要件的证明责任也由双方当事人分担，原告和被告需遵行一致的证明方式要求。而在刑事诉讼中，证明责任恒在控方。同一事实若由控方和辩方分别举证，采用的也是高低不同的“双重标准”。区分严格证明和自由证明的目的在于为控方举证设置不同障碍，不应造成对被告人防御权的阻碍。是否要求采取严格证明方式，只对于控方的证明有影响，被告人不受其限制。被告人不承担证明责任，提出证据是基于防御性的目的，旨在阻止控方卸去证明责任。即使要求控方就诉讼条件采用严格证明方式，被告人也完全可以通过自由证明动摇法官的心证。可见，严格证明是在法治国原则下对控方举证设置的障碍，对被告人并不适用。要求对诉讼条件严格证明，并不会对被告人造成额外的举证困难而令其遭受不利。〔1〕

在证明方式的类型问题上，有学者提出在严格证明和自由证明之外还存在一种“适当的证明”，似是为诉讼条件的证明方式提供了一种潜在的选择。但是笔者认为，这种三分式的证明方式理解经不起推敲。在证明方式的选择问题上，除了前述有关确定需要严格证明的事实外，其他事实所对应的证明方式是可以讨论的。在此问题仍处于“未决”状态时，控方基于便利的考虑，一开始很可能采取的是自由证明方式。在这种证明方式下，对于证据的证据能力没有严格要求。例如，可以使用传闻证据。但是，在其举证后，如果辩方提出异议，认为传闻证据不可靠，要求其提出具有证据能力的可靠的证据，就应当允许在法庭上确认证据。这种质疑自由证明正当性的“证明方式”即为适当的证明。〔2〕然而，这种所谓的适当的证明并不是一种独立的证明方式，而是辩方为了避免控方通过自由证明逃避证明责任而采取的一种阻碍手段。一旦辩方提出有效质疑，就代表控方仅以自由证明来证明事实是“不够的”，需要从自由证明转为严格证明。〔3〕因此，归

---

〔1〕［日］松尾浩也：《日本刑事诉讼法》（下卷），张凌译，金光旭校，中国人民大学出版社2005年版，第14页。

〔2〕参见［日］田口守一：《刑事诉讼法》（第7版），张凌、于秀峰译，法律出版社2019年版，第440页。

〔3〕参见［日］松冈正章：《严格证明与自由证明》，郭布、罗润麒译，载《环球法律评论》1981年第5期，第59页。

结到根本,证明方式还是只有严格证明和自由证明两种,对诉讼条件而言也仍然只有这两种方式选择。直接要求对诉讼条件严格证明可以一步到位,避免事后再经历“自由证明—适当的证明—严格证明”的辗转过程。

(三)“疑利被告”的适用

刑事诉讼兹事体大,故以追求客观真实为目标,对证明标准有极高的要求。《刑事诉讼法》要求认定被告人有罪和处以刑罚,必须达到“证据确实、充分”的证明标准。根据第55条第2款的规定,此证明标准包括三方面的要求:其一,定罪量刑的事实都有证据证明;其二,据以定案的证据均经法定程序查证属实;其三,综合全案证据,对所认定事实已排除合理怀疑。反过来说,如果法官在裁判时,综合所有证据仍无法排除对被告人罪责的合理怀疑,那么存疑有利于被告,不得作出对被告人不利的推论。此即“疑利被告”。学界的共识是,“疑利被告”适用于罪责等实体事实问题:如果就被告人有罪无罪的问题存疑,则“疑罪从无”;如果被告人确定有罪,但其罪轻罪重存疑,则“刑疑唯轻”。然而,传统上对疑利被告原则适用范围的讨论仅局限于事实问题与法律问题、实体问题与程序问题之间的划分,并不涉及诉讼条件。该原则对诉讼条件是否适用,仍有必要进一步讨论。

早期观点认为,疑利被告原则不适用于诉讼条件。亦有裁判认为,如果对于诉讼条件是否具备存疑,不利须归于被告。[1] 支持此观点的学者提供了三方面的论据。其一,该原则只对罪责等实体事实问题适用,诉讼条件乃一程序法事实,不在其适用范围之内。其二,疑利被告原则的适用前提是举证未达到所要求的证明程度,法官心中存有疑问,故只适用于严格证明的场合。诉讼条件乃程序法事由,自由证明即可,对诉讼条件的证明只需要达到释明的程度,根本没有机会适用疑利被告原则。其三,结合疑利被告原则的历史沿革情况可以发现,该原则不过是罪责原则(Schuldprinzip)的反面,只能对罪责问题适用。时效、赦免、告诉及案件未经判决确定等诉讼条件只会影响到诉讼的可追诉性,被告人的罪责并不受其影响,即使不能确定是否具备此类诉讼条件,也不影响判决被告人有罪,故疑

[1] Vgl. z. B. OLG Düsseldorf NJW 1957,1485.

利被告原则在此并无适用空间。[1] 显然，上述三论据都是建立在实体与程序片面二分的思维基础之上，将诉讼条件完全摆在了实体问题的对立面。然而，诉讼条件在性质上不应被理解为是对立于实体的纯粹程序问题。前文中已经指出，刑事诉讼具有实体形成、刑事追诉和程序三个面向，诉讼条件作为刑事追诉条件兼具实体和程序两方面的特征，无法截然分开。诉讼条件是刑事诉讼的容许性条件，不仅影响到诉讼程序推进的可能性，而且也是法院作出实体判决的前提条件，如果欠缺诉讼条件，诉讼应当在程序上终止，法院根本不得作出实体判决，更遑论判决有罪。诉讼条件其重要性并不亚于罪责问题，对其证明不能满足于自由证明，而应适用严格证明方式。由此可见，前述认为诉讼条件不适用疑利被告原则的若干论据均无法成立。

德国联邦最高法院在之后的裁判中认为，不应一律排除疑利被告之于诉讼条件的适用，应当以发展的法治国原则思维来解释该原则的适用范围问题。[2] 虽然该原则主要适用于刑事实体法事实，但对于刑事诉讼法方面的事实也很难完全排除适用。例如，如果被告人的诉讼能力存疑，则法院不应进行审判程序。[3] 然而，德国联邦最高法院又强调：基于公平正义和法安定性原则，疑利被告原则无法统一化地适用于所有诉讼条件，只能依据个案加以确定。[4] 德国联邦最高法院拒绝给出一个可以一体适用于所有诉讼条件的答案，但是对于背后的具体理由并没有交代。这样的态度是无法令人满意的。有人就此质疑：德国联邦最高法院曾经在裁判中将诉讼条件和诉讼障碍理解为同义使用的两个概念；既然在诉讼条件抑或诉讼障碍的问题上，不同要件之间的区别可以被抹去，缘何在疑利被告原则的适用问题上，不可以撇开各个诉讼条件之间的区别，一体化地解决问题呢？[5] 更何况，一切诉讼条件都是为刑事诉讼设立的容许性条件，基于

---

〔1〕 Vgl. *Roxin/ Schünemann*, Strafverfahrensrecht, Verlag C. H. Beck München 2012, §45, Rn. 61.

〔2〕 Vgl. BGHSt 18, 274.

〔3〕 Vgl. BGH NStZ 84, 520.

〔4〕 Vgl. BGHSt 18, 274, 277, unter Hinweis auf die unveröffentlichte Entscheidung BGH Beschluss vom 9. 7. 1954 – 5 StR 116/54; BGHSt 46, 349, 352 – obiter dictum.

〔5〕 Vgl. *Lutz Meyer-Goßner*, Prozessvoraussetzungen und Prozesshindernisse, Verlag C. H. Beck München 2011, S. 62.

法治国原则也不应允许对个别诉讼条件予以差别对待。[1]

笔者赞同就上述问题采取一体化的思维,但认为不宜将诉讼条件与疑利被告原则之间的关系简单化。诚然,如果在某一诉讼条件是否具备的问题上存疑,法院最终作出的裁判在客观上势必会要么有利于被告人,要么不利于被告人,但纵使裁判结果客观上有利于被告人,也并不一定就是直接适用疑利被告原则的结果。换言之,不应将结果上对被告人有利的诉讼处理全部纳入疑利被告的适用范围。[2] 从刑事诉讼的动态发展角度,诉讼条件乃刑事追诉的容许条件,但如果在诉讼的"终点"进行观察,诉讼条件就是法院作出实体判决的前提条件。疑利被告并不是法官在评价个别证据时需遵循的规则,而是一项裁判原则,只有当举证事毕,法官综合所有证据仍无法澄清有关事实时才可适用。当人们在讨论疑利被告原则的适用范围时,所处的正是法官即将作出裁判的时点,即已经到了诉讼的终点,故此时诉讼条件的功能在于是实体判决条件,若发现欠缺诉讼条件,应以形式裁判终结诉讼。这是适用于所有诉讼条件的统一规则。在刑事诉讼中,形式裁判在实体罪责方面发挥着与无罪判决相同的功能,客观上是对被告人有利的。然而,这一诉讼处理结果是诉讼条件的本质(Wesen)使然[3],并非法律出于被告人利益角度作出的特定价值抉择[4]。例如,如果被告人长期失踪,在其是否已经死亡的问题上存疑,诉讼不能维系。这显然不是出于被告人利益而作出的认定,乃是因为被告人死亡是"超级诉讼障碍"——除非能证实被告人仍活着,排除对其死亡的怀疑,否则诉讼不可能进行。[5]

在讨论诉讼条件与疑利被告的关系时,其背后的逻辑在于:若诉讼条件存疑,是否应作出形式裁判;若以形式裁判终结诉讼,则裁判结果客观上

---

〔1〕 Vgl. *Roxin/ Schünemann*, Strafverfahrensrecht, Verlag C. H. Beck München 2012, § 45, Rn. 62.

〔2〕 林钰雄:《严格证明与刑事证据》,法律出版社 2008 年版,第 136 页。

〔3〕 Vgl. *Lutz Meyer-Goßner*, Prozessvoraussetzungen und Prozesshindernisse, Verlag C. H. Beck München 2011, S. 72, 61.

〔4〕 即使是在并不适用"疑利被告"的民事诉讼中,欠缺诉讼要件,法院也不得作出实体判决,只不过民事诉讼中的这一诉讼处理并不必然产生有利于某一特定当事人的效果。

〔5〕 Vgl. *Lutz Meyer-Goßner*, Prozessvoraussetzungen und Prozesshindernisse, Verlag C. H. Beck München 2011, S. 64.

有利于被告人。可见,诉讼条件与疑利被告之间并非直接关联,而是通过形式裁判间接发生了联系,“疑”和“利”是分离的。于是,对于诉讼条件与疑利被告之间关系问题的讨论可以转化为有关诉讼条件证明标准的问题。刑事诉讼的证明标准要求“证据确实、充分”,对诉讼条件的证明也要求达到这一程度,仅仅证明其“可能满足”是不够的,如果无法证实,就应以形式裁判终结诉讼。实践中,欠缺诉讼条件的主张往往由辩方首先提出,而证明责任由控方承担,法院还可能依职权调查证据。裁判时,法官无须考虑究竟是何方诉讼主体提供的证据,只需要综合所有的案件资料,判断心证是否已经排除合理怀疑。如果裁判者能够形成确信的心证,无论该心证是有关诉讼条件具备与否,相应的诉讼处理自不待言。但如果就诉讼条件是否具备这一问题存疑,基于证明标准的要求,也应以形式裁判终止诉讼。[1] 需要注意的是,“证据确实、充分”要求排除合理怀疑,但不等于排除任何怀疑。[2] 即使法官心有顾虑,也不代表案件未达到上述证明标准。“顾虑”与“合理怀疑”不同,两者之间不仅存在宗教意义上的良心的区别,也有着基于理性的差异。“顾虑就好比一位妇女手中握着一只青蛙或一只鸡,所有的朋友都告知它们不会对其造成任何伤害,这些人也都明智地确信它们不会致害,(她)深信不疑也明明知道这个道理。但是,当(她)将小生命拿在手中时,就发出了惊恐的尖叫声,并且有时还紧紧地攥住,同时发现(她)的恐惧实属荒谬;有时,(她)还撒手放开它们,发现自己的理性丝毫不起作用。”[3] 法官可能会出于顾虑而对诉讼条件启动职权审查,但如果仅有顾虑不得作出形式裁判,而应继续审理,并根据对于被告人罪责问题的心证,作出有罪或无罪判决。只有在裁判者能够确信诉讼条件不具备,或不能排除欠缺诉讼条件的合理怀疑之时,才会引发欠缺诉讼条件的法律后果。

四、诉讼条件欠缺之法律后果

欠缺诉讼条件会导致何种法律后果?在刑事公诉案件和自诉案件中,答案会有所不同。刑事自诉案件与民事诉讼比较接近,不存在若干诉讼阶

---

〔1〕 如果已经查明被告人无罪,法院也有可能不作形式裁判而直接宣告无罪。这是裁判竞合的问题,将在本章第四节集中阐述。

〔2〕 张建伟:《证据法要义》,北京大学出版社2014年版,第409页。

〔3〕 转引自[美]詹姆士·Q.惠特曼:《合理怀疑的起源——刑事审判的神学根基》,佀化强、李伟译,中国政法大学出版社2012年版,第277页。

段的区分,在司法实践中可以将诉讼条件理解为实体审理或实体判决要件。公诉案件中的情况较为复杂,欠缺诉讼条件的法律后果如何,取决于三个变量:一为刑事诉讼所处的程序阶段;二为所欠缺诉讼条件的种类;三为诉讼条件是终局性还是暂时性欠缺。关注第一个变量,是因为需要考虑到诉讼法律关系的动态发展特征,不能只在诉讼的"终点"进行观察;关注第二个变量,是为了处理实践中可能出现的裁判竞合问题;第三个变量关系到诉讼条件欠缺的补正问题。此外,本节中还将讨论因欠缺诉讼条件而作出的形式裁判的确定力问题。

(一)基于不同诉讼阶段的观察

诉讼条件是刑事诉讼整体的容许性条件,在整个诉讼过程中均应具备,而刑事诉讼程序是一个由诸多诉讼阶段依次连接的线形过程,故研究欠缺诉讼条件的法律后果,也应在刑事诉讼的线形过程中做全面观察。在以往的研究中,对于欠缺刑事诉讼条件法律后果的讨论往往只集中在审判阶段,且限于形式裁判与实体判决之间的区别与联系。但是,这种法庭刑诉思维下的产物与刑事诉讼的线形特征不符。公诉有效条件说的提出可以称得上是刑事诉讼条件研究史上的一座里程碑,刑事诉讼学者终于跳脱出了民事诉讼要件研究的既定框架,开始了专属于刑事诉讼领域的有益探索。该说将诉讼条件之于刑事诉讼作用的时点大大提前,欠缺诉讼条件的案件处理方式得以丰富,学者们开始关注检察机关能够发挥的作用,不起诉决定进入了人们的视野。然而,与德、日及我国台湾地区的司法制度不同,我国大陆刑事诉讼的起点不是侦查,终结侦查的也不是检察机关的起诉或不起诉决定,因此,在中国语境下讨论欠缺刑事诉讼条件的法律后果会变得更为复杂。根据《刑事诉讼法》规定,审前阶段包括立案、侦查和审查起诉三个阶段,每个诉讼阶段各自都有特定的诉讼任务和终结本诉讼阶段的特定法律文书。相应地,在不同的诉讼阶段,欠缺诉讼条件会对应不同的法律后果。法庭审理阶段是刑事诉讼的重心,法院可采用的裁判处理方式本就更为多样,加之又存在不同的审级,故对于庭审阶段欠缺诉讼条件的处理问题应作重点研究。以下,笔者将就各不同诉讼阶段中欠缺诉讼条件的法律后果逐一展开论述。

1. 立案阶段

立案是刑事诉讼的起始和必经阶段。与大部分国家和地区的规定不同,立案在我国不是一个一次性诉讼行为,而是一个诉讼阶段。[1] 此系受苏联影响,[2]旨在“从程序上防止公安司法机关滥用权力、随意采取侦查行为或强制性手段从而侵犯公民合法权益的情况发生”[3]。刑事案件一旦立案,意味着可以对相关的人或物采取具有强制性的侦查行为,因此,抑制国家机关对欠缺诉讼条件案件的不当刑事追诉,立案审查是第一道关卡。

立案阶段的审查工作往往是形式性、初步性的,对诉讼条件的审查不应科以过高标准。是否存在犯罪及立案管辖是否正确,是此阶段必须予以审查的内容,在此基础上若力有所及,公安司法机关可再对其他诉讼条件予以审查。

刑事立案应以有犯罪存在为条件,此乃国家享有刑事诉权的前提条件,也是当然的诉讼条件之一。如果审查后认为没有犯罪事实,[4]应作不立案决定。立案审查中对于有无犯罪事实的审查标准不应过高,所谓的“没有犯罪事实”,不是指无法满足所有的犯罪构成,而是指不存在犯罪事件或不存在任何犯罪构成。[5] 例如,某人报案被盗,但审查后发现“丢失物品”实际上是被他遗忘在了别处;或者有人报案发现一具尸体,但审查后发现死者系自杀,均属没有犯罪事实。如果前例中对死者尸检后确认系他杀,即为“有犯罪事实”,即使不知道行为人是谁,也应当决定立案。立案后,侦查机关应完成所有在行为人不确定的情况下可能实施的侦查行为。若因行为人未知,侦查工作无法继续开展,可以中止侦查,[6]但这只是从侦查的可行性方面采取的诉讼处理,与诉讼条件无关。实践中“先破后立”

[1] [俄]K. Ф. 古岑科主编:《俄罗斯刑事诉讼教程》,黄道秀等译,中国人民公安大学出版社2007年版,第260页。

[2] 苏联的此项法律传统后续又为俄罗斯继承。

[3] 陈光中主编:《刑事诉讼法》(第7版),北京大学出版社、高等教育出版社2021年版,第290页。

[4] 根据《刑事诉讼法》第112条规定,“犯罪事实显著轻微,不需要追究刑事责任”,亦应作出不立案决定。但这是立案阶段对微罪的除罪化处理,不属于欠缺诉讼条件的情形。

[5] 参见[俄]K. Ф. 古岑科主编:《俄罗斯刑事诉讼教程》,黄道秀等译,中国人民公安大学出版社2007年版,第275~276页。

[6] 参见[俄]K. Ф. 古岑科主编:《俄罗斯刑事诉讼教程》,黄道秀等译,中国人民公安大学出版社2007年版,第342~345页。

“不破不立”等陋习应予摒弃。

立案管辖乃我国一特有的诉讼条件。如果公安司法机关或监察机关在立案审查中发现不属于本机关的立案管辖范围,应决定不立案,并同时移送主管机关。但公安、检察机关内部的“管辖”分工只是为了工作便利,不具有法律应予保护的确定性价值,并非诉讼条件。故即使存在此类“管辖”错误,公安、检察机关应在系统内移送案件予以调整,不得以不立案决定推诿责任。法院有接受公民报案、控告、举报的义务,[1]但受理自诉案件须受立案管辖范围的约束。如果有人以自诉之名,行报案、举报和控告之实,将本应公诉的案件向法院提起自诉,法院应说服其撤回起诉。如果自诉人拒绝撤诉,则须由法院裁定不予受理。[2] 严格来说,不予受理并不适用于立案阶段。唯因诉讼阶段的划分只适用于公诉程序,在自诉案件中并不存在,而法院又必须对自诉人有所交代,故需要寻找一“不立案决定”的功能替代物。法院以不予受理裁定终结诉讼,事实上发挥着与不立案决定同样的效果。仅在此意义上,笔者将其视为立案阶段终止诉讼的裁判处理方式之一。

至于是否满足其他诉讼条件,在立案审查阶段不做硬性的审查要求,审查机关量力而行即可。即使没有及时发现诉讼条件欠缺的情形,也不视为违法,可在侦查阶段纠正。但如果有些诉讼条件的欠缺是显而易见的,或稍做调查即可得知,应作不立案决定。[3] 例如,若在此阶段行为人死亡,应作不立案决定,但若此案可能属于《刑事诉讼法》第 298 条[4]的情形,则另当别论。再如,尽管刑法关于追诉时效的规定以刑期为判断标准,立案审查阶段对此难以进行精准确认,但如果可确认距犯罪时已逾 20 年,

---

〔1〕《刑事诉讼法》第 110 条第 3 款。

〔2〕参见《最高院解释》第 320 条第 2 款。

〔3〕法律依据为《刑事诉讼法》第 16 条、《公安机关规定》第 178 条、《检察院规则》第 171 条第 3 款。

〔4〕是否确应适用违法所得没收程序,应由检察机关最终决定。立案阶段只要可以确认存在犯罪事实,为避免放纵犯罪,即应立案。如果侦查中发现属于《刑事诉讼法》第五编第四章的适用范围,排除普通刑事诉讼程序的适用可能,公安机关应当写出没收违法所得意见书,连同相关证据材料一并移送检察院;检察机关应当撤销案件后启动违法所得没收程序(参见《公安机关规定》第 339 条,《检察院规则》第 248、527 条)。

亦可因超过追诉时效决定不立案。[1] 此外,立案阶段甚至可以积极排除诉讼条件欠缺的可能。例如,《检察院规则》第175条要求检察机关主动向有关部门通报人大代表的涉案问题,意在获得该代表所属的人民代表大会主席团或常务委员会的许可,积极主动地排除对其适用刑事诉讼司法途径的豁免可能性。

简言之,在立案审查阶段,如果发现存在显然欠缺诉讼条件的情况,公安、检察机关应作出不立案决定,若为法院,则应当说服自诉人撤回起诉,如果自诉人拒绝撤诉,则须由法院裁定不予受理。但由于此阶段不允许公安司法机关采取具有强制性的侦查手段,故对于诉讼条件的审查只能是初步的、形式上的,切不可对审查机关过于苛责,以防止出现错误终止诉讼的情况。尽管错误立案与错误不立案都属于程序错误,但是二者可能带来的危害后果是不相同的。即使审查机关在立案审查中存在认识错误,未识别出实际上欠缺的诉讼条件,作出了错误的立案决定,其也可在之后的侦查阶段[2]予以纠正。加之在立案审查阶段并不容许采取对于相关人或物的强制性措施,故错误立案本身不会产生实质上的违法刑事追诉所带来的侵害后果。但如果审查机关通过有限的审查手段,错误地认定本已具备的诉讼条件存在欠缺,作出了错误的不立案决定,就会阻断刑事诉讼继续推进的可能,进而丧失了在后续程序中纠正错误的机会。因此,在此阶段更加需要警惕的是审查机关基于错误认识,或出于恶意所作出的错误不立案决定。

2. 侦查阶段

一旦决定立案,即启动侦查。国家机关可以开始获取法律意义上的证据,[3]或将其他非法律意义上的证据材料转化使用。在此阶段,侦查机关须本着“全面、客观”的原则,对所有涉及案件的实体及程序内容进行调查,尽可能还原与案件有法律上关联的一切事实。相对于立案审查,侦查在时间及国家强制力方面更有保障,侦查效果更佳。在所有的诉讼阶段中,侦查阶段通常也会在诉讼条件审查方面斩获最多。

[1] 《刑法》第87条规定的最长追诉时效为20年,但也有例外。如果法定最高刑为无期徒刑、死刑的,20年以后仍认为有追诉必要的,经最高人民检察院核准,可继续追诉。

[2] 如果是自诉案件,则是由法院受案后在后续的审判阶段予以纠正。

[3] 参见[俄]K. Ф. 古岑科主编:《俄罗斯刑事诉讼教程》,黄道秀等译,中国人民公安大学出版社2007年版,第261~262页。

侦查阶段的审查及于一切诉讼条件。一方面，侦查机关要结合立案标准对案件进行检验，审查是否错将非罪案件归为刑事追诉对象，以及是否有其他禁止追诉的情形未及时发现；另一方面，基于刑事诉讼的动态发展特征，侦查机关还须审查立案后是否出现了新的事实导致诉讼条件欠缺。任何一个方面存在诉讼条件的欠缺，都意味着继续刑事追诉不被容许，即应以撤销案件或终止侦查的方式终结诉讼。以下，笔者将就其中较为特殊的几项诉讼条件作简要说明。

如果侦查后发现"没有犯罪事实"，侦查机关应当撤销案件。这也是《公安机关规定》第 186 条所明文规定的。是否存在犯罪事实同样也是立案阶段重点审查的内容，通常来说，如果根本不存在犯罪事件或虽然存在相关行为，但显然未达到立案的门槛，在立案审查中即可发现，不必留待侦查阶段解决。如果是直到侦查阶段才发现没有犯罪事实，往往是指不满足犯罪构成的情形。这可能是基于进一步侦查所获取的案件信息排除了犯罪成立的可能性。例如，如果立案阶段的尸检结果只能排除自杀，无法排除他杀可能，谨慎起见，应予立案，但经由侦查阶段更为细致的调查，发现属于意外事件，即属上述情形。再如，在后续侦查过程中，侦查人员发现行为人所实施的行为应为正当防卫，自然也就意味着对该行为不应进行刑事追诉。上述可能性在自然犯和法定犯中都有可能存在，还有一种可能性更加多见于法定犯的场合，即尽管行为事实本身并无争议，但在侦查过程中发现该事实依据法律不应被评价为犯罪。实践中，此种情形其实并不常见，盖因此阶段辩护人尚无阅卷权，控辩双方处于严重的信息不对等当中，如果辩方存在有关法律评价方面的意见，往往会在审查起诉阶段与检察机关有更为充分的交流。需注意区分的是，如果侦查机关发现犯罪嫌疑人可能患有精神病，对其进行精神鉴定，并非对本案有无犯罪事实这一诉讼条件的审查确认，因为行为人的确实施了与犯罪相当的行为。行为人在行为时的精神状态可能涉及对其责任能力的认定；即使行为人在实施犯罪行为时精神正常，进入诉讼程序后才患有精神病，其在诉讼过程中的精神状态仍有可能影响其诉讼能力[1]。因此，侦查机关若发现犯罪嫌疑人可能患

---

〔1〕 诉讼能力（Verhandlungsfähigkeit）（或译为"就审能力"）是诉讼条件之一。但是在我国刑事司法实践中，个别实务人员可能对此概念还不足够熟悉。

有精神病，应对其进行精神鉴定，若经鉴定认定其丧失诉讼能力，则构成诉讼障碍，不得对其适用刑事诉讼普通程序，[1]而只能适用保安处分程序。符合《刑事诉讼法》第五编第五章规定的，应适用强制医疗程序。

《刑事诉讼法》中关于诉讼条件最为集中的规定在第16条。既然侦查阶段的审查及于一切诉讼条件，那么该条中列举的若干情况均应属于侦查阶段的审查内容，但是，《公安机关规定》第186条却独将对告诉条件的审查排除在外。究其原因在于规范制定者误将告诉才处理的案件理解为是绝对自诉案件，故在立案阶段即一律排除在外。[2] 这一错误认识的直接后果是，审查机关仅就立案管辖问题进行审查，并根据错误的法律理解作出不立案决定，但就告诉条件未进行过任何审查。笔者认为，从告诉才处理案件的立法目的出发，此类案件应为既可公诉也可自诉。[3] 公安机关在立案审查阶段，只可以基于立案管辖范围排除检察机关的自侦案件、监察机关的调查案件以及其他国家机关立案管辖的案件，告诉才处理案件应在其立案管辖范围之内。对于告诉才处理案件，立案阶段所需要审查的诉讼条件乃是否存在合法告诉，如果确认满足告诉条件，控告人又坚持不向法院提起自诉，公安机关必须受理。在侦查阶段，侦查机关应继续跟进告诉条件的存续情况，比如之前提出的告诉是否为告诉权人有效的诉讼行为，后续是否存在撤回告诉的情况等。对于告诉条件审查处理的法律后果较为特殊，由于此乃一项可补正的诉讼条件，故如果侦查机关在审查的当下发现该条件不满足，并非当即撤销案件，终止追诉，而是应首先询问告诉权人的意愿，以避免撤销案件后出现再次提出告诉而需要进行刑事追诉的情形。

外交代表和人大代表的豁免问题，是侦查阶段须主动审查的诉讼条件。虽然二者均冠以“豁免权”的名称，但两项诉讼条件的内涵不同：前者

---

〔1〕《德国刑事诉讼法》第413条规定：“因犯罪行为人无刑事责任能力或无就审能力，检察院无法进行刑事程序时，如果法律准许且根据侦查结果可预期科处矫正及保安处分，检察院可以申请独立科处矫正及保安处分。”参见宗玉琨译注：《德国刑事诉讼法典》，知识产权出版社2013年版。

〔2〕参见《公安机关规定》第176条第1款。

〔3〕参见王一超：《论“告诉才处理”案件的追诉形式》，载《环球法律评论》2014年第4期，第63～82页。

是排除我国刑事审判权（我国刑事管辖权）的一项诉讼障碍；后者并不具有排除我国刑事管辖权的功能，而是对于人大代表执行职务的一种保障，未经特定主体许可，不得对其予以逮捕或者刑事审判。尽管从规范层面看，即使未经许可，似乎仍可在审前在不对其采取羁押性强制措施的前提下对人大代表进行立案侦查，但考虑到该条件对于刑事审判的排除功能，以及实践中羁押性强制措施的适用比例，该条件已经在客观上起到了排除对人大代表适用刑事司法途径可能性效果。此二项"豁免"条件对于刑事追诉造成了根本性的障碍，但由于二者均与被追诉人的身份有关，审查起来难度并不大，侦查机关可以主动予以核查。如果侦查机关发现犯罪嫌疑人享有外交豁免权，应及时报告，商请相关部门通过外交途径解决。[1] 是否属于人大代表，是侦查机关第一次讯问犯罪嫌疑人时的例行问题。如有必要，侦查机关应主动通报相关部门并获得许可，从而及早排除诉讼障碍。

一般而言，欠缺诉讼条件的诉讼处理是终止刑事诉讼。侦查阶段终止刑事诉讼的方式有撤销案件和终止侦查两种方式，实践中侦查机关须结合案件具体情况择一使用。究竟采用何种诉讼处理方式，取决于在当时的诉讼环境中如何理解"案件"。在法庭审理阶段，刑事案件是由"事"和"人"两个要素共同组成的，法庭审理的对象是起诉书中所起诉的被告人以及其涉嫌的相关犯罪事实。即使对法庭审理的对象进行拆分，也应以单一案件为最小审理单位，即单一被告人的单一犯罪事实。[2] 对于公诉案件而言，庭审阶段在形式上终止刑事诉讼统一采取终止审理的方式，意味着是对包含"事"和"人"两个要素的刑事案件的刑事追诉的终止。但是，在侦查阶段，案件的"事"和"人"这两个要素很可能是分离的。根据《刑事诉讼法》第109条的规定，发现犯罪事实即应立案，系以"事"为着眼点，不要求立案当时已发现犯罪嫌疑人。在侦查的初期，很可能并不知晓犯罪嫌疑人是谁，须通过后续侦查行为方可明朗。可见，"人"的因素是在此后的诉讼过程中才逐渐加入的。相应地，在侦查阶段终止刑事诉讼就需要明确是对于"事"或"人"哪个要素而言的。具体而言，就是在发现相关犯罪事实的确存在，但并非所确定的犯罪嫌疑人而为时，应采取何种诉讼处理方式。

---

〔1〕 参见《公安机关规定》第361条。

〔2〕 参见张建伟：《刑事诉讼法通义》，清华大学出版社2007年版，第238~242页。

从《公安机关规定》第186条第2款来看,公安机关对于案件的认识延续了立案时的理解,即以“事”为单位。只要有犯罪事实存在,就不影响案件的存续;即使发现对“人”的追诉错误,只需对相关嫌疑人终止侦查,无须撤销案件。然而,《检察院规则》第242条似乎“超前”采用了审判阶段对案件的理解,特别强调案件中“人”的因素,只要侦查后确认不是该犯罪嫌疑人所为,就应撤销案件。其实,无论是撤销案件还是终止侦查,对于特定犯罪嫌疑人而言都是刑事追诉的终结,附着于其身上的强制措施以及其他相关的强制性侦查手段都会随即丧失继续维持的理由。但是在共同犯罪或者其他并案处理的场合,为了避免对于个别犯罪嫌疑人的追诉终止影响到全案刑事追诉的进程,有必要区分撤销案件和终止侦查两种诉讼处理方式。此外,如果在解除了特定侦查对象的嫌疑人身份后,又发现了新的犯罪嫌疑人,上述两种诉讼处理方式的后续程序操作及诉讼成本是不同的:如果只是对特定犯罪嫌疑人终止侦查而未撤销案件,由于该案一直处于“侦查中”的状态,发现新的嫌疑人,无须重新立案,继续侦查即可;但如果一概采取了撤销案件的态度,若想继续侦查就必须重新立案,否则就不能使用强制措施或其他具有强制性的侦查手段。因此,为了避免无谓的程序重复,减少诉讼资源浪费,在侦查阶段如果因诉讼条件欠缺而须终止诉讼程序,有必要区别使用撤销案件和终止侦查两种处理方式。

3. 审查起诉阶段

经过侦查阶段的筛选,大多数欠缺诉讼条件的案件已经被排除。能够进入到审查起诉阶段的案件,显然欠缺诉讼条件的情况应为小概率事件,此阶段检察机关须重点审查的是诉讼条件相关事实是否出现了变化,如获得赦免、撤回告诉、犯罪嫌疑人死亡等。此外,还有一些审查内容可能会与诉讼条件相混同,笔者在此作一简要澄清。

《检察院规则》第328条要求检察院提起公诉应当与法院的审判管辖相适应,否则应将案件移送至有“管辖权”的检察院。有人可能会将此视为是审查起诉阶段对管辖这一诉讼条件的审查,然而,这其实是一种误解。尽管审前侦查和审查起诉也需要在侦查机关内部和检察系统内部明确分工,并将此行为习惯称之为“管辖”,但这与作为诉讼条件的审判管辖是不同的。在审前即使存在此类“管辖”错误,前期审查工作也不因此而无效,接受移送的检察院可以续行审查。检察机关在审查起诉阶段对“管辖”问题进行审查,只是一种预防性行为,目的在于避免案件起诉后遭受来自接收法院的管辖错误评价,届时由法院将此案退回检察机关后,仍需要通过移送案件的方式调整至与法院审判管辖相适应的检察机关。此外,检察机关还可以通过对"管辖"问题的审查以及必要的案件移送,发挥审查起诉阶段在审前"管辖"与审判管辖适应性问题方面的协调作用。无论是移送审查起诉,还是移送起诉,均是在相同级别、相同辖区内机关之间的案件移送。由于在一开始立案侦查时对案件事实的把握与后期可能存在差异,以及侦查阶段"指定管辖"的存在,可能出现审前"管辖"与审判管辖不对应的情况。根据《刑事诉讼法》的规定及审判中心主义的要求,审判管辖的法律规定才具有最终拘束力,经由审查起诉阶段的案件移送,可以确保最终审判管辖的准确,并可避免出现为确保"管辖正确"而在审判阶段滥用指定管辖的问题。特别是对于监察机关负责调查的职务犯罪案件而言,由于各级监察委员会是按照干部管理权限对本辖区内的监察对象依法进行监察,与审判管辖的判断标准不同,审前与审判阶段的"管辖冲突"更有可能多发,发挥好审查起诉阶段在协调管辖权方面的功能,显得尤为必要。

《刑事诉讼法》第171条、《检察院规则》第330条要求审查起诉阶段对侦查行为合法性予以审查。这其实是个别诉讼行为的合法性问题,并非诉讼条件。一种可能的情形是,侦查机关在侦查取证过程中存在严重的非法取证行为,检察机关认为符合法律规定的非法证据排除的情况,而所排除的乃案件关键证据,将导致案件无法达到起诉的证明标准,从而无法继续进行刑事追诉。此时,排除非法证据虽然引起了刑事追诉无法推进的后果,但这只是因为排除单个证据后导致案件无法达到法定的证明标准,检察机关在此种情况下作出不起诉决定与审判阶段因未达证明标准而被法院判决无罪并无两样,不能属于欠缺诉讼条件的情形。个别侦查行为违法所引起的非法证据排除,不会造成刑事诉讼从整体上不被容许。但是,如果侦查机关所面临的不是单个独立的违法侦查行为,而是在侦查过程中整体严重违法,也有可能会触及刑事诉讼从整体上的容许性问题。在诉讼整体化思维下,侦查行为是刑事诉讼这一"拼图"中的一个有机组成部分,如果因为侦查行为整体严重违法,逐个排除非法证据已经无法对程序的正当性进行充分修复,就可能从整体上影响了刑事追诉的正当性,[1]从而演变为非法定的诉讼障碍,应以不起诉决定就此终止诉讼。

日本学者结合公诉滥用理论与诉讼条件理论,将无嫌疑的起诉、基于违法侦查作出的起诉以及对轻微犯罪的起诉,视为三种欠缺非典型诉讼条件的情况,认为它们会导致追诉不被容许。但笔者认为应当对上述三种情况进行个别考察,如果确无犯罪嫌疑,国家没有刑事诉权,刑事追诉欠缺诉讼条件,属于立案阶段即应终止诉讼的情况,倘若到了审查起诉阶段才予以澄清,应作出不起诉决定无疑。侦查行为违法的情形前段中已有论述。至于轻微犯罪的诉讼处理,由于其已达到了刑事追诉的立案标准,是否追诉便属于检察机关可以在法定范围内行使裁量权的范畴,无关诉讼条件。笔者认为,对于诉讼条件范围的理解不宜过分扩大,特别是不应模糊检察机关行为合法性与合理性之间的界限。对于轻微犯罪而言,如果检察机关在裁量权范围内作出了起诉决定,不应视为是违法的诉讼决定。

如果检察机关在审查起诉阶段审查后确认案件存在诉讼条件的欠缺,应终止诉讼,须制作不起诉决定书。对于《刑事诉讼法》第 16 条中规定的几种常见诉讼条件而言,诉讼条件欠缺所对应的是法定不起诉类型。实践中,一名犯罪嫌疑人可能因涉嫌多个犯罪而被合并移送审查起诉,如果检察机关审查后发现其涉嫌的部分犯罪因欠缺诉讼条件不得继续追诉,但仍有必要对剩余部分的犯罪事实进行刑事追诉,应当如何制作法律文书?实务中的处理方法不一:有人认为应当分别作出起诉决定书和不起诉决定书;也有人认为不起诉决定是对"人"作出的,只要是没有在起诉决定书中起诉的犯罪,即视为不起诉。笔者认为,无论实践中检察机关是否制作了独立的不起诉决定书,都不能影响对于部分犯罪事实作出不起诉决定的事实,故应严厉禁止在没有新证据的情况下再行提起公诉。这也是在仅制作起诉书而不另外制作不起诉决定书的场合,最需要警惕的事情。独立的不起诉决定书作为对该犯罪嫌疑人部分犯罪不起诉决定的物质载体,更有助于对其起到一事不再理的保护作用。不单独制作不起诉决定书的弊端之一在于,除非对照侦查机关移送审查起诉时的起诉意见书,否则无法获知有哪些犯罪是经由检察机关审查后作出了不起诉决定,更无从得知检察机

---

[1] See *R. v. Singh*, 2013 ONCA 750.

关此处的不起诉决定具体属于何种类型。而起诉意见书又属于不允许公开的案卷范围,被追诉人本人无法直接合法获得,若事后存在重复追诉的问题,可能会对被追诉人的权利救济带来不利。

4. 审判阶段

到了审判阶段,刑事诉讼的容许性问题已经历了立案、侦查、审查起诉三个诉讼阶段的检验。如果一个案件自始即欠缺某些诉讼条件,由法院审查才予以发现的概率并不高。然而,刑事诉讼具有动态特征,诉讼条件的事实状态也是处在发展变化中的,之前具备的诉讼条件也可能会在审判阶段出现欠缺。法庭审理阶段的审查,对于那些只在审判阶段才发挥作用,或直到此诉讼阶段才新出现的诉讼障碍,意义重大。

审判管辖是只在审判阶段才需满足的诉讼条件。是否存在管辖错误,是本阶段首先要审查的内容。管辖属于形式的诉讼条件,一般无须进入案件实体审理,在庭前准备过程中即可审查。如果此时发现存在管辖错误,虽然不会导致国家整体上丧失追诉权,但必须对此错误进行纠正,确保在管辖正确的基础上继续推进刑事诉讼。在一些国家和地区,法院收案后若发现存在管辖错误,可以作出管辖错误的裁判,明确自身不享有对案件的审判管辖权,并可自行将案件移送至其认为有管辖权的法院。接收案件的法院收案后再对自身是否享有本案的管辖权进行审查判断。但是,《刑事诉讼法》中没有关于专门处理管辖错误问题的裁判规定,故不能采取上述处理方法,而须将案件退回检察机关,[1] 由检察机关在其系统内部调整好"管辖"问题后再行起诉。地域管辖、级别管辖和专门管辖问题都是在对审判管辖进行审查时需要注意的内容。与地域管辖连接点相关的事实情况可能会在诉讼过程中发生变化,为了保证管辖法院的稳定,地域管辖须以起诉时为判断标准,起诉后应受管辖恒定原则约束。[2] 但是级别管辖、专门管辖不受此限制,如果在庭审开始后发现存在级别管辖或专门管辖方面的错误,也必须予以纠正。实践中,指定管辖的大量使用常会掩盖可能存在的审判管辖错误,从而使得对于该诉讼条件的审查问题以及与之相关的法律后果问题容易被人忽视。本书将在第四章第一节中就此问题集中进

---

〔1〕 参见《最高院解释》第219条第1款第1项。

〔2〕 林钰雄:《刑事诉讼法》(上册),台北,元照出版社2010年版,第114页。

行阐述。

针对告诉才处理的案件，告诉人可能在审前提出告诉，但在法庭审理阶段撤回告诉。根据《刑事诉讼法》第16条的规定，依照刑法告诉才处理的犯罪，没有告诉或者撤回告诉的，不追究刑事责任，已经追究的，应当撤销案件，或者不起诉，或者终止审理。在公诉程序中，如果法院审查认为被害人告诉之撤回真实有效，应以欠缺告诉为由退回检察院。〔1〕如果是在自诉程序中，被害人撤回告诉的方式系撤回起诉，法院应准予撤诉，〔2〕自诉程序也会随即终止。被告人死亡及赦免也可能是直到庭审阶段才出现的诉讼障碍。前者在司法实践中偶有发生，根据《刑事诉讼法》第16条的规定，相关程序处理方案并无争议。至于赦免，由于我国司法实践中尚未出现过在审判阶段经特赦令免除刑罚的情况，故并无相关的实践经验。此外，依据现行法律规定，一旦已经在时效届满前成功提起了诉讼，有关追诉时效条件之具备的问题，便不会在审判阶段出现得而复失的情况。

国家享有诉权且诉权尚未耗尽乃当然的诉讼条件，亦须在审判阶段予以审查。一个案件只有一个诉权，在并案处理的场合，国家诉权是以合并的方式行使的，并不会因此而影响一案一诉权的诉讼理论原则。案件一旦经判决确定，无论是否判决被告人有罪，诉权都因此消灭，不得再就此案重复追诉。这是基于一事不再理、禁止双重危险原则确立的诉讼障碍。“刑事案件，已经判决确定者，该犯罪之起诉权即为消灭。”〔3〕法院可据此判断起诉至本院的案件能否产生诉讼系属。所谓诉讼系属，乃诉讼存在于法院之事实状态。诉讼系属因起诉而开始，因判决确定而消灭。〔4〕如法院受理审查时发现该案已经裁判确定，除非检察机关对于之前被判无罪案件的重新起诉系依据新的事实、证据，否则须以将案件退回的形式驳回起诉。若法院发现检察机关的起诉系对之前准予撤诉案件的重新起诉，且没有新的影响定罪量刑的事实、证据，也应将案件退回人民检察院。〔5〕此外还须

〔1〕参见《最高院解释》第219条第1款第2项前半句。笔者认为，该项后半句内容系对告诉才处理案件追诉形式的误解。相关论述详见本书第四章第二节。

〔2〕参见《最高院解释》第329条。

〔3〕参见陈瑾昆：《刑事诉讼法通义》，法律出版社2007年版，第209页。

〔4〕参见杨建华：《问题研析民事诉讼法》（二），台北，三民书局1987年版，第93页。

〔5〕参见《最高院解释》第219条。

注意的是,我国刑事诉讼在起诉方式上以公诉为主,自诉为辅。对于一部分案件,既可以采取公诉的追诉形式,也可以采取自诉的追诉形式。但无论案件采用的是公诉还是自诉形式,所行使的都是同一个诉权,并不会因为追诉形式的变化而增加诉权的数量。因此,法院在审查受理起诉时,还需要注意对于一个案件是否既存在公诉又存在自诉的情况,若存在上述情况,须对于其中一种追诉方式下的刑事诉讼程序予以终止,以避免出现"一案二诉"的情况。这一点在存在自诉与公诉程序转换的案件中尤应得到注意。

法庭审理如果旷日持久,诉讼迟延达到一定程度可能会转化为诉讼障碍,禁绝继续推进刑事诉讼。诉讼迟延从出现到发展为诉讼障碍,是一个累积的过程,法院在此过程中可以对被告人采取多种救济措施,终止诉讼是终极救济手段。过分的诉讼迟延作为一项诉讼障碍,尚没有得到各个国家和地区立法的普遍认可,属于非法定的诉讼障碍。关于此问题的讨论,本文将在第六章第二节详细展开。

需要注意的是,法院在审判阶段还会对起诉行为的有效性进行审查。根据不告不理原则,有效的起诉是法院审判的正当性前提。如果不存在合法起诉,法院同样不得开启审判程序。这一点在公诉和自诉程序中都一体适用。但是对于合法起诉本身的要求是对起诉这一个别诉讼行为的有效条件要求,不属于诉讼条件。法院据此将案件退回检察机关或不予受理自诉,与因欠缺诉讼条件而作出的诉讼处理不同,笔者不再对此展开论述。

法院对诉讼条件的审查贯穿整个法庭审理阶段。由于在诉讼条件欠缺无法被治愈的场合,整个刑事诉讼都是不被容许的,因此无论诉讼障碍发现的多晚都必须予以纠正,且之前已经进行的诉讼程序将归于无效。诉讼条件的"瑕疵发现的越晚,在多个期日之后或者甚至在高一审级,后果越不愉快"[1]。从效率的角度,法院应尽早发现诉讼障碍,终止无谓的刑事诉讼。在不同的诉讼阶段,案件因欠缺诉讼条件而遭终止的裁判处理方式存在不同。在庭审阶段,可供法院使用的终止诉讼的裁判方式种类最多,情况也最为复杂,具体应以何种裁判方式终止诉讼,将在后文中进一步展

〔1〕 [德]奥特马·尧厄尼希:《民事诉讼法》,周翠译,法律出版社2003年版,第179页。

开研究。

(二)裁判处理方式的种类

诉讼是诉权主体和裁判处理主体之间的诉讼法律关系。在刑事诉讼的任何一个阶段,既有国家机关代表国家行使诉权,也有国家机关代表国家行使裁判处理权。在审判阶段,上述两项职权分别由检察机关和法院行使,法庭刑诉是一个典型的控辩审三方组成的三角形结构。在其他诉讼阶段,尽管可能出现国家诉权与裁判处理权的具体行使机关物理上重合的情况,但不妨碍将刑事诉讼描述为一个控、辩、裁三方之间的类三角形结构。在每一个诉讼阶段,由该阶段代表国家行使裁判处理权的国家机关主导,并由其根据案件具体情况作出相应的裁判处理[1]。诉讼条件是刑事诉讼的容许性条件,欠缺诉讼条件,诉讼不应启动,已启动的诉讼即应终止。具体应以何种裁判处理方式终止诉讼,是值得进一步研究的问题。以往有关诉讼条件的研究多集中在审判阶段,故有关案件因欠缺诉讼条件而须以何种处理方式终止的讨论限于法院作出裁判的场合。然而,诉讼条件的拘束作用适用于整个刑事诉讼,而不仅仅限于法庭审理阶段,案件的裁判处理机关不限于法院,终止诉讼也不仅仅是法院的特权。因此,有必要跳出法庭刑诉的思维,在广义刑事诉讼的视野下,研究案件欠缺诉讼条件的裁判处理方式问题。

刑事诉讼是多个诉讼阶段依次进行的过程。在任何一个诉讼阶段结束时,主导机关都会作出一定的裁判处理。如果结论为肯定的,诉讼继续进行到下一阶段;如果结论是否定的,刑事诉讼就此终结。法庭审判是执行前的最后一个诉讼阶段,对于被追诉人罪责的确定须在此阶段完成。无论审判结果是哪一种裁判,刑事诉讼法律关系都会终结。诚然,在刑事诉讼中,公安司法机关还会作出一些并不具有终结诉讼法律关系效果的裁判处理,其中大部分与诉讼条件无关,不在本书的研究范围内。本节中只讨论欠缺诉讼条件对应的裁判处理方式。诉讼条件从整体上制约刑事诉讼的正当性,欠缺诉讼条件将导致终结诉讼的法律后果。[2] 在审前阶段,公

---

〔1〕 此处的"裁判处理"既包括审判阶段由法院作出的判决、裁定和决定,也包括在其他阶段由公安机关、检察机关作出的案件处理决定。

〔2〕 也存在例外,如果诉讼条件的欠缺是可以补正的,在补正之前可暂不终止诉讼。

安机关和检察机关相应地作出不立案决定、撤销案件或终止侦查决定，或不起诉决定。审前阶段终止诉讼的处理方式单一，具体是因为罪责方面的原因还是欠缺诉讼条件的原因作出，并不作区分。可以说，审前的处理既是对案件的实体处理，也是程序上的处理。此外，无论案件在审前阶段所欠缺诉讼条件的具体事由为何，每一个诉讼阶段所对应的处理方式都是统一的，并不作进一步区分。以下，笔者将不同诉讼阶段所对应的各种裁判处理方式作一列表展示。（如表 3.2）

表 3.2　各诉讼阶段的裁判处理方式〔1〕

<table>
<tr><th rowspan="2">诉讼阶段</th><th rowspan="2">裁判处理主体</th><th rowspan="2">审查内容</th><th colspan="4">裁判处理方式</th></tr>
<tr><th colspan="3">诉讼条件欠缺</th><th>诉讼条件具备</th></tr>
<tr><td rowspan="3">立案</td><td>公安机关</td><td rowspan="2">是否存在犯罪
立案管辖</td><td colspan="3" rowspan="2">不立案决定</td><td rowspan="2">立案决定</td></tr>
<tr><td>检察机关</td></tr>
<tr><td>法院</td><td>立案管辖</td><td colspan="3">不予受理裁定/
说服自诉人撤回起诉</td><td></td></tr>
<tr><td rowspan="2">侦查</td><td>公安机关</td><td rowspan="2">所有诉讼条件
（告诉、审判管辖除外）</td><td colspan="3" rowspan="2">撤销案件/
终止侦查决定</td><td rowspan="2">移送审查起诉</td></tr>
<tr><td>检察机关</td></tr>
<tr><td>审查起诉</td><td>检察机关</td><td>所有诉讼条件</td><td colspan="3">不起诉决定</td><td>起诉决定</td></tr>
<tr><td>审判</td><td>法院</td><td>所有诉讼条件</td><td>判决
（无罪）</td><td>裁定</td><td>决定</td><td>判决（有罪/无罪）</td></tr>
</table>

在各诉讼阶段的裁判处理中，法院审判阶段所对应的裁判处理方式最为复杂，会根据案件所处的诉讼环节，是否欠缺诉讼条件以及所欠缺的诉讼条件具体为何而有所区别。从比较法上看，不同国家和地区有关法院可作出哪些裁判处理的规定有所不同。在德国，法官所为裁判可分为判决（Urteile）、裁定（Beschlüsse）和处分（Verfügungen）。〔2〕如果法院在案件被起诉之后发现存在诉讼条件的欠缺，应以裁定拒绝开启审判程序。〔3〕在我国台湾地区，法院的裁判处理方式有判决和裁定两种，不可作出判决的事项，皆可作出裁定。判决只能由法院作出，且以经言词辩论为必要；裁定通常无此限制，且无一定程式要求。我国台湾地区的判决又包括实体判决和形式判决，后者适用于欠缺诉讼条件的场合，具体包括免诉、不受理、管

---

〔1〕 此表主要针对刑事公诉案件适用。

〔2〕 参见［德］克劳思·罗科信：《刑事诉讼法》，吴丽琪译，法律出版社 2003 年版，第 203 页。

〔3〕 参见［德］克劳思·罗科信：《刑事诉讼法》，吴丽琪译，法律出版社 2003 年版，第 193 页。

辖错误三种形式。[1] 考虑到不同立法例中有关法院裁判处理方式的规定有别,有时尽管使用的是同一表述,但内涵可能完全不同,因此,明确在取当前实定法背景下应对案件作出怎样的裁判处理尤为重要。

根据《刑事诉讼法》规定,法院在审判阶段可以作出的裁判处理有判决、裁定、决定:判决只能针对实体问题作出,分为有罪判决和无罪判决;裁定针对程序问题和部分实体问题;法院的决定只能针对某些程序问题作出。在审判阶段,法院可以根据控辩双方的申请,或依职权审查诉讼条件。如果审查后认为具备诉讼条件,审判程序继续进行。法院无须单独作一裁判,甚至在诉讼条件不成为争议的场合也无须在终局裁判中写明。如果法院审查后认为案件欠缺诉讼条件,继续推进刑事诉讼丧失正当性,便应以形式裁判终结诉讼。所谓形式裁判,又可称为诉讼裁判(Prozessentscheidung)或程序裁判,是指针对诉讼法事项所作出的裁判,欠缺诉讼条件所作出的裁判即在其列。《刑事诉讼法》中并无有关形式判决的规定,实定法中的形式裁判包括裁定和决定。根据案件所采用的追诉形式不同,所处的诉讼环节不同,以及所欠缺的具体诉讼条件不同,法院作出的具体形式裁判也有不同。比如,根据《最高院解释》第320条规定,如果自诉案件欠缺诉讼条件,法院应说服自诉人撤回起诉;自诉人不撤回起诉的,法院裁定不予受理。但这一形式裁判仅适用于自诉案件,不适用于公诉案件。公诉案件中的裁判处理相对更为复杂。

公诉案件中有多种形式裁判对应于诉讼条件欠缺的情形。(1)根据《刑事诉讼法》第16条,在欠缺诉讼条件的场合,法院可以作出终止审理的裁定。此裁定是法定的形式裁判,在法庭审判的任何阶段都可适用。但从司法解释的规定来看,终止审理的裁定似乎不是唯一选择。(2)对于检察机关提起公诉的案件,法院应进行受理审查。根据《最高院解释》第219条规定,如果在庭审开始前的审查过程中发现欠缺诉讼条件,法院应当将案件"退回人民检察院"。至于"退回人民检察院"所对应的具体裁判处理形式是什么,司法解释没有明言,但是考虑到判决和裁定只适用于法有明文规定的情形,故可知上述内容应以"决定"的形式作出。暂且不论"决定"这一处理方式的合理性,单从内容来看,笔者认为,该决定可类比自诉案件

---

[1] 参见林钰雄:《刑事诉讼法》(上册),台北,元照出版社2010年版,第629~631页。

中的“不予受理”裁定，意指“公诉不受理”，是对检察机关不合格起诉的一种否定评价。然而，从诉讼理论上看，如果审查发现起诉因欠缺诉讼条件而无效，应予“驳回”，而非将案件“退回”检察院。这是因为，案件一经起诉，便脱离了检察机关的主导，系属于法院，法院与诉权主体之间成立诉讼法律关系，法院受其拘束并承担作出裁判的义务。法院对提起公诉案件的审查受理不是一个独立的诉讼阶段，是审理阶段的一个环节，即使此时法院尚没有开始进行实体审理，也不应以“退回人民检察院”的方式终结诉讼法律关系。上述操作会导致程序的回流：案件退回后，检察机关还须作出不起诉决定；若其“仿效”法院再将案件退回侦查机关，须再由侦查机关撤销案件才能终结诉讼。这是对诉讼资源的无谓浪费。从比较法上看，一些国家和地区的法院可以作出公诉不受理或驳回公诉的裁判，直接由法院终结诉讼。《刑事诉讼法》第 16 条同样规定了法院从程序上终止诉讼的裁判方式——裁定终止审理。笔者认为，法院对提起公诉的案件审查后，如果发现案件欠缺诉讼条件，且不可补正，亦可直接以裁定终止审理，这不仅具有终结诉讼系属的效果，也同“退回人民检察院”的决定一样，具有公诉不受理之意味。(3)正式进入法庭审理之后，如果法院发现存在诉讼障碍，应裁定终止审理。[1] 在审判阶段，检察机关还可以因为欠缺诉讼条件申请撤回起诉。如果法院审查后确认存在诉讼障碍，可裁定准许撤回起诉。[2] 需要说明的是，从理论上看，撤回起诉不是将案件退回到审查起诉阶段，而是具有与检察机关不起诉决定相当的后果——终结诉讼，故无须也不应重复作出不起诉决定。[3] 《检察院规则》第 424 条第 2 款要求撤回起诉后再作出不起诉决定，应属错误。(4)管辖错误也属一诉讼障碍，应对应一定的形式裁判。《刑事诉讼法》中没有关于管辖错误的裁判规定。《最高院解释》第 219 条规定，法院对于起诉的案件发现不属于本院管辖的，应当退回人民检察院。由检察机关在其系统内部将管辖问题调整至正确，再向有管辖权的法院起诉。即使是在进入案件实体审理后才发现存在管辖错误，或

〔1〕 参见《最高院解释》第 295 条第 1 款第 8、9、10 项。笔者认为，其中第 9 项规定系对告诉才处理案件追诉形式的误解。相关论述详见本书第四章第二节。

〔2〕 参见《最高院解释》第 296 条。

〔3〕 参见张建伟：《论公诉之撤回及其效力》，载《国家检察官学院学报》2012 年第 4 期，第 100～108 页。

者经指定管辖改变了案件原来的管辖法院，也不能由原受理法院直接将案件移送给有管辖权的法院，而是需要将案卷退回同级检察院，再由检察机关重新起诉。[1] 笔者认为，法院各自为独立的裁判主体，为避免强化法院之间行政协作关系的风险，不允许法院直接以决定形式转移案件的管辖权，具有正当性。但一概将案件退回检察机关，同样会存在前述的程序倒流问题。在此问题上，比较法经验或有一定参考价值。我国台湾地区"刑事诉讼法"第304条规定："无管辖权之案件，应谕知管辖错误之判决，并同时谕知移送于管辖法院。"该规定明确了管辖错误问题的处理逻辑：先以管辖错误判决解除案件与受审法院之间的诉讼系属，再以裁定将案件移送至有管辖权的法院，重新确立诉讼系属，继续对案件的刑事追诉。[2] 实践中，管辖问题常常在审前阶段就被提前考虑，检察机关审查起诉的一项重要内容便是管辖，意在确保案件可以直接起诉至有管辖权的法院，尽量避免审判阶段再出现管辖错误。(5)原则上，欠缺诉讼条件，法院应以形式裁判终结诉讼。但根据《刑事诉讼法》第16条，法院也可作出无罪判决。至于何种情况下裁定终止审理，何种情况下判决无罪，属于裁判竞合的问题，本书将在下一小节具体展开。(6)考虑到刑事诉讼的动态特征，倘使一旦发现诉讼条件欠缺旋即终结诉讼，若之后诉讼条件再具备，又须重新经历立案、侦查、审查起诉等一系列程序，才可以再进入法庭审理。为了避免此种情况下的诉讼资源浪费，如果审判阶段发现欠缺诉讼条件，虽短时间内无法补正，但仍有补正可能的，应裁定中止审理，待后续诉讼条件补正之后，可再恢复审理。

(三)裁判竞合的处理

审前阶段终止诉讼的裁判处理方式单一，无论是基于诉讼条件欠缺的原因抑或其他原因需要终结诉讼，只需根据所处的诉讼阶段采取统一的处理方式即可，不存在竞合的问题。裁判竞合只可能出现在审判阶段的场合。在此阶段，裁判竞合包括两个层面的问题：一为形式裁判与实体判决的竞合；二为不同形式裁判之间的竞合。法院应当按照竞合规则作出种类

---

[1] 参见《最高院解释》第19~22条。

[2] 我国台湾地区法院的裁判只有判决和裁定两种。不可作出判决的事项，皆可作出裁定。判决只能由法院作出，且以经言词辩论为必要；裁定通常无此限制，且无一定程式要求。参见林钰雄：《刑事诉讼法》(上册)，台北，元照出版社2010年版，第629~630页。

正确的裁判,否则属于法律适用错误。由于刑罚权落实必须同时符合实体要求和程序要求,若欠缺诉讼条件,法院不可以作出有罪判决。因此,第一个层面的问题又可具体化为形式裁判与无罪判决之间的竞合问题。

1. 形式裁判与无罪判决的竞合处理

从理论上看,案件满足诉讼条件是法院进行实体审判的前提,欠缺诉讼条件,法院不需要也不被允许作出任何实体判决,既不得判决有罪,也不得判决无罪。是故形式裁判与实体判决之间似乎不应当出现竞合的情况。然而,《刑事诉讼法》第16条却将终止审理的裁定与无罪判决并列,似乎认为两种裁判形式均可在诉讼条件欠缺的情况下作出。不仅如此,比较法上也不绝对排除法院在欠缺诉讼条件的条件下作出无罪判决,甚至在有些情况下,无罪判决要优先于"诉讼终止"〔1〕的程序裁判。〔2〕这就使形式裁判与无罪判决之间的竞合成为一个现实存在的问题。刑事诉讼的目的是实现法的平和性,法院应当根据具体情形,选择作出最有利于实现法平和性的裁判方式。〔3〕形式裁判一律优先或无罪判决一律优先的做法,都是不正确的。

在下述两种情况中,无罪判决优先。第一,现代诉讼采二元复式审理模式,诉讼条件和案件实体事实并行审理。只有在此审理模式下,才会出现形式裁判与无罪判决竞合的可能。如果法院通过对案件的实体审理已经发现被告人是清白的,无须再审查诉讼条件,应当直接宣告无罪。即使法院在查明被告人无罪的过程中,发现了案件欠缺诉讼条件,也应优先作出无罪判决。之所以如此设计竞合规则,是因为无罪判决相较于终止诉讼的形式裁判更具有恢复名誉的优势。〔4〕第二,诉讼条件包括追诉禁止(Befassungsverbot)条件和刑罚禁止(Bestrafungsverbot)条件。〔5〕前者是出

---

〔1〕 在德国,欠缺诉讼条件将导致"诉讼终止"(Einstellung des Verfahrens)。

〔2〕 Vgl. BGHSt 1,231,235; 7,256,261; 13,268,272f; 44,209,219. BayObLGSt 1963, 44,47.

〔3〕 Vgl. *Klaus Volk*, Prozessvoraussetzungen im Strafrecht, Verlag Rolf Gremer · Ebelsbach 1978, S. 245ff.

〔4〕 Vgl. *Klaus Volk*, Prozessvoraussetzungen im Strafrecht, Verlag Rolf Gremer · Ebelsbach 1978, S. 90.

〔5〕 Vgl. *Lutz Meyer-Goßner*, Prozessvoraussetzungen und Prozesshindernisse, Verlag C. H. Beck München 2011, S. 58.

于诉讼法方面的考量，旨在禁止适用刑事追诉程序，如一事不再理原则；后者属于刑罚消灭事由，具有实体法层面的意涵，旨在禁止作出有罪判决。从刑法规定看，赦免、时效、告诉才处理案件中的告诉，[1]以及特定种类刑事案件中的行政前置程序等都是具有实体法性质的刑罚禁止条件。存在此方面的诉讼障碍意味着国家对刑罚权的主动放弃，法院应直接宣告被告人无罪。[2]

无罪判决优先的竞合规则自提出后很少有人质疑。但是德国联邦最高法院在2000年的一则判决中对其加以限制。[3] 此案中，检察机关在欠缺合法告诉的情况下提起公诉，州法院作出无罪判决。联邦最高法院在上诉法律审中予以改判：驳回检察官的公诉，判决终止诉讼。德国联邦最高法院认为：合法起诉之于法庭审理，不仅是事实上的前提条件，更是具有法律意义的前提要件；如果此要件不满足，法院无权作出实体判决，只能以形式裁判终止诉讼。法院对于起诉的审查包括三个层次：公诉是否成立，公诉是否有效，以及公诉有无理由。只要满足形式上的要求，公诉即可成立；欠缺诉讼条件或重大程序违法将导致起诉行为无效；在起诉成立且有效的前提下，法院才可对其有无理由予以审查，作出实体判决。此案中，公诉之提起因欠缺告诉而无效，法庭审理是不被容许的。因此，根本无从适用无罪判决优先的竞合规则，而只能以形式裁判驳回公诉，终止诉讼。在此思路下，处理形式裁判和无罪判决的竞合问题时还需要多考虑一个变量：诉讼条件之欠缺是在公诉提起之后出现，还是在公诉提起时已经存在。在前种情况下，法院依然可以适用无罪判决优先的竞合规则；如果在起诉前诉讼条件已经欠缺，公诉提起的行为是无效的，法院便不得作出实体判决，只能以形式裁判对起诉作出否定评价，并以此终止诉讼。此外，无罪判决须以法院已开始实体审理为前提，如果是在起诉受理后、实体审理开始前的形式审查阶段发现存在诉讼条件欠缺的情形，仍应当作出形式裁判，而不能作出无罪判决。

---

〔1〕 Vgl. *Klaus Volk*, Prozessvoraussetzungen im Strafrecht, Verlag Rolf Gremer · Ebelsbach 1978, S. 90.

〔2〕 对于可补正的诉讼条件之欠缺，判决无罪应排除补正可能。

〔3〕 Vgl. Urteil des BGH vom 17. 8. 2000 – 4 StR 245/00, BGHSt 46, 130 = JR 2001, 421.

笔者认为，在处理形式裁判与无罪判决竞合的问题上，最应警惕的是长期以来的“重实体”思维。在此思维影响下，法院有可能并不及时审查诉讼条件，而是着力于查明实体真实，并且更乐于在确信被告人有罪或无罪的前提下作出实体判决。只有当法院在审判后期仍对被告人是否有罪内心存疑时，才会审查诉讼条件，并期待能找出欠缺诉讼条件的理由，进而以形式裁判终止诉讼，而无须以无法排除合理怀疑为由判决无罪，从而回避对实体问题的处理。前文已述，诉讼条件本旨在尽早排除无意义的诉讼程序，使被追诉人尽快得以解脱，故才会一再提前该制度发挥功能的时间点。如果认可上述做法，将形式裁判作为法官“下台阶”的手段，无疑是与诉讼条件的理论价值相违背的。

适用无罪判决优先的竞合规则，必须保证诉讼是在“自然”进行的基础之上。二元复式结构的并行审理原则不对法院的审理顺序作刚性要求，法院不一定要先审查诉讼条件，再审查实体问题，而是可以基于便利在实体审理过程中穿插审查诉讼条件。尽管如此，这绝不意味着允许法院在审理过程中对诉讼条件不闻不问，只在实体审理结束后再对其加以审查。法院一旦在实体审理过程中依职权或依申请发现诉讼条件有欠缺的可能，即使实体事实尚未查清，也应暂停实体审理，先对诉讼条件问题予以审查，在确认诉讼条件具备以后，再继续实体审理。如果审查结果是存在诉讼障碍，且非刑罚禁止条件，便应以形式裁判终结诉讼。如果在审理终结时确认被告人无罪，同时发现存在诉讼条件欠缺，才需要根据竞合规则优先判决无罪。前述优先、分离的审理原则是对法官观念上的指导，为了避免导致司法僵化，不宜对法院审理顺序作硬性要求。在司法实践中，对于诉讼条件的审理即使不优先于实体审理，至少也应并行，绝不应允许将其人为滞后。

2. 不同形式裁判之间的竞合处理

一个“合格”的实体判决要求所有诉讼条件均应满足，原则上只要有一项诉讼条件欠缺就应作出形式裁判。前文中有关诉讼条件审查顺序的要求只具有参考性，顺序在前的诉讼条件欠缺，并不妨碍公安司法机关对于顺序在后的诉讼条件进行审查。〔1〕如果审查发现案件中所欠缺的诉讼条

〔1〕 参见郑华合：《诉讼条件之研究——以刑事诉讼为范围》，台湾政治大学法律学研究所1998年硕士学位论文，第235页。

件不止一个，且分别对应不同种类的形式裁判，就会出现不同形式裁判之间的竞合问题。此方面的比较法经验主要来自我国台湾地区。其“刑事诉讼法”规定的形式裁判有三种：管辖错误判决、不受理判决和免诉判决。每种形式裁判各自对应不同的诉讼条件事由。理论及实务认可的竞合规则是：原则上管辖错误判决优先于不受理判决，不受理判决又优先于免诉判决。[1] 免诉判决是专门针对实体的诉讼条件欠缺所作出的形式裁判，与实体判决一样有既判力。与德国的无罪判决优先规则不同，我国台湾地区的理论通说及实务中认为免诉判决应优先于无罪判决。

不同形式裁判之间的竞合处理问题是我国台湾地区诉讼条件理论研究的重点，但在德国却未闻有论及，其背后的原因在于我国台湾地区的形式裁判种类较多。除了管辖方面的诉讼条件欠缺明确对应管辖错误判决之外，法院须根据所欠缺的具体是哪一项诉讼条件，择一作出不受理判决或免诉判决。实践中的竞合问题也主要存在于这两种形式裁判之间。笔者认为，我国台湾地区的形式裁判竞合难题是一个历史遗留问题。诉讼条件理论源自德国，免诉制度源自法国，两者本没有交集。唯因日本改革刑事诉讼制度时，先以法国《治罪法》为蓝本，后改仿德国，才将二者结合。我国台湾地区的“刑事诉讼法”沿袭民国时期的刑事诉讼法，彼时修法受到了日本刑事诉讼法的很大影响，故造成了上述局面。我国台湾地区的上述研究热潮，或可理解为是在其特定实定法背景下的无奈应对之举。

根据《刑事诉讼法》，不同形式裁判之间出现的竞合可能性很低。现行法律规范中认可的形式裁判包括将案件退回检察机关的决定、中止审理的裁定、终止审理的裁定、准许检察机关撤回起诉的裁定和自诉案件中的不予受理裁定。由于对一个案件不能同时适用两种追诉方式，故公诉与自诉程序中的形式裁判彼此之间不会出现竞合问题。在自诉程序中，无论在审查受理阶段欠缺的是哪一项诉讼条件，法院均应先说服自诉人撤回起诉，自诉人拒绝撤回起诉的，法院才裁定不予受理。故也不会出现形式裁判之间的竞合问题。公诉程序中的形式裁判最为复杂，但即使如此，通常情况下，公诉中也不会出现竞合问题。其一，终止审理和撤回起诉的裁定各有

---

〔1〕 参见我国台湾地区“最高法院”2009 年度台上字第 4782 号判决；林钰雄：《刑事诉讼法》（上册），台北，元照出版社 2010 年版，第 241 页。

其适用的前提,如果检察机关没有申请撤回起诉,法院只能裁定终止审理;同样,如果检察机关提出了申请,法院必须作出是否准许的裁定。其二,现行法律规范是从诉讼结果的意义上设计形式裁判的。欠缺诉讼条件意味着法院与当事人之间的诉讼法律关系无效,必须解除诉讼系属。裁定终止审理的目的就在于解除诉讼系属,从这一点上看,它可以适用于欠缺诉讼条件的所有情形。但是根据《最高院解释》第219条的规定,将案件退回检察机关的决定分担了一部分终止审理裁定的功能。不过由于这两种裁判处理方式有明确的时间界限,故也不会出现竞合问题。如果法院已经对案件开庭审理,便不应再以欠缺诉讼条件为由将案件退回检察机关,而应当直接裁定终止审理。

在我国,形式裁判的唯一竞合可能是中止审理裁定和终止审理裁定之间的竞合。中止审理的裁定只适用于可补正的诉讼条件之欠缺。如果所欠缺的诉讼条件是可补正的,只有排除了补正可能,才应以裁定终止审理。但如果在等待补正的过程中发现或出现了其他不可补正的诉讼障碍,法院应当以后者为准,优先裁定终止审理。例如,法院在审判过程中发现,检察机关起诉的所谓故意伤害案其实是虐待案件,为告诉才处理的案件,但欠缺合法告诉。法院联系受害人后,对方表示希望考虑一段时间再决定是否提出告诉。由于告诉期间尚未届满,法院意欲裁定中止审理。然在中止审理裁定书的制作过程中,被告人突然死亡,此时法官面临两个选择:先继续完成中止审理的裁定,待其生效后再作出终止审理裁定;或者直接裁定终止审理。从诉讼经济的角度出发,法院应以不可补正的诉讼条件欠缺为由,优先裁定终止审理。笔者必须承认,此种案例在实践中发生的概率极低,并且需要以扭转当前对告诉才处理案件追诉方式的理解为前提。实践中更可能出现的情况往往是法院中止审理的裁定生效之后,又出现了新的诉讼障碍,此时再裁定终止审理,不存在不同形式裁判之间的竞合问题。

(四)诉讼条件欠缺之补正

诉讼条件的功能贯穿整个刑事诉讼,任何时候欠缺诉讼条件都会影响到诉讼程序的容许性。对于不可补正的诉讼条件而言,一旦欠缺诉讼即应终止。但对于可补正的诉讼条件而言,是否欠缺诉讼条件的判断不是"一劳永逸"的。诉讼条件的欠缺可能因为补正而被治愈,刑事诉讼便又获得了正当性。如果僵化要求欠缺任何诉讼条件都应旋即终止诉讼,倘若之后该诉讼条件又得以满足，由于诉讼法律关系已经终止，无法接续，便只能重新确立新的诉讼法律关系，再经历一遍立案、侦查、审查起诉和审判的过程。如果在诉讼条件欠缺时允许诉讼“中止”作为缓冲，待后续诉讼条件补正之后，已经历的诉讼程序便无需再来一遍，刑事诉讼程序可以接续进行下去。可见，承认诉讼条件的可补正性有利于实现诉讼经济，允许诉讼中止便是为诉讼条件的补正预留了空间。然而，这种空间的预留不能是无限制的：一则，并非所有的诉讼条件都可以补正；二则，即使是对于可补正的诉讼条件而言，其实际上是否能够得到补正以及何时能够得到补正并不确定，一味被动等待可能会影响到诉讼的安定性。如果诉讼程序长期处于悬而未决的“中止”状态却无法终结，就无法起到及时解脱被追诉人的目的。为避免上述情况出现，实践中一旦发现所欠缺的诉讼条件具有补正的可能，公安司法机关应当主动依职权进行确认，尽早促成诉讼条件的补正或排除补正可能性，并及时作出相应的裁判处理以确定诉讼状态。诉讼条件对于公益及私益均有重要意义，是否容许补正以及应为补正作出何种限制，不应一概而论，而应综合“法的安定性”与“法的具体妥当性”予以衡量。〔1〕

从比较法上看，目前普遍认可告诉的可补正性。公安司法机关如果发现告诉才处理的案件欠缺合法告诉，〔2〕应当主动联系被害人，确认其是否有告诉的意思表示。如果被害人有明确的告诉或不告诉的意思表示，当下即可确定相应的法律后果。如果受害人没有明确的意思表示，司法机关应结合告诉期间〔3〕的规定，分别作出如下处理。(1)在审前阶段欠缺告诉，公安司法机关可以先中止诉讼，为告诉条件的补正预留空间，如果告诉期间届满仍未提出合法告诉即应终止诉讼。(2)如果检察机关提起公诉时尚没有合法告诉，尽管不排除在审判阶段仍有补正的可能，但考虑到刑事诉讼程序本身就是负担，出于被追诉人利益的考量，检察机关应作出不

〔1〕 林永谋：《刑事诉讼之法律关系变化与诉讼条件》，载《法令月刊》1994年第6期，第271页。

〔2〕 本段内容系在纠正了当前有关告诉才处理案件追诉形式误解的基础上展开的。有关告诉才处理案件应采取的追诉形式，详见本书第四章第二节。

〔3〕 是否设立告诉期间，以及告诉期间长短如何都是政策考量的结果。

起诉决定;如果检察机关作出了起诉决定,法院应予以驳回,不开启审判程序。[1] (3)如果案件适用自诉程序,被害人提起自诉行为本身就是一种典型的告诉。但如果自诉时已超过告诉期间,就代表着告诉不合法,且也不再有治愈的可能,法院应裁定不予受理。(4)如果被害人已经撤回告诉,是否允许其在告诉期间内再提出告诉?如果允许,是否须对被害人反悔的次数进行限制?这都是政策考量的问题。倘若不允许撤回告诉后再提出告诉,或被害人已经超过法律许可的反悔次数上限,公安司法机关应直接终止诉讼。倘若允许撤回告诉后再提出告诉,公安司法机关在告诉期间内、法律所许可的反悔次数之内应先行中止诉讼,以为告诉条件的补正预留空间。一旦期间届满仍无合法告诉,再作出终止诉讼的裁判处理。在审判阶段,法院此时可能会面临裁定终止审理与无罪判决之间的竞合问题,根据前文中所提及的竞合规则,此时应判决被告人无罪。

有关被追诉人诉讼能力方面的诉讼条件也属于可补正的事项。被追诉人欠缺诉讼能力可能是因为疾病,也可能是因为死亡。如果是前者,公安司法机关应先中止诉讼,刑事追诉在当下不得继续进行,但在被追诉人康复后便可恢复程序。对于被追诉人死亡的情形,其虽在理论上允许补正,但基于自然规律不存在补正的可能,故公安司法机关应直接终止诉讼。在被追诉人因疾病而欠缺诉讼能力的场合,被追诉人何时能够恢复并不确定,如果允许案件在此过程中一直处于"中止"的状态,长期悬而未决,可能会对被追诉人及其他利害关系人产生不利影响,基于政策考虑,亦可为此项诉讼条件的补正设置一个期限。2018 年《刑事诉讼法》修改,增设了缺席审判程序,其中第 296 条就是针对此种情况的规定,但其中有关补正期间的规定并非刚性要求,可以理解为是一种避免案件久拖不决的"止损"启动机制。根据该条规定,被告人在审判期间因患有严重疾病而无法出庭,中止审理超过 6 个月的,如果被告人仍无法出庭,在被告人及其法定代理人、近亲属的申请或同意下,可以恢复审理,法院可以在被告人不出庭的情况下缺席审判。

(五)形式"裁判"的确定力

狭义的"裁判"仅包括法院作出的判决和裁定,但是法院因欠缺诉讼条

---

〔1〕 参见林永谋:《告诉之补正》,载《法令月刊》1991 年第 7 期,第 272 页。

件而终止诉讼的方式不仅限于判决和裁定，从刑事诉讼的整体性来看，能够因诉讼条件欠缺而终止诉讼的国家机关也不仅仅包括审判阶段的法院。在审判阶段，控辩审三方主体组成一个典型的三角形结构，由法院代表国家对案件作出裁判。在审前，每一个诉讼阶段同样存在一个"类三角形"的诉讼结构，由公安机关、检察机关代表国家行使"裁判处理"的权力。公安机关、检察机关在各自主导的诉讼阶段所作出的终结该诉讼阶段的总结性决定，尽管不属于狭义的裁判，但也具有"准裁判"的属性。基于此，本节采广义的"裁判"概念，以"裁判"指代刑事诉讼全过程中由公安司法机关作出的终结相应诉讼阶段的裁判处理方式。在此概念前提下，形式"裁判"是指公安司法机关针对诉讼条件欠缺而作出的裁判处理，具体包括审判阶段终止审理的裁定、将案件退回检察机关的决定，以及审前的不立案决定、撤销案件或终止侦查的决定以及不起诉决定等。

裁判的确定力包括形式确定力和实体确定力。除了法院作出的裁判之外，公安司法机关作出的所有裁判处理方式都有形式确定力。形式"裁判"亦然：决定一经作出立即确定生效；裁定作出后，耗尽上诉审的通常救济途径后，也确定生效。生效的裁判处理方式具有执行力，相应的单位和个人应根据其要求实施一定的诉讼行为。终止诉讼的形式"裁判"具有终结诉讼法律关系的效力，公安司法机关以决定或裁定终止诉讼后，即从法律上视为纠纷已经解决，法平和性得以实现。如果事后发现存在事实认定或法律适用方面的错误，虽然已影响到法和平性的实现，但是为了维护法的安定性，相应的裁定或决定不会当然无效，而须经过法律另设的特别救济途径予以撤销。针对决定的复议程序，以及针对裁定的再审程序，都属于上述特别救济途径。

裁判的实体确定力也称为既判力。在刑事诉讼领域，既判力是指以双重危险原则为基础的一事不再理效力。[1] 传统观点认为，只有实体判决才有既判力，但是现代研究倾向于认可终局性形式裁判的既判力。在我国台湾地区，免诉判决虽为形式裁判，但由于其所关涉的诉讼条件兼具实体法性质，亦是对实体问题的处理，故承认免诉判决有既判力。《刑事诉讼

---

〔1〕 参见[日]田口守一：《刑事诉讼法》(第7版)，张凌、于秀峰译，法律出版社2019年版，第556页。

法》中不存在免诉判决，面对诉讼条件的欠缺，法院须作出终止审理的裁定。笔者认为，尽管法院裁定终止审理，并不是直接对实体问题进行裁决，但该裁定也具有既判力，只不过其既判力在“时”和“事”的范围认定上，与实体判决有所不同。

裁判确定后，会对在何时之前发生的同一事实产生一事不再理效果？这关系到对裁判确定力的“时”的范围认定。实体判决的既判力时点有三种标准：言辞辩论终结时、宣告判决时及判决生效确定时。采用不同的时点标准，将导致对具有连续或继续性特征的犯罪行为采取不同的处理方式。[1] 笔者认为，诉讼条件事实与案件实体事实不同，法院审查诉讼条件是否具备，不必须经历实体审理，常在形式审查中即可完成。因此，实体审理过程对于法院作出形式裁判而言不是必须的，故不应采言词辩论终结时的时点标准。此外，确立时点标准应当以该时点所涉内容具有审查可能性为前提，对于根本不可能争执、判断的事项，没有理由赋予其法安定性的保障。[2] 我国实行两审终审制。如果法院一审作出终止审理的裁定，需在上诉、抗诉期内无人提起上诉或抗诉，或经过二审终审，裁定方可生效。在此情形下，形式裁判的宣告与生效之间存在时间差，故不应要求裁定的既判力向后波及至其生效之时。对于公安司法机关作出的终止诉讼的决定而言，其不适用两审终审制，决定一经作出立即生效，故在判断决定既判力的时间范围问题上相对简单。综合考虑审前及审理过程中公安司法机关可能作出决定、裁定的情形，形式“裁判”既判力的“时”的范围应以裁定或决定作出之时为准。

实体判决的既判力仅及于主文，形式“裁判”所针对的具体事由有相当于“主文”的地位，因此，因欠缺诉讼条件而作出的裁定或决定对于其所否定的诉讼条件而言是有既判力的。[3] 然而，实体判决和形式“裁判”的既判力在“事”的范围认定上不同：实体判决的“事”指的是整个犯罪事实，不以起诉书所载事实为限，可在不可分的一罪范围内扩张至起诉书未载明的事实；裁定或决定的既判力只及于其在裁判处理文书中所否定的诉讼条

---

〔1〕 参见林钰雄：《刑事诉讼法》（上册），台北，元照出版社2010年版，第647～649页。

〔2〕 参见林钰雄：《刑事诉讼法》（上册），台北，元照出版社2010年版，第648页。

〔3〕 Vgl. *Bruno Rimmelspacher*, Zur Prüfung von Amts wegen im Zivilprozeß, Verlag Otto Schartz Göttigen 1966, S. 99 f.

件,不存在扩张的可能。承认形式“裁判”具有既判力,其目的不在于禁止作出“相异裁判”,而在于避免“重复裁判”。[1] 换言之,其所强调的不是对被追诉人在诉讼条件问题上的“禁止不利变更”,而是“禁止双重危险”。如果没有新的事实或证据,对于已经作出撤销案件、终止侦查、不起诉决定或裁定终止审理的案件,公安机关、检察机关和法院不得重新追诉。无论重新追诉的结果与之前是否相同,都应一概禁止。[2] 《公安机关规定》第190 条,《检察院规则》第 254、369 条的规定都体现了这一法理。

笔者将通过如下三个例子,试图对形式“裁判”的既判力加以进一步解释。(1)检察机关将欠缺告诉的告诉才处理案件起诉至法院,[3]法院通过形式审查后以欠缺告诉为由将案件退回检察机关。此后检察机关又将同一案件起诉至同一法院,且仍未补正合法告诉,此次法院仍应将案件退回检察机关,但与第一次退回的理由不同,即不是因为欠缺告诉要件。法院的再次退回可能基于两种思路:其一,因为没有新的事实,法院不得重复裁判,故只能将案件退回;其二,检察机关在没有新事实的情况下重复作出决定,第二次的起诉决定应属无效,由于有效起诉是法院审判的前提要件,故法院只能将案件退回检察机关。[4] (2)如果此案之后补正了告诉条件,检察机关的再次起诉就是有效的。法院受理后应当予以审查,倘使在开庭前因为被告人突然死亡而又将案件退回检察机关,虽然系同一种形式“裁判”,但因为涉及的具体事由不同,故不会引发既判力方面的疑问。(3)实体判决的既判力具有一种“一事不再理”的效力。然而,对于形式“裁判”而言,“一事不再理”作为一项诉讼条件,本来就可能成为一项“裁判”事由。如果公安司法机关已经以案件违反一事不再理原则为由作出过裁判处理,那么该形式“裁判”也是具有既判力的,而且既判力的范围及于公安司法机关认定所欠缺的诉讼条件——一事不再理。此时,如果本案再次进入刑事诉讼程序,公安司法机关应拒绝再次启动刑事追诉。就此结论,笔

---

〔1〕 林永谋:《刑事之形式裁判确定力》,载《法令月刊》1996 年第 4 期,第 202 页。

〔2〕 例如,参见龙宗智:《念斌被再度确定为犯罪嫌疑人问题法理研判》,载《法制与社会发展》2015 年第 1 期,第 46 ~ 48 页。

〔3〕 本段中前两个例子系在纠正了当前有关告诉才处理案件追诉形式误解的基础上展开的。有关告诉才处理案件应采取的追诉形式,详见本书第四章第二节。

〔4〕 参见林永谋:《刑事之形式裁判确定力》,载《法令月刊》1996 年第 4 期,第 199 页。

者相信应无疑义,但应以怎样的理由作出该裁判处理,须谨慎思考。笔者认为,如果公安司法机关是因为在对新案件审查后,认为两次诉讼针对的乃实体上的同一案件,故应基于一事不再理原则而拒绝再诉,应属法律适用错误。正确的思路应当是:既然公安司法机关先前已经就一事不再理的诉讼条件作出过裁定或决定,那么根据该形式“裁判”的既判力,便不得重复对此诉讼条件予以审查,应以终止新诉讼的方式维持原形式“裁判”的效力。

(六)自诉案件中的程序处理

自诉案件中,法院在对案件进行审查时同样需要判断诉讼条件是否具备,但相应的裁判处理方式与在公诉程序中有所不同。本节中,笔者欲对自诉案件中欠缺诉讼条件的程序处理做一简要介绍,与公诉程序具有共性的内容不再赘述。笔者认为,当前自诉案件中存在的主要相关问题有两种:第一,自诉的门槛过高,将部分法院需要通过实体审查才能发现是否欠缺的诉讼条件纳入了起诉条件当中,造成了“自诉难”的现状;第二,前一方面的问题又进一步导致了自诉程序中的裁判处理方式使用混乱问题。基于此,本节论述主要围绕这两个问题展开。

1. 自诉条件和诉讼条件的厘清

刑事自诉与民事诉讼具有相似性,案件不经过侦查及审查起诉程序,直接由自诉人向法院起诉。在自诉程序中,被追诉人无须在审前经历漫长的人身自由被限制或剥夺的状态,故并不存在对于诉讼条件能够将其及早从程序中解脱出来的功能期待。可见,前文中有关将诉讼条件的功能发挥时点一再提前的研究动机在此并不成立。在自诉案件中,可以直接借鉴民事诉讼相关理论,将诉讼条件理解为实体裁判的要件,并与刑事起诉条件相区分。自诉条件实际上是起诉条件,它不是法院进行实体裁判的前提,而是启动自诉程序的前提。诉讼条件与自诉条件之间存在一个梯度落差,前者应高于后者。然而,我国的自诉条件存在高阶化问题:自诉人常自认为符合起诉的条件,但诉讼却难以进入实质审理阶段,径行被法院不予受理或驳回。〔1〕实践中,该现象被描述为“自诉难”。自诉难的症结在于自诉条件的高阶化。这不仅直接妨碍了自诉人的诉权实现,而且间接导致法

〔1〕自诉难与民事诉讼中的起诉难较类似。对于“起诉难”的定义,参见张卫平:《起诉难:一个中国问题的思索》,载《法学研究》2009年第6期,第66页。

院对于各种裁判处理方式的误用。要纠正此问题,需要对现有的自诉条件进行过滤,从中区分出应然的自诉条件与诉讼条件。

梳理我国自诉条件的相关规定可以发现,司法解释将起诉条件(诉讼开始条件)、诉讼条件(实体裁判条件)和有罪判决条件混同,抬高了自诉的门槛。《最高院解释》关于自诉条件的规定有三,即第316、318、319条。根据第316条,法院受理自诉案件有6项条件要求:(1)符合《刑事诉讼法》第210条和《最高院解释》第1条的规定,即案件类型符合立案管辖的规定;(2)属于本院管辖;(3)有被害人告诉[1];(4)有明确的被告人;(5)有具体的诉讼请求;(6)有证明被告人犯罪事实的证据。第318条规定自诉必须以书面方式提出。第319条规定了自诉状一般应当载明的内容。然而,在上述条件中,管辖与告诉应属于诉讼条件;证据方面的要求应为有罪判决条件,此两类条件均应在法庭审理阶段予以审查。立案审查程序实质上是一个"诉讼前程序",并不要求对案件进行实体审查。[2] 现行司法解释将诉讼条件和有罪判决条件混入起诉条件,本质上是将实体审理的过程前移了,[3]加大了自诉的难度。诚然,抬高自诉的门槛有助于防范自诉人滥诉,缓解法院的受案压力,减少被告人的讼累,但其弊端同样十分明显:其一,立案审查相对时间较短,若要审查实体内容难免仓促;其二,立案审查阶段不具有诉讼程序的外观,因不公开、非对抗而监督不足,易引发司法腐败;其三,最重要的弊端在于,自诉条件高阶化牺牲了自诉人的诉权。民众难以打开"法律之门",会逐渐丧失对司法的信任。因此,现行自诉条件亟待过滤,确保起诉条件、诉讼条件和有罪判决条件各归其位。

纠正自诉条件的高阶化,不仅具有理论意义,而且对于被害人和被告人而言都具有现实意义。一方面,区分起诉条件与诉讼条件有助于保障被害人的刑事诉权,实践中自诉人在立案环节屡屡碰壁的问题可以得到解决。在提起自诉时,自诉人所需达到的门槛要求降低了,案件将更加容易进入自诉程序,从而使自诉人获得司法救济的可能性得以拓宽。然需要注

---

〔1〕 只有《刑法》规定的告诉才处理类型案件才要求必须有被害人告诉,而法院受理的自诉案件范围并不限于告诉才处理的案件,故此项规定应属错误。

〔2〕 参见李少平主编:《最高人民法院关于适用〈中华人民共和国刑事诉讼法〉的解释理解与适用》,人民法院出版社2021年版,第380页。

〔3〕 参见张卫平:《起诉条件与实体判决要件》,载《法学研究》2004年第6期,第59页。

意的是,诉权不同于胜诉权。纠正自诉条件的高阶化只是可以保障自诉案件顺利进入法庭审理,但并不能确保自诉人一定获得被告人有罪的判决。法院是否判决被告人有罪,还有赖于证据的充分程度。另一方面,将有罪判决所需的证据条件剥离出自诉条件,将有助于法院依法作出无罪判决,从而使得无罪的被告人可以借此判决恢复名誉。现行自诉制度将有罪判决的证据条件混入自诉条件当中,即使被告人确然无罪,案件也很可能直接被裁定不予受理或被裁定驳回起诉,而很难进入法庭审理。前文已述,形式"裁判"的确定力只及于其所否定的诉讼条件,不及于实体罪责问题。从被告人角度考虑,如果可以认定其无罪,就应当优先通过判决形式作出。如此一来,被告人无罪的事实能够得以确定,而且基于一事不再理或禁止双重危险原则,行为人无须面对再次被追诉的危险,法的安定性也得到了维护。〔1〕

2. 自诉中各裁判处理方式适用场合的澄清

自诉条件高阶化还间接导致实践中"不予受理裁定"、"驳回起诉裁定"与"无罪判决"适用的混乱。以证据条件为例,在不同阶段,法院针对此一相同的条件要求,却可以"合法"作出三种不同的裁判。事实上,上述三种裁判形式应分别适用于不同的阶段,各阶段审查的内容亦不相同。(1)立案审查的内容是起诉条件。法院在立案审查过程中发现未达到起诉条件的,若无法补正,须先行说服自诉人撤回自诉;如果自诉人不撤回自诉,裁定不予受理。〔2〕(2)起诉受理后,案件系属于法院,诉讼状态开启。〔3〕在开始实体审理之前,法院可先对一些较易于判断的诉讼条件进行审查。如果法院经过审查认为欠缺诉讼条件且无补正可能,应当先行说服自诉人撤回自诉;如果自诉人不撤回自诉,再作出驳回起诉的裁定〔4〕;如果未发现诉讼条件欠缺的情形,则应继续审理〔5〕。(3)诉讼条件的审查

---

〔1〕 参见林钰雄:《刑事诉讼法》(上册),台北,元照出版社2010年版,第643页。

〔2〕 参见《最高院解释》第320条第2款。

〔3〕 参见[德]罗森贝克、施瓦布、戈特瓦尔德:《德国民事诉讼法》(下册),李大雪译,中国法制出版社2007年版,第713页。

〔4〕 参见《最高院解释》第321条。笔者赞同该条中列出的裁判处理方式,但并不认同其中列明的审查事项。

〔5〕《刑事诉讼法》第211条区分了"开庭审理"与"裁定驳回"两种情形,但是对审查条件的规定不当。

无须独立出来,可以与案件实体内容的审查过程融合。尽管彪罗提出了“先程序,后实体”的审理思路,但这只是在逻辑上可行,实践中二者难以完全分开,时常交融在一起。对事实构成要素的审查应按照合乎情理的逻辑来进行[1],法庭审理应采“二元复式结构”[2]:法院不必刻意追求诉讼条件与实体请求的审理先后,根据便捷合理的原则审理即可;如果被告人显然无罪,可不待审查诉讼条件,直接作出无罪判决;如果法庭审理终结发现被告人有罪,并且没有发现欠缺诉讼条件的情形,则须作出有罪判决;如果法院在实体审理的过程中附带发现某一诉讼条件一直欠缺且没有补正的可能,可直接作出驳回起诉的裁定。笔者认为,自诉条件的高阶化还可能妨碍《刑事诉讼法》第16条在自诉案件当中的正常适用。倘若法院在审理过程中新出现了诉讼条件欠缺的情形(如被告人死亡),由于该情形在自诉人起诉时并不存在,故不应认为自诉人的起诉存在错误,法院便不应以驳回起诉的裁定对其进行否定评价,而应依据《刑事诉讼法》第16条的规定,裁定终止审理。需要注意的是,自诉程序侧重于尊重当事人意愿,自诉人在法院判决宣告前,可以同被告人自行和解或撤回自诉,[3]亦可进行调解。这些处理方式会在客观上阻却法院作出上述裁判。

过滤现行自诉条件,须将起诉条件、诉讼条件和有罪判决条件各归其位,并明晰各自对应的裁判处理方式(见图3.1)。三类条件之间是由低到高的关系。第一,起诉仅要求形式性条件,如要求自诉人应以书面方式提起自诉,且在自诉状中须载明当事人、诉讼请求及理由等内容。法院立案不应作实体审查。如果起诉条件不满足,法院应谕知自诉人补正。补正通常不应有困难,但如果自诉人固执拒绝,法院应作出不予受理的裁定。第二,包括告诉、管辖[4]在内的诉讼条件为自诉案件的实体判决要件。欠缺诉讼条件,当事人与法院之间的刑事诉讼法律关系是无效的,法院应作出

---

〔1〕 参见[德]齐佩利乌斯:《法学方法论》,金振豹译,法律出版社2012年版,第47页。

〔2〕 参见张卫平:《起诉条件与实体判决要件》,载《法学研究》2004年第6期,第62~64页。

〔3〕 《刑事诉讼法》第210条第3项规定的情形除外。

〔4〕 有意见认为,有关管辖权这一诉讼条件的审查应当归入起诉条件当中,否则,如果法院允许受理自身无管辖权的案件,就无异于是对法院有权就上述案件作出裁决的容许。上述担心实属多余,因为管辖只涉及法院是否有权力对案件作出实体判决,而并不妨碍法院作出形式裁判。参见张卫平:《起诉条件与实体判决要件》,载《法学研究》2004年第6期,第61页。

驳回起诉的裁定。该裁定除具有终结诉讼的效果之外,还意味着是对自诉人不当起诉的一种否定评价。告诉是仅对于《刑法》规定的告诉才处理案件才会要求的诉讼条件,不应对其他类型的案件做同样的要求。对于告诉才处理的案件,如果是被害人亲自提起自诉,该行为本身就是一种典型的告诉行为,故无须对此要件再进行额外审查。只有在由他人代为告诉的场合,才需要单独就是否存在被害人告诉进行审查。考虑到告诉有撤回的可能,故对于告诉要件的审查应持续于整个诉讼过程。同理,即使在审查的当下发现欠缺告诉,也应考虑补正的可能。管辖条件不会受到刑事诉讼动态特征的过多影响。起诉一旦受理,便产生诉讼系属,管辖权就得以恒定。[1] 法院是否对本案有管辖权,以前述时点为准,除非发现存在级别管辖或专门管辖错误,否则无须根据之后审理过程中出现的新情况而再次对有无管辖权问题进行判断。第三,证据是实体审理涉及的内容,根据案件是否达到证明标准,法院作出有罪或无罪的实体判决。在二元复式结构之下,法院对证据的审查和对诉讼条件的审查可能会结合在一起,但均在法庭审理过程中,与起诉条件断不应混淆。

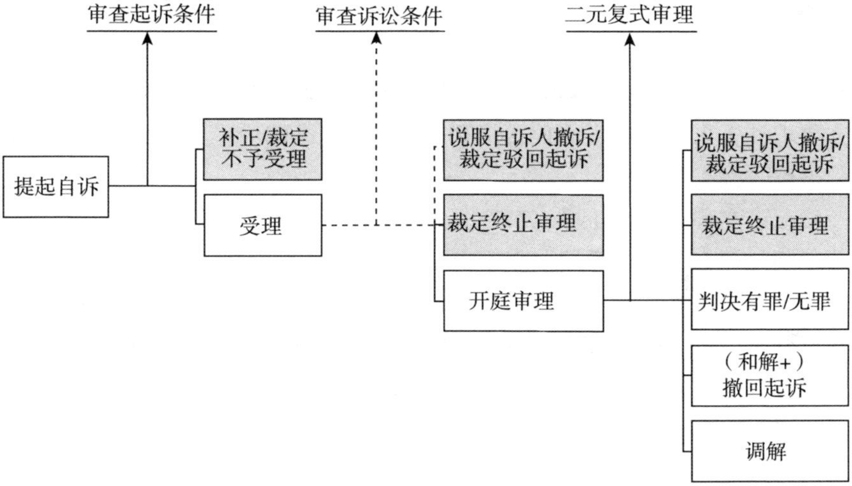

图 3.1　自诉案件中与诉讼条件相关的裁判处理方式

〔1〕 参见[德]罗森贝克、施瓦布、戈特瓦尔德:《德国民事诉讼法》(下册),李大雪译,中国法制出版社 2007 年版,第 714 ~ 720 页。

五、本章小结

诉讼条件不只是法庭刑诉的前提条件，而是贯穿于刑事诉讼全过程，在刑事诉讼的任何一个阶段都要具备。相应地，法院不是唯一的审查主体，在不同的诉讼阶段须由主导该阶段的公安司法机关对诉讼条件是否具备予以审查。诉讼条件具有重要的公益性质，即使被追诉人没有提出申请，审查者也应依职权启动审查，并可依职权收集相关证据。为了尽早将被追诉人从对其不利的诉讼中解脱出来，优先对诉讼条件进行审查是值得提倡的，但亦不可过于僵化。公安司法机关在审查过程中，应当在二元复式并行审查模式下，灵活把握诉讼条件相对于案件实体内容的优先性。为了提高诉讼效率，在审查诉讼条件时，可以遵循一定的顺序，但这种顺序只是学理上的建议，不具有刚性约束力，审查主体在实践中仍可便宜行事。

进入法庭审理阶段，法院应根据刑事证据法相关原则对诉讼条件进行裁判。刑事诉讼中的证明责任恒在控方，控方不仅要对被告人的罪责问题加以证明，还要对适用罪责规范的前提条件，即诉讼条件，加以证明。对于诉讼条件的证明应采严格证明方式，所使用的证据须具有证据能力，且证明诉讼条件存在应达到“证据确实、充分”的证明标准。倘若能够确认诉讼条件欠缺，或不能排除对诉讼条件欠缺的合理怀疑，无论结果对被告人是否有利，法院都应以未达到证明标准为由认定诉讼条件不具备。此时，控方要求被告人承担刑责的前提条件无法满足，法院应作出形式裁判，不得判决被告人有罪。

无论在哪一诉讼阶段，欠缺诉讼条件都会导致诉讼终结，但所应采取的裁判处理方式存在不同。在审前，公安机关和检察机关根据所处的诉讼阶段分别作出不立案决定，撤销案件或终止侦查的决定，以及不起诉决定。在审判阶段，法院在自诉程序中作出不予受理裁定，在公诉程序中根据案件具体情况分别作出终止审理裁定、将案件退回检察机关的决定，以及准予检察机关撤回起诉的裁定。这些由公安司法机关基于欠缺诉讼条件而作出的裁定、决定属于广义的形式“裁判”，与法院就被告人罪责问题所作的实体判决相区别。在审判阶段，如果出现上述裁判处理方式与无罪判决竞合的情形，原则上无罪判决优先。上述形式裁判之间几乎不存在竞合的可能。考虑到某些诉讼条件是可补正的，故若公安司法机关审查发现所欠缺的诉讼条件属于此种类型，不应急于终止诉讼，而应优先中止诉讼，等到完全排除其补正可能性后,再终止诉讼。上述形式"裁判"与实体判决一样,同样具有形式上和实体上的确定力。只不过这些裁定、决定的既判力不是针对被告人的实体罪责,而是及于其所否定的诉讼条件。已经确定生效的裁定、决定对于其所否定的诉讼条件具有"一事不再理"的效力,除非出现新的事实或证据,否则不能对该诉讼条件进行重复审查,更不得作出不同的裁判处理。

在自诉案件中,诉讼条件应被理解为实体判决要件。面对当前存在的自诉条件高阶化,以及自诉裁判处理方式适用混乱两大问题,应首先厘清自诉条件和诉讼条件,过滤现行自诉条件,降低提起自诉的门槛,畅通自诉人获得司法救济的途径。自诉案件的起诉条件、诉讼条件和有罪判决条件所对应的审查环节和裁判处理方式存在不同,应各归其位。法院在立案审理时只做形式性审查,仅审查起诉条件。只要达到起诉门槛,法院就应受理案件,若该起诉条件无法满足且自诉人无法补正,方可裁定不予受理。案件受理后再对诉讼条件进行审查,法院亦可不优先审查诉讼条件,而是遵循"二元复式结构"对诉讼条件和有罪判决条件一并进行审查。如果此时法院发现存在诉讼条件的欠缺,可以先说服自诉人撤诉,若其不撤诉则可裁定驳回起诉。若案件受理后新出现了诉讼条件欠缺的情形,法院应依据《刑事诉讼法》第16条规定裁定终止审理。

第四章　法定的积极诉讼条件

诉讼条件理论的生命在于运用。司法实践总是以具体的诉讼条件为落脚点,这就要求将对该理论的宏观研究与微观研究结合起来。本书第四章至第六章的内容即可视为是对诉讼条件的微观研究。诉讼条件具有广泛的外延,其所包含的具体事由随着时间和空间的不同而发生变化。即使是对于已经获得普遍认可的特定诉讼条件事由,不同法域下其具体内涵也可能存在差异。法定的诉讼条件既可能来自刑事实体法,也可能来自刑事诉讼法,甚至可能二者兼而有之。是否要将某一事由提升到诉讼条件的高度,以及如何确定其具体内涵,多是基于法律政策的考虑。各国家和地区可以通过立法或修法确立新的法定诉讼条件,也可以通过相关法律条文的废止,排除原已认可的诉讼条件。无论立法是否发生变化以及怎样发生变化,只要现行立法作出了明确宣示,国家的追诉行为就必须受其约束。管辖、告诉、时效和赦免,是目前普遍认可的法定诉讼条件。这四项诉讼条件或因实际适用概率极低而容易被人们忽视,或在实践中存在较为普遍的认识错误,因而具有研究的价值。根据前述有关诉讼条件的类型划分标准,管辖和告诉属于法定的积极诉讼条件;时效届满和赦免属于法定的消极诉讼条件。为方便论述,本书对其分两章予以展开。

一、管辖

（一）管辖的多义性

管辖是一个多义的概念。为避免概念混淆引发的歧义，有必要首先对管辖的不同含义进行区分。

1. 刑事诉讼管辖与刑事管辖

刑事实体法领域和诉讼法领域均使用“管辖”这一表述，但二者指代的内容完全不同。狭义上的管辖是指刑事诉讼管辖，解决的是一个法域内不同司法机关之间的权限划分问题。[1] 刑事管辖权是指刑法的效力范围，指享有独立司法权的国家、地区和国际组织，根据国际法和国内法的规定，对国际或国内犯罪进行起诉、审判和处罚的权力。[2] 刑事管辖权又称为审判权，[3] 它是刑事诉讼管辖的基础。二者虽均为刑事诉讼条件，但各自对应的法律后果不同：审判权是对于法域内所有的司法机关而言的，无审判权则无具体刑罚权，该法域内的任何司法机关都不得发动刑事追诉；管辖权是针对具体司法机关而言的，若对于某一案件无管辖权，虽不影响其所在的国家、地区或国际组织对该案件享有审判权，但这一具体刑罚权需要换由其他有管辖权的司法机关来行使。

2. 立案管辖与审判管辖

刑事诉讼管辖与民事诉讼、行政诉讼中的管辖有所不同，既包括审判管辖，又包括立案管辖。与大部分国家和地区不同，立案为我国刑事诉讼的一个独立阶段。立案管辖解决的是公安司法机关之间侦查受理权限的划分，以案件类型为区分标准。从《刑事诉讼法》第 19 条的表述来看，立案管辖主要关系到公安机关、检察机关和法院三机关之间的权限划分，[4] 但仅为不同机关之间，不涉及同一系统内不同级别、不同地区具体单位之间的职权确定问题。相较而言，审判管辖更为复杂，需要在不同级别的法院

---

[1] 参见王新清：《刑事管辖权基本问题研究》，中国人民大学出版社 2014 年版，第 26 页。

[2] 参见王新清：《刑事管辖权基本问题研究》，中国人民大学出版社 2014 年版，第 2 页。

[3] 在德文中，狭义的管辖权对应的概念是 Zuständigkeit，审判权对应的概念是 Gerichtsbarkeit。

[4] 当然，也涉及监察机关、国家安全机关、军队保卫部门、监狱和中国海警局。

之间，以及不同地区的法院之间进行管辖权分配。立案管辖和审判管辖都是诉讼条件，只有拥有对应管辖权的国家机关才是国家的“法定代理人”，它才能依法行使国家诉权。由于立案管辖涉及国家机关之间公权力的分配和制度秩序，故其具有十分明显的强制性，各机关均不应逾权受理案件。立案管辖方面的错误应当予以纠正，不能因为获得了公权力机关自身的同意就被附以正当性。因此，《检察院规则》第 357 条第 2 款规定的正当性是有待商榷的。〔1〕 立案管辖是我国独有的一项诉讼条件，在监察体制改革之前，立案管辖的判断通常并非难事。国家监察体制改革之后，传统刑事诉讼法中公安机关、检察机关和法院之间的立案管辖权分配标准被打破，监察机关在事实上承担了一部分刑事案件的立案管辖权，虽在规范层面并不受《刑事诉讼法》的约束，但实际上亦应属于刑事诉讼条件的范畴。实践中，除了监察机关与公安司法机关互涉案件中的管辖问题较为复杂之外，〔2〕其他场合下的立案管辖问题判断起来相对较为容易。本书对于立案管辖不作重点研究。后文中若无特别说明，所称“管辖”专指审判管辖。

3. 审判管辖与审前“管辖”

无论《刑事诉讼法》是否有所规定，都不能否认在审前阶段同样存在不同级别、不同地区公安机关、检察机关之间的职权分工。从广义上讲，这同样属于诉讼管辖的问题。然而，侦查及审查起诉阶段的“管辖”与审判管辖性质不同。法院依法独立行使审判权，不受行政力量的干涉。因此，审判管辖制度旨在追求确定性，立法以预先概括的标准保证案件可以分配至确定的法院，以抵制行政力量的个案干涉。与之不同，侦查阶段确定“管辖”以便利侦查为第一要务，并以不损害犯罪嫌疑人及其他参与人的诉讼权利为底限要求。如果存在争议，上级公安机关作为行政领导机关可以“指定管辖”。〔3〕 检察机关为保障侦查工作的顺利进行，可突破辖区限制，在自侦案件中适用“指定管辖”。〔4〕 我国台湾地区检察官执行职务时不受审级

〔1〕 参见张曙：《刑事诉讼管辖制度研究》，法律出版社 2020 年版，第 82 页。

〔2〕 对此问题的论述，详见董坤：《论监察机关与公安司法机关的管辖衔接——以深化监察体制改革为背景》，载《法商研究》2021 年第 6 期。

〔3〕 参见《公安机关规定》第 22 条。

〔4〕 参见《检察院规则》第 14 条。

和辖区限制,[1]亦是基于同样的原因。侦查阶段的批捕不产生特殊的“管辖”问题,侦查机关应向其所对应的检察机关提请逮捕。[2]《公安机关规定》第23条第3款和《检察院规则》第283条提供了规范依据。负责侦查监督职能的检察机关在审查“管辖”合法性的问题时,不以确定性为审查标准,应重点审查是否存在需要回避的情形。审查起诉阶段的“管辖”是一个具有中国特色的诉讼法问题,盖因我国将审查起诉作为一个独立的诉讼阶段。然将其作为一个独立的诉讼阶段是为慎重起诉,并非为创设新的“管辖权”。此阶段检察机关除应作出是否起诉的决定外,还应依职权对案件的管辖问题进行审查,以确保起诉时可以将案件移送给有管辖权的法院。如审查发现前期对于案件类型的认定,或对可能判处刑期的认定不当,导致本级法院无管辖权,或发现案件管辖权属于异地法院,则应在检察一体的组织原则下,将案卷材料转交给有管辖权的法院所对应的检察机关。

审判管辖与审前“管辖”分属两个不同的系统,审前阶段确定的“管辖权”并不具有“预决”审判阶段管辖法院的功能,[3]否则会违背公检法三机关“分工负责”的基本原则,且会直接冲击法院审判的独立性。尽管如此,为了保证刑事追诉的顺利推进,审前“管辖”与审判管辖的确定标准仍应尽可能保持一致,避免增加诉讼成本,降低诉讼效率。[4]一方面,确定审前“管辖”时应参考《刑事诉讼法》关于审判管辖的标准,在可预见的范围内实现侦查、起诉机关与审判法院的地区协调性和级别协调性。另一方面,在确定管辖法院时,也不应忽视审前“管辖”的辅助参考作用。例如,根据《俄罗斯联邦刑事诉讼法典》的规定,地域管辖一般根据犯罪实施地确定,但如果犯罪在一地开始而在另一地结束,则由犯罪行为结束地的

〔1〕参见我国台湾地区“法院组织法”第62条规定:“检察官于其所属检察署管辖区域内执行职务。……”

〔2〕龙宗智:《刑事诉讼指定管辖制度之完善》,载《法学研究》2012年第4期,第183页。

〔3〕也有观点认为侦查管辖具有指引审判管辖的功能,并认为审前阶段的侦查指定管辖应当具有对后续诉讼阶段的程序约束力。参见张曙:《刑事诉讼管辖制度研究》,法律出版社2020年版,第67、188页。

〔4〕参见龙宗智:《刑事诉讼指定管辖制度之完善》,载《法学研究》2012年第4期,第185页。

法院管辖。[1] 实践中,某些案件无法准确区分犯罪行为开始及结束的地点,为避免影响诉讼效率,往往参考审前调查完成的地点来确定管辖法院。[2]

(二)管辖的价值:确定性

1. 管辖制度是一种"纯粹的程序正义"

管辖所调整的是具体案件的审判权在不同级别和不同地域法院之间的分配问题。如何分配管辖权才被视为公平,取决于管辖的制度价值,这又关系对其程序属性的理解。在此问题上,罗尔斯的程序正义理论[3]颇具启发意义。在理想状态下、现实社会中和制度设计时,管辖呈现不同的程序属性。

管辖的理想状态是一个"完善的程序正义"模型,即存在一种管辖的程序设计,据此分配管辖权,可以百分之百实现案件的公正审判。然而完善的程序正义在现实社会中难以实现。实践经验证明,如果以审判的公正性为判断标准,管辖至多只是一种"不完善的程序正义"。因为审判公正性受到多方因素的共同影响,即使严格依照程序分配管辖权,仍无法完全避免裁判不公的发生。于是在制度设计时,立法者只能将管辖制度理解为一种"纯粹的程序正义":不再以裁判是否公正作为评判管辖权分配公平与否的独立标准,而是着眼于管辖程序本身的设计;只要制度实际得到了执行,所导向的管辖权分配结果就被认为是正义的。在这种纯粹的程序正义中,管辖权公平分配的必要条件不再是司法公正,而是管辖制度得到了贯彻执行。

强调管辖作为一种纯粹的程序正义,并非意味着:无论管辖制度设计的合理与否,分配结果都必须被视为正义。罗尔斯对于纯粹程序正义的限

---

〔1〕 参见《俄罗斯联邦刑事诉讼法典》第32条第1、2款规定:"刑事案件应在犯罪实施地的法院审理,但本条第4款和第5款以及本法典第35条规定的情形除外。""如果犯罪在一法院管辖地开始,而在另一法院管辖地结束,则该刑事案件归犯罪行为结束地的法院管辖。"参见黄道秀译:《俄罗斯联邦刑事诉讼法典》,中国民主法制出版社2021年版,第24页。

〔2〕 参见[俄]K. Ф. 古岑科主编:《俄罗斯刑事诉讼教程》,黄道秀等译,中国人民公安大学出版社2007年版,第393页。

〔3〕 关于"完善的程序正义""不完善的程序正义""纯粹的程序正义",参见[美]约翰·罗尔斯:《正义论》,何怀宏、何包钢、廖申白译,中国社会科学出版社2011年版,第66~68页。

制因素有二：一是程序本身是公平的；二是程序得到了实际贯彻。[1] 管辖制度的构建同样应注重程序本身的公平"品质"。如果已知某种程序设计极有可能导向不公正的后果，此种设计方案便应因不具备公平的"品质"而被排除。历史经验显示，如果管辖权的分配标准不够明确，管辖制度就形同虚设，实现纯粹程序正义的两个先决条件都无法具备，结果只能是管辖权被其他力量利用，从而成为谋取私利的工具。不同法院之间因为管辖分配标准不明确而争抢或推诿管辖权，便是追逐私利益的表现。因此，为避免该制度被"公器私用"，管辖应以"确定性"作为其程序公平的品质要求。

2. 管辖的理论基础：法定法官原则

管辖制度作为一种纯粹的程序正义，需要具备程序公平的品质。此种品质的法理表达即法定法官原则。为避免行政力量以操纵审判主体方式来操纵审判结果，该原则要求案件审判主体不能够等待具体个案发生之后才进行个别确定，而是需要由立法预先规定一套抽象一般的分配规范，待到个案发生时可直接适用，且适用该预先规范应导向确定的结果。简言之，法定法官原则要求具体案件审判主体的确定应取决于法律规范，而不可取决于人。

贯彻法定法官原则需要三个步骤，明确的管辖分配制度只是其中"阶段性"的任务要求。第一，行使审判权的法院只能由法律预先规定，不允许在此之外另设"非常法院"（Ausnahmegericht）。[2] 所谓非常法院，是指在法定的管辖法院外，特别设立的用于裁判具体个案或具体的特定类型案件的法院[3]，以德国纳粹时期设立的"国民法院"为代表[4]。但如果审理某类案件需要具备特别的专业知识，且又有一定规模的案件需求，在法院内部依据抽象概括的标准，严格依据专业性质区分而设置专门审理金融案件、未成年人案件、知识产权等案件的专庭，不在禁止之列。第二，法定法

---

〔1〕 参见［美］约翰·罗尔斯：《正义论》，何怀宏、何包钢、廖申白译，中国社会科学出版社2011年版，第68页。

〔2〕 《德国基本法》第101条第1款规定："不得设置非常法院。任何人不得免除受其合法法官的审判管辖。"参见姜士林、陈玮主编：《世界宪法大全》，中国广播电视出版社1989年版。

〔3〕 Vgl. BVerfGE 3,213,223; 8,174,182; 10,200,212.

〔4〕 参见［德］英戈·穆勒：《恐怖的法官——纳粹时期的司法》，王勇译，中国政法大学出版社2000年版，第127~139页。

官原则要求管辖法院法定。案件由哪一法院管辖应依法决定,其他力量无权突破法律,将案件指派给其他特定的法院管辖。具体而言,管辖规范需要满足三方面的要求。首先,管辖规范需要满足一般性与抽象性的特征,以所有类似的诉讼案件为规范对象。[1] 其次,管辖规范需事先确定,[2]一经确定,除非有法定事由不得任意变动。正如松尾浩也教授所言:"如果案件发生以后再决定管辖法院的话,那么有可能因决定权者的判断介入而给被告人带来不利(或者有利),所以,尽管会因为情况不同而或多或少地带来不便,但有必要事先在法律上规定一定的基准来确定管辖范围。"[3]最后,上述法律预先确定的管辖规范应尽可能明确,以便后续分配管辖权时有所依循。[4] 第三,法定法官原则的落脚点是承审法官法定。法院内部应设置科学合理的事务分配计划,保证案件分配至本院后,可以依据预先确定的分案原则随机分配至法官个人。该事务分配计划必须由法院自治、独立制定,且通过"合议庭中的不可变动性"防范行政力量对有管辖权法院的任命。[5] 司法实践中,案件分配多根据受理案件的顺序轮分,这就要求在案件进入法院后即刻进行立案登记,以避免立案登记人员操纵案件排序进而操纵分案结果。[6]

由此可见,有关管辖权分配的法律规范以及法院的内部事务分配计划共同结合,才构成纯粹程序正义当中完整的公平程序。二者共同作用才可确保法定法官原则的实现。然而,司法实践纷繁复杂,为保障司法工作的持续顺利运行,法律层面不宜对具体案件审判权的分配标准过于苛责。"法定法官"的最终落实仰赖于由各法院制订的科学合理且稳定执行的年度事务分配计划。在法律规范层面,只需达到"法定法院"的标准即可。

(三)指定管辖的制度定位

在管辖制度中,指定管辖具有特殊的制度定位。《刑事诉讼法》第27

---

〔1〕 Vgl. BVerfGE 17,298; 18,351.

〔2〕 Vgl. BVerfGE 21,145; 22,258.

〔3〕 [日]松尾浩也:《日本刑事诉讼法》(上卷),张凌译,金光旭校,中国人民大学出版社2005年版,第196页。

〔4〕 Vgl. BVerfGE 17,299; 18,425.

〔5〕 参见[德]拉德布鲁赫:《法学导论》,米健译,法律出版社2012年版,第123页。

〔6〕 Vgl. *Kissel/Mayer*, Gerichtsverfassungsgesetz: Kommentar, Verlag C. H. Beck München 2008, § 21e, Rn. 154f.

条规定:“上级人民法院可以指定下级人民法院审判管辖不明的案件,也可以指定下级人民法院将案件移送其他人民法院审判。”依据该规定,指定管辖不仅可以适用于管辖不明确的场合,而且可适用于管辖明确的场合,似乎可以完全突破法定管辖规定的束缚。然笔者认为,上述认识是对指定管辖制度定位的根本误解。正是因为这种误解,实践中才会出现以指定管辖架空法定管辖的司法乱象。具体而言,指定管辖包含两种不同的情形,而这两种指定管辖的制度定位又存在不同。

1. 作为解决管辖争议的指定管辖

针对管辖不明确的指定管辖,是在法定的地域管辖规定运行不畅的前提下所采取的一种补充手段,是狭义的指定管辖。德国、日本、法国及我国台湾地区的“指定管辖”均是在此意义上适用的。管辖权不明确包括三种情形:一是两个以上法院均有管辖权,存在管辖权积极争议;二是没有法院管辖案件,存在管辖权消极争议;三是管辖权限不明,如犯罪发生在辖区交界处,无法确定应当由哪一地的法院管辖。

实践中针对三种情形的指定管辖都不经常发生。(1)所谓管辖权的积极争议,是指存在两个以上的法院依法均有管辖权,且无法通过竞合规则处理,无法最终确定管辖法院。根据《最高院解释》第 19 条第 2 款规定,管辖权发生积极争议时,应当首先由各法院协商解决;协商不成的,才有必要指定管辖。从法国的经验来看,常常有法院愿意放弃对案件的管辖,而由另一法院管辖案件,从而在没有上级法院参与的情况下即可终止管辖权争议。[1] 可见,协商解决并非难事,通常无须动用指定管辖。(2)案件无人管辖的情况在实践中几无可能。管辖法院可根据犯罪地和被告人居住地综合确定,只要其中之一在本法域内,即可管辖案件。对于犯罪地和被告人居住地均不在本法域内,但享有刑事管辖权的案件,《最高院解释》第 6 ~ 11条也专门规定了管辖法院。根据相关比较法经验,针对管辖权消极争议的指定管辖往往与法院作出的无管辖权裁判相关。根据这些国家和地区的法律规定,法院在对案件进行实体审理前可先就管辖问题作出裁判。如果其认为本法院对此案无管辖权,则要以无管辖权的裁判终止案件

---

〔1〕 参见[法]卡斯东·斯特法尼等:《法国刑事诉讼法精义》(上),罗结珍译,中国政法大学出版社 1999 年版,第 461 页。

在本法院的诉讼进程,并将案件移送到有管辖权的法院继续审理。为了防止事实上唯一有管辖权的法院错误认为自己没有管辖权,亦无其他法院可以移送案件,从而导致无法追诉犯罪,有必要以指定管辖确保诉讼进行。《刑事诉讼法》中暂无条文认可法院可以就“无管辖权”问题作出裁判。实践中若法院自认为对本案没有管辖权,往往会将案件退回检察机关,由其在检察系统内自行纠正管辖后,再将案件移送至有管辖权的法院。为了避免后续受案的法院再次认为其无管辖权,案件几经辗转后仍被移送至原受审法院,而其又不愿受理案件,可以通过指定管辖进行处理。(3)法定法官原则要求现行管辖制度能够明确划分各辖区范围,因管辖区域界限不明而导致不能辨别管辖法院应为异常特殊的情形。为确保万无一失,法律规定了此种管辖不明情形下的指定管辖。或是由于难以细化的原因,对于《刑事诉讼法》第27条中“管辖不明”所对应的情况,《最高院解释》第20条第1款的规定只是做了简单的语言重复,并未进一步做更为细致的实质解释。

2. 作为转移管辖权的指定管辖

此种指定管辖所针对的是管辖明确的情形:有管辖权的法院若不能或不宜审判案件,可以经指定管辖转移管辖权,由原本无权管辖的法院审理案件。《刑事诉讼法》第27条规定上级人民法院可以指定下级人民法院将案件移送其他人民法院审判,即指定管辖可以转移管辖权的规范依据。此外,《最高院解释》第20条第2款规定:“有关案件,由犯罪地、被告人居住地以外的人民法院审判更为适宜的,上级人民法院可以指定下级人民法院管辖。”德国、日本、法国及我国台湾地区虽未使用“指定管辖”一词,但在各自的管辖制度中也都包含转移管辖权的规定。

作为转移管辖权的指定管辖是法定管辖制度的例外,因为依法无管辖权的法院可以经指定管辖例外地获取管辖权。此类指定管辖涵盖两种情形:一是有管辖权的法院因法律或事实上的原因不能行使管辖权,如因法官回避或伤病请假,剩余法官人数达不到独任或合议庭的人数需求;二是若由有管辖权的法院审判案件,可能影响审判公正。实践中前一种情形不经常发生。如果仅是对个别法官的公正性存疑,只需依法回避,不必以指定管辖转移管辖权。[1] 更具讨论价值的是后一种情形的指定管辖。

---

〔1〕 参见我国台湾地区“最高法院”1992年度台声字第8号裁定。

为避免审判不公而指定管辖,是对法定法官原则适用前提的重申,也是对适用该原则可能导致错误的提前纠正。管辖的制度原点是"审判公正假定"。[1] 如果有证据证明这一假设不成立,则不可机械适用法定的管辖分配制度。倘使不顾裁判主体的品质,任凭案件分配给一个不公正独立的法官,就是对不公正裁判结果的"间接故意",构成了对法定法官原则的潜在危险。[2] 欠缺公平品质的法院应被排除在管辖权分配范围之外,否则法定法官原则功亏一篑。[3] 例如,德国联邦宪法法院曾强调:"仅存在任何方面都符合基本法的法院。"[4] 根据《德国基本法》的要求,司法权行使需要受制于实定法与自然法;司法权只能在法院内行使;法官必须公正无偏颇,只服从于法律。[5] 违背上述要求就不具备"法定法官"资质,自然应剥夺其管辖资格。贯彻法定法官原则应与公平审判原则相协调,这就要求管辖分配制度在抽象概括之余,不能排斥对其纠正的可能性。如果法官个人存在偏颇之虞,纵使他并非通过指定而是根据抽象的分配规范所确定的审判主体,亦应通过回避拒却该法官。如果有证据证明整个法院的公正性存疑,除此之外又无其他法院有管辖权,则应通过指定管辖实现"集体回避"的效果。

指定管辖不可风闻弹事。从我国台湾地区的实践经验来看,转移管辖权的概率极低,因为"所谓审判有不公平之虞,系指有具体事实,足认该法院之审判不得保持公平者而言,如仅空言指摘,即难据以推定"[6]。《刑事诉讼法》没有赋予当事人基于法定法官原则的主观请求权,当事人无法提出管辖权异议,只能由上级法院依职权指定管辖。上级法院作为国家机

---

〔1〕 张卫平:《管辖权异议:回归原点与制度修正》,载《法学研究》2006 年第 4 期,第 144 ~ 145 页。

〔2〕 Vgl. *Maunz/ Dürig*, Grundgesetz: Kommentar, Bd. VI, Verlag C. H. Beck München 2008, Art. 101, Rn. 2.

〔3〕 Vgl. *Britz*, Das Grundrecht auf den gesetzlichen Richter in der Rechtsprechung des BVerfG., JA 2001, 573, 576.

〔4〕 Vgl. BVerfGE 10, 213; 14, 216.

〔5〕 参见《德国基本法》第 20 条第 3 款规定:"立法权应服从宪法秩序;行政和司法权受法律和正义的制约。"第 92 条规定:"司法权赋予法官,由联邦宪法法院、本基本法规定的联邦法院和各州法院行使。"第 97 条第 1 款规定:"法官是独立的,只服从法律。"参见姜士林、陈玮主编:《世界宪法大全》,中国广播电视出版社 1989 年版。

〔6〕 参见我国台湾地区"最高法院"1960 年度台声字第 3 号判例。

关,适用指定管辖转移管辖权时应更加谨慎、理性,切忌在毫无证据的前提下剥夺法院的法定管辖权。尤其应当注意的是,单凭司法信任危机的社会整体现状,不足以使转移管辖权的理由正当化。

由上可见,指定管辖不是为要弃绝管辖制度,而是为要成全;它是对管辖确定性的补充和纠正。指定管辖好比消防通道,设立的目的不在于大量适用,而是为了以防万一,其适用频率虽低,但必须保证通道畅通。反观我国的司法实践,作为转移管辖权的指定管辖被过分滥用,甚至已有突破例外成为原则之嫌,亟须遏制。司法机关应摆正指定管辖的制度定位,谦抑适用该制度。管辖制度在设计和应用过程中,应进一步明确指定管辖的适用前提,细化指定管辖的法定事由,兼顾法定法官原则与公平审判原则的协调。

(四)管辖的"不确定"危机及解决

管辖以法定法官原则为法理基础,以确定性为价值目标。作为一种纯粹的程序正义,管辖制度"只有在被实际地贯彻的时候才能把它的公平性传递给其结果"〔1〕。这就要求公安司法机关严格按照法律规范分配管辖权,禁绝于法不合的不确定性。管辖制度须以所有案件为规范对象,具有抽象、一般的特征。这就决定了无论管辖规范多么明确,结合司法实践仍然会存在许多不可避免的不确定因素。为保障制度贯彻的可能性,在追求管辖确定性的同时必须正视这些不确定因素,并通过完善细致的制度设计尽量克服其中的不确定性。

1. 级别管辖的不确定及矫正

以可能判处的刑期为标准划分基层法院与中级法院的管辖权,易造成级别管辖不确定。我国的级别管辖与其他国家和地区的事务管辖大致对应,以刑事案件的性质或轻重为标准,在不同级别的法院间划分一审管辖权。〔2〕根据《刑事诉讼法》第21条规定,可能判处无期徒刑、死刑的案件

---

〔1〕 参见[美]约翰·罗尔斯:《正义论》,何怀宏、何包钢、廖申白译,中国社会科学出版社2011年版,第68页。

〔2〕 参见[德]克劳思·罗科信:《刑事诉讼法》,吴丽琪译,法律出版社2003年版,第37~40页;[日]松尾浩也:《日本刑事诉讼法》(上卷),张凌译,金光旭校,中国人民大学出版社2005年版,第197~198页;林钰雄:《刑事诉讼法》(上册),台北,元照出版社2010年版,第113页。

由中级人民法院行使一审管辖权。然结合《刑法》规定可以发现,"无期徒刑或死刑"与"十年以上有期徒刑"经常同属一个法定刑幅度。这有可能会导致级别管辖的不确定。例如,根据《刑法》第 234 条第 2 款规定,故意伤害致人死亡或以特别残忍手段致人重伤造成严重残疾的,处 10 年以上有期徒刑、无期徒刑或者死刑。于是,在基层法院和中级法院之间就会产生一种"移动性的管辖权"(bewegliche Zuständigkeit)。〔1〕 面对同样的事实,依法既可以由基层法院一审,也可以由中级法院一审,即检察机关依法可以向两级法院中任意一级起诉,而级别管辖的不同反过来又可能影响被告人的量刑。

较宽的法定刑幅度有助于适应犯罪行为日益复杂的社会现实,级别管辖的不确定不可避免。尽管如此,面对级别管辖的不确定,仍应采取措施尽量克服。(1)检察机关向哪一级别的法院起诉,取决于其对刑期的预测。如果依法应判处无期徒刑或死刑,则检察机关无权选择,只能向中级法院起诉。例如,根据《德国法院组织法》,案件通常由区法院一审,但检察机关基于案件特殊重要性可向地方法院起诉。〔2〕 检察机关选择法院起诉不得违反法定法官原则,只有出于量刑方面的考量才属正当。〔3〕 德国联邦宪法法院认为"案件特殊重要性"并非裁量条款,满足此要件时,检察机关必须向地方法院起诉,并无裁量决定的空间。〔4〕 因此,检察官应努力提高业务水平,积累办案经验,以避免错误预测刑期而导致管辖错误。(2)检察机关的预测对法院没有强制约束力,法院仍有权再次评估刑期。若发现可能存在级别管辖错误,应及时纠正。例如,《最高院解释》第 17 条第 1 款规

---

〔1〕 Vgl. *Dreier*, Grundgesetz: Kommentar, Bd. III, Verlag Mohr Siebeck Tübingen 2008, Art. 101, Rn. 46.

〔2〕 参见《德国法院组织法》第 24 条第 1 款第 3 项规定:"下列刑事案件区法院没有管辖权:……3. 检察官基于保护可能成为证人的被害人的特殊需要,或考虑到案件的特殊影响范围或重要性,而选择向地方法院起诉。"[GVG § 24(1): In Strafsachen sind die Amtsgerichte zuständig, wenn nicht … 3. Die Staatswaltschaft wegen der besonderen Schutzbedürftigkeit von Verletzten der Straftat, die als Zeugen in Betracht kommen, des besonderen Umfangs oder der besonderen Bedeutung des Falles Anklage beim Landgericht erhebt.]

〔3〕 Vgl. *Maunz/ Dürig*, Grundgesetz: Kommentar, Bd. VI, Verlag C. H. Beck München 2008, Art. 101, Rn. 30.

〔4〕 Vgl. BVerfGE, Urteil vom 19. 3. 1959 - 1 BvR 295/58 (NJW 1959, 871).

定："基层人民法院对可能判处无期徒刑、死刑的第一审刑事案件，应当移送中级人民法院审判。"(3)实践中检察机关和法院难免对个别案件的刑期预测把握不准。笔者认为，此时一审管辖权的确定应贯彻"比例适当原则"〔1〕，权衡利弊后发现由中级法院一审为宜。一方面，由中级法院一审可减少案件移送，节约司法资源。根据《最高院解释》第14条规定，如果中级法院受理案件后发现此案不需要判处无期徒刑或死刑，仍有权依法审判，无需浪费审判资源再行移送。但如果该案件由基层法院一审，审理过程中发现可能需要判处无期徒刑或死刑，则基层法院不可越权量刑，必须向中级法院移送。由于案件移送后须重新计算审限，〔2〕这还可能会导致令被告人承受不利的期限负担。另一方面，由中级法院一审不会侵犯被告人的上诉利益。在两审终审制下，可由高级法院行使案件的二审管辖权。不仅如此，检察机关直接向中级法院起诉还可避免中级法院"下放"管辖权，或不同意基层法院的移送申请，进而防止由本地中级法院掌握二审终审权而造成的审判不公。《最高院解释》第23条禁止检察机关在发回重审阶段撤回起诉后向原一审法院的下级法院起诉，亦有此方面的考虑。需要注意的是，上述方案仅适用于少数刑期无法准确预测的案件，不可大范围推广。否则可能引发大量案件涌入中级法院，打破不同审级法院之间工作量的平衡。

2. 地域管辖的不确定及矫正

地域管辖规范首先应避免管辖权的消极争议。地域管辖主要根据犯罪地确定。为避免犯罪地认定范围过窄，导致个别犯罪无法追诉，对其采取了较为宽松的认定标准：犯罪地包括犯罪行为地和犯罪结果地。〔3〕此外，管辖制度还应有利于维护国家主权。〔4〕刑事诉讼管辖应与刑事管辖权实现对接，避免有刑事管辖权的案件无法通过管辖分配制度确定具体的管辖法院，妨碍国家主权的实现。如此一来，对犯罪地的认定范围进一步放宽。例如，根据《最高院解释》第2条第2款，对于针对或主要利用计算机网络实施的犯罪而言，犯罪地所包含的范围极广，包括：用于实施犯罪行

---

〔1〕 参见[德]齐佩利乌斯：《法学方法论》，金振豹译，法律出版社2012年版，第87页。

〔2〕 参见《刑事诉讼法》第208条第2款。

〔3〕 参见《最高院解释》第2条第1款。

〔4〕 参见张卫平：《民事诉讼法》，法律出版社2009年版，第86页。

为的网络服务使用的服务器所在地，网络服务提供者所在地，被侵害的信息网络系统及其管理者所在地，犯罪过程中被告人、被害人使用的信息网络系统所在地，以及被害人被侵害时所在地和被害人财产遭受损失地等。只要上述各犯罪地中有一个在境内，中华人民共和国人民法院就可依法行使管辖权。即便上述地点中无一在境内，只要被告人居住地在境内，中华人民共和国人民法院仍可据此获得案件的管辖权。[1]

地域管辖根据犯罪地和被告人居住地综合确定，可以有效避免管辖权的消极争议，但同时也可能引发积极的管辖权冲突。此时，可通过明确管辖权“顺序”来克服上述管辖权冲突。(1)确定地域管辖应以犯罪地为主，以被告人居住地为辅。如果存在多个犯罪地，其中之一与被告人居住地一致，宜由此法院行使管辖权。如果犯罪地与被告人居住地不一致，除非存在由后者管辖“更为适宜”的理由，否则应以犯罪地确定管辖。实践中犯罪地常常会先于被告人居住地确定，侦查工作首先在犯罪地开展，故由犯罪地法院管辖，通常最有利于诉讼经济。此外，由犯罪地法院管辖通常便于证人出庭作证，加快恢复当地被破坏的社会秩序，有助于法制教育实现更好的效果。因此，犯罪地法院的管辖权原则上优先于被告人居住地法院的管辖权。[2] (2)即使同为犯罪地，其在管辖权问题上也存在顺序区分。例如，德国历史上曾存在“漂浮不定的报刊管辖权”，联邦最高法院曾在一个报刊诉讼的判决中认为，即使只是收到一份报刊也可以认为是犯罪地，拥有管辖权。[3] 这样的裁判结果造成了大量的管辖权冲突，给司法实践带来了麻烦。最终，德国修法将公诉案件的管辖权限定为出版地。[4] 德国的经验启示我们在确定管辖法院时需要考虑其与犯罪行为实际联系的强弱。笔者认为，犯罪行为地和犯罪结果地在不同的犯罪中各自权重不同，管辖权顺序也应有不同。以生产、销售有毒有害食品罪为例，此罪为行为

---

〔1〕 根据《刑事诉讼法》第25条规定，地域管辖须根据犯罪地和被告人居住地综合判断。

〔2〕 Vgl. *Hellmann*, Strafprozessrecht, Verlag Springer Berlin 2005, Rn. 589.

〔3〕 参见[德]拉德布鲁赫：《法学导论》，米健译，法律出版社2012年版，第123页。

〔4〕 《德国刑事诉讼法》第7条第2款规定：“犯罪行为以在本联邦法律效力范围内出版的刊物所载之内容来实现时，仅刊物出版地法院视为第一款的管辖法院。但在自诉途径追诉的侮辱案件情形中，如果被侮辱人住所或惯常住所在刊物散发地法院辖区内，刊物散发地法院亦有管辖权。”参见宗玉琨译注：《德国刑事诉讼法典》，知识产权出版社2013年版。

犯。尽管产品在生产出来后可能会被销售到全国各地,但由于只要已经生产出产品就存在危险,此时即为犯罪既遂,故该地法院应当具有顺位在先的地域管辖权。如果认为犯罪行为地和犯罪结果地法院有同等顺位的管辖权,产品所到之处均有管辖权,就极易引发不必要的管辖权冲突,也不利于保障刑事追诉的效果。因此,以犯罪地确定地域管辖应区分不同类型的犯罪:根据行为犯的"行为"和结果犯的"行为"和"结果"加以确定。[1]

如果各法院的地域管辖权顺位相同,可由检察机关裁量决定向哪一法院起诉。检察机关此方面的选择裁量权[2]是地域管辖不可避免的不确定因素。为满足管辖确定的要求,检察机关裁量时必须遵循恣意禁止原则,并要由法院进行事后审查。[3] 案件移送起诉后,法院在开始实体审理前先对较易确定的诉讼条件进行审查,如果发现存在管辖错误须依法纠正,将案件移送到有管辖权的法院。恣意禁止原则不容许检察机关在选择管辖法院时过于严格或过于宽容,该原则要求检察机关以保障诉讼正确有效进行为唯一正当目的,摒弃法院或检察院的部门利益。地域管辖权的顺序规范体现了通常情况下管辖权的选择模式,如果检察机关起诉时偏离上述模式,而又无法给出实质理由,就很有可能被认定为恣意。例如,外地进城短期务工人员在工地上故意伤害他人,工地所在地公安机关侦查终结后移送审查起诉。检察机关原则上应在工地所在地法院提起公诉,但如果它舍近求远而向被告人的原户籍地法院起诉,尽管被告人居住地依法也有管辖权,但由于偏离了通常的管辖权选择模式,且不存在便利侦查或便于证人出庭作证等方面的合理理由,则法院易认定检察机关恣意而将案件退回检察机关,后续仍须再起诉至犯罪地法院。需要注意的是,地域管辖权的顺序规范仅为原则规定。倘使检察机关认为僵化遵循地域管辖的先后顺序规范会过度损害诉讼效率,[4]也可向顺位在后的法院起诉。例如,长期居

---

〔1〕 参见李维宗:《网络犯罪之审判权与管辖权》,载《军法专刊》2013 年第 1 期,第 62 页。

〔2〕 Vgl. *Löwe/Rosenberg*, Die Strafprozeßordnung und das Gerichtsverfassungsgesetz: Großkommentar, Bd. I, Verlag de Gruyter Berlin 2006, StPO §7, Rn. 22.

〔3〕 Vgl. *Sowada*, Der gesetzliche Richter im Strafverfahren, Verlag de Gruyter Berlin 2002, S. 642.

〔4〕 Vgl. *Sowada*, Der gesetzliche Richter im Strafverfahren, Verlag de Gruyter Berlin 2002, S. 636f.

住在A地的多人一同前往B地旅游，旅程中有二人发生了争执，到达B地后演化为故意伤害的犯罪行为，一行人遂返回A地。本案中，犯罪地为B地，被告人居住地为A地，且被害人及证人都居住在A地。倘使机械遵循犯罪地法院优先的顺序规范则不利于诉讼经济，所以除非存在其他特殊理由，检察机关应向被告人居住地的法院起诉。[1]

3. 因案件合并造成的管辖不确定及矫正

级别管辖和地域管辖的规定是以案件单一性为一般前提的。单一案件的管辖问题相对简单。然而，司法实践中常将有牵连关系的若干案件合并处理。数宗案件合并处理可能会突破一般的法定管辖制度。[2] 根据《最高人民法院、最高人民检察院、公安部、国家安全部、司法部、全国人大常委会法制工作委员会关于实施刑事诉讼法若干问题的规定》第1条第3款规定，数宗案件若满足下列情况就可以并案处理：一人犯数罪的；共同犯罪的；共同犯罪的犯罪嫌疑人、被告人还实施其他犯罪的；多个犯罪嫌疑人、被告人实施的犯罪存在关联，并案处理有利于查明案件事实的。《最高院解释》第24条第1款更是表明了法院在并案管辖方面的倾向性，规定"人民法院发现被告人还有其他犯罪被起诉的，可以并案审理；涉及同种犯罪的，一般应当并案审理"。案件合并是将数宗案件视为"诉讼上的一案"，只有一个管辖权。原本无管辖权的法院可能通过案件合并而对全案享有管辖权。由于诉讼法上的并案标准远宽于刑法上的一罪，[3] 这就进一步加剧了并案管辖的不确定性，需要有针对性的规范予以克服。

处理并案管辖问题需注意下列问题。(1)并案管辖需区分已经系属及尚未系属的案件。如果检察机关在尚未起诉时发现存在并案可能，因各宗案件尚未系属于任何法院，故可以将案件合并向一个法院起诉。如果各宗案件已经分别起诉，并系属于不同的法院，则需要通过案件移送的方式集中由一个法院行使管辖权。其他法院的诉讼系属随之解除，并需在程序上

---

〔1〕 Vgl. *Löwe/Rosenberg*, Die Strafprozeßordnung und das Gerichtsverfassungsgesetz: Großkommentar, Bd. I, Verlag de Gruyter Berlin 2006, StPO §7, Rn. 25.

〔2〕 参见万毅：《解读"并案管辖"四个关键词》，载《检察日报》2014年3月5日，第3版。

〔3〕 参见万毅：《解读"并案管辖"四个关键词》，载《检察日报》2014年3月5日，第3版。

终结诉讼。(2)在并案管辖问题上,级别管辖优先于地域管辖。根据《最高院解释》第15条,并案处理过程中只要有一人或一罪属于上级法院管辖,全案由上级法院管辖。因此,检察机关并案后应向上级法院起诉。需要注意的是,尽管两审终审制下提级审理通常不至于影响被告人的上诉权,但由上级法院管辖全案仍需兼顾各被告人的审级利益,必要时可将牵连关系较弱的案件分开处理。(3)同级法院间须遵循优先权规则。根据《刑事诉讼法》第26条和《最高院解释》第19条规定,若两个以上同级法院都有管辖权,由最初受理的法院管辖,后受理案件的法院应主动移送案件避免管辖冲突。然优先权规则只是原则规定,必要时也可将案件移送主要犯罪地法院管辖。在此问题上,古人的经验智慧颇有启发意义。例如,《唐律·断狱律》曰:"诸鞫狱官,囚徒伴在他所者,听移送先系处并论之。谓轻从重。若轻重等,少从多。多少等,后从先。若禁处相去百里外者,各从事发处断之。违者,杖一百。"[1]此规定包含四个层面的意思:首先,数个案件合并后原则上由最先关押地,即最先受理地管辖。其次,优先权原则有例外,如果案件轻重不等,不论受理先后,应移送到重罪地管辖;如果案件轻重相等,但涉案人数不同,不论受理先后,应由涉案人数较多的地点一并管辖。再次,案件合并处理以有利诉讼为前提,如果涉案人关押地点距离过远,为避免押解过程中罪犯逃脱,由各地分别审案。最后,前述管辖权规定对办案人员有强制约束力,违反需要接受处罚。(4)并案处理须以各案件的诉讼进程相同为前提。并案通常是出于诉讼经济的考量,这就要求合并处理的各个案件处于同一诉讼阶段。若一案已经进入法庭审理阶段,另一案尚在侦查当中,不应合并。此外,笔者还认为自诉与公诉案件的并案处理须慎重。[2] 不同诉讼程序适用的原则不同。根据《刑事诉讼法》第212条,自诉案件可以调解,自诉人在判决前可以同被告人和解或撤回自诉。可公诉案件中的控方并没有如此自由的处分权。为了保障各个案件都能够妥适处理,在将公诉与自诉案件合并处理时不应忽视上述区别。(5)并案管辖应以各案均尚未判决为限。如果其中一个或数个案件已经判决,这部分案件的诉权已经行使完毕,再合并管辖已无意义。其他未决案件应由其对

---

〔1〕《唐律疏议》,刘俊文点校,法律出版社1999年版,第597页。

〔2〕尽管《最高院解释》第324条为法院合并审理公诉与自诉案件提供了依据。

应的有管辖权的法院单独审判。[1]

4. 因指定管辖造成的管辖不确定及矫正

当前司法实践中指定管辖不当适用的问题是破坏管辖制度确定性的又一因素。笔者认为,规范制定者及司法实务工作者应当正视如何规范指定管辖制度的问题。这首先要求我们正确认识该制度的定位:指定管辖是对管辖确定性的补充和纠正,其并不是管辖确定性的突破。既然仍须以管辖确定性为指导原则,指定管辖便必须谦抑适用。指定管辖规则的进一步明确将有利于管辖确定性的实现。具体而言,上级法院在对案件指定管辖时应注意以下几方面问题。

第一,指定管辖的适用前提为一般法定管辖规则失灵。例如,如果多个法院虽均有管辖权,但通过顺序规范可确定管辖法院,则不存在真正意义上的管辖权争议,作为解决管辖争议的指定管辖便无须适用。再如,如果法官个人的回避就可以避免审判不公,便无须转移管辖权,切忌轻言指定管辖。司法实践中,指定管辖与回避混用的情况相对较为多见。根据《最高院解释》第18条,本院院长需要回避,是规范层面认可的指定管辖事由。由于《宪法》规定依法独立行使审判权的主体是人民法院而非法官个人,故前述规定具有一定的正当性。但是实践中,这种基于特定主体个人应当回避而指定管辖的情形却时常突破上述规范,法院干警个人应当回避也成了指定管辖的理由。[2] 甚至在某些案件中,相关主体是否应当回避尚无定论,但案件最终却被指定给了其他法院管辖。[3]

第二,指定管辖只适用于地域管辖,不适用于级别管辖。级别管辖涉及审级利益,对被告人具有更加重要的意义,对国家审判权的具体划分也具有更加重大的意义。例如,德国的级别管辖制度规定于作为宪法性法律的法院组织法中,而非位阶较低的刑事诉讼法。与之不同,地域管辖更多

---

〔1〕 参见1933年7月31日“中华民国司法院院字第948号”解释,载林钰雄主编:《分科六法:刑事诉讼法》(2011~2012年),新学林出版股份有限公司2011年版,第A-14页。

〔2〕 例如,参见广西壮族自治区防城港市中级人民法院(2019)桂06刑辖7号指定管辖决定书。

〔3〕 例如,2018年11月22日,吉林省高级人民法院作出决定,将原本由辽源市中级人民法院负责二审的王某某涉嫌民事枉法裁判案指定由通化市中级人民法院依照刑事第二审程序审判。

考虑诉讼效率,并考虑被告人出庭及行使辩护权的方便。[1] 因此,为避免指定管辖过分冲击管辖确定性,应将其限定于地域管辖范围内适用,尤其需要禁止通过指定管辖变相将上级法院的案件转为下级法院审理的做法。

第三,指定管辖只能针对个案适用,不能批量适用。在此问题上,实践中存在的集中管辖问题亟须检讨。对于一些特殊类型的案件,集中管辖改变了法定的地域管辖和级别管辖,将某一类案件集中到区域内特定的法院管辖或直接提级管辖。[2] 例如,2012 年《刑事诉讼法》修改,删除了外国人犯罪的刑事案件由中级人民法院一审管辖的规定。但是,在 2013 年发布的《最高人民法院、最高人民检察院、公安部、国家安全部、司法部关于外国人犯罪案件管辖问题的通知》中又规定:"第一审外国人犯罪案件,除刑事诉讼法第二十条至第二十二条规定的以外,由基层人民法院管辖。外国人犯罪案件较多的地区,中级人民法院可以指定辖区内一个或者几个基层人民法院集中管辖第一审外国人犯罪案件;外国人犯罪案件较少的地区,中级人民法院可以依照刑事诉讼法第二十三条的规定,审理基层人民法院管辖的第一审外国人犯罪案件。"此种集中管辖的做法架空了法定的管辖制度,是对法定法官原则的严重违背。其一,对于法律的解释应当服务于法律目的。[3] 指定管辖的制度定位是对管辖确定性的补充和纠正,绝不是为要架空法定管辖。集中管辖将上级法院的指定管辖权视为授权依据,是对指定管辖制度目的的曲解,属于法无依据的自我授权。其二,集中管辖的初衷是希望通过整合案件的管辖资源提升办案质量,但这与司法能力均等假定相矛盾。[4] 管辖权分配以各法院均可胜任所管辖案件的审理工作为前提,除非有证据推翻,否则法律不认可不同法院间存在司法能力的差异。考虑到司法实践的复杂性,《最高院解释》第 17 条第 2 款已经规定了通过个案提级审理的方式保障办案质量的方法。个案解决已足以应对法

〔1〕 参见[日]松尾浩也:《日本刑事诉讼法》(上卷),张凌译,金光旭校,中国人民大学出版社 2005 年版,第 197 页。

〔2〕 参见张曙:《刑事诉讼集中管辖:一个反思性评论》,载《政法论坛》2014 年第 5 期,第 167 页。

〔3〕 [德]齐佩利乌斯:《法学方法论》,金振豹译,法律出版社 2012 年版,第 71 页。

〔4〕 参见张曙:《刑事诉讼集中管辖:一个反思性评论》,载《政法论坛》2014 年第 5 期,第 168 ~169 页。

院间司法能力的差异可能,针对一类案件集中管辖实无必要。

第四,作为解决管辖争议的指定管辖只适用于单一案件。并案管辖有相应的管辖权分配规范,不应贸然适用指定管辖。例如,"中华民国最高法院"1941 年声字第 46 号判例认为:"同一案件具有刑事诉讼法第九条情形之一者,始得由直接上级法院,以裁定指定该案件之管辖法院。若非同一案件而系数案件相牵连,则虽由数同级法院管辖不便,而有合并一法院管辖之必要,亦应分别依同法第六条[1]之规定办理,不容当事人贸然声请指定管辖。"可见,如果存在案件合并的情况,应首先确定各单一案件的管辖情况,指定管辖只能在此时发挥作用。待到案件合并时,再根据前文所述的法定管辖规则确定最终对合并后的案件行使管辖权的法院,而不应在未明确各单一案件的管辖情况的前提下,率先动用指定管辖权,将并案管辖问题含混处理。

5. 审判过程中的管辖不确定及矫正

法庭审理需要一个过程,为了保障诉讼正常推进,应当通过管辖恒定原则[2]尽量维持管辖法院的稳定。现行法律规定,案件的地域管辖根据犯罪地和被告人居住地综合判断。但是,被告人可能在起诉后变更居住地,犯罪地也可能因为行政区划的变更而对应于不同的管辖法院。如果在法庭审理过程中允许地域管辖随着上述因素的变化而变化,势必会冲击法安定性。因此,地域管辖应遵循管辖恒定原则,以起诉时为标准确定地域管辖。指定管辖也应以此原则为前提,在案件开始审理后,除了因回避而依法需要指定管辖的场合,不应再允许通过指定管辖将案件改由其他法院审理。并案管辖较为特殊,不以起诉时点判断管辖权。合并处理的案件只有一个管辖权,即使案件已经系属于多个同级法院,仍须将案件移送至一个法院并案管辖。移送后并案管辖权即确定,自此须适用管辖恒定原则,

---

〔1〕 我国台湾地区"刑事诉讼法"第 6 条规定:"数同级法院管辖之案件相牵连者,得合并由其中一法院管辖。前项情形,如各案件已系属于数法院者,经各该法院之同意,得以裁定将其案件移送于一法院合并审判之。有不同意者,由共同之直接上级法院裁定之。不同级法院管辖之案件相牵连者,得合并由其上级法院管辖。已系属于下级法院者,其上级法院得以裁定命其移送上级法院合并管辖。但第七条第三款之情形,不在此限。"

〔2〕 管辖恒定是指"以起诉为标准时点确定管辖后,即使诉讼中管辖根据发生变化时,也不影响已经确定的管辖"。参见张卫平:《民事诉讼法》,法律出版社 2009 年版,第 86 页。

不得任意变更。需要注意的是,级别管辖和专属管辖错误不在管辖恒定原则的约束范围之内。如果在庭审过程中发现存在上述管辖错误,应当及时纠正。因此,《最高院解释》第17条第3款规定,如果法院在实体审理过程中发现案件应由上级法院管辖,应在审限届满15日以前申请移送上级法院。

管辖是一项"短命的诉讼条件"。法院对管辖问题有依职权审查的义务,应在案件受理时进行形式审查。审查管辖问题不必涉及对案件的实体审理,此时以起诉事实假设为真时进行判断即可。[1] 一旦法院开启了对案件的实体审理,原则上不再对管辖问题进行审查。纵使起诉后法院辖区发生变化,管辖法院亦不改变。因此,司法实践中的下列行为需要改正:二审法院裁定发回重审,并指定原审法院外的另一法院管辖[2];案件经二审裁定发回重审,检察机关撤回起诉后又向另一法院起诉。

二、告诉

对于《刑法》规定的告诉才处理的案件而言,告诉乃一项诉讼条件。案件存在合法告诉乃国家机关对此类案件进行刑事追诉的正当性前提。如果被害人没有提起合法告诉,或者其虽曾经提起过合法告诉,但后又撤回,则刑事追诉将因为欠缺诉讼条件而终止。当前,对于告诉要件的认识误区主要在于"告诉才处理"案件的追诉形式方面。相关规范及司法实务中采取了一种"绝对自诉主义"的错误认识,造成了实践中此类案件被害人很难获得刑事司法救济。笔者认为,告诉作为一项诉讼条件,其仅对刑事追诉的正当性予以制约,并不会限制案件的追诉方式。告诉才处理案件理应既可以公诉也可以自诉。在当前司法背景下研究告诉这一诉讼条件,首先需要澄清误解,破除"绝对自诉主义"的谬误,并对"告诉才处理"进行正确的解读。此外,还需要注意告诉要件在自诉和公诉程序中的不同表现。在自诉程序中,开启或结束诉讼进程的主动权掌握在被害人手中。被害人提起自诉的行为本身就是一种典型的告诉,若其撤回起诉则同时意味着撤回告诉,被害人告诉与否的意愿变化与诉讼进程总是同步的。然而在公诉程序

---

〔1〕 参见我国台湾地区"高等法院"1991年4月15日"刑一字第445号"函,林钰雄主编:《分科六法:刑事诉讼法》(2011~2012年),新学林出版股份有限公司2011年版,第A-12-13页。

〔2〕 参见"检察信箱",载《人民检察》2003年第11期,第62页。

中，诉权的享有主体与行使主体分离，可能出现被害人的告诉意愿与检察机关追诉意愿之间的冲突。尤其是在被害人一开始提起告诉，但后又撤回告诉的场合，情况尤为复杂，有必要专门予以说明。

（一）对“绝对自诉主义”的批判

侮辱案、诽谤案、暴力干涉婚姻自由案、虐待案和侵占案是我国《刑法》明定的五类告诉才处理的案件类型。根据《刑事诉讼法》第210条第1项的规定，上述五类案件在自诉案件的适用范围之中。《刑事诉讼法》第19条第3款规定：“自诉案件，由人民法院直接受理。”据此，有观点认为：告诉才处理的案件排斥法院以外其他国家公权力的介入，自诉是唯一可选的追诉形式。笔者称之为“绝对自诉主义”。然从比较法方面观察，“绝对自诉主义”乃极具中国特色的规定。暂且不论在美国、日本等采“公诉垄断主义”的国家，公诉是包括告诉才处理案件在内的所有刑事案件的唯一追诉形式。在兼采公诉与自诉两种追诉形式的法域之下，被害人也是可以选择向侦查机关或者法院提出“告诉”，择一启动公诉或者自诉程序。当前司法实践中的“绝对自诉主义”将对告诉才处理类案件的处理错误地理解为被害人私人的事情，国家在其中是缺位的。公安机关对于此类案件不能立案侦查，被害人只能自行向法院提起自诉。看似是国家机关极大地保障了被害人的程序自诉权，但其背后是国家机关对被害人“私事”的冷漠——既无干预，也不加以帮助。这客观上造成了对告诉才处理犯罪的追诉困难。

1. 告诉才处理旨在实现国家和个人诉权的平衡

在告诉才处理的犯罪中，被害人不是唯一的受害者，犯罪侵害的是国家及个人的双重法益。刑事诉权主体也具有二元特征：一方面，被害人因其个人法益受到侵害，享有刑事诉权；另一方面，因犯罪侵害了社会公共秩序，也侵害到了国家利益，国家亦享有诉权。二者的不同仅在于，国家诉权并不由其天然享有，而是来自个人诉权的让渡。正如洛克在《政府论》中所言：“在这个社会中，每一成员都放弃了这一自然权力，把所有不排斥他可以向社会所建立的法律请求保护的事项都交由社会处理。”〔1〕此外，由于国家是一个虚拟的集合概念，虽实质上享有诉权，但不可能亲自去行使，故

〔1〕［英］洛克：《政府论》（下篇），叶启芳、瞿菊农译，商务印书馆2008年版，第52～53页。

只能交由公诉机关代为行使。在公诉和自诉两种制度中,刑事诉权分别由国家及被害人,或者自诉权人享有,具体行使诉权的则为公诉机关和自诉人。被害人的诉权在这两种追诉形式中都有所体现。但在公诉中,诉权的享有主体与行使主体分离,一旦国家与被害人的利益出现分歧,两种诉权之间就可能存在冲突。

公诉形式下,国家诉权与被害人诉权之间的冲突存在两种可能:一为公诉机关无视被害人的追诉意愿,拒不起诉;二为公诉机关无视被害人不追究的意愿,笃定起诉。针对第一种情形,在允许自诉的场合,国家将其从个人处获得的诉权再次让渡给被害人,允许其提起自诉。被害人可以直接向法院提起自诉,即使公诉机关拒绝起诉,其诉权保障也不致落空。我国《刑事诉讼法》第 210 条第 3 项有关“公诉转自诉”的规定即出于这样的考虑。在奉行公诉垄断主义的场合,上述问题可通过准起诉制度加以解决。被害人可以请求法院直接审判该案件,由法院指定律师行使检察官职务,支持公诉。[1] 至于公诉机关无视被害人不追究的意愿笃定起诉的情形,在通常的公诉案件中不成为问题,因为国家诉权相对于被害人诉权具有优先性,被害人个人在一般刑事案件中没有处分的权利。只要案件达到法定起诉标准,公诉机关当然有权起诉。唯在告诉才处理案件中有所不同。此类犯罪较为特殊,多数场合可以通过调解方式解决,且被害人可能不愿意让更多的人知道自己被侵害的事实,如果违反被害人意志提起诉讼,会产生相反的结果。[2] 告诉才处理犯罪对国家社会利益影响不大,被害人的追诉意愿权重更高。二者矛盾时,国家诉权应对私人诉权妥协,[3]不得滥行起诉。

告诉才处理规定的核心价值是充分尊重个人法益主体的意志自由。[4] 根据利益人允许理论,告诉才处理案件中,国家诉权应尊重个人法益主体的意志自由,对私人诉权作必要妥协。该制度本身并非排斥公诉,

---

〔1〕 关于准起诉制度,参见[日]田口守一:《刑事诉讼法》(第 7 版),张凌、于秀峰译,法律出版社 2019 年版,第 231 页。

〔2〕 参见张明楷:《刑法学》,法律出版社 2011 年版,第 824 页。

〔3〕 此处仅为国家权力对私主体权利的妥协,而非让渡。因为即使检察机关没有提起公诉,公诉权依旧是掌握在检察机关的手中,并未转移到被害人处。

〔4〕 参见李立景:《亲告罪要论——告诉才处理的犯罪的研究新视角》,中国人民公安大学出版社 2003 年版,第 194 ~ 195 页。

而是为实现国家诉权和个人诉权的平衡。只是在国家滥行不起诉时，才会将诉权再次让渡给被害人，允许其自诉。告诉才处理制度的理想状态应概括为国家机关的"进退有度"：国家公权力既要保持适度谦抑，不干预被害人的程序选择权，又不能过于冷漠，而要适时介入诉讼，并对个人行使诉讼权利予以协助，以实现对犯罪的最佳处理。

2. 取证困难导致自诉难以实现救济

绝对自诉主义从程序上严格限制公权力介入，从形式上看是避免了公权力对个人权利的不当干预，但矫枉过正，实际上是公权力不适当地退出了刑事诉讼活动。起诉条件、证明标准以及证明责任的规定，都是刑事诉讼法对控方行使诉权设定的法定障碍。在公诉案件中，上述障碍可以防止公权力的滥用。但在自诉程序中，自诉人需要独立面对上述所有追诉障碍。绝对自诉主义剥夺了被害人的程序选择权，上述追诉障碍被强制施加到被害人身上，极易导致其追诉权无从实现。

自诉不经历侦查阶段，国家机关亦没有义务协助侦查。自诉人可使用的取证手段与民事诉讼当事人类似，并无特别优待。现代社会中所有合法强制力的运用为国家所垄断，个人无权直接运用强制力保障侦查。为克服这一问题，民事诉讼中存在下述途径以缓解当事人的取证困难。第一，民事诉讼承认自认。第二，民事诉讼规范可以通过举证责任倒置来避免举证责任"正置"带来的举证困难。第三，民事诉讼中针对"证据偏在"〔1〕和证明妨害问题，可以推定诉讼主张成立。第四，民事诉讼证明标准要求较低，只要求具有高度盖然性。民事证明不要求达到排除合理怀疑的程度，只要足以使法官相信"非常可能如此"即可。对于一些举证特别困难的案件，为了减轻当事人的举证负担，证明标准甚至还可再降低。〔2〕民事诉讼证明标准的设定体现了其对形式真实的追求。这从根本上降低了民事证明的难度，也是前述机制的正当性所在。

然而，民事诉讼中的上述机制在刑事自诉中并不存在。(1) 刑事诉讼追求实质真实，不认可被告人自认。"被告人供述"作为一种证据，与其他

---

〔1〕所谓"证据偏在"，指大量能够证明法律要件事实的证据被集中控制于一方当事人，且往往是加害的当事人一方。参见张卫平：《民事诉讼法》，法律出版社2009年版，第241页。

〔2〕参见张卫平：《民事诉讼法》，法律出版社2009年版，第220页。

证据一样,法官需要查证属实,与其他证据综合加以认定。《刑事诉讼法》第55条第1款明确规定,"只有被告人供述,没有其他证据的,不能认定被告人有罪和处以刑罚"。被告人直接认罪,尚且不予认可,更遑论拟制的自认。(2)刑事诉讼中的证明责任恒在于控诉一方。在自诉案件中,即由自诉人承担。无罪推定原则禁止将证明责任赋予被告人,法官亦不可自行裁量,转移证明责任。虽然刑事诉讼中也存在辩方提出证据的情况,[1]但这不代表辩方要承担证明责任。须知证明责任分为行为意义上的证明责任和结果意义上的证明责任。[2] 前者在控辩双方之间转移,后者固定于诉讼一方。举证责任倒置,不仅仅意味着提出证据的责任要转移(行为意义上的证明责任),更重要的意义在于转移事实真伪不明时承担不利诉讼后果的责任(结果意义上的证明责任)。一旦承认举证责任倒置,将动摇无罪推定这根刑事司法的"金线"。(3)刑事诉讼中不得强迫任何人自证其罪。该原则不仅禁止强迫获得被告人的口头供述,也包括非供述证据[3];更加禁止通过对被告的消极行为进行推论,转嫁控方的证明责任,即法院不得单凭被告人的缄默认定其罪行[4]。由此观之,推定诉讼主张成立之方案,在刑事诉讼中并不可行。刑事诉讼被告人不得被强迫提出对自己不利的证据,法院更不得因为被告人拒绝提出可能自陷于罪的证据,而推定被告人有罪。(4)刑事诉讼的证明标准要求很高,不因案件采取公诉或自诉的追诉形式而有区别。即使是在自诉案件中,自诉人的证明标准也必须达到"犯罪事实清楚,证据确实、充分"的程度,法院不可任意降低有罪证明标准。刑事诉讼兹事体大,事关人的自由乃至生命,自诉案件亦然。[5] 纵使证明有

---

[1] 有人将《刑事诉讼法》第37条错误地理解为关于辩护人举证责任的规定,这是违背立法目的的"曲意释法",不足取。参见万毅:《"曲意释法"现象批判——以刑事辩护制度为中心的分析》,载《政法论坛》2013年第2期,第17~18页。

[2] 参见张建伟:《证据法要义》,北京大学出版社2014年版,第359~360页。

[3] 例如,在欧洲人权法院的一则判例中,将海关官员强迫被告人提供账册文件,以用于进行刑事追诉的行为,认定为违反了反对强迫自证其罪原则,进而违反了《欧洲人权公约》第6条有关"公平审判权"的规定。See ECHR, *Funke v. France*, 1993, Series A No. 256 – A.

[4] See *John Murray v. the United Kingdom*, Reports 1996 – I. 亦可参见林钰雄:《刑事程序与国际人权》,台北,元照出版社2007年版,第299~300页。

[5] 尽管通常而言,自诉案件并非重大犯罪,但有例外。例如,在"公诉转自诉"的情况下,即使是严重刑事犯罪,被告人可能被判处死刑,也可能是通过自诉程序加以追诉。

罪困难，亦不可放弃对实质真实的追求。倘使因为自诉人举证困难，而擅自降低自诉案件的证明标准，无异于饮鸩止渴，真实发现与人权保障两大价值将双双沦陷。

诚然，自诉人收集证据并非完全孤军奋战，其可能获得三方面的协助：一为自诉人申请法院调查证据〔1〕；二为法院依职权调查证据〔2〕；三为公安机关向法院移交已取得的证据〔3〕。然基于下述原因，此三种协助的成效必然十分有限。(1)严格来说，申请法院调查证据并不成为自诉人的权利。自诉人申请法院依职权调查证据，法院并没有必须遵从的义务，仅在“认为必要”时，方“应当”进行职权调查。换言之，自诉人的申请不具有强制法院行为的效果。(2)法院依职权调查证据并不足以取代自诉人，更不是在代替其履行举证责任。法官的职权调查具有补充性质，以起诉方落实起诉门槛为前提，因此自诉人仍需承担主要的证据收集责任，独力证明案件已达到起诉标准。当且仅当自诉人的证明已达上述标准时，法院才可依职权调查证据，与自诉人合力发现被告人是否有罪。〔4〕 (3)公安机关向法院移交证据，有两项限制。一是以法院调取为前提。公安机关移交证据的义务对象是法院，自诉人在其中并无直接参与的空间，至多只能通过向法院提出申请，间接要求法院调取公安机关掌握的证据。二是公安机关移交证据以已经收集到的证据和材料为限。在绝对自诉主义之下，案件不经历侦查阶段，公安机关无权介入，自然无法获得刑事证据予以移交。该规定的唯一适用可能如下：自诉人在提起自诉之前，曾经向公安机关寻求行政帮助；公安机关在行政处理过程中收集到的特定种类的证据，可移交给法院，在刑事诉讼中作为证据使用。〔5〕 至于公安机关协助取证，当前仅适用于有限的案件类型。例如，《刑法》第246条规定，对通过信息网络实施的属于告诉才处理的犯罪行为，“被害人向人民法院告诉，但提供证据确有困难的，

---

〔1〕 参见《最高院解释》第325条。

〔2〕 参见《刑事诉讼法》第52条、《最高院解释》第70条。

〔3〕 参见《公安机关规定》第176条第3款。

〔4〕 我国台湾地区的林钰雄教授以公诉案件为例，说明检察机关的举证责任与法官职权调查的关系，笔者认为这一说明在自诉案件中同样适用。参见林钰雄：《严格证明与刑事证据》，法律出版社2008年版，第167～179页。

〔5〕 参见《刑事诉讼法》第54条第2款。

人民法院可以要求公安机关提供协助”。但是,此种试图缓解自诉人取证难的程序方案并不具有普适性,并且该程序启动与否仍取决于法院,故对其在司法实践中的效果不宜抱有过高期待。

绝对自诉主义假定自诉人在证据收集方面不存在障碍,但实际上被害人个人的取证能力十分有限。一旦自诉人提出的证据不足,先不论被告人是否会被判决有罪,法院甚至会不直接受理案件,而是劝说自诉人撤诉,或裁定驳回自诉。实践中,自诉案件的被害人常常因为提供不出充分的证据,或因诉讼双方力量对比悬殊等原因而缺乏自诉能力,被迫放弃对犯罪的追诉。〔1〕这势必妨碍被害人获得相应的刑事司法救济。不仅如此,绝对自诉制度还将直接导致国家诉权的落空。刑事案件中,国家因公共利益遭到侵害享有诉权,是不能忽视的事实。绝对自诉主义排斥公诉可能,国家诉权因在自诉制度下并无法定的地位,诉权实现的途径就被截断了。公诉程序的缺位造成国家诉权无法主动行使,只有在自诉人诉权实现的场合,国家诉权才“顺便”得以实现。然而,自诉人在司法实践中面临重重追诉困难,其个人的刑事诉权尚且难以落实,更遑论“搭便车”的国家诉权?故国家借助自诉实现诉权,仅在逻辑上可行,实践中只能是“乌托邦”。

3. 绝对自诉主义不利于诉讼经济

绝对自诉制度设立的初衷之一是追求诉讼经济:将告诉才处理案件的处理限于自诉,可以集中公诉资源处理其他更加重大的案件。然而,实际运作效果却事与愿违。在告诉才处理案件中推行绝对自诉主义将有悖于对诉讼经济的追求。

一方面,如果被害人通过自诉无法获得有效救济,社会矛盾未得到解决,侵害行为并不会就此打住,可能会演化为更加严重的犯罪,或者被侵害一方可能不堪忍受而奋起“反抗”,进而引发新的刑事犯罪。这就有可能令犯罪追诉陷入“养猪困境”当中。对告诉才处理犯罪追诉比例低的表象背后,并不是因为此类案件在实践中不多见,也不是因为当事人之间的纠纷已经通过其他途径得以化解,而是绝对自诉主义将这些矛盾掩盖了起来。

---

〔1〕 柯葛壮、张亚杰:《试论设立公诉案件“控告才处理”制度》,载卞建林、侯建军主编:《深化刑事司法改革的理论与实践——中国法学会刑事诉讼法学研究会年会文集·2009年卷》,中国人民公安大学出版社2010年版,第101页。

长远看来,矛盾进一步恶化后所引发的刑事案件还是必须要通过公诉处理,而且投入的公诉资源势必会更多。这一点在家庭暴力犯罪中尤为突出。笔者认为,实践中家庭暴力犯罪愈演愈烈的重要原因之一就在于对虐待罪进行有效追诉的缺位。家庭暴力犯罪中常见的类型有虐待罪、故意伤害罪、故意杀人罪。三种犯罪在实践中存在一个"循序渐进"的过程:如果对虐待的犯罪行为不及时追诉并妥善处理,不仅加害方的施暴行为可能愈演愈烈,受害一方还可能因不堪忍受而选择非理性的报复,从而演变为更加严重的故意伤害或故意杀人犯罪。当前,我国刑法中关于虐待罪的规定并没有成为防治家庭暴力的有力武器。例如,在"邓某某故意伤害案"[1]中,被告人邓某某长期以来虐待养女,致使被害人"身体多处皮肤裂伤,数枚牙齿缺失",依法符合一般虐待罪的构成要件。[2] 但是本案中对邓某某的刑事制裁并非针对其虐待的犯罪行为,而是因为其在一次施暴过程中致被害人左股骨骨折,构成轻伤,依照故意伤害罪对其定罪处罚。再如,在"汤某某故意杀人案"[3]中,汤某某本是家庭暴力的受害者,其因无法忍受丈夫的长期虐待而反过来杀害丈夫。在绝对自诉主义下,邓某某的养女和汤某某若事先向公安机关求助,加害者至多只能受到行政处罚。公安机关无权启动公诉程序,只能建议被害人提起自诉。而被害人一旦向法院提起自诉,又将面对上一节中提到的种种取证困难,诉讼救济依旧难以实现。

---

〔1〕 本案基本案情如下:被害人范某某(女,时年7岁)出生后不久即由被告人邓某某收养。在收养期间,邓某某多次采取持木棒打、用火烧、拿钳子夹等手段虐待范某某,致范某某头部、面部、胸腹部、四肢多达百余处皮肤裂伤,数枚牙齿缺失。2010年3月26日上午,因范某某尿床,邓某某便用木棒殴打范某某腿部,致范某某左股骨骨折,构成轻伤。案发后,邓某某向公安机关投案。参见 http://www.court.gov.cn/zixun-xiangqing-6140.html,最后访问日期:2022年4月9日。

〔2〕 参见《刑法》第260条第1、3款。

〔3〕 本案基本案情如下:被告人汤某某与被害人杨某某(殁年39岁)系夫妻。杨某某经常酗酒且酒后无故打骂汤某某。2002年4月15日17时许,杨某某醉酒后吵骂着进家,把几块木板放到同院居住的杨某洪、杨某春父子家的墙脚处。为此,杨某春和杨某某发生争执、拉扯。汤某某见状上前劝阻,杨某某即用手中的木棍追打汤某某。汤某某随手从柴堆上拿起一块柴,击打杨某某头部左侧,致杨某某倒地。杨某洪劝阻汤某某不要再打杨某某。汤某某因惧怕杨某某站起来后殴打自己,仍继续用柴块击打杨某某头部数下,致杨某某因钝器打击头部颅脑损伤死亡。案发后,村民由于同情汤某某,劝其不要投案,并帮助掩埋了杨某某的尸体。参见 http://www.court.gov.cn/zixun-xiangqing-6140.html,最后访问日期:2022年4月9日。

2015年3月2日,最高人民法院、最高人民检察院、公安部、司法部联合发布了《关于依法办理家庭暴力犯罪案件的意见》(以下简称《意见》)。《意见》中提出希望通过落实检察机关代为告诉,加强人民法院对自诉案件的举证指导等手段,改善目前绝对自诉制度运行不力的现状。尽管如此,上述手段没有跳出目前司法误识的窠臼,仍无法从根本上克服绝对自诉主义的弊端。告诉才处理案件难以进入诉讼程序,《意见》中有关定罪量刑等实体问题的特别规定也无法落实。然而,如果对告诉才处理案件的处理开放公诉形式,国家机关可以提早介入,尽早控制犯罪,避免侵害行为恶化,后续的故意伤害以及故意杀人案件亦有可能避免。

另外,绝对自诉主义会因程序转化而加重诉讼成本。如果自诉是唯一合法追诉形式,一旦在审查起诉阶段或者在提起公诉后发现属于告诉才处理的案件,就必须转化案件的追诉形式。公安司法机关先已实施的诉讼行为归于无效,必须由被害人另行提起自诉。[1] 司法实践中,很多侵害行为的性质难以界定,公安司法机关将本属于告诉才处理的案件当作一般案件处理并不鲜见。例如,虐待罪和遗弃罪[2]的犯罪对象均为家庭成员,情况非常类似。在行为人对被害人冻饿、禁闭、有病不予治疗的场合,究竟构成遗弃罪还是虐待罪存在争议。[3] 如果该行为先被评价为遗弃而后被评价为虐待,则必须另行提起自诉,国家机关前期为公诉准备的投入将会一概无效。这无疑是对前期已投入诉讼资源的极大浪费。但是,如果公诉与自诉均是告诉才处理案件的合法追诉形式,一旦遇到此种情形,只需要补正告诉条件即可。如此,先前的侦查与审查起诉工作仍旧有效,就不必花费更高成本转换案件的追诉形式。即便在询问被害人的告诉意愿后,被害人明确表示不告诉,也可以当即停止诉讼,迅速确定不继续追诉的诉讼后果。

由上可见,绝对自诉主义误读了告诉才处理规定的宗旨,将此类案件的处理理解为纯粹被害人个人的事情。但对于被害人而言,纵使赋予其自

---

〔1〕 有关上述问题的讨论,可参见于志刚、鞠佳佳:《审查起诉阶段告诉才处理案件的程序困境及其解决》,载《人民检察》2008年第9期,第20~24页;姚磊:《公诉后法院认为系告诉才处理案件的程序适用》,载《中国检察官》2013年第14期,第11~13页。

〔2〕 根据《最高院解释》第1条第2款的规定,遗弃罪为《刑事诉讼法》第210条第2项规范的对象,即可自诉也可公诉。

〔3〕 参见黎宏:《刑法学》,法律出版社2012年版,第706页。

诉权,由于其自身的取证能力有限,诉权往往难以落实。国家机关空有强大的侦查能力,却因公诉制度缺位而苦无权限。本是为了被害人利益出发作出的制度设计,实践中却陷入了上述悖论当中。不仅如此,绝对自诉主义本以追求诉讼经济为初衷,而实践中的制度运作却加重了诉讼的成本。针对此问题,有学者提出要在公诉程序中建立"控告才处理"制度。〔1〕然笔者认为,"告诉才处理"与"控告才处理"并无本质区别。而且一旦所使用的法律术语发生了变化,刑事诉讼法与刑法之间原本的连接将会断裂,想要恢复连接,就必须要同步进行刑事实体法的修正。与其另起炉灶,不如对"告诉才处理"制度进行法解释学分析,还原该制度的本质。

(二)"告诉才处理"的法解释学分析

1. 绝对自诉主义违背法律解释原则

"告诉才处理"在我国刑法和刑事诉讼法中均有规定,但法律层面的规定比较简约,没有对其进行明确的解释。绝对自诉主义乃是实践中对告诉才处理制度采取的解释方案,并在公安司法机关的解释性规范中达成了上述默契。然而,从法解释学角度分析,上述规定并不具有正当性。

第一,法解释学适用必须遵循法律保留原则的自我限制,即只要立法已经对某法律问题作出了规定,其对于法律适用者而言就是有约束力的。〔2〕立法创设乃"无中生有",而司法解释需要"有中生有"。〔3〕解释不应逾矩,僭越立法之处,应属无效。《刑事诉讼法》第210条只是规定自诉案件"包括"告诉才处理的案件,并未限定只能通过自诉进行刑事追诉。公安司法机关的规范性文件擅自将其限缩为绝对自诉主义,与法律的明示规定相矛盾,应为无效。

第二,解释法律应遵循"让路原则"(Ausweichprinzip),即在法律解释

---

〔1〕所谓"控告才处理",是指公诉案件中有些纯粹侵犯公民私人权益的,而对国家、社会利益危害不大的犯罪行为,只有在被害人向公安或检察机关提出控告时,国家才追究行为人的刑事责任;被害人不提出控告的,国家不主动追究行为人的刑事责任。柯葛壮、张亚杰:《试论设立公诉案件"控告才处理"制度》,载《深化刑事司法改革的理论与实践——中国法学会刑事诉讼法学研究会年会文集·2009年卷》,中国人民公安大学出版社2010年版,第97页。

〔2〕参见[德]齐佩利乌斯:《法学方法论》,金振豹译,法律出版社2012年版,第15~16页。

〔3〕张建伟:《刑事诉讼司法解释的空间与界限》,载《清华法学》2013年第6期,第28页。

过程中,如果存在无须损害任何利益即可实现所追求目的的可能,应优先选择这一解决方案。[1] 前文已述,告诉才处理规定的立法宗旨在于实现国家和个人诉权的平衡。绝对自诉主义虽然实现了被害人意愿对国家权力的限制,但却会因取证困难而妨碍被害人个人诉权的落实,且会增加程序转化的诉讼成本。而公诉与自诉并举则可克服上述问题:除非被害人告诉,否则不得启动公诉,借此可遏制国家滥行追诉,并可借助公权力的介入克服私人取证的困难,保障诉讼救济实现;保留自诉手段亦可发挥遏制国家滥行不追诉的作用;被害人理性选择追诉程序,还可以减少不必要的诉讼环节,节约国家有限的司法资源。根据让路原则,对告诉才处理制度应作如下解释:告诉才处理案件与其他自诉案件不同,只有当被害方向法院起诉时才是自诉案件,反之,若向其他机关告诉,则是公诉案件。[2]

第三,法律解释应尽量维护"法的统一性"。这不仅要求法律解释应以"法律术语的同一性"为导向,即对同样的术语应尽可能作同样的解释,不同术语应具有不同的含义,也要求法律解释的结果与法的其余部分兼容,没有矛盾。[3] 笔者认为,绝对自诉主义支持者的依据有二:一为对告诉才处理的字义解读;二为对《刑事诉讼法》第 210 条"包括"的解读。然而,即便仅根据"法的统一性"此一解释原则,也足以推导出上述两项依据与绝对自诉主义是根本矛盾的。一方面,我国立法的表述是"告诉才处理",而未采用"自诉才处理",暗指告诉与自诉不同。即使没有提起自诉,只要存在合法告诉,也不应妨碍刑事追诉的开展。另一方面,《刑事诉讼法》第 210 条规定有 3 项内容,应采取统一的解释逻辑。如果仅凭"包括"二字就可将第 1 项解读为绝对自诉主义,第 2 项和第 3 项亦应作如此解释。然而,第 3 项规定的"公诉转自诉"案件显然不属于绝对自诉的范畴。根据《公安机关规定》第 176 条第 2 项的规定,[4] 亦可推知《刑事诉讼法》第 210 条第 2 项规

---

[1] 参见[德]齐佩利乌斯:《法学方法论》,金振豹译,法律出版社 2012 年版,第 87 页。

[2] 参见张明楷:《对"告诉才处理"的另类解释》,载樊崇义教授 70 华诞庆贺文集编辑组编:《刑事诉讼法学前沿问题与司法改革研究》,中国人民公安大学出版社 2010 年版,第 233 ~ 234 页。

[3] 参见[德]齐佩利乌斯:《法学方法论》,金振豹译,法律出版社 2012 年版,第 69 页。

[4] 参见《公安机关规定》第 176 条第 2 款规定:"对被害人有证据证明的轻微刑事案件,公安机关应当告知被害人可以向人民法院起诉;被害人要求公安机关处理的,公安机关应当依法受理。"

定的内容也不在绝对自诉之列。同一条规定,3 项内容的解释彼此矛盾,足见绝对自诉主义无法逻辑自洽。对《刑事诉讼法》第 210 条第 1 项的规定只能解读出告诉才处理案件的被害人有自诉的权利。至于其是否可以选择公诉形式,不得而知。但是《刑事诉讼法》第 16 条规定"依照刑法告诉才处理的犯罪,没有告诉或者撤回告诉的"乃撤销案件及不起诉的事由,这其中隐含了公安机关可以对此类案件进行侦查,检察机关可以就此类案件提起公诉的含义。可见,如果将案件的追诉形式局限于自诉,将造成立法体系内在的冲突。

2. "告诉才处理"的文本解释

"告诉才处理"并非舶来品,我国古已有之。彼时称为"告乃坐"。例如,《唐律疏议》中"殴伤妻妾罪"条曰:"须妻、妾告,乃坐。"〔1〕我国古时的"告""诉"同义,均有述说以及控诉、告状之意,但各有偏重。当用作控告时,"告"偏重于告发,"诉"偏重在陈述。〔2〕 我国古代多用"告"代表控告,与劾相对,二者均为古代的"起诉"方式。根据沈家本的理解,"告、劾是二事,告属下,劾属上"。〔3〕 也就是说"告"是一般民众向官府举发犯罪,"劾"特指官员对案件的揭发。根据控告主体的不同,"告"可再细分为自告、告诉与告发,分别对应行为人的自首;受害一方提出的控告;行为人及受害者以外其他人提出的控告。〔4〕 有观点认为,既然我国古代的告诉是受害方向衙门提出控告,则现代告诉的对象应为法院无疑,将其理解为自诉并无不妥。然而,这种观点忽视了我国古时诉讼的特点,错将告诉理解为一种起诉的方式。殊不知,古时"告"只是一种揭发犯罪的方式,而非起诉方式。在封建诉讼模式下,没有现代意义的自诉可言,所有犯罪都是由国家作为追诉者。告、劾只是国家获知犯罪的材料来源,更近似于现今《刑事诉讼法》第 109 条和第 110 条的规定。

"告诉"在立法中合并适用源自日本,清末及民国刑事诉讼立法中开始使用翻译自日本法律术语的"告诉"一词。被害人的"告诉"与第三人"告

---

〔1〕《唐律疏议·斗讼》。

〔2〕 王力主编:《王力古汉语字典》,中华书局 2000 年版,第 1270~1271 页。

〔3〕(清)沈家本:"汉律摭遗",载(清)沈家本:《历代刑法考》,邓经元、骈宇骞点校,中华书局 1985 年版,第 1372 页。

〔4〕 参见郑禄:《唐代刑事起诉制度》,载《法学评论》1985 年第 3 期,第 28 页。

发”并列，都是国家追诉犯罪的线索之一。根据民国时期最高法院的理解，对于告诉乃论之罪，如果被害人没有自诉而是向检察官告诉，检察官应着手侦查。中华人民共和国成立后，“告诉”“告发”被“控告”“检举”所取代。尽管概念表述发生了变化，但刑事诉讼法立法早期对告诉才处理案件的理解仍然保留上述传统。在后来讨论自诉案件是否仅包括告诉才处理案件的过程中，才开始将此类案件错误替换或简称为“自诉案件”，并且该错误未得到及时的纠正。[1]

告诉在公诉中有其地位，这也是符合比较法经验的。日本系公诉垄断主义，由于其立法上没有自诉制度，故有关此类犯罪追诉形式的立法例参考价值有限。在同时认可公诉与自诉制度的国家和地区，以德国和我国台湾地区为例，对于此类案件都是既可公诉亦可自诉。《德国刑事诉讼法》第158条第2款规定：“告诉才处理的犯罪行为，告诉必须向法院或检察院以书面形式或制成笔录的形式为之，向其他机关必须以书面形式为之。”[2] 在我国台湾地区，告诉的对象同样可以是检察官或司法警察官，告诉是向侦查机关作出的行为。[3]

现代刑事诉讼中引入了公诉、自诉两种不同的追诉形式，“告诉”发展至今，其表现形式较古代更为复杂，结合《刑事诉讼法》中的相关规定，具体见表4.1。

表4.1 不同追诉形式下的“告诉”

追诉形式	对应概念	告诉对象	后续处理
公诉	控告	公安机关、人民检察院、人民法院	受理或移送主管机关处理；启动公诉程序
自诉	自诉	人民法院	审查决定是否受理；启动自诉程序

笔者认为，解释现代意义上的“告诉”需要从以下几个方面着手。第

〔1〕 参见吴宏耀：《告诉才处理犯罪的追诉制度：历史回顾与理论反思》，载《中国刑事法杂志》2021年第1期，第44～47页。

〔2〕 参见宗玉琨译注：《德国刑事诉讼法典》，知识产权出版社2013年版。

〔3〕 我国台湾地区“刑事诉讼法”第242条第1项规定：“告诉应以书状或言词向检察官或司法警察官为之。”

一,告诉的本质是一种揭发犯罪的方式,而非起诉。这也是区分“告诉才处理”与“不告不理”的关键所在。“不告不理”原则产生于罗马共和时期的弹劾式诉讼方式,意指没有控告人就没有法官,适用于包含民事诉讼、刑事诉讼在内的所有诉讼。“告诉才处理”是刑事诉讼的特殊规定,只针对刑法有明确规定的案件适用。该规定的立法目的在于尊重被害人的意志自由,与控审分离的要求无关。第二,告诉的主体是被害人。只有在被害人因受强制、威吓无法告诉时,人民检察院和被害人的近亲属才可以代为告诉。[1] 而且此时人民检察院和被害人的近亲属的代行告诉不得与被害人明示的意思相反。[2] 第三,在告诉的内容方面,有四点需要注意:其一,告诉必须有刑事追诉的意思,仅陈述案情不成为合法的告诉;其二,因有些告诉才处理的犯罪行为具有隐蔽性,故告诉时不要求告诉人正确指出行为人;其三,被害人不是专业法律人士,告诉时的罪名即使不正确或有遗漏也不影响告诉的合法效力;其四,告诉需有一定时限,逾期不得提出。如此规定的理由在于:“追诉在未经告诉以前,是否追诉,悬而不定,此种状态,不宜听其日久继续。”[3] 从比较法经验上看,告诉时效多限制为 6 个月。然而,《刑事诉讼法》中没有关于告诉时效的规定,只能参考遵循有关追诉时效的规定,[4] 远长于 6 个月。如此一来,诉讼关系将长期处于不确定状态,对被告人亦属不利,应适时修法予以补充。

对“处理”的理解同样需要考虑到我国古代的制度背景。“告诉才处理”在我国古代称为“告乃坐”。“处理”对应于“坐”,指被定罪。[5] 但因当时没有诉讼阶段的概念,侦查、起诉、审判混同在一起,故“坐”应相当于现代意义上的“进入刑事诉讼程序”,亦即国家以强制力干预。具体而言,“处理”不仅包括最终定罪,还包括为落实国家刑罚权而做的其他准备工作。欠缺告诉,诉讼条件不具备,国家发动及维持刑事追诉程序欠缺正当

---

〔1〕 参见《刑法》第 98 条。该规定只是规定了告诉的主体,但实践中常被误认为是立法对“告诉才处理”的解释。

〔2〕 参见王兆鹏、张明伟、李荣耕:《刑事诉讼法》(上册),承法数位文化有限公司 2012 年版,第 521 页。

〔3〕 此乃我国台湾地区“刑事诉讼法”第 237 条的立法理由。参见林钰雄主编:《分科六法:刑事诉讼法》(2011 ~ 2012 年),新学林出版股份有限公司 2011 年版,第 A – 495 页。

〔4〕 参见《刑法》第 87 条。

〔5〕 参见王力主编:《王力古汉语字典》,中华书局 2000 年版,第 152 页。

性,不仅不能定罪,原则上也不应允许启动刑事诉讼。然而,虽然侦查也是国家强制力参与的重要场合,但告诉不应作为侦查的条件。这是因为,被害人可能不会在第一时间提出告诉,如果严格以告诉为侦查开展的条件,极易错失获取证据的最佳时机。据此林钰雄教授认为,为避免被告逃逸、证据灭失,即使没有告诉,国家仍应启动侦查,必要时甚至可以羁押犯罪嫌疑人。[1] 理解告诉与侦查的关系还须衡量以下两个要素:一为被害人是否有告诉的预期;二为若开启侦查,且有必要对犯罪嫌疑人采取强制措施,应如何把握强制措施的强度。[2] 针对第一个问题,即使被害人当下没有告诉,不代表其永远不会告诉。如果预期是有提出告诉的可能,就可以进行必要的侦查;反之,则不应开启侦查。如果侦查机关明知被害人没有告诉的可能性却径行启动侦查,将构成侦查的恣意。针对第二个问题,侦查机关对犯罪嫌疑人采取强制措施虽不绝对以被害人告诉为前提,但如果去其要采取的是类似于羁押这种严重剥夺人身自由的强制措施,则应在申请批准的同时询问被害人是否有告诉意愿。若被害人表示不提出告诉,则不应采取强制措施,避免社会成本的浪费。如果侦查机关并不知晓被害人是谁或来不及询问被害人,为了确保侦查效果,侦查机关可以对犯罪嫌疑人进行羁押,但这种羁押只能是暂时的,与此同时,侦查机关需要积极寻找被害人,并及时探究其追诉的意愿,切不可一押了之,待到羁押期限届满再陷入被动当中。此外,作为国家侦查的补充,公民对于现行犯有扭送的权利。[3] 在此场合,无论是否已经存在合法告诉,都不影响公民的扭送权利。

(三)告诉的撤回

对于告诉才处理案件,被害人既有告诉的权利,也有撤回告诉的权利。由于告诉是需要在刑事诉讼全过程中持续存在的诉讼条件,即使一开始存在合法告诉,但如果被害人在诉讼过程中撤回告诉,诉讼程序也应及时终结。自诉程序原则上适用"当事人推进主义"和"当事人处分主义",[4] 自

---

〔1〕 参见林钰雄:《刑事诉讼法》(上册),台北,元照出版社2010年版,第48页。

〔2〕 参见王兆鹏、张明伟、李荣耕:《刑事诉讼法》(上册),承法数位文化有限公司2012年版,第532~533页。

〔3〕 参见《刑事诉讼法》第84条。

〔4〕 参见兰跃军:《自诉转公诉问题思考》,载《中国刑事法杂志》2008年第6期,第8页。

诉人可以自由决定是否提起自诉以及是否终结自诉。如果他想撤回告诉,完全可以直接撤回起诉,或在与对方达成和解后撤回自诉,以此终结自诉程序。然而,在公诉程序中,被害人撤回告诉的程序处理问题较为复杂。在公诉程序下,刑事追诉是一个线形过程,判决确定之前需历经立案、侦查、审查起诉、审理和判决若干诉讼阶段;而被害人提出或撤回告诉,仅在一个时间点完成。告诉的撤回具有“牵一发而动全身”的效果,可能导致先已进行的公诉活动失效。这对于公安司法机关来说可能是比较难以接受的。为了实现被害人与公安司法机关之间的利益平衡,在公诉程序中处理被害人撤回告诉,就必须回答以下三个问题:第一,公诉程序启动之后,被害人是否可以撤回告诉?第二,如果被害人可以撤回告诉,有无时间限制?第三,被害人撤回告诉后,是否可以再行提出告诉?

从恢复性司法的思维出发,在告诉才处理案件中,即使已经启动公诉,被害人仍有撤回告诉的权利。这是因为既然告诉才处理制度的主要目的在于充分尊重被害人在某些私人领域的特殊利益,避免一律追诉对其造成二次伤害,〔1〕那么只要上述目的已经达到,刑事司法就是成功的,不必过分执着于追诉程序是否坚持到底。即使在公诉程序中是否起诉的决定权在于检察机关,由于告诉乃一诉讼条件,故被害人仍可通过行使告诉权制约国家诉权的行使。当被害人与检察机关代表的国家意志冲突时,被害人的意志优先。此宗旨在刑事诉讼各个阶段一以贯之。如果加害人在启动公诉之后,积极修复与被害人之间的关系,最终得到了被害人谅解,那么继续坚持追诉,实无必要。从节约司法资源的角度,此种情形下诉讼程序也应当终止。告诉才处理案件中被害人撤回告诉后的诉讼处理与刑事和解制度不可混同。尽管刑事和解制度同样可以适用于公诉程序,但是公安司法机关在裁量决定是否从宽处理,以及是否可以放弃追诉的问题上权力有限。〔2〕与之不同,告诉才处理案件中,被害人撤回告诉有强制终结诉讼的效果,国家机关对此没有裁量的空间。一旦被害人撤回告诉,国家就应停止追诉,公权力须自动退出诉讼。

---

〔1〕以侮辱、诽谤案件的处理为例,公诉权的恣意介入有可能会加剧侮辱、诽谤信息的流传,进而给被害人名誉、精神带来二次伤害。参见金鸿浩:《论互联网时代诽谤罪的公诉范围》,载《政治与法律》2021年第3期,第160页。

〔2〕参见《刑事诉讼法》第290条。

从比较法经验看，各国家和地区普遍认可被害人提出告诉后有撤回告诉的权利。但是出于诉讼程序稳定的考虑，对被害人撤回告诉有一定的时间限制。在时间节点的选择上有三种立法例。第一，被害人只在公诉提起之前可以撤回告诉。例如，《日本刑事诉讼法》第237条第1款规定，“在公诉提起以前，可以撤回告诉”。第二，只要在一审判决作出之前，被害人都可以撤回告诉。例如，“澳门刑法典”第108条第2款规定：“如嫌犯不反对告诉之撤回，告诉人得在第一审之判决公布前将之撤回。”第三，被害人撤回告诉限于一审辩论终结前。例如，我国台湾地区“刑事诉讼法”第238条第1项规定，“告诉乃论之罪，告诉人于第一审辩论终结前，得撤回其告诉”。在自诉程序中，被害人撤回告诉无须考虑上述时间限制。只要生效裁判尚未作出，被害人都可以撤回起诉。甚至在二审程序中，仍然保留该撤回自诉的权利。〔1〕但是在公诉程序中，尽管被害人与检察机关都是享有控诉权的诉讼主体，但是诉权行使主体为检察机关，故被害人撤回告诉并不会直接对诉讼程序产生影响，如果被害人在检察机关提起公诉之前决定撤回告诉，检察机关根据《刑事诉讼法》第16条的规定，可以直接作出不起诉决定。如果在案件已经被起诉至法院，特别是法院已经开庭对其进行审理的场合，被害人想要再撤回告诉，只可能通过检察机关撤回起诉间接实现终结诉讼的效果。〔2〕《检察院规则》第424条将检察机关撤回起诉的时间限定在“法院宣告判决前”，从维护法律规范内部一致性的角度，被害人撤回告诉也应受此时间限制。此种理解可以最大程度尊重被害人的程序自主权，但是与此同时，其所付出的程序稳定性方面的代价要比上述任何一种比较法经验都重。在第一审的法庭审理过程中，对判决结果产生实质影响的诉讼活动在法庭辩论终结之前已经完成。此后直至法院宣告判决，除非再出现需要恢复法庭调查或法庭辩论的情形，〔3〕否则控辩双方无法再通过提出诉讼主张、举证等行为来影响诉讼结果，也就不会再出现新的对于被害人决定是否撤回起诉产生影响的诉讼因素。一审法庭辩论终

〔1〕 参见《最高院解释》第411条。

〔2〕 须注意，检察机关撤回起诉仅在采处分主义（或变更主义）的制度环境下适用。参见张建伟：《论公诉之撤回及其效力》，载《国家检察官学院学报》2012年第4期，第100～101页。

〔3〕 若出现此种情形，则属于一审辩论尚未终结。

结后，法院宣告判决前的这段时间就是根据上述理解可能额外付出的程序稳定性方面的代价。如果被害人在上述时间撤回告诉，不仅对于公安司法机关来说，会有更多的诉讼努力“前功尽弃”，而且对于被告人来说，由检察机关撤回起诉后再作不起诉决定的诉讼处理会不及法院直接作出无罪判决更加直接有效。

此外，为了避免被害人反复提出并撤回告诉，恶意干扰诉讼进行，比较法经验中多规定了被害人撤回告诉之后不可再行提起。例如，《日本刑事诉讼法》第 237 条第 2 项规定：“撤回告诉的人，不可以再行告诉。”“澳门刑法典”第 108 条第 2 款规定：“（告诉）撤回后不得再行告诉。”我国台湾地区“刑事诉讼法”第 238 条第 2 项亦规定：“撤回告诉之人，不得再行告诉。”上述为防止被害人滥用该权利的比较法经验，可资借鉴。

第五章　法定的消极诉讼条件

一、时效届满

（一）时效的理论基础

通说认为，时效制度最早起源于罗马帝国时期。公元前 18 年的《惩治通奸的伏流斯法》（Lex Iulia de adulteriis coercendis）中有关通奸罪的追诉期限规定，被视为追诉时效制度的开端。[1] 然而新近有观点认为，追诉时效最早可追溯至希腊，罗马的追诉时效制度不过是沿袭了希腊的蓝本；其创造性价值在于将时效制度打造得更具技术性。[2] "民事诉讼法是核心和基础，其他专门的诉讼法，甚至包括刑事诉讼法，都是以民事诉讼法的模式为基础演变而成的。"[3] 这一点在时效问题上同样适用。希腊很早就有了民事时效制度。[4] 早期的刑事时效制度是大赦制度与民法中消灭时效相结合的产物，是国家为了实现社会团结而设立

---

〔1〕 例如，参见［德］弗兰茨·冯·李斯特：《德国刑法教科书》，徐久生译，法律出版社 2000 年版，第 501 页。

〔2〕 参见徐国栋：《论〈惩治通奸的伏流斯法〉秉承的追诉时效制度及其近现代流变》，载《法学家》2013 年第 2 期，第 132～137 页。

〔3〕 ［美］约翰·亨利·梅利曼：《大陆法系》，顾培东、禄正平译，法律出版社 2004 年版，第 118 页。

〔4〕 参见［古希腊］柏拉图：《法律篇》，张智仁、何勤华译，上海人民出版社 2001 年版，第 407 页。

的一种必要的遗忘工具。[1] 虽然追诉时效制度在设立之初是作为赦免的一种方式而存在的,但现在其已经发展成为一项独立的制度。

现代时效制度源于法国。[2] 法国确立的时效制度包括追诉时效和行刑时效。前者指犯罪发生之后经过一段时间便不再追诉;后者指判决生效后经过一段时间未执行便不再执行。现代法治国家和地区普遍承认追诉时效制度,并在刑法或刑事诉讼法中加以规定。中国古代没有追诉时效制度。由于王权至上,即使长期没有对犯罪进行追诉,也不构成继续追诉的障碍,但可以基于赦免而放弃追诉。[3] 尽管赦免与时效具有一定的共性,但由于赦免不具有稳定性和可预测性,故其与时效制度仍存在很大差别。现代意义上的时效制度对于我国而言是舶来品。在 1905 年制定,1911 年颁布的《大清新刑律》中,我国首次引入了追诉时效制度,[4]并在之后的刑法中予以继承。追诉时效是国家采取追诉行为的容许性条件,它对整个刑事诉讼发挥作用,乃一项诉讼条件。行刑时效是刑罚执行的合法前提,对于执行之前的国家追诉行为并不适用。本节在诉讼条件的意义上讨论时效制度,仅指追诉时效。由于刑事法领域并不区分取得时效和消灭时效,且刑事诉讼是国家实现刑罚权的唯一方式,故应将追诉时效的客体理解为刑事诉权,即刑事追诉权。追诉时效制度是国家对刑事诉权的一种处分。追诉时效届满,消灭的并非犯罪事实本身,而是国家通过刑事诉讼对该行为定罪量刑的权力。

追诉时效的理论基础具有复合性特征。它首先是各国立法机关的一种无奈选择,任何国家和地区都无法回避对其作出规定。"鉴于司法资源的局限性,一个不承认追诉时效制度,又课予追诉机关无限追诉义务的刑事司法体制,在现实上不可能存在。"[5]刑事追诉必须在有限的时间和空间范围内实现。时效制度是对上述有限性的客观事实予以承认。此外,现

---

〔1〕 参见徐国栋:《论〈惩治通奸的优流斯法〉秉承的追诉时效制度及其近现代流变》,载《法学家》2013 年第 2 期,第 134 页。

〔2〕 参见甘雨沛、何鹏:《外国刑法学》(上册),北京大学出版社 1984 年版,第 573 页。

〔3〕 参见[日]高桥孝治:《中国追诉时效制度的背景——从古代中国法的观点》,载《理论界》2015 年第 1 期,第 68 页。

〔4〕 参见张晋藩主编:《中国法制史》,群众出版社 1991 年版,第 598 页。

〔5〕 薛智仁:《刑事追诉时效之理论根据、法律性质及法律效果》,载《中研院法学期刊》2013 年第 12 期,第 290 页。

有理论还从以下几个方面论证了追诉时效制度的正当性。(1)改善推测说认为,如果行为人犯罪后长时间内没有再犯罪,推测行为人已经得到改善,不再有人身危险性。刑罚的预防功能已经实现,也就没有继续追诉的必要。(2)秩序恢复说认为,因犯罪而造成的秩序破坏已经随着时间的推移而得以修复,国家通过刑事追诉修复秩序的目的已经实现,故没有必要继续追诉犯罪。如果仍然追诉,很可能造成对社会秩序的新的破坏。规范感情缓和说与之类似。该说认为,犯罪行为实施后,经过一段较长的时间已为社会公众所遗忘,社会对犯罪的规范感情随着时间的推移逐渐得到缓和,以至于不需要现实的处罚。[1] (3)准受刑说认为,行为人虽然没有受到刑事追诉,但也没有获得来自国家的明确的不追诉承诺。在漫长的不确定状态下,行为人心理上遭受着极大的痛苦,可以视为已经执行了刑罚。该理论体现了自然惩罚论的思维:犯罪人在监狱之外的自我放逐应当抵消他应在监狱内服刑的刑期。但由于在监狱之外的自然惩罚相对于监内执行更舒服,因此自然惩罚的期限要比法律惩罚的期间长一些。[2] 这也可以用于解释为什么《刑法》第 87 条前三项规定的追诉时效期限均长于法定刑期,以及某些国家规定对于可能判处无期徒刑和死刑的犯罪可无限期追诉。(4)证据湮灭说认为,随着时间推移,犯罪证据大多已经湮灭,难以收集。证据是正确处理案件的基础。既然无法保障实体真实价值的实现,只能放弃追诉。(5)权利怠于行使说认为,犯罪发生之后,国家在很长时期内没有予以追诉。怠于追诉的行为会确立一个令人信赖的事实基础,即此种权利不会再被行使。基于"禁反言原则"[3],法律要求国家的前后行为具有一贯性,故必须放弃对犯罪的追诉。(6)不法关联消逝说认为,当代时间哲学和法律的时间性构建了刑事追诉时效制度的根基。犯罪行为的不法与责任不是一成不变的客观存在,而是具有一定的时间性。已经实施的罪行经过特定时间后会被立法者推定为与当下社会再无关联的历史事件,不

---

〔1〕 参见[日]大塚仁:《刑法概说》(总论),冯军译,中国人民大学出版社 2003 年版,第 502 页。

〔2〕 徐国栋:《论〈惩治通奸的优流斯法〉秉承的追诉时效制度及其近现代流变》,载《法学家》2013 年第 2 期,第 143 页。

〔3〕 [德]莱因荷德·齐佩利乌斯:《法哲学》,金振豹译,北京大学出版社 2013 年版,第 194~195 页。

能再被认为是刑事不法，故不得再据之追究行为人的刑事责任。[1] 由于不同社会乃各自独立的系统，可以根据维系自身运行的需要自主决定罪行的不法关联性，故各国关于追诉时效的规定不尽相同。[2]

前述理论中既有从实体法方面的观察，也有基于诉讼法的考虑，各有道理，彼此也不完全冲突。然而，上述理论基础中的任何单一学说又不足以完全支撑起对追诉时效制度理论正当性的证成，故多数学者赞同将上述各理论共同结合起来，综合成为时效制度正当性的理论根据，在追诉时效制度的具体设计和适用方面，皆需予以参考。刑事诉讼的目的在于实现法的平和性价值，实体正义和程序正义都只是这一终极目的之下的中间目的。当前，法安定性的价值越来越被强调，应当侧重强调时效制度在此方面的积极意义。既然犯罪造成的秩序破坏已经通过时间予以修复，法的安定性已经实现，此时再采取追诉行为可能会成为再次破坏秩序的一个力量。如果无须实际适用刑罚就可以达到预防犯罪的目的，过分强调有罪必究反而可能会矫枉过正。因此，基于国家理性，对于时效届满的案件主动放弃追诉，方为明智之举。

（二）时效的技术规则

时效制度的发展历史是一个技术性不断增强的过程。具体如何设计时效制度，各国家和地区基于不同的社会和法律背景有不同的政策考量。时效制度中的技术性因素为上述政策考量提供了空间。[3] 追诉时效制度在其设立早期，延续民事时效制度的“统一化”思路，对所有犯罪适用一样的期间规定。该制度的第一个技术性转变即为时效期间的“去统一化”。此种思想最早由贝卡里亚在《论犯罪与刑罚》中提出，他主张根据犯罪的严重程度分别设立长短不同的追诉时效。[4] 法国1808年的《刑事治罪法典》将上述思想在立法层面加以落实，以刑罚的轻重为标准分别设立追诉时效的期限，将时效期限与法定刑期相协调。此种立法模式为现代各国家和地区普遍遵循。

---

〔1〕 王钢：《刑事追诉时效制度的体系性诠释》，载《法学家》2021年第4期，第48～51页。

〔2〕 王钢：《刑事追诉时效制度的体系性诠释》，载《法学家》2021年第4期，第57页。

〔3〕 参见徐国栋：《论〈惩治通奸的优流斯法〉秉承的追诉时效制度及其近现代流变》，载《法学家》2013年第2期，第137页。

〔4〕 参见［意］切萨雷·贝卡里亚：《论犯罪与刑罚》，黄风译，北京大学出版社2013年版，第75～77页。

时效制度在实践中适用的重点和难点在于追诉时效期间的计算。为了确保能够准确计算案件的追诉时效期间,进而判断在特定时点案件的追诉时效是否已经届满,需要准确把握期间计算的起点和终点,并要将时效的停止和延长等因素均考虑在内。这两方面的内容都必须通过法律予以明文规定。[1]

1. 计算追诉时效的时间节点

在追诉时效的计算起点问题上,《刑法》第89条有明确的规定。该条首先规定了追诉时效计算的一般规则,即"追诉期限从犯罪之日起计算"。所谓"犯罪之日"是指犯罪行为完成或停止之日。但由于部分犯罪的行为完成之日与犯罪成立之时存在差别,故通说认为"犯罪之日"应指犯罪成立之日,即行为符合犯罪构成之日。[2] 如此一来,对于一些以危害结果作为构成要件的犯罪而言,如一些过失犯罪,结果发生之日为"犯罪之日",自此时开始计算追诉期限。[3] 由于只有犯罪成立方能进行犯罪追诉,故将犯罪成立之日作为追诉期限的起算之日,是具有逻辑上正当性的。但是也有观点认为,犯罪成立并不意味着法益侵害结果已经固定,如果在犯罪成立之后,法益侵害结果持续恶化、加深,仍然固守犯罪成立的起算标准便不再合理,应当认可以新的法益侵害结果重新确定追诉期限起算日的可能性,即只有当法益侵害结果已经固定而不再变化时,才视为罪行实质性终结,才能固定追诉期限的起算时间。[4] 基于此,《刑法》第89条第1款后半句规定了特殊情形下追诉时效期间的起算时间:"犯罪行为有连续或继续状态的,从犯罪行为终了之日起计算。"根据该规定,如果犯罪人在一定时间内,以一个故意连续实施数个独立的犯罪行为触犯同一个罪名,时效期限从其最后一个犯罪行为实施完毕时开始计算;如果犯罪人实施的同一犯罪行为在一定时间内处于接连不断的状态,不法行为与不法状态同时继续,

---

〔1〕 参见俄罗斯联邦总检察院编:《俄罗斯联邦刑法典释义》(上册),黄道秀译,中国政法大学出版社2000年版,第195页。

〔2〕 参见张明楷:《刑法原理》,商务印书馆2011年版,第517页;黎宏:《刑法学》,法律出版社2012年版,第408页。

〔3〕 参见王爱立主编:《中华人民共和国刑法:条文说明、立法理由及相关规定》,北京大学出版社2021年版,第268页。

〔4〕 参见陈洪兵:《追诉时效的正当性根据及其适用》,载《法治研究》2016年第1期,第110~112页;王钢:《刑事追诉时效制度的体系性诠释》,载《法学家》2021年第4期,第54~55页。

则时效期限自这种持续状态停止时再开始计算。[1] 此外，在共同犯罪的场合，所有共犯人的追诉期限起算须遵循同样的标准，即从所有共同犯罪人中的最终行为终了之日起，开始计算对所有共犯人的追诉期限。[2] 但是由于不同共同犯罪人在其中的违法程度不同，有责性亦有不同，故不宜一律参照共同犯罪中刑事责任最重者的情况确定追诉时效期限，而是应当根据各共同犯罪人各自违法性程度所对应的法定刑幅度确定相应的追诉期限。[3] 这是在追诉时效计算过程中遵循个别化原则的体现。[4] 即使在共同犯罪中，时效的起算点是一致的，但由于各共同犯罪人之间不连带，故各人所对应的时效失效时间会有不同。"如果一部分超过了追诉时效，另一部分人没有，则只能对没有超过的追诉。"[5] 须注意的是，《刑法》第89条第2款的规定看似是对追诉期限起算时间的特殊规定，但其实是有关时效中断的规定。该款规定："在追诉期限以内又犯罪的，前罪追诉的期限从犯后罪之日起计算。"此时，前罪已经成立，追诉时效已经开始起算，只不过在时效计算的过程中行为人再犯了新罪，构成了时效中断，追诉时效须重新起算。

关于追诉时效终点的计算时点，现行法没有明确规定，理论和实务界存在多种理解，有立案时说[6]、起诉时说[7]、审判时说[8]以及审判终

---

〔1〕 王爱立主编：《中华人民共和国刑法：条文说明、立法理由及相关规定》，北京大学出版社2021年版，第268页。

〔2〕 参见王爱立主编：《中华人民共和国刑法：条文说明、立法理由及相关规定》，北京大学出版社2021年版，第268页。

〔3〕 参见陈洪兵：《追诉时效的正当性根据及其适用》，载《法治研究》2016年第1期，第110页。

〔4〕 参见王志坤：《论"不受追诉期限的限制"》，载《国家检察官学院学报》2014年第6期，第89页。

〔5〕 张明楷：《刑法学》，法律出版社2011年版，第566页。

〔6〕 例如，可参见陈伟：《刑事追诉时效的实质与从旧兼从轻原则的适用》，载《政法论坛》2022年第4期，第139页；杨继文：《追诉时效的程序性审查逻辑：期限缩短与司法应对——以适用〈刑法修正案（九）〉和〈关于办理贪污贿赂刑事案件适用法律若干问题的解释〉为视角》，载《中国刑事法杂志》2016年第3期，第35~36页。

〔7〕 例如，可参见高翼飞：《追诉时效争议问题研究——以刑法和刑事诉讼法的协调为视角》，载《中国刑事法杂志》2020年第4期，第158~159页；陈洪兵：《追诉时效的正当性根据及其适用》，载《法治研究》2016年第1期，第106页。

〔8〕 例如，可参见张明楷：《刑法学》，法律出版社2011年版，第568页；王钢：《刑事追诉时效制度的体系性诠释》，载《法学家》2021年第4期，第55页。

结时说〔1〕。各观点均有其相应的正当性基础。(1)根据立案时说,追诉时效制度的核心在于督促刑事公权力及时有效地行使刑事追诉权,即重在追诉的开始,而非结束。在我国,一旦刑事立案,意味着国家追诉权已经介入了案件当中,此时,对案件的追诉就开始了,后续的侦查、起诉行为等是国家追诉权一直在场的体现。一旦国家对于个案的追诉权已经发动,原则上就应当阻却时效期限的计算。因此,应当以刑事立案作为追诉时效终点的计算时点。〔2〕我国司法实践中有相关法律规范采纳立案时说。例如,1982年最高人民检察院《关于贪污罪追诉时效问题的复函》(〔1982〕高检经函字第5号,已失效)中即认为:"检察机关决定立案时未过追诉期限的贪污犯罪,在立案以后的侦查、起诉或者判处时超过追诉期限的,不得认为是超过追诉时效的犯罪,应当继续依法追究。"该复函尽管现已废止,但相关意见在司法实践中仍有沿用。再如,2012年最高人民法院、最高人民检察院《关于办理行贿刑事案件具体应用法律若干问题的解释》第13条规定:"刑法第三百九十条第二款规定的'被追诉前',是指检察机关对行贿人的行贿行为刑事立案前。"似乎亦是将追诉与立案作同等理解。(2)根据起诉时说,所谓"追诉",是指公诉机关提起公诉或自诉人提起自诉的行为,因此,追诉时效也就是提起公诉或自诉的有效期间。〔3〕以起诉时作为追诉时效终点的计算时点,有助于克服在"立而不侦""侦而不破"的情况下,追诉时效保护目的的落空。实践中,有检察机关以超出追诉时效为由对公安机关已经立案侦查的案件不予批捕、不予起诉。2012年《最高人民检察院关于办理核准追诉案件若干问题的规定》第4条中规定,未经最高人民检察院核准,不得对案件提起公诉,但公安机关不应停止对案件的侦查,并可以依法对嫌疑人采取强制措施。〔4〕该规定明确了最高人民检察院核准追诉的意义在于为公诉而不是为立案侦查提供司法依据,似乎也在一定程度

〔1〕例如,可参见柳忠卫:《追诉期限终点的法教义学解释》,载《法学》2020年第2期,第45页;李淳、王尚新主编:《中国刑法修订的背景与适用》,法律出版社1998年版,第88页。

〔2〕参见陈伟:《刑事追诉时效的实质与从旧兼从轻原则的适用》,载《政法论坛》2022年第4期,第129、133、139页。

〔3〕曲新久:《追诉时效制度若干问题研究》,载《人民检察》2014年第17期,第7页。

〔4〕该规定亦见于《检察院规则》第321条。

上说明“追诉”应理解为“起诉”。[1] 比较法上有一些国家和地区认可起诉时说。例如,日本和我国台湾地区均以起诉作为追诉时效停止计算的时间节点。《日本刑事诉讼法》第254条第1款规定:“时效,因该案件提起公诉而停止进行,自管辖错误或者公诉不受理的裁判确定之时起开始计算。”该规定不仅明确了追诉时效终点的计算时点,同时还考虑到了被追诉人因程序原因被再次起诉的可能性,并规定了追诉时效在此情形下的保障效果。我国台湾地区“刑法”第83条亦规定:“追诉权之时效,因起诉而停止进行。”(3)审判时说可以将追诉时效对被追诉人的保护范围进一步扩大。根据该说,追诉期间应当从犯罪之日计算至审判之日。司法实践中,较常出现案件在立案侦查之后,因证据收集不充分等原因而无法及时起诉或审判的情形。根据审判时说,如果法院在立案审查时发现案件已经超过追诉期限,应当作出不予受理的决定;如果在审理过程中发现案件在受理时已经超过追诉时效,应当依据《刑事诉讼法》第16条的规定,裁定终止审理。实践中亦有法院以《刑法》第88条第1款为依据,根据审判时说裁定终止审理。[2] (4)如果将追诉期限的终点定位于审判终结时,即生效裁判确定时,则可以将追诉时效的保护范围进一步扩展。审判终结时说认为,只有将追诉期限的终点定位于生效判决确定时,才能确保司法机关在刑事诉讼的任何阶段都有追诉权,对行为人的追诉才具有正当合法的根据。根据该说,即使案件已经进入审判阶段,在审判过程中的各种拖延亦可纳入追诉时效制度的规制范畴。审判终结时说亦有比较法上的依据。例如,在德国,即使在审判期间,追诉时效也是继续进行的。故《德国刑法》第78条b第3款第2项才会特别强调“在时效期间届满前已公布第一审判决的,在诉讼程序有法律效力地终结前,时效期间不届满”。《俄罗斯联邦刑事诉讼法典》第78条第2款规定:“时效期间的计算,以犯罪行为实施之日起始至

---

〔1〕 参见王牧、张萍:《核准追诉制度实务问题研究》,载《法学杂志》2018年第3期,第114页。

〔2〕 参见《孙全昌、孙惠昌被控故意伤害因超过追诉期限终止审理案》,载最高人民法院中国应用法学研究所编:《人民法院案例选》2006年第1辑,人民法院出版社2006年版,第13~19页。

法院刑事案判决产生效力时终止。"[1]其实,即使法无明确规定,只要对案件已经作出了生效裁判,时效制度也将因此而失效。审判终结时是时效终点计算中可能采用的最晚时点。这是因为,时效制度以国家的刑事诉权为客体,一旦诉权已经完成,追诉时效便会因欠缺客体而没有继续适用的必要,而审判终结正是国家诉权完成的体现。然而,终结诉讼并非只有由法院作出生效裁判一种方式,公安司法机关还可以其他程序处理方式终结诉讼,只要能够终局性地结束刑事诉讼程序,即使未达到上述所提及的时间节点,也应产生停止继续计算时效期间的效果。

笔者认为,关于追诉时效终点的计算时点,各说均有其利弊,在比较法上也没有统一的标准。与其继续"百家争鸣",不如统一认识,以防止司法实践中出现混乱。时效制度一方面要致力于督促国家机关及时有效地行使刑事追诉权,另一方面还须避免约束过于严苛以至于妨碍了追诉程序的正常推进。就此而言,上述任何一种学说都不足以确保同时达成两目的,均需要辅以相应的配套制度。时效终点计算的时点设置得越靠前,便越需要搭配办案期限以及被追诉人诉讼期间权利[2]等内容来避免后续出现追诉拖沓的现象;时效终点计算的时点设置得越靠后,便越需要设置丰富的时效停止制度,以保障正常的追诉程序能够顺利推进,及时有效地惩处犯罪。我国将立案作为一个独立的诉讼阶段。比较法上各国家和地区因诉讼阶段的划分标准不同,故鲜有立案时说的立法例。单凭此并不足以否定立案时说。然而,由于立案标准相对较低,立案决定与连续有效的国家追诉行为之间的联系并不总是很紧密,加之法律对立案后的侦查阶段并无明确的办案期间限制,故以立案时为时效终点的计算时点,的确会引发人们的诸多顾虑。如果说时效制度并不仅仅着眼于那些未进入公安司法机关视野的"犯罪黑数"的话,[3]追诉终点的计算时点就应再靠后一些。侦查

---

[1] 本书中有关《俄罗斯联邦刑事法典》的译文参见赵路译:《俄罗斯联邦刑事法典》,中国人民公安大学出版社2009年版。

[2] 详见本书第六章第二节。

[3] 有观点认为,追诉时效制度的意义主要在于对追诉时效已过的犯罪黑数不再追诉。参见王登辉:《追诉时效延长抑或终止——〈刑法〉第88条之教义学解释及其展开》,载《当代法学》2016年第2期,第75页。

终结时[1]、起诉时、审判时[2]以及审判终结时都可以成为备选方案。鉴于我国时效停止制度的不完善,时效终点的计算时点设置宜相对靠前。又考虑到起诉相对于侦查终结具有一定的公开性,能够为相关诉讼主体及时获知,进而据此判断案件的追诉时效情况,故笔者建议采起诉时说。这样也可以与当前核准追诉的相关规定保持一致。当然,如果案件在起诉前已经在程序上得以终结,[3]这表示刑事诉权已经完成,追诉期限自然也不应再继续计算下去。

2. 时效停止

明确追诉时效计算的起点和终点,是时效制度技术规则的常规内容。除此之外,个案中时效期限的计算,还可能受到若干情节的影响。时效停止是在时效期限计算中最为常见的影响情节。为了避免僵化适用时效制度而不当放纵犯罪,各国家和地区的刑事法中一般都允许时效期限在一定情况下停止计算,以保证司法机关在启动追诉程序后有充足的时间完成追诉。时效停止包括时效中止和时效中断。时效中止是指在时效期限开始后尚未终结前,由于法定的事由或者事实上的原因出现,导致时效期限暂时停止计算;当上述原因消灭后,期间接续计算。在时效中止的情况下,行为人实际忍受的追诉期限为"法定时效期限+中止事由存续期间"。时效中断是指在追诉时效期限已经开始后尚未结束前,因法定事由的发生,导致之前已经经历的期间归于无效;当法定事由消除后,时效期限重新开始计算。在时效中断的情况下,行为人实际忍受的追诉期限是"已经历的期限+中断事由存续期间+法定时效期限"。时效停止的前提是在停止事由出现时,案件的时效期限尚未届满。如果是在时效届满以后才出现上述停止事由,便不会再存在期限计算的问题,因为时效已经届满,国家追诉权已经丧失。至于某一特定事由究竟是属于时效中止事由还是时效中断事由,各国家和地区有其相应的政策考虑,对同一事由的性质定位可能会有不同。时效中止与中断在本质上一致,二者均会产生阻断时效期间的效果,

---

〔1〕 比较法上常将起诉与否作为侦查阶段的终点,但由于《刑事诉讼法》中将审查起诉作为一个独立的诉讼阶段,故可以再将侦查阶段的终点独立出来。

〔2〕 由于在刑事诉讼中,案件一旦起诉便会进入审判程序,故起诉时说和审判时说并无显著差别。

〔3〕 如公安机关撤销案件或对相关嫌疑人终止侦查,以及检察机关作出不起诉决定。

且行为人对实际所需要忍受的追诉期限均可预期,仅在具体追诉期限的长短上存在差别。然而,由于不同国家和地区有关追诉时效的具体期限以及期间终点的计算标准存在不同,故上述对比其实并无实益。只要能够就相关情形乃时效停止事由达成一致即可。现行《刑法》中没有明文规定时效中止,只有关于时效中断的规定。

根据改善推测说,如果行为人犯罪后一段时间内没有再实施新的犯罪,可以推测认为他已经改过自新,不再具有人身危险性。在此基础上,该行为人才应受时效制度的保护。倘若行为人在时效期限内又犯新罪,则意味着上述推定不能成立,故应作为一项时效停止事由。《刑法》第89条第2款将行为人在追诉期限内再犯新罪作为一项时效中断事由,在立法层面认可此场合下的时效停止,这一点与比较法经验是相一致的。然而,该条中的"前罪"是指所有之前的犯罪。[1] 也就是说,如果行为人在追诉期内再犯新罪,并非对行为人之前的每个犯罪行为单独判断其追诉时效,而是将所有先前犯罪的时效期间一并重新计算。由于立法明确排除了在此种情形下适用个别化原则,[2]故在行为人有若干前罪的场合,适用《刑法》第89条第2款可能会得出不同于比较法经验的结果。

比较法上普遍认可将行为人逃避追诉作为一项时效停止事由。这是因为,此乃可归责于行为人的追诉障碍,而且行为人有抗拒追诉的主观恶意,故不应再保护其时效利益。[3] 一些国家和地区将其规定为一项时效中止事由。例如,《俄罗斯联邦刑法典》第78条第3款规定:"如果实施犯罪的人逃避侦查或者审判,则时效期中止。在这种情况下,时效期自拘留和逮捕该人或者该人自首时恢复计算。"根据我国台湾地区"刑法"第83条的规定,如果被告人逃匿而被通缉导致审判程序不能顺利推进,此乃一项时效中止事由。在被告人逃匿期间,时效期间停止计算,须待其到案后,再与停止前已经过的时效期间一并计算。此后的诉讼过程中,被追诉人继续

---

〔1〕 王爱立主编:《中华人民共和国刑法:条文说明、立法理由及相关规定》,北京大学出版社2021年版,第268页。

〔2〕 参见王志坤:《论"不受追诉期限的限制"》,载《国家检察官学院学报》2014年第6期,第89页。

〔3〕 参见高翼飞:《追诉时效争议问题研究——以刑法和刑事诉讼法的协调为视角》,载《中国刑事法杂志》2020年第4期,第165页。

受到时效制度的保护。《刑法》中对于行为人逃避侦查或者审判的行为同样持否定评价的态度。但是《刑法》第 88 条第 1 款的表述为“不受追诉期限的限制”,并未进一步明确其在性质上是否属于以及属于何种时效停止事由,进而引发了理论和实务界的不同理解。关于此问题,笔者将在后文中集中讨论。

此外,比较法上还普遍认为,在追诉期限内的国家追诉行为乃一项时效停止事由。追诉时效的进行以国家不行使追诉权为前提,如果国家已经行使了追诉权,则不应存在时效期间继续计算的问题。〔1〕应注意的是,国家发动刑事追诉是时效停止的一项原因,而时效作为一项诉讼条件,反过来又是国家追诉行为的容许性条件。因此,在判断时效是否停止时,首先应当对国家追诉行为的容许性进行判断,只有合法的追诉才能起到阻断时效期间继续计算的效果。国家机关在开启追诉之后,如果因为不可归责于行为人的原因导致追诉行为不能持续,行为人仍应继续受到时效期间的保护,不应要求其承担不可归责于自己的不利。比较法上有将此情形作为时效中断事由予以规定的,每一个追诉行为完成后,时效期间重新开始计算。如此一来,被追诉人在诉讼过程中仍然受到时效制度的保护,即使是在追诉开启后,也可能因为时效期限届满而脱离刑事追诉。例如,《德国刑法》第 78 条 c 第 1 款规定:“时效因下列事由中断:1. 第一次审讯被告人,通知对其进行调查程序,或命令审讯被告人或命令通知进行调查程序,2. 法院任何一次审讯被告人或命令审讯被告人,3. 已审讯过被告人或已通知要对其进行调查程序后法官或检察官对鉴定人的任何一次委托,4. 法院命令扣押或搜查,以及法院判决维持扣押或搜查,5. 命令拘留、收容、传讯,以及法院判决维持拘留、收容和传讯,6. 已提起公诉,7. 主审程序已经开始,8. 主要审判的任何一次指示,9. 处刑命令或其他与判决相当的裁判已作出,10. 因被告人的缺席而使法庭程序暂时停止,以及法官或者检察官在停止这一程序后或在此程序中针对被告人缺席发出调查被告人居所或保全证据程序的命令,11. 因被告人无诉讼能力而使法庭程序暂时停止,以及法官或检察官为审查被告人的诉讼能力在这一程序停止后而作出的命令,12. 法院已

〔1〕 参见 1974 年 5 月 10 日,我国台湾地区“大法官释字”第 138 号解释。

请求在国外进行调查的。"[1]亦有观点认为上述情形应属于时效中止事由。[2] 现行《刑法》没有单独规定国家追诉行为会对时效期间的计算产生何种影响。笔者认为,是否将上述情形作为时效停止事由,取决于如何理解追诉期限的计算终点。这是因为只有在不能停止计算时效期限的前提下,才有必要通过时效停止制度例外地暂停追诉期限的继续进行,以确保程序有充足的时间得以完结。[3] 因此,如果认为时效期间终点的计算时点为起诉时,只需要将相应起诉之前的国家追诉行为规定为时效停止事由即可。

无论是时效中断还是中止,想要达成国家追诉利益和被追诉人时效利益之间的平衡,还须搭配对停止事由存续期间的限制。否则,如果允许时效停止事由长时间乃至于无限期存在,从而导致追诉时效无限期停止计算的话,时效制度将名存实亡。在此问题上,亦存在相应的比较法经验可资参考。例如,我国台湾地区"刑法"第 83 条第 2 款中,将时效停止事由的存续期间限缩为时效期间的四分之一,逾期即视为停止事由消灭,追诉时效期间继续计算。此外,时效频繁停止也可能导致诉讼久拖不决。有些国家为此规定了兜底的时效期间,一旦届满,不再适用任何停止事由。例如,德国刑法第 78 条 c 第 3 款规定:"追诉时效最迟于下列时间结束:自第 78 条 a 规定的时刻起已经过的期间是法定时效期间两倍,且根据法律的特别规定,时效期间少于 3 年而已经过 3 年的。"根据该规定,如果两倍于追诉时效的期间已经经过,则时效期间不再停止计算,应视为时效届满,刑事诉讼因存在诉讼障碍而必须停止。这就大大缓解了诉讼拖延所导致的程序处理困难。[4] 此举在立法上未明确办案期限的场合具有显著的积极意义。《刑事诉讼法》中只有关于审查起诉、审判等阶段的办案期限要求,对于侦查阶段并无相应的期限要求。如果能够参考相关比较法经验,进一步明确此期间所允许的时效停止事由的最长存续期间,将有助于追诉时效更好地

---

[1] 本书中有关德国刑法的译文,参见徐久生、庄敬华译:《德国刑法典》,中国方正出版社 2004 年版。

[2] 例如,参见李金声:《谈追诉时效的若干问题》,载《政法学刊》1986 年第 3 期,第 30 ~ 31 页。

[3] 参见王志坤:《论"不受追诉期限的限制"》,载《国家检察官学院学报》2014 年第 6 期,第 85 页。

[4] 参见宗玉琨译注:《德国刑事诉讼法典》,知识产权出版社 2013 年版,"德国刑事诉讼法导论",第 42 ~ 43 页。

发挥其制度价值。

须注意的是,尽管前文中已将诉讼程序终结作为停止计算追诉时效的一项事由,但这仅限于诉讼程序在时效期间内终局性结束的情形。实践中,在案件因证据不足而结束追诉程序的场合,如果后续发现了新的事实或证据,仍然存在再次启动追诉程序的可能性。〔1〕此种因证据不足而作出的撤销案件、终止侦查和存疑不起诉决定只是刑事诉讼程序的相对终止,不会产生与终局性裁判处理方式同样的诉权消灭后果。为了避免被追诉人终生陷入可能被重新追诉的不安全感中,宜将其作为时效中止事由,一旦国家机关后续重新行使诉权,时效制度将再次发挥作用,即国家机关的再行追诉应在剩余的时效期限内方可发动。〔2〕

3. 无限期追诉及超期追诉

原则上,所有犯罪均应适用时效制度,只是各自对应的时效期限有长有短。然而,在比较法上,存在对一些特殊犯罪不设置时效期限的例外做法。这被称为"无限期追诉",即此类案件将一直处于可追诉的状态。"无限期追诉"直接排除了时效制度适用的可能性,仅在非常有限的情况下才具有正当性。第一,对于战争罪、反人类罪、威胁人类生存环境的犯罪而言,它们威胁到人类社会共同生存利益与共同生存基础,从关注人类生存整体利益的角度考虑,无限期追诉具有合理性。基于这样的考虑,联合国大会 1968 年 11 月 26 日第 2391 号决议通过了《战争罪及危害人类罪不适用法定时效公约》,规定对此类犯罪不适用"法定时效",无论经过多长时间均不能免除其法律责任。该公约于 1970 年 11 月 11 日生效。对于该公约的缔约国而言,基于其所承担的国际义务,不能对此类国际犯罪适用追诉时效。第二,从自然惩罚论思维出发,自然惩罚期限应长于法定的刑罚长度。故对于应判处无期徒刑和死刑的犯罪,可以考虑无限期追诉。例如,

---

〔1〕 例如,《公安机关规定》第 190 条规定:"公安机关撤销案件以后又发现新的事实或者证据,或者发现原认定事实错误,认为有犯罪事实需要追究刑事责任的,应当重新立案侦查。对犯罪嫌疑人终止侦查后又发现新的事实或者证据,或者发现原认定事实错误,需要对其追究刑事责任的,应当继续侦查。"《检察院规则》第 369 条规定:"人民检察院根据刑事诉讼法第一百七十五条第四款规定决定不起诉的,在发现新的证据,符合起诉条件时,可以提起公诉。"

〔2〕 参见高翼飞:《追诉时效争议问题研究——以刑法和刑事诉讼法的协调为视角》,载《中国刑事法杂志》2020 年第 4 期,第 166 ~ 167 页。

德国刑法第 78 条第 2 款规定,“第 211 条规定的重杀罪不受追诉时效的限制”。一些国家近年来通过修法开始认可针对特定犯罪的无限期追诉。例如,日本于 2010 年废除了原有的对于最高可判处死刑的抢劫杀人、杀人等行为的 25 年诉讼时效规定,规定对致人死亡且可处死刑的罪行,不适用追诉时效。韩国也于 2015 年通过“泰完法案”,并修改了刑事诉讼法,废除了杀人罪的公诉时效。《俄罗斯联邦刑法典》第 78 条第 4 款虽然没有明确排除时效适用的可能,但规定对实施应判处死刑或终身剥夺自由的犯罪人,适用时效期的问题由法院决定。这就使时效规定从一刚性的法律规定变成了可以由法院裁量适用的内容。当然,即使是无限期追诉,行为人的权益也应有相应的最低保障。如果犯罪人在经过了足够长的时间后才被依法追究刑事责任,法律可在量刑上予以相应减轻,以尊重其自我改造的努力,亦可以理解为是对其丧失时效制度保护的一种补偿。基于此,《俄罗斯联邦刑法典》第 78 条第 4 款的后半句采用了一种平衡规定:如果法院认为不能因时效期届满而免除其刑事责任,则不再适用死刑或终身剥夺自由。

我国不认可对特定犯罪的无限期追诉。原则上,超过时效的追诉行为是一律禁止的。然而,立法中有关于“超期追诉”的规定,也就是说,一定情形下的时效条件欠缺存在治愈的可能性。《刑法》第 87 条第 4 款规定:“法定最高刑为无期徒刑、死刑的犯罪行为,如果二十年以后认为必须追诉的,须报请最高人民检察院核准。”《检察院规则》第十章第六节对核准追诉的程序进行了专门规定。如果公安机关审查后发现案件已超过时效但认为应当继续追诉,则应报请核准追诉,由同级检察院受理并层报最高人民检察院审查决定。[1]根据《检察院规则》第 321 条的规定,公安机关在最高人民检察院核准追诉前不停止对案件的侦查及采取强制措施。这是为了保障侦查的连续性及有效性,但公安机关必须清楚,核准前的侦查行为属于效力待定的诉讼行为,是有风险的。如果最高人民检察院此后未核准追诉,则公安机关侦查行为的效力将无法得到追认,检察机关也不得对案件提起公诉。

实践中适用超期追诉的情形并不多见。然而笔者认为,此案中行为人犯罪后外逃,逃避追诉,应属于时效停止的情形。只不过由于彼时有效的 1979 年《刑法》第 77 条将公检法机关已采取强制措施作为时效停止的前

---

〔1〕 参见《检察院规则》第 323 条。

提条件,此案中无法适用该规定使时效停止,故才会以超期追诉的方式实现追诉的目的。由此可见,当时效停止规定"失灵"时,可以通过核准追诉来"兜底"。但是,既然此乃追诉时效制度的例外情形,超期追诉就应格外审慎,绝不能够常态化存在,更不能不重视追诉时效教义学层面的判断而直接寄希望于核准追诉。[1] 最高人民检察院在核准追诉的实践中秉持"以不核准为原则,以核准为例外"的立场,核准追诉程序也日臻规范。2012 年,最高人民检察院发布了《关于办理核准追诉案件若干问题的规定》。2015年,最高人民检察院发布了第六批指导性案例,通过展示 4 个典型案例,将其在办理核准追诉过程中的重难点问题予以进一步澄清。核准追诉共有四项条件要求:一是有证据证明存在犯罪事实,且犯罪事实是犯罪嫌疑人实施的;二是涉嫌犯罪的行为应当适用的法定量刑幅度的最高刑为无期徒刑或者死刑;三是涉嫌犯罪的性质、情节和后果特别严重,虽然已过 20 年追诉期限,但社会危害性和影响依然存在,不追诉会严重影响社会稳定或者产生其他严重后果,而必须追诉的;四是犯罪嫌疑人能够及时到案接受追诉。[2] 其中的第三项要求,即追诉必要性的判断,最难以把握。由于需要审查是否核准追诉的案件均为重大案件,故单纯依据罪行的严重性来进行判断并无意义。有无追诉必要性的判断应着眼于当下而不是过去,即判断当年的案件在核准追诉时是否依旧影响着社会。[3] 随着时间的推移,原本因犯罪行为而遭到破坏的社会秩序是在逐步修复的过程中的。如果行为人真诚悔罪、积极消除犯罪影响,并获得了被害方谅解,[4]这意味着被破坏的社会秩序已经得到了修复,不必再核准追诉。反之,若犯罪的社会影响仍未消除,大众对犯罪的规范感情仍未缓和,则意味着有继续追诉的必要,应核准追诉。

4."不受追诉期限的限制"

《刑法》第 88 条有两款"不受追诉期限限制"的特别规定。该条第 1 款

---

[1] 参见陈伟:《刑事追诉时效的实质与从旧兼从轻原则的适用》,载《政法论坛》2022 年第 4 期,第 127 页。

[2] 参见《关于办理核准追诉案件若干问题的规定》第 5 条;《检察院规则》第 322 条。

[3] 参见吕瑶、魏再金:《核准追诉法律适用问题辨析——以范某甲核准追诉案为切入点》,载《人民检察》2021 年第 1 期,第 56 页。

[4] 有观点认为获得被害方谅解并非不核准追诉的绝对必要条件。如果家属意见与社会意见冲突,应当以社会意见优先,兼顾家属意见。参见吕瑶、魏再金:《核准追诉法律适用问题辨析——以范某甲核准追诉案为切入点》,载《人民检察》2021 年第 1 期,第 56 页。

规定:“在人民检察院、公安机关、国家安全机关立案侦查或者人民法院受理案件以后,逃避侦查或者审判的,不受追诉期限的限制。”第 2 款规定:“被害人在追诉期间内提出控告,人民法院、人民检察院、公安机关应当立案而不予立案的,不受追诉期限的限制。”关于如何理解该条文中的“不受追诉期限的限制”,理论界有时效延长说、时效终止说、时效中止说等不同观点,实践中也时常因为对该事由性质理解的不同而出现适用混乱。其实两款规定虽均采用了“不受追诉期限的限制”的表述,但相关事由却有天壤之别。第 88 条第 1 款中是被追诉人逃避追诉,是可归责于行为人的追诉障碍;然而第 2 款中,行为人本身并不一定存在过错,是国家机关的失职导致案件没有进入追诉程序。《刑法》第 88 条将两款规定放置在一起,给人一种对两款中的“不受追诉期限的限制”应采取统一理解的误解,但事实上有必要将二者分开考虑。〔1〕

《刑法》第 88 条第 1 款中“不受追诉期限的限制”的规定继受自我国 1979 年《刑法》第 77 条的规定。在 1979 年《刑法》制定的过程中,一开始的草案中将该后果的适用事由限于反革命罪,其初始含义是不适用追诉时效制度,即“无限期追诉”。〔2〕对于此类特定的严重罪行,无论行为人是否存在逃避追诉的行为,均不受追诉期限的限制。后来的刑法草案中开始引入了对行为人逃避追诉的相关规定。《中华人民共和国刑法草案(草稿)(第 22 次稿)》(1957 年 6 月 28 日)第 87 条规定:“在人民检察院、人民法院采取强制处分以后,逃避侦查或审判的,追诉期限延长一倍,但是不能超过 25 年。”〔3〕此稿中关于法律后果的规定为延长追诉时效,且对延长期限有上限约束。但是在《中华人民共和国刑法草案(草稿)(第 27 次稿)》(1962 年 12 月)中,上述关于法律后果的表述又发生了变化,第 85 条规定:

---

〔1〕 参见曲新久:《追诉时效制度若干问题研究》,载《人民检察》2014 年第 17 期,第 8～9页。

〔2〕 参见《中华人民共和国刑法指导原则草案(初稿)》(1954 年 9 月 30 日)第 26 条第 3 款规定:“反革命罪,不受追诉期限的限制。”《中华人民共和国刑法草案(草稿)(第 13 次稿)》(1956 年 11 月 12 日)第 85 条规定:“对于犯有严重罪行民愤大的反革命分子,不论在中华人民共和国成立以前或者以后,都不受追诉时效的限制。”(高铭暄、赵秉志编:《新中国刑法立法文献资料总览》,中国人民公安大学出版社 2015 年版,第 90、101 页)

〔3〕 高铭暄、赵秉志编:《新中国刑法立法文献资料总览》,中国人民公安大学出版社 2015 年版,第 125 页。

“在人民检察院、人民法院采取强制处分以后,逃避侦查或审判的,不受追诉期限的限制。”[1]上述规定在1979年《刑法》第77条中得以保留,而关于反革命罪不受追诉期限限制的规定在1979年《刑法》的定稿中被删除。尽管如此,曾经有关“不受追诉期限的限制”乃“无限期追诉”的理解依旧具有一定影响力。1997年《刑法》修改,第88条第1款中将原本刑法中的“采取强制措施以后”修改为“立案侦查”以后,并增加了“人民法院受理案件以后”的规定,但立法精神依旧是在秉持着抗拒从严的政策。对于此款规定的理解自然也就延续对1979年《刑法》第77条的理解。然而,关于如何理解1979年《刑法》中的“不受追诉期限的限制”,是存在争议的。尽管我国刑法学者针对该条内容创制出了“时效延长”的概念,但是对于具体什么是时效延长,并没有达成一致。这就导致了实践中的理解依旧在时效中止和时效终止[2]之间摇摆不定。[3] 由于“时效延长”的概念未能形成特定的内涵,其无法兼容于当前的追诉时效体系,因此,在理解《刑法》第88条第1款规定的性质时,有必要回归既有追诉时效体系中人们熟悉的概念。“立案侦查”以后逃避追诉的行为人相较于被“采取强制措施以后”逃避追诉的行为人而言,与国家追诉之间的对抗性显然更弱。[4] 即使贯彻抗拒从严的政策,将其顶格解释为导致追诉时效失效的事由,亦不符合比例原则。前文已述,比较法上普遍认可将行为人逃避追诉作为一项时效停止事由,待行为人到案后,追诉时效须恢复或重新计算。该理解同样适用于《刑法》第88条第1款。至于该款中的“立案”应如何理解,单纯的对人立案或对事立案标准均存在一定的缺陷。在“蔡某某、陈某某等(抢劫)不核准追诉案”[5]中,最高人民检察院明确了应以追诉期限内的侦查阶段是否发现犯罪嫌疑人作为“立案侦查”的实际标准。此外,还需要指出的是,

---

〔1〕 高铭暄、赵秉志编:《新中国刑法立法文献资料总览》,中国人民公安大学出版社2015年版,第135～136页。

〔2〕 即不再继续适用时效制度,可对行为人永远追诉,参见李金声:《谈追诉时效的若干问题》,载《政法学刊》1986年第3期,第29页。

〔3〕 参见阮齐林:《〈刑法〉第88条“不受追诉期限的限制”研究》,载《比较法研究》2022年第3期,第114页。

〔4〕 参见阮齐林:《〈刑法〉第88条“不受追诉期限的限制”研究》,载《比较法研究》2022年第3期,第121～123页。

〔5〕 参见2015年最高人民检察院发布的第六批指导案例。

该款中"人民法院受理案件"规定的合理性应结合追诉时效终点的计算时点加以考量。若以审判终结时为时效终点的计算时点,则上述规定并无不妥。但若采起诉时说,则上述规定将因其处于时效期限计算的截止时点之后,而失去适用的空间。[1]

《刑法》第88条第2款乃1997年《刑法》修改新增加的内容。时效制度必须兼顾被害人的利益。如果犯罪行为发生后,被害人向公安司法机关表达了追诉的意愿,但国家机关怠于履行职权,因而时效届满,不应由被害人承担不利后果。然而,上述规定只关注到了被害人的利益保护,完全忽略了行为人的利益。如果将该款中的"不受追诉期限的限制"理解为时效终止,那么行为人在整个过程中缺席,却要承受终生被追诉的不利益,无疑有悖于公平正义。笔者认为,该款规定所针对的是公安司法机关应立案却未作出合法立案决定的情形,这相当于在追诉时效的计算过程中,缺失了一项时效停止事由。因此,该款规定的作用应是将此时效停止事由补足,将上述情形定位为一项时效中止或中断事由。以国家机关应作出立案决定的时间作为时效停止的时点,在合理的诉讼期间经过后,时效应当继续或重新计算,行为人仍受到追诉时效制度的保护。此外,还有观点认为,如果我国能够在诉讼法上增设强制起诉[2]或准起诉的相关规定以保护被害人利益,亦可以废除《刑法》第88条第2款的规定。[3]

(三)时效的溯及力问题

适用时效制度,还应注意法律变更可能带来的影响。随着相关法律规范的修改及新规范的出台,在具体个案中适用时效制度时可能会面临应适用"新法"还是"旧法"的问题,即时效的溯及力问题。该问题主要发生于两种场合。第一,法律规范的修改从整体上变更了追诉时效期限,包括期限的延长或缩短,或者从整体上改变了追诉时效的计算规则。近年来,比

---

〔1〕 基于同样的思路,《刑法》第88条第1款的规定似乎否定了立案时说,否则该规定就会成为一项叠床架屋的设计,除了宣誓强调之外,并无法实际适用。参见王志坤:《论"不受追诉期限的限制"》,载《国家检察官学院学报》2014年第6期,第85页。

〔2〕 有关强制起诉的内容,可参见[德]克劳思·罗科信:《刑事诉讼法》,吴丽琪译,法律出版社2003年版,第370~376页;关于准起诉的内容,可参见[日]田口守一:《刑事诉讼法》(第7版),张凌、于秀峰译,法律出版社2019年版,第230~232页。

〔3〕 参见王志坤:《论"不受追诉期限的限制"》,载《国家检察官学院学报》2014年第6期,第91页。

较法上呈现对于一些犯罪,特别是重大犯罪,延长追诉期限的趋势。我国目前尽管没有类似的法律修改,但是在 1997 年《刑法》修改时,第 88 条改变了 1979 年《刑法》中有关不受追诉期限限制的规定。对于那些发生于 1997 年《刑法》生效之前的犯罪行为而言,应按照哪一部法律计算案件的追诉时效期限,是实践中时常需要回答的问题。第二,法律及相关规范的修改虽然没有对时效制度做整体上的改变,但由于调整了某些具体犯罪的量刑标准,致使个案适用中的法定刑档次发生了变化,进而会间接影响这些犯罪追诉期限的确定以及能否对其追诉的法律后果。例如,2015 年,《刑法修正案(九)》修改了贪污罪的法定刑标准,将数额和情节综合作为定罪量刑的标准。2016 年《最高人民法院、最高人民检察院关于办理贪污贿赂刑事案件适用法律若干问题的解释》对《刑法》第 383 条中的"数额较大""数额巨大""数额特别巨大"又作了进一步的规定,从整体上提升了原本的贪污贿赂犯罪量刑的数额标准。这就会导致对于同样数额的贪污贿赂犯罪,适用新旧法律规范,会对应不同的量刑档次,从而对应不同的追诉期限。上述司法解释的出台导致了大量贪污贿赂案件追诉时效期限的缩短。结合 2001 年《最高人民法院、最高人民检察院关于适用刑事司法解释时间效力问题的规定》第 1 条〔1〕的内容,《刑法修正案(九)》生效后,《关于办理贪污贿赂刑事案件适用法律若干问题的解释》发布之前已经立案侦查的贪污贿赂案件的尴尬处境进一步加剧。这部分案件虽已立案,但可能因为追诉时效期限被缩短而无法继续追诉。

在讨论时效的溯及力问题时,人们首先关注的往往是追诉时效的性质。有观点认为追诉时效属于实体法问题,在溯及力问题上应遵循"从旧兼从轻"的原则。〔2〕也有观点认为追诉时效乃程序法问题,故应遵循"程序从新"的原则。〔3〕笔者认为,出现上述争议,是因为论者以诉讼构造两面说为前提。根据两面说,追诉时效要么是实体法问题,要么是程序法问

〔1〕"刑事司法解释……自发布或者规定之日起施行,效力适用于法律的施行期间。"

〔2〕例如,可参见王钢:《刑事追诉时效制度的体系性诠释》,载《法学家》2021 年第 4 期;柳忠卫:《刑法追诉时效溯及力原则的确证与展开》,载《中外法学》2021 年第 4 期;陈伟:《刑事追诉时效的实质与从旧兼从轻原则的适用》,载《政法论坛》2022 年第 4 期。

〔3〕例如,可参见袁国何:《论追诉时效的溯及力及其限制》,载《清华法学》2020 年第 2 期;王志祥:《"南医大女生被害案"的追诉时效问题研究》,载《法商研究》2020 年第 4 期。

题,必须从二者中选择其一。然而,追诉时效作为诉讼条件中的一项内容,与其更加契合的应是诉讼构造三面说。根据三面说,刑事诉讼具有实体形成、刑事追诉和程序三个面向。其中的刑事追诉面向为媒介,将实体和程序面结合在一起,从而将刑事诉讼联结成为一个整体。追诉时效作为一项诉讼条件,关乎刑事诉讼整体的容许性,既非单纯的实体面向条件,也非单纯的程序面向条件,而是刑事追诉条件。如果一定要以二分法的思维去看待的话,那就是既具有实体法属性,也具有程序法属性。如此一来,继续纠结于追诉时效乃实体问题还是程序问题并无实益,有意义的是进一步明确追诉时效中具体哪些问题应强调其实体法属性,哪些问题应当着重其程序法属性,[1]并在此基础上结合具体情况确定追诉时效有无溯及力。如果从某犯罪行为的法定刑来判断其追诉时效长短的角度来看,追诉时效具有更强的实体法属性;如果从追诉时效期限届满对于诉讼程序发动及推进的影响来看,其又主要呈现为一个程序法问题。由于本章中所讨论的主要是追诉时效对应的法律后果,故更多关注的是时效期限届满作为一项诉讼障碍事由,不必过分纠结于其实体法或程序法方面的属性。

有人以《刑法》第 12 条第 1 款为由,认为在追诉时效的溯及力问题上应当贯彻"从旧兼从轻"原则。该款规定:根据罪刑法定原则的要求,如果行为时的法律并不认为是犯罪,则新法的规定不得溯及既往予以适用;但如果新法的规定更加有利于行为人,从保障行为人的角度出发,例外地适用新法。诚然,追诉时效期限届满的确会阻却对行为人的有罪判决,但是这种阻却是程序上的阻却,而非对行为人作出无罪判决。追诉时效本身并不会影响不法与罪责的本体,所影响的乃是国家的诉权,一旦时效期限届满,便取消了公安司法机关作出肯定性的不法、罪责判断与定罪处罚的权限。[2] 换句话说,追诉时效影响的不是行为的可罚性,而是案件的可追诉性(Verfolgbarkeit)。从旧兼从轻原则仅能就犯罪的刑事可罚性问题发挥作用。正如《德国基本法》第 103 条第 2 款规定:"只有在行为完成前这种行为即已被

---

〔1〕 参见薛智仁:《刑事追诉时效之理论根据、法律性质及法律效果》,载《中研院法学期刊》2013 年第 12 期,第 299～300 页;杨继文:《法定刑调整后追诉时效的刑法与刑诉交错适用》,载《浙江社会科学》2019 年第 5 期,第 68 页。

〔2〕 参见柳忠卫:《刑法追诉时效溯及力原则的确证与展开》,载《中外法学》2021 年第 4 期,第 968 页。

规定为违法的情况下,该行为才能受到惩处。"[1]对于法律规范修改涉及的犯罪构成要件和刑罚威慑变更问题,基于"法无明文规定不为罪,法无明文规定不处罚"的要求,自然应当遵循从旧兼从轻原则。而就时效问题,德国联邦宪法法院曾明确指出:"一个过去实施的刑事可罚行为并不会因为其出于事实的或法律的原因不被追诉或不可被追诉而失去其不法属性。……由于仅仅涉及可追诉性,而未触及刑事可罚性,其处于《德国基本法》第 103 条第 2 款的适用范围之外。"[2]也就是说,对于行为人,追诉时效期限不会被事后变更,并非一个值得保护的信赖利益。[3]

如果法律规范的修改从整体上变更了追诉时效期限,其对于之前的犯罪行为具有溯及力。这不仅存在于修法缩短时效期限的场合,即使是时效期限被废除或延长的场合,由于这并没有改变行为实施时的刑罚威慑,故新的时效规定也应具有溯及力。[4]同理,法律修改增设的时效停止事由亦具有溯及力。对于 1997 年《刑法》施行以前实施的犯罪行为,如果在 1997 年《刑法》施行后出现了《刑法》第 88 条规定的情形,适用新法的规定,不受追诉期限的限制。[5] 但是对于类似于前文中有关贪污贿赂案件相关法律规范修改的场合,在判断具体案件的时效期限之前,须先对该行为的可罚性问题加以判断,此时须遵循从旧兼从轻原则。如果某犯罪行为因为新的法律规范抬高了入罪门槛而不再被认为是犯罪,或者被降低了量刑档次,应当做有利于行为人的认定。此后,再结合前述判断中有关行为所对应的最高法定刑,根据最新的时效规定,确定案件所适用的追诉时效期限。以

---

〔1〕 参见姜士林、陈玮主编:《世界宪法大全》,中国广播电视出版社 1989 年版。

〔2〕 BVerfGE 25,287.

〔3〕 Vgl. BVerfGE 25,269.

〔4〕 Vgl. *Gollwitzer*, Menschenrechte im Strafverfahren (MRK und IPBPR Kommentar), De Gruyter Recht Berlin (2005), S. 441, Rn. 15.

〔5〕 亦可参见 2014 年全国人大常委会法工委《对刑事追诉期限制度有关规定如何理解适用的答复意见》:"对 1997 年前发生的行为,被害人及其家属在 1997 年后刑法规定的时效内提出控告,应当适用刑法第八十八条第二款的规定,不受追诉期限的限制。"2019 年最高人民法院研究室《关于如何理解和适用 1997 年刑法第十二条第一款规定有关时效问题征求意见的复函》:"1997 年刑法施行以前实施的犯罪行为,1997 年刑法施行以后仍在追诉时效期限内,具有'在人民检察院、公安机关、国家安全机关立案侦查或者在人民法院受理案件以后,逃避侦查或者审判'或者'被害人在追诉期限内提出控告,人民法院、人民检察院、公安机关应当立案而不予立案'情形的,适用 1997 年刑法第八十八条的规定,不受追诉期限的限制……"

上论述适用于新法施行后才发觉犯罪,并立案侦查的场合。如果在新法施行之前,国家机关已经采取了部分刑事追诉措施,但在刑事诉讼过程中,法律规范被予以修订,则现行时效规定对于已经经历的诉讼程序没有溯及力,已经发生的时效停止效力也不受影响。正如《德国刑法》第 78 条 c 第 5 款所规定的:“行为终了时仍然有效之法律在判决前被变更,且时效期间因此而被缩短的,即使时效中断时依新法规定追诉时效已经届满的,新法生效前的时效中断行为仍然有效。”基于此,对于前述那些《刑法修正案(九)》生效后,《关于办理贪污贿赂刑事案件适用法律若干问题的解释》发布之前已经被立案侦查的贪污贿赂案件而言,只要在立案时没有超过时效期限,便不会影响后续的诉讼进程。[1]

另有一点须特别强调:认可追诉时效溯及力的前提是在新法施行时,国家仍拥有刑事诉权。如果在此之前,案件已经作出生效判决,则意味着国家诉权已经行使完毕,不再适用新的法律规定。[2] 同理,如果在新法施行之前,国家诉权已经因为追诉时效期限届满而丧失,亦不能失而复得,故不得适用新法关于时效问题的规定。[3] 追诉时效期限的届满意味着国家对犯罪人的刑罚请求权即行丧失,相应地,行为人遭受国家制裁的可能性即时消散。此时,对于行为人而言,“不被追诉”就不再是对未来或然性事实的单纯期望,而已经成为一种确定的现实。如果允许新的时效规定介入这种已经结束、稳定的法律状态中,就是违反了禁止溯及既往原则。[4] 新的时效规定仅适用于犯罪的追诉期限在新法生效时尚未届满的情形。司法解释亦对此问题予以特别澄清。例如,1997 年《最高人民法院关于适用

---

〔1〕 亦可参见 2017 年发布的《最高人民法院关于被告人林少钦受贿请示一案的答复》:“对于法院正在审理的贪污贿赂案件,应当依据司法机关立案侦查时的法律规定认定追诉时效。依据立案侦查时的法律规定未过时效,且已经进入诉讼程序的案件,在新的法律规定生效后应当继续审理。”

〔2〕 参见《刑法》第 12 条第 2 款。

〔3〕 Vgl. *Günter Bemmann*, Zur Frage der nachträglichen Verlängerung der Starfverfolgungsverjährung, JuS 1965, S. 339; *Franz Cavelli-Adorno*, Die Verlängerung der Verjährungsfrist für die Strafverfolgung von Verbrechen, die mitlebenslangem Zuchthausberdrohtsind, NJW 1965, S. 275; *Martin Schubarth*, Erlöschen der Strafgewalt zufolge Verjährung-Konsequenzen für die Rechtsnatur der Verjährung und für Fragen der Auslieferung, SchwZStW129 (2011), S. 71.

〔4〕 参见袁国何:《论追诉时效的溯及力及其限制》,载《清华法学》2020 年第 2 期,第 68 ~ 70 页。

刑法时间效力规定若干问题的解释》第1条规定："对于行为人1997年9月30日以前实施的犯罪行为，在人民检察院、公安机关、国家安全机关立案侦查或者在人民法院受理案件以后，行为人逃避侦查或者审判，超过追诉期限或者被害人在追诉期限内提出控告，人民法院、人民检察院、公安机关应当立案而不予立案，超过追诉期限的，是否追究行为人的刑事责任，适用修订前的刑法第七十七条的规定。"该规定并非对追诉时效应遵循从旧兼从轻原则的认可，而主要是为了避免1997年《刑法》颁布前已经超过追诉期限的案件又被重新追诉，从而破坏司法的稳定性。[1] 2019年《最高人民法院研究室关于如何理解和适用1997年刑法第十二条第一款规定有关时效问题征求意见的复函》中再次重申了上述立场："1997年刑法施行以前实施的犯罪行为，1997年刑法施行时已超过追诉期限的，是否追究行为人的刑事责任，应当适用1979年刑法第七十七条的规定。"

二、赦免

（一）赦免的类型及作为诉讼条件的赦免

赦免并非现代法治社会的产物，我国古代已有之。例如，《尚书·舜典》中有"眚灾肆赦，怙终贼刑"，表明对于过失犯罪可以施行赦免。《尚书·吕刑》中有"五刑之疑有赦，五罚之疑有赦，其审克之"，体现出了"疑罪从赦"的精神。除了"赦"之外，"宥"在我国古代也具有赦免的含义。《周礼·秋官·司刺》中记载了三宥三赦的刑事司法政策："一宥曰不识，再宥曰过失，三宥曰遗忘。""一赦曰幼弱，再赦曰老耄，三赦曰蠢愚。"这表明对上述特殊情形及特殊主体，定罪量刑需要更为宽缓。进入封建社会，赦免的类型更为丰富。以唐朝为例，赦免分为赦、大赦、曲赦和德音。赦又称为常赦，经常有不予赦免的情况。对于"十恶"犯罪，常赦所不原。大赦范围广于常赦，有些常赦不免的犯罪，大赦时可能会得到赦免。曲赦只施行于特定地区。德音，即特赦，是由于特殊原因对特定人施行的赦免，即所谓的"非常之断"。[2] 沈家本将赦分为大赦、特赦、减等、曲赦、别赦、赦徒六类。上述分类在区分适用对象不同的同时，还对赦免的法律后果予以关

---

〔1〕 参见付强、杨陈炜：《刑法追诉时效的溯及力原则适用问题分析——以追诉时效延长制度为视角》，载《中国检察官》2008年第4期，第22~23页。

〔2〕 参见郭金霞、苗鸣宇：《大赦、特赦：中外赦免制度概观》，群众出版社2003年版，第117~119页。

注。例如,减等是在应判处的刑罚之下减免部分处罚,而赦徒专门适用于徒刑。需要注意的是,沈家本对于"特赦"的理解为:"有有事而赦者,有无事而赦者,有事之赦,前已分类编之矣。无事而赦,如元朔三年有诏,元康二年有诏,建昭五年有诏,皆特赦也。"〔1〕可见,此处对于特赦的理解与现代意义上的特赦不同。在上述分类中,与现代特赦相对应的概念应为别赦。

一般认为,现代赦免制度包括大赦、特赦、减刑和复权。但是在认可赦免的相关国家和地区,并不一定会在立法层面全面规定上述各种类型的赦免,且在具体的法律规范表述方面也无统一的标准。笔者认为,对于赦免问题的研究首先应当明确概念的内涵,但仅仅纠结于表述之争,并无实益。无论实定法如何规定,赦免类型的划分依据无非包含两大因素:赦免适用的对象范围以及赦免的法律后果。根据适用对象的范围是针对特定人,还是针对不特定人,赦免可以分为特别赦免和一般赦免。赦免的法律后果问题较为复杂,需要进一步区分。根据赦免的效果是对罪的免除,禁绝刑事追诉,还是只是对刑罚的免除,可以分为免罪型赦免和免刑型赦免。如果赦免只涉及刑罚,除了免除全部刑罚,还可以通过赦免性减刑免除部分刑罚。此种赦免因其可以在法定刑幅度之外减刑,区别于一般的减刑制度。且其不仅可以适用于已经判决但尚未执行或未执行完毕的行为人,也可以适用于未经判决的行为人。〔2〕赦免的范围还可能及于附加刑,赦免性复权即是国家对因受到有罪判决而终身或定期丧失或者停止某些权利或资格者,经过法定程序恢复其权利或资格的一种制度。〔3〕但须注意的是,并非所有的复权均属于赦免性复权。例如,《日本恩赦法》中的"复权"是赦免性复权,而规定在《日本刑法典》中的"复权"其实是前科消灭制度。〔4〕

---

〔1〕(清)沈家本:《历代刑法考》(《赦考十二卷》),中华书局1985年版,第576页。

〔2〕例如,参见我国台湾地区2007年"罪犯减刑条例"第7条第1项规定:"依本条例应减刑之罪,未经判决确定者,于裁判时,减其宣告刑。"第8条第1项规定:"依本条例应减刑之罪,已经判决确定尚未执行或执行未完毕者,由检察官或应减刑之人犯声请最后审理事实之法院裁定之。"

〔3〕刘仁文:《论我国赦免制度的完善》,载《法律科学(西北政法大学学报)》2014年第4期,第156页。

〔4〕参见张伟珂:《域外刑事复权制度立法比较研究》,载《法治研究》2014年第7期,第24页。

由于复权仅仅恢复行为人的权利而不消除其罪，故犯罪记录仍然存在，仍然构成犯罪前科。这些前科仍有可能导致行为人因其他法律规定而被剥夺某些权利或资格。〔1〕此外，还有专门针对死刑案件适用的特别赦免。其在类型上可归入赦免性减刑的范畴，但因适用对象的特殊性常常被独立出来。在上述各类赦免当中，免罪型赦免既赦罪又赦刑，其在法律后果上将免刑型赦免包含在内，故二者不能并用。免刑型赦免既免除主刑的执行，也免除附加刑，因此，其与赦免性减刑和赦免性复权不可并用，而赦免性减刑和赦免性复权在法律后果上并不存在交叉，可以针对同一主体适用。

尽管赦免是一项普遍认可的诉讼条件，但并非所有类型的赦免都具有诉讼条件的地位。在上述各类型的赦免当中，唯有免罪型赦免属于法定的诉讼障碍，排斥国家采取追诉手段；如果已经作出有罪判决，有罪宣告亦属无效；若已经服刑完毕，免罪型赦免还可撤销前科。针对特定主体的特别免罪型赦免和针对不特定主体的一般免罪型赦免均具有此法定的诉讼障碍地位。其他类型的赦免是在肯定对被赦免对象定罪的前提下而适用的，所赦免的只包括行为人的刑罚，虽在赦免的刑罚范围上有所不同，但均不构成法定的诉讼障碍。

从规范层面来看，我国的赦免类型比较单一。1954 年《宪法》中曾经规定了大赦与特赦制度，但在 1975 年、1978 年和 1982 年《宪法》中只规定了特赦，没有规定大赦。我国的特赦究竟是免罪型赦免，还是免刑型赦免，从不同的法律文本出发，会得出不同的结论。一方面，实体法采用的是免刑型赦免的理解。根据《刑法》第 65、66 条的规定〔2〕，赦免不妨碍累犯的成立。由于累犯是一种特定的再次犯罪的事实，〔3〕成立累犯必须以前一次行为也成立犯罪为前提，故可认为刑法理论不认可赦免具有免除罪行的法律效果，只能免除刑罚的执行。如此一来，赦免就只能在判决确定之后

〔1〕参见张伟珂：《域外刑事复权制度立法比较研究》，载《法治研究》2014 年第 7 期，第 27 页。

〔2〕《刑法》中使用的表述为“赦免”而非“特赦”。

〔3〕张明楷：《刑法学》，法律出版社 2011 年版，第 513 页；黎宏：《刑法学》，法律出版社 2012 年版，第 367 页。

实施,[1]因为只有经法院判决有罪,才有可供执行的刑罚。然而另一方面,刑事诉讼法认可了在审前阶段以及法院裁判之前存在特赦的可能。根据《刑事诉讼法》第16条规定,经特赦令免除刑罚的,不追究刑事责任,已经追究的,应当撤销案件,或者不起诉,或者终止审理,或者宣告无罪。根据上述规定,特赦案件可能在审前阶段出现并得以处理。如果案件进入审判阶段却尚未判决,根据《最高院解释》第295条第1款第8项,经特赦令免除刑罚的,法院应当裁定终止审理,而不能判决有罪并免除刑罚。可见刑事诉讼法律规范实际上是将特赦作为一项诉讼条件,认为特赦不仅免除刑罚,还具有消除刑事追诉权的意义。

实体法与程序法对于特赦的理解针锋相对,而《刑法》与《刑事诉讼法》又处于同等法律位阶,无法通过上位法优先的原则化解矛盾。这似乎与法的统一性相违背。笔者认为,既然免罪型赦免和免刑型赦免都为法律所认可,就无须也不应作出择一的选择。《宪法》中的"特赦"应包括免罪型赦免和免刑型赦免两种类型。《刑法》与《刑事诉讼法》只是在各自的立法范围内对其所侧重的方面特别加以规定。《刑法》第65、66条的内容规定于"刑罚的具体运用"章节之下,侧重于关注赦免对于刑罚执行方面的意义,故采用免刑型赦免的理解。《刑法》不负责对所有无罪情形巨细靡遗地加以规定,即使未明确规定免罪型赦免,亦不必然排斥此种理解。《刑事诉讼法》需要对刑事诉讼各个阶段可能遇到的问题加以规定。第16条针对的是判决确定之前存在特赦的情形,所采用的是免罪型赦免的理解。免刑型赦免因属于刑罚执行问题,应规定于"执行"一编中,其在《刑事诉讼法》中的规范依据是第260条关于"免除刑事处罚"的规定。

从我国相关赦免实践来看,尽管冠以"特赦"之名,但该"特赦"却集大赦、特赦、减刑、复权为一体。当前已经实施过的9次特赦均是面向不特定的多数人,故属于一般性赦免的范畴。特别是1975年的特赦系经毛泽东主席批示所有战犯一律"特赦",其实是以特赦之名行大赦之实。[2] 从历次赦免的法律后果来看,赦免性减刑和赦免性复权未独立出来,包含于特

---

〔1〕 黎宏:《刑法学》,法律出版社2012年版,第410页。

〔2〕 刘仁文:《论我国赦免制度的完善》,载《法律科学(西北政法大学学报)》2014年第4期,第154页。

赦之中。[1] 例如,在1959年的特赦中,除了释放一批战争罪犯、反革命犯和普通刑事罪犯外,特赦令中还包括"判处死刑缓期2年执行的罪犯,缓刑时间已满1年,确实有改恶从善表现的可以减为无期徒刑或者15年以上有期徒刑"。"判处无期徒刑的罪犯,服刑时间已满7年,确实有改恶从善表现的,可以减为10年以上有期徒刑。"这其实是赦免性减刑。1975年对全部在押战犯一律特赦,并予以公民权,即恢复被特赦者的政治权利。这实为赦免性复权。然而,在历次名为"特赦"的赦免实践中,鲜见作为诉讼条件的赦免。反倒是未冠以特赦之名的一些赦免实践具有消灭国家追诉权的效果。1956年,全国人大常委会第三十四次会议通过了《关于处理在押日本侵略中国战争中战争犯罪分子的决定》。最高人民检察院根据该决定,分批次对尚未判刑的日本战犯"免予起诉",实际上就是一种赦免,[2] 而且属于免罪型赦免。此外,现行《刑事诉讼法》第182条第1款规定:"犯罪嫌疑人自愿如实供述涉嫌犯罪的事实,有重大立功或者案件涉及国家重大利益的,经最高人民检察院核准,公安机关可以撤销案件,人民检察院可以作出不起诉决定,也可以对涉嫌数罪中的一项或者多项不起诉。"对于应定罪量刑的犯罪基于国策考虑而不予追诉,这其实也内含了免罪型赦免的精神。本章所言的作为诉讼条件的赦免亦包含这些未冠以赦免之名而具有赦免之实的诉讼制度。

(二)赦免的超法规价值

长期以来,反对赦免的声音从未停息过。例如,春秋时期的管仲认为:"凡赦者,小利而大害者也,故久而不胜其祸。毋赦者,小害而大利者也,故久而不胜其福。"[3] 东汉时期的王符亦认为:"今日贼良民之甚者,莫大于数赦。赦赎数,则恶人昌而善人伤矣。"[4] 到了现代,赦免因其具有与法律平等原则相矛盾的表相,仍然时常遭受到批评。然而,有关赦免存废的争

---

〔1〕 刘仁文:《论我国赦免制度的完善》,载《法律科学(西北政法大学学报)》2014年第4期,第156~157页。

〔2〕 参见郭金霞、苗鸣宇:《大赦、特赦:中外赦免制度概观》,群众出版社2003年版,第186、194页;阴建峰、王娜:《现代赦免制度重构研究》,中国人民公安大学出版社2011年版,第45页;刘仁文:《论我国赦免制度的完善》,载《法律科学(西北政法大学学报)》2014年第4期,第154页。

〔3〕 《管子·法法》。

〔4〕 《潜夫论·述赦》。

论仅限于理论层面。有着悠久历史的“非赦说”在实定法层面竟然没有产生过影响。[1] 古今中外,赦免在国家规范中总是拥有着一席之地,只不过在赦免的具体类型上存在着差异。赦免在法律上的正当性并非由法律所赋予。赦免不囿于法律,这一点从我国和西方的历史上都可以得到印证。

我国古代的赦免权在于君主。君主被视为“天子”,握有绝对的权柄。这种天人合一的思想,与儒家思想相结合,发展出了恩赦制度。我国古代的法律规定某些犯罪“常赦所不原(免)”。例如,《唐律疏议》中“常赦所不原”条规定:“诸闻知有恩赦而故犯,及犯恶逆,若部曲、奴婢殴及谋杀若强奸主者,皆不得以赦原。即杀小功尊属、从父兄姊及谋反大逆者,身虽会赦,犹流二千里。”[2]对于上述情形,即使赦书中概括写道:“罪无轻重,皆赦除之。”只要未特别指明,均“依常律”不予赦免。然而,君主不受法律的限制,有权力赦免一切罪行。对于“常赦所不原”的犯罪,仍可以非常赦的方式予以赦免。例如,宋太宗即位时大赦天下,所有犯罪一律赦免。开宝九年(976 年)十月颁布的大赦诏曰:“乙卯,大赦天下,常赦所不原者咸除之。”[3]

西方的赦免制度与宗教思想密切相关。赦免是权柄者对犯罪人的宽恕。这种宽恕是一种具有恩典性质的怜悯,即使对依法应判处有罪的人同样可以适用。新约《圣经》中有这样一则耶稣赦免犯奸淫罪妇人的描述,被认为是现代赦免的榜样。[4]

文士和法利赛人带着一个行淫时被拿的妇人来,叫她站在当中。就对耶稣说:“夫子,这妇人是正行淫时被拿的。摩西在律法上吩咐我们,把这样的妇人用石头打死。你说该把她怎么样呢?”他们说这话,乃试探耶稣,要得着告他的把柄。耶稣却弯着腰用指头在地上画字。他们还是不住地问他,耶稣就直起腰来,对他们说:“你们中间谁是没有罪的,谁就可以先拿石头打她。”于是又弯着腰用指头在地上画字。他们听见这话,就从老到少一个一个地都出去了,只剩下耶稣一人,还有那妇人仍然站在当中。耶稣

---

[1] 杨鸿烈:《中国法律思想史》,中国政法大学出版社 2004 年版,第 244 页。

[2] 《唐律疏议·断狱》。

[3] 《续资治通鉴长编》卷一七,中华书局 2004 年版,第 382 页。

[4] See Mark Osler, A Biblical Value in the Constitution: Mercy, Clemency, Faith, and History, *University of Saint Thomas Law Journal* (Spring 2012), p. 769 – 782.

就直起腰来,对她说:“妇人,那些人在哪里呢?没有人定你的罪么?”她说:“主啊,没有。”耶稣说:“我也不定你的罪,去吧!从此不要再犯罪了。”

——《圣经新约·约翰福音》8:1－11

在上例中,妇人违反了“十诫”中“不可奸淫”的诫命,依照律法处死并无法律适用的错误。然而,僵化适用法律的后果过于残酷。赦免于是成为成就律法与恩典的两全之策。赦免所追求的是自然正义,其可以救济法律规定的不足。特别是在法律相对简陋的情况下,这对于实现个案的正义尤为重要。

赦免的价值超越法律。这是因为法律的价值并不是至上的。拉德布鲁赫曾说过:“赦免之仁慈不是把自身局限于法律之内平衡各种紧张关系,而是承认如下事实:在法之外,还存在着其他价值,使这些与法相对的价值具有效力,可能变得很有必要。”〔1〕如果无法认识到法律的局限性,有可能使社会罹患“吉诺维斯综合征”〔2〕。“长期的经验表明,人类的预见不可能构思出、人类的语言不可能表达出一个完美无缺的立法规则。因此,赦免权对于明治的刑事司法行政是绝对必要的一种权力。”〔3〕赦免制度是一种法治的补救性制度,〔4〕其目的在于救济法律本身过于严厉或者难以实现正义而产生的缺陷:“法律并不是完美的,当法律制度自身不能实现正义结果时,有赖赦免来施以正义;当法律制度在个案中过于严厉时,有赖赦免来施以仁慈。”〔5〕为了克服法律自身的局限性,赦免就不能从法律自身当中去寻找其根据,而必须超越于法律。正如拉德布鲁赫所言:“赦免正像是从法律之外照射进黑暗冷酷的法律世界的一道明光,是上对下所施的恩典,

---

〔1〕［德］古斯塔夫·拉德布鲁赫:《法律智慧警句集》,舒国滢译,中国法制出版社2001年版,第35页。

〔2〕指过度依赖法律导致公序良俗和道德一起失灵的一种社会现象。

〔3〕［英］J. W. 塞西尔·特纳:《肯尼刑法原理》,王国庆、李启家等译,华夏出版社1989年版,第658页。

〔4〕参见［法］卡斯东·斯特法尼等:《法国刑法总论精义》,罗结珍译,中国政法大学出版社1998年版,第657页。

〔5〕［美］琳达·E. 卡特、埃伦·S. 克赖斯伯格、斯科特·W. 豪尔:《美国死刑法精解》,王秀梅、邱陵、曾赛刚译,北京大学出版社2009年版,第260页。

是一种超法规的价值。"[1]赦免作为一种怜悯的宽恕,是一种超法规的宽恕,是国家对报复的主动放弃。在分析赦免相关问题时,自然便不能仅凭赦免表面的"违法性"而否认其正当价值。只有当某种类型的宽恕被定型化,已经内化于法律而成为一种新的法律制度时,[2]才能够依据法律对此种"赦免"的正当性加以评价。

(三)赦免的适用范围

救济法律的不足,乃赦免最为重要的一项功能。因此,对于那些合法但显失公平的案件,尤有理由适用赦免。在现代法治环境下,对于确有错误的裁判,可以通过法定途径获得救济,但是如果法律规定有缺陷,正义就只能通过赦免实现。"举凡一切应行从轻议刑的场合,亦决难期其一一规定而无缺乏;倘没有赦免机关的设立,以行所谓大赦特赦职权,则法律之穷将无从补救。"[3]例如,如果法律发生变更,对于原本认为是犯罪的行为不再规定为犯罪,或者根据现行法律应受较轻之刑罚,那么对于那些依照旧法被定罪量刑,而在新法施行之时刑罚尚未执行完毕的案件,有必要施行赦免。新法的颁布已经使得人们认识到了旧法规定的不公正,但由于案件的定罪量刑程序在新法施行之前已经进行完毕,则原生效裁判是具有既判力的,所判刑罚当然具有执行力。若继续执行刑罚,有损新法的权威;若不执行剩余刑罚,又有违既判力的权威。此时,便可以通过"超法规"的赦免来解决上述矛盾,避免被追诉人成为既判力理论的牺牲品。需要明确的是,由于在修法过程中,旧法中有一部分罪名可能被新的罪名替代或吸收,其所对应的行为即使依据新法依旧会被认为是犯罪,只不过认定的罪名发生了变化而已,因此,是否有必要赦免,不能够简单以新法是否取消了旧法中的罪名来进行判断。

有人秉承上述理念,呼吁赦免"最后一个流氓犯"牛某某。1984 年"严

---

〔1〕 [德]古斯塔夫·拉德布鲁赫:《法律智慧警句集》,舒国滢译,中国法制出版社 2001 年版,第 34~36 页。

〔2〕 例如,追诉时效制度虽然目前已经发展为一项独立的诉讼制度,但在其设立之初是作为赦免的一种方式而存在的,是大赦制度与民法中消灭时效相结合的产物。参见徐国栋:《论〈惩治通奸的伏流斯法〉秉承的追诉时效制度及其近现代流变》,载《法学家》2013 年第 2 期,第 134 页。

〔3〕 王世杰、钱端升:《比较宪法》,商务印书馆 1999 年版,第 324 页。

打”期间,牛某某被判决构成流氓罪,并被判处死缓。执行过程中,其因表现良好获减刑至18年。1990年,牛某某保外就医。第二年,经监狱方考察评估,决定续保一年。此后,监狱方再无人过问此事。牛某某一直在监外生活,期间未犯任何新罪。2004年,两名狱警来到牛某某家,将其重新带回监狱。监狱方认为,牛某某保外就医期满未回监狱服刑属于“脱逃”,在监外期间不计入服刑期,故决定将其刑期顺延至2020年。[1] 此案一经曝光引起社会轩然大波,人们认为对于牛某某的处理显然不公正,应将其释放。然而,想要释放牛某某,通过常规的法律途径却无法实现。其一,尽管现行《刑法》废除了流氓罪,根据现行法,牛某某的行为只能被定性为寻衅滋事罪,依法应“处5年以下有期徒刑、拘役或者管制”,然而本案却并不在现行《刑法》的时间效力范围内。《刑法》第12条第2款规定:“本法施行以前,依照当时的法律已经作出的生效判决,继续有效。”本案在1997年之前已经判决定谳,刑事诉权已经消耗殆尽。基于一事不再理原则,不得再次对其追诉,已经作出的生效裁判具有既判力。其二,本案中不存在事实或法律适用的错误,无法通过审判监督程序予以改判。诚然,根据1979年《刑法》,牛某某的最高刑期本不应超过7年有期徒刑。然而彼时法院裁判依据的除了有1979年《刑法》,还有全国人大常委会1983年9月通过并实施的《关于严惩严重危害社会治安的犯罪分子的决定》(已废止),故才会作出死刑缓期2年执行的判决。恶法亦法。即使法院裁判所依据的乃恶法,也不能当然将其视为错案,故不符合启动审判监督程序的条件。否则,特殊历史时期的大量案件将全部面临再审改判,司法系统恐会瘫痪。此案想要获得救济,赦免似乎成了唯一的出路。

相较于普通刑事犯罪,国家更有理由赦免政治犯或行政犯等伤害政府自身的犯罪。国家的宗旨在于保护社会。对于那些有具体被害人的犯罪,如果允许任意赦免,可能会与国家的社会保障功能相矛盾。然而,在国家本身就是被害人,且是唯一被害人的场合,禁止赦免的理由便不充分。“如果犯罪仅仅是对主权者自身的侵犯,罪行仅仅是对主权者或其支持者的不敬,赦免是值得赞赏的。赦免就是超越自身的胜利。但如果是针对社会的

---

[1] 参见《最后的“流氓”能否被特赦》,载《人民法院报》2011年1月15日,第6版。

犯罪,赦免就不是一种仁爱行为,而仅仅是一种偏私。"[1]康德也认为,"只有对偶然发生的某种有损于统治者本人的叛逆罪,他才应该行使这种权利。如果免除一种刑罚,人民的安全将会受到损害,在这样的情况下就不应该行使赦免权"[2]。从各国家和地区的实践来看,不乏对政治性犯罪的赦免。我国于1959~1975年对国内战犯施行的7次"特赦",亦可归为此类。除此之外,国家还可以基于政治目的赦免政治性犯罪之外的其他犯罪。作为一种政治手段来缓和不同政见,是现代赦免制度的一大功能。[3]为了消除国家祸乱,缓和国内外矛盾,促进社会和谐,赦免在一些场合是必要的。尽管此种场合下赦免的正当性并不一定总能够得到普遍的认可,但是公开的赦免相较于"暗赦",对于法治的破坏力更小,更有必要作为"权宜之计"加以保留。

法律无奈之时,便应是考虑赦免之际。赦免具有补充性的特征。[4]为了避免过分抑制赦免的超法规价值,实定法一般不会对赦免的适用范围进行过多的限制。例如,美国总统有广泛而自由的赦免权。尽管制度设计者在一开始预设了种种对赦免权的限制,但最终仅仅保留了"禁止在弹劾案件中赦免"这一点。[5] 通常情况下,为了实现赦免与维持社会秩序之间的平衡,国家更倾向于对一些不过分妨碍社会秩序的犯罪积极适用赦免。但这并不意味着对于重罪不能赦免。如果犯罪人已经依法被判刑,但是仁慈之心却不允许我们认为这种处罚是公平的,当然不能禁止通过赦免对这种罪刑严重不合比例的情形进行修正。[6] 倘若被赦免者确已悔改,对其赦免无疑是更容易被公众接受的,但这并不一定是赦免的必要条件。例

[1] [英]吉米·边沁:《立法理论》,李贵方等译,中国人民公安大学出版社2004年版,第408页。

[2] [德]康德:《法的形而上学原理——权利的科学》,沈叔平译,商务印书馆1991年版,第172~173页。

[3] See Kathleen M. Ridolfi, "Not Just an Act of Mercy: The Demise of Post-Conviction Relief and a Rightful Claim to Clemency", 24 N. Y. U. REV. L. & SOC. Change 43, 1998, p. 50.

[4] 阴建峰:《论赦免的概念及其属性》,载《法学家》2005年第4期,第70页。

[5] See Eckstein, Paul F., Colby, Mikaela, "Presidential Pardon Power: Are There Limits and, If Not, Should There Be?", Arizona State Law Journal, Spring 2019, p. 71.

[6] See Kristen H. Flower, Limiting the Federal Pardon Power, Indiana Law Journal, Vol. 83(2008), p. 1653, 1654.

如,“确已改恶从善”是我国1959～1975年前6次赦免中的条件要求,但是在第七次赦免时却取消了该条件。据此,有观点认为,为了保障赦免的功效,不宜再对赦免对象进行再犯风险评估。[1] 此外,尽管并非绝对要求,但根据相关赦免实践,对于逃亡者一般不适用赦免。如果行为人已经处于刑事诉讼程序当中,赦免引起的后果可以预计。但是如果行为人逃跑或遭通缉,出于政策的考虑又有必要对其赦免,赦免就须以其到案为前提。“人们不能宽恕他们不能加以惩罚的行为。”[2]行为人到案是国家实现刑事追诉的前提,也是对其赦免的前提。我国古代有“赦书到后百日,见在不首,故蔽匿者,复罪如初”[3]的规定。现代赦免往往依旧坚持此项要求。例如,我国台湾地区历次“罪犯减刑条例”都有规定,在减刑条例施行前,经通缉而未在限期内自动归案接受侦查、审判或执行者,不得依条例减刑。

“罪刑的赦免在政治宽和的国家是有极大的用处的。……如果谨慎地适用的话,是能够产生良好的效果的。赦免可以避免因法律的整齐划一而引起的弊害,其诱惑力自不待言。赦免的超法规性又似乎赋予了其可以突破法律束缚的特权。然而,历史经验表明,赦免虽有裨益,但频繁赦免弊大于利。在宋代,时隔几年便必定会有一次大赦,这使赦免制度常遭到坏人的恶意利用。司马光指出:“百千之中,败无一二。幸而发露,率皆亡匿,不过周岁,必遇赦降,则晏然自出,复为平人。”[4]拉德布鲁赫一方面肯定赦免的价值,另一方面也认为“不断出现的新的大赦,为数众多的免刑、缓刑和减刑,形形色色的规避刑罚制裁,这些越来越清楚地显示出刑法已经丧失了它的良心”[5]。由于赦免是以牺牲法律的安定性为代价而追求具体妥当性,因此其适用应限于实现目的所必要的最小限度之内。赦免绝对不应成为法治的常态,只有在适用其他法律手段无法回避由于法律的划一

---

[1] 参见王志亮、张晓华:《我国宪法“特赦”制度的刑事法治完善》,载《甘肃政法大学学报》2022年第2期,第86页。

[2] [美]汉娜·阿伦特:《人的条件》,竺乾威等译,上海人民出版社1999年版,第232页。

[3] 《唐律疏议·名例》。

[4] 李焘撰:《续资治通鉴长编》(第14册),中华书局1995年版,第4700页。

[5] [德]古斯塔夫·拉德布鲁赫:《法律智慧警句集》,舒国滢译,中国法制出版社2016年版,第46页。

性、固定性而引起的弊端时,才能适用。[1] 只要可能通过其他途径获得公正,就不应启动赦免。在有必要赦免的场合,赦免法案无论如何宽大,也仍然必须以法律为行动的准绳。[2] 除了限定赦免适用的案件范围以及实质条件之外,设置严格的赦免程序,也有助于将赦免所导致的法律不安定性降到最低。

(四)赦免应注意的程序问题

赦免使犯罪与刑罚之间的必然联系变得不再确定。这种不确定性对于现代法治具有一定威胁,需要经由赦免的严格程序尽可能降到最低。[3] 然而,长期以来,只有《宪法》规定了赦免的主体,对于赦免的若干程序问题缺乏相应的下位法规范。为落实《特赦决定》和《特赦令》,参考我国赦免实践中的相关先例,最高人民法院、最高人民检察院、公安部、国家安全部、司法部出台了《关于实施〈全国人民代表大会常务委员会关于特赦部分服刑罪犯的决定〉的办法》,司法部出台了《监狱报请特赦工作流程》《社区服刑人员报请特赦有关程序要求》,各个省(市)司法厅(局)制定了具体的特赦实施方案,短期内确保了赦免的顺利执行。但是,这种以行政文件传达特赦执行原则和基本程序的做法毕竟只是权宜之计,不具有普遍约束力和操作性。[4] 而且,上述规范侧重于赦免执行程序的操作性,对于赦免过程中应予注意的若干其他程序问题未有足够的关注。

第一,赦免在其启动程序上可分为自上而下和自下而上两个方向。我国的几次赦免实践均是自上而下启动的。实践中虽也曾有过自下而上申请赦免的尝试,[5]但这并非纳入规范的程序设计,也尚未形成稳定的实践惯例。从比较法上看,赦免的类型不同,所适用的启动程序也是不同的。对于针对不特定多数人的一般赦免,程序启动的方向是自上而下的;但对

---

〔1〕 [日]大谷实:《刑事政策学》,黎宏译,法律出版社2000年版,第280、290页。

〔2〕 [英]戴雪:《英宪精义》,雷宾南译,中国法制出版社2009年版,第275~276页。

〔3〕 参见姚建龙:《特赦制度的三重视角》,载《人民检察》2009年第10期,第43页。

〔4〕 王志亮、张晓华:《我国宪法"特赦"制度的刑事法治完善》,载《甘肃政法大学学报》2022年第2期,第84页。

〔5〕 例如,2009年,随州特大杀人犯熊某某就提出过"申请",希望国家能够在建国60周年之际实行国庆大赦,给自己一次生的机会,参见杨涛:《从熊振林的申请看特赦制度》,载《北京青年报》2009年2月18日。

于针对特定主体的特别赦免,则是自下而上的启动模式。[1] 赦免程序启动的方向可以在一定程度上反映出一国对于赦免程序价值的理解。如果国家在设立赦免制度时首要的考量因素是政策性的,那么无论是对于一般赦免还是特别赦免,自上而下的启动模式都最有利于政策目标的实现。但如果赦免制度的主要价值追求是人权保障和平衡司法失当,那么自下而上的申请便应予以认可。从这一点来看,我国当前的赦免启动模式是存在遗憾的。自下而上的程序启动模式的缺失可能会进一步加剧当前刑事司法中的职权主义倾向,进而导致相关主体在赦免程序中的权力傲慢。赦免的目的是救济那些在司法体系内难以得到救济的错误,及时识别出这些错误是赦免的第一步。然而,此类案件具有“合法”的外观,它们会淹没在海量合法且公正的案件信息当中,仅凭自上而下的审查,难以及时有效地识别出来。认可自下而上的赦免申请,可以帮助相关主体及时获悉个案中的不公正信息,从而及时决定是否应施行赦免。这对于赦免制度人道主义方面的价值实现是大有裨益的。由于申请赦免要求其已穷尽法律内的一切救济渠道,[2] 故接受个案的赦免申请并不会过分加重赦免的程序成本。此外,自下而上的程序启动模式也不会导致赦免制度中的秩序混乱。赦免作为一种超法规的宽恕,对于被赦免者而言是一种恩惠,即使允许其提出赦免申请也不意味着申请者拥有要求必然被赦免的权利。[3] 换言之,即便在提出申请后未获赦免,对于申请者也不存在所谓的权利救济问题。

第二,在我国当前的赦免程序中,被赦免者的意愿是一个被忽视的因素。尽管目前实践中尚未遇到过被赦免者拒绝赦免的情况,但如果后续出现了此方面的问题,相关讨论的缺失极有可能令赦免权力主体陷入被动。在美国的判例法体系中,关于赦免,曾经长期存在需要考虑被赦免者个人意愿的传统。该传统由 1833 年的 United States v. George Wilson 案件确立。该案件的司法意见认为,美国宪法赋予美国总统特赦的权力,源于与

[1] 刘仁文:《论我国赦免制度的完善》,载《法律科学(西北政法大学学报)》2014 年第 4 期,第 157 页。

[2] 刘仁文:《论我国赦免制度的完善》,载《法律科学(西北政法大学学报)》2014 年第 4 期,第 158 页。

[3] 参见何显兵:《我国赦免制度的规范与完善——基于中国传统和域外经验的比较考察》,载《社会科学》2019 年第 12 期,第 92 页。

美国有着相同语言和相似司法制度的英国,因此也应当接受英国特赦制度中所遵循的原则。在英国的司法传统中,尽管国王的特赦表现为一种官方行为,但由于特赦是移送给被赦免者的,而不是正式移送至法院,因此其实乃一项国王基于仁慈的私人行为。基于赦免的私人属性,除非被赦免者接受并主动向法院主张该权利或利益,否则法院就不能自行引用赦免,并以此为由拒绝作出裁判。[1] 然而,赦免的私人属性在后续的案例中被推翻了。在1927年的Biddle v. Perovich案件中,美国联邦最高法院认为总统发布特赦是具有宪法意义的行为,一旦发布,其本身就具有最终的权威。总统赦免的目的在于增进一般福利,而非单纯的个人的仁慈,最终决定赦免与否的是公共福利而非罪犯的意愿。就像法院判决无须经由罪犯同意一样,赦免同样无须经过被赦免人的同意。[2] 该判例中所确认的赦免的公共属性是值得肯定的,但若据此排除被赦免者的选择权利却会显得极为武断和专制。[3] 现代社会中的权威和制裁都是多元化的,接受赦免不必然给被赦免人带来利益。赦免只能为被赦免者免除来自司法领域的惩罚,并不及于来自其他领域的惩罚,而前者的免除又可能会使被赦免者处于更加不利的境地。因此,虽然被赦免者拒绝接受赦免并非大概率事件,但这却是有可能发生的,而被赦免者的这种个人意愿理应在赦免制度中得到尊重。在我国既有的赦免实践中,赦免主要是基于政策性目的而被适用的,被赦免者的个人意愿并未被赋予重要意义。为了平衡我国自上而下的特赦制度中所表现出来的"国家主义倾向",[4] 宜在赦免程序中将被赦免者的意愿纳入考量,如此也会更加有利于赦免在人道主义方面的价值实现。

第三,赦免法案或赦免令中通常会设置一个时间点,并宣布赦免对于此时间点之前的犯罪行为均具有效力。是否符合赦免的时间要求,以犯罪的时间为准。即使赦免之前实施的犯罪在赦免后才被发觉,该犯罪也不会被追究。此即古人所言的"赦前罪应原"。此外,我国古代还有"以赦前事

---

[1] See United States v. George Wilson 32 U. S. 160,161 (1833).

[2] See Biddle v. Perovich 274 U. S. 486 (1927).

[3] See Patrick R. Cowlishaw, The Conditional Presidential Pardon, Stanford Law Review, Vol. 28 (1975), p. 170.

[4] 参见丁延龄:《论被赦免者的意愿在赦免制度中的意义——从美国判例法传统到中国实践》,载《西部法学评论》2016年第5期,第54~56页。

相告,以其罪罪之"[1]的规定。现代法治国家虽不认可反坐的处理方法,但若遇有此种情形,亦不应立案,更不得发动对被赦免人的刑事追诉。如果在赦免时,相关罪行已经判决,甚至已经在刑罚执行的过程当中,赦免所面临的溯及力问题会更为复杂一些。赦免对于罪的免除和对于刑罚的免除需要分开进行评价。就免罪型赦免而言,即使被赦免者的刑罚已经执行完毕,赦免也完全可以免除对其有罪的评价,消灭其犯罪记录。但是为了避免赦免给法治秩序带来过大的不稳定性,实践中赦免的效力往往是向后的,即只免除对尚未定罪量刑之人的有罪评价,如果某人已经被判决有罪,便继续维持已生效裁判的既判力。此外,赦免对于已经执行完毕的刑罚部分不具有溯及力,即其只免除尚未执行部分的刑罚,对于此前已经执行的刑罚部分不具有赦免效力。例如,"澳门刑法典"第120条第2款规定:"大赦使刑事程序消灭;如属已判决之情况,大赦使刑罚及其效力终止执行,也使保安处分终止执行。"诚然,如果赦免的对象不止一人,在同一批被赦免者中还存在赦免内容的多寡之分,会让人觉得不太公平。然而,赦免本就是对被赦免者的法外宽恕,如果因为自己获得的恩典少而主张救济,是说不通的。无论被赦免者实际已经执行的刑罚有多少,这都不属于事实或法律方面的错误,被赦免者也不能因为赦免而要求国家赔偿。[2]

第四,赦免程序与审判监督程序是不矛盾的。赦免不是对法律上存在错误的裁判的救济。在赦免审查中,并不会涉及对原审裁判正确与否的判断。如果原裁判确有错误,赦免本身也不会剥夺被赦免者获得相应司法救济的可能性。[3] 赦免可能发生在不同的诉讼阶段,而审判监督程序只能出现在生效裁判确有错误的场合。如果案件尚未被定罪量刑,或虽有裁判但裁判并未生效,赦免程序和审判监督程序之间并不存在竞合的可能。只有对于已经裁判生效的案件施行赦免,才有可能涉及两程序之间的关系处理。一个整体的思路是:先经由审判监督程序纠错,再通过赦免施行法外的宽恕;如果案件经审判监督程序纠错后,已经可以获得一个符合自然正

---

〔1〕《唐律疏议·斗讼》。

〔2〕程龙:《特赦的司法处理:性质、程序与效力》,载《烟台大学学报(哲学社会科学版)》2021年第1期,第21页。

〔3〕程龙:《特赦的司法处理:性质、程序与效力》,载《烟台大学学报(哲学社会科学版)》2021年第1期,第19~20页。

义的处理结果,便无须再通过赦免程序进行二次矫正。在我国,审判监督程序处理的结果并不一定总是有利于被追诉人,其与赦免的恩典效果可能会“背道而驰”。在此问题的处理上,古人的智慧颇具启示意义。《唐律疏议》中“赦前断罪不当”条规定:“诸赦前断罪不当者,若处轻为重宜改从轻,处重为轻即依轻法。”[1]这就启示我们,如果原判将轻罪错判为重罪,应当依法改判,然后再根据赦令加以减免;如果原判将重罪错判为轻罪,则依据禁止不利变更原则,应先维持原判,再依赦令减免。

〔1〕《唐律疏议·断狱》。

第六章　非法定的诉讼条件

当前,封闭的诉讼条件理论受到了挑战,对于刑事诉讼条件的研究朝着拓展其内涵的方向发展。犯意诱发型诱惑侦查、过分诉讼迟延以及严重的媒体预断,是目前三项热点讨论的非法定诉讼条件问题。但笔者认为,严重的媒体预断不会引发诉讼条件层面的问题。舆论干预司法的危险一直都存在,司法人员应当恪守客观中立之品质,抵御舆论干扰。因此,证据法规定社会舆论没有证据能力,不能进入法官心证的范畴。同时,通过法官的裁判说理,验证本案证据是否足以令其排除合理怀疑地形成有罪心证,亦可以在一定程度上抵制媒体预断对于司法裁判的不当干扰。如果可以证明法官受到舆论干扰,有丧失客观中立之危险,可以通过回避制度加以纠正,无须援引涉及刑事诉讼整体正当性的诉讼条件理论。因此,本章有关非法定诉讼条件的内容只围绕犯意诱发型诱惑侦查和过分诉讼迟延两节内容展开。

一、犯意诱发型诱惑侦查引出的诉讼条件问题

(一)犯意诱发型诱惑侦查的概念

犯意诱发型诱惑侦查是诱惑侦查的下位概念,指侦查人员向对方隐瞒自己的身份和意图,诱使其产生犯意并实施犯罪,并在对方实施犯罪时将其抓获的侦查行为。简言之,若无侦查人员诱发行为人的犯意,犯

罪根本不会发生。其在德国法上被称为“犯罪挑唆”(Tatprovokation),在英美法上的对应概念为“警察圈套”(Entrapment)。

构成犯意诱发型诱惑侦查有两个关键因素。第一,是“国家性”。犯意诱发型诱惑侦查与一般教唆行为的区别在于其主体是代表国家机关的侦查人员。实践中,该行为不仅可以由侦查人员本人实施,同样可能由执法机关雇佣警察之外的其他人(如线民)实施。在后一种情况下,线民虽非国家工作人员,但其处于国家手足延伸的地位〔1〕,构成衍生的具有国家性的犯意诱发行为,与侦查人员本人实施的诱发犯意的诱惑侦查具有同样的法律后果〔2〕。第二,判断行为人在被诱惑侦查之前是否已有犯罪故意应采用客观认定标准。对于原本没有犯罪嫌疑或犯罪倾向的人实施诱惑侦查显然是不允许的。例如,如果执法人员在没有贩毒嫌疑的情况下,反复向一个瘾君子要求购买毒品,并许诺给予过高数额或者越来越多数额的金钱作为回报,那么这种行为就很可能构成犯意诱发型诱惑侦查,应当被禁止。〔3〕即使行为人原本即有犯罪倾向,也不必然阻却犯意诱发型诱惑侦查行为的证成。如果警察实施的诱惑侦查行为过当,导致在犯罪行为发生的过程中,侦查人员的作用大于被追诉人的作用,则其行为仍是非法的,仍会构成犯意诱发型诱惑侦查。警察想要证明其行为合法,除了要证明其在实施诱惑侦查行为之前,已有合理根据认为行为人有一定的嫌疑基础之外,还需要综合犯罪嫌疑的基础和程度,诱惑侦查行为的方式、强度、目的及持续时间长短,以及被追诉人自主的不受外部控制的行为情况等因素,证明其自己并未提供超出普通犯罪机会的诱惑,未对犯罪实施施加过当的影响。〔4〕

---

〔1〕 林钰雄:《国家机关挑唆犯罪之法律效果》,载《刑事程序与国际人权》,台北,元照出版社 2007 年版,第 111 页;Also see *R. v. Looseley*; *A-G's Reference* (*No.* 3 *of* 2000) [2001] UKHL 53, [2001] 1 WLR 2060, per Lord Hoffmann, para. 36.

〔2〕 See *United States v. Valencia*, 645 F. 2d 1158, 1168 (2d Cir. 1980); *United States v. Washington*, 106 F. 3d 983, 993 (D. C. Cir. 1997); *United States v. Luisi*, 482 F. 3D 43 (1st Cir. 2007).

〔3〕 See *R. v. Togher, Doran and Parsons* [2001] 1 Cr. App. R. 33; *Mullen* (No. 2) [2000] Q. B. 520.

〔4〕 参见陈真楠:《违法诱惑侦查的法律后果——德国联邦法院判例的最新发展及其启示》,载《环球法律评论》2021 年第 5 期,第 151 页。

(二)犯意诱发型诱惑侦查的违法性分析

警察为何要实施诱发犯意的诱惑侦查行为？唯一的理由是其在打击犯罪(特别是诸如毒品犯罪等隐秘性犯罪)方面成效显著。然而,这并不足以证明该侦查手段是正当的,其至少在以下三个方面欠缺合法性。

第一,犯意诱发型诱惑侦查是对刑事诉讼程序的滥用。刑事侦查本应是国家对已知犯罪事实或者犯罪嫌疑人的反应,而在犯意诱发的场合,前述先后顺序却颠倒了过来,犯罪是因侦查而起。由于本来并无犯罪发生,故警察发动侦查缺乏合理依据。这种恣意启动侦查的行为本身就构成了侦查程序的滥用,若进一步容忍检察官据此对被追诉人起诉,要求法院对其定罪,便又构成了对审判程序的滥用。容忍犯意诱发型诱惑侦查,不仅会直接导致个案的非正义,使原本无辜的个人沦为罪犯,而且还会令社会陷入人人自危的状态,使公众从整体上丧失对刑事司法程序正当性的信赖。[1]

第二,犯意诱发型诱惑侦查侵犯公民的公平审判权。公平审判权是一项国际上普遍认可的公民基本权利。传统上认为,如果刑事诉讼在启动之后存在严重的程序瑕疵,被追诉人的公平审判权就可能受到侵犯;对此概念的现代解读逐渐将视野扩及诉讼启动当时的合法性问题。如果启动诉讼的行为本身就是违法的,公民的公平审判权必然会遭到侵害。例如,在德国,警察以违法手段诱骗被追诉人便被视为违反公平审判原则的一个典型例证。[2] 欧洲人权法院也在多个案件[3]中明确表示,犯意诱发型诱惑侦查违反了《欧洲人权公约》第6条的规定,侵犯了公民的公平审判权。

第三,犯意诱发型诱惑侦查玷污了司法的正洁性。公众对于整个刑事司法系统具有道德正当性的期待,他们期待国家以一种正当的手段实现正

---

〔1〕 关于程序滥用的危害,See A. Choo, *Abuse of Process and Judicial Stays of Criminal Proceedings*, Oxford University Press, 2008, p. 18. 我国也有学者认为,根据“正当程序”条款,犯意诱发导致“国家刑罚权失效”,见刘磊:《正当程序、经济推理与“警察圈套”》,载《环球法律评论》2013年第2期,第81页。

〔2〕 Vgl. *Roxin/ Schünemann*, Strafverfahrensrecht, Verlag C. H. Beck München 2012, § 11, Rn. 8.

〔3〕 *Teixeira de Castro v. Portugal* (1999) 28 EHRR 101 (judgment of 1998); *Vanyan v. Russian*, Application no 53203/99, 15 Dec. 2005; *Khudobin v. Russia*, application no 59696/00, 26 Oct. 2006; *Ramanauskas v. Lithuania*, application no 74420/01, 5 Feb. 2008.

义：一方面，公安司法人员在追诉犯罪时必须坚持手段的合法正当；另一方面，警察不得以惩罚犯罪为借口而去鼓励犯罪。然而，犯意诱发型诱惑侦查却是一种自相矛盾的行为：国家一面要求大家遵守法律，另一面又唆使个人去犯罪。执行法律的人自己却不遵守法律，这便构成对司法正洁性原则的根本违反。[1]

（三）比较法上的诉讼救济

犯意诱发型诱惑侦查的诉讼处理涉及警察和被追诉人两个方面。针对实施犯意诱发型诱惑侦查行为的警察，可以比照刑法中的教唆犯进行处理。刑法理论认为，成立教唆犯需要满足"双重故意"标准，即教唆者一方面应认识到自己的教唆行为会使被教唆人产生犯罪意图并实施犯罪，另一方面还须认识到被教唆人的犯罪行为会发生危害社会的结果，并希望或放任其发生。[2] 根据上述标准，在警察教唆他人贩毒的场合，由于警察并不真的希望毒品通过交易流入社会，故实施犯意诱发型诱惑侦查行为的警察因欠缺第二种故意而不成立教唆犯，无须为贩毒罪承担刑事责任。[3]至于其是否构成其他犯罪，已超出本节的讨论范围。

本节重点探讨对被追诉人的诉讼救济问题。从比较法上看，目前已发展出减刑说、无罪说、证据排除说和不起诉说四种诉讼救济方案。

1. 减刑说

在犯意诱发型诱惑侦查问题的处理上，英国上议院在40多年前曾确立了一项规则：对于被教唆人应当减轻刑罚。[4] 从此，减刑说成为英国的通说，并在判决中多次得到体现。[5] 德国联邦最高法院于1985年形成的统一见解也认为，如果存在犯意诱发型诱惑侦查，对被追诉人可以从宽处罚。[6] 此后30余年间，德国联邦最高法院一直采取减刑说立场。

---

〔1〕 A. Ashworth, *Testing Fidelity to Legal Values: Official Involvement and Criminal Justice*, 63 The Modern Law Review (2000), p. 658.

〔2〕 张明楷：《刑法学》，法律出版社2011年版，第383页。

〔3〕 也有观点认为教唆者并无理由免除其刑事责任。See A. Ashworth, *Re-drawing the Boundaries of Entrapment*, Criminal Law Review (2002, Mar.), p. 177.

〔4〕 See *R. v. Sang* [1980] AC 402.

〔5〕 See eg. *R. v. Tonnessen* [1998] 2 Cr. App. R (S) 328; *R. v. Springer* [1999] 1 Cr. App. R (S) 217; *R. v. Shannon* [2001] 1 WLR 51.

〔6〕 Vgl. BGHSt 33, 356, 362.

减刑说同样也是我国的立场。根据2008年12月1日最高人民法院印发的《全国部分法院审理毒品犯罪案件工作座谈会纪要》,行为人本没有实施毒品犯罪的主观意图,而是在特情诱惑[1]的促成下形成犯意,进而实施毒品犯罪的,属于"犯意引诱"。对因"犯意引诱"实施毒品犯罪的被告人,根据罪刑相适应原则,应当依法从轻处罚,无论涉案毒品数量多大,都不应判处死刑立即执行。

减刑说的合理性在于,被追诉人的犯意是基于违法教唆而产生,其行为的不法性和罪责程度,相较于一般犯罪明显更低。此外,此种情形的犯罪行为处于警方的控制之下,法益被侵害的危险已经被排除。因此,无论是从主观方面还是从客观方面来看,犯意诱发型诱惑侦查都可作为被追诉人的重大减刑事由。[2]

然而,该说存在的问题也十分明显。一方面,减刑说弹性过大,不易预测量刑结果。减刑说一度成为德国联邦最高法院的统一意见,很大程度上是因为该说具有灵活性:法官可以顾及不同案件中程序违法程度的不同,分别给予相对应幅度的从轻量刑甚至免除刑罚。然而,过于灵活恰恰正是减刑说最大的弊端。该说并不是专门为了处理犯意诱发型诱惑侦查问题而发展出来的,其对于机会提供型诱惑侦查行为同样适用。该说并不考虑侦查手段的合法性问题,只是综合个案所有情形来判断减刑的幅度。具体减刑多少,在很大程度上取决于法官的自由裁量。两个同样都是适用减刑说的案件,实际处理的结果可能迥异。另一方面,减刑以有罪为前提,被追诉人尽管在刑罚上得到了"优惠",但仍需要忍受法庭判决其有罪。减刑说对于国家刑罚权及程序的合法性问题并不加以检讨,对被追诉人的保障力度显然不足。更为重要的是,如果警察是因为绩效考核的诱因而教唆他人犯罪,减刑说并不会影响到警察的破案绩效,因而难以有效遏制警察的上述违法侦查行为。因此,减刑说虽曾在比较法上占据过主流位置,但逐渐式微。英国法自 *R. v. Smurthwaite* 案件[3]之后,开始逐渐放弃该说。德

---

〔1〕《纪要》中将特情介入侦查分为犯意引诱、数量引诱、双套引诱以及其他特情介入四种情形。

〔2〕 Vgl. *Roxin / Schünemann*, Strafverfahrensrecht, Verlag C. H. Beck München 2012, § 37, Rn. 7; BGHSt 32, 345 ff.; 45, 321 ff.

〔3〕 [1994] 1 All ER 898.

国尽管在实践中长期持减刑说的立场，但学界对此问题却一直百家争鸣，甚至在德国联邦最高法院内部也存在分歧。在欧洲人权法院对 *Teixeira de Castro v. Portugal* 一案作出判决[1]之后，减刑说更是备受争议。2014 年，欧洲人权法院在 *Furcht v. Germany* 案件[2]中直接批评了德国刑事司法中采取的从轻处罚的做法。2020 年，欧洲人权法院在 *Akbay and Others v. Germany* 案件[3]中再次批评了德国法院的减刑说立场。如今，德国联邦最高法院的上述立场已经发生了转变。

2. 无罪说

无罪说相对于减刑说，对于被追诉人的保护迈进了一步。美国是采无罪说的典型代表，其联邦最高法院将犯意诱发型诱惑侦查作为被告人的一项抗辩事由，[4]如果犯意诱发型诱惑侦查能够被证成，被告人将因其行为可得宽恕(excuse)而被免除刑事责任。欧洲人权法院在 *Teixeira de Castro v. Portugal* 一案之后，也将不能判处被告人有罪确定为《欧洲人权公约》要求的最低标准。我国的司法实践中亦有法院采无罪说。例如，在吴某兰非法出售珍贵、濒危野生动物案中，法院以公安机关实施了犯意引诱，吴某兰本没有出售国家保护野生动物犯意为由，判决被告人吴某兰无罪。[5]

被追诉人明明实施了犯罪行为，但却会获得无罪判决，这背后的理论依据并不唯一。"社会政策"理论是依据之一。根据该理论，被追诉人的行为已经符合所有形式上的犯罪构成要件，但是因为其行为是在警察的掌控

---

〔1〕 尽管欧洲人权法院的判决仅具有约束当事国的相对效力，而无约束全体签约国的绝对效力，但如果德国不将公约要求内化为其内国法，则在其他以德国为被告的申诉案中，德国可能成为下一个败诉国家。参见林钰雄：《欧洲人权保障机制之发展与挑战》，载《刑事程序与国际人权》，台北，元照出版社 2007 年版，第 17～24 页。

〔2〕 ECHR, *Furcht v. Germany*, Judgment of 23/10/2014, Appl. no. 54648/09.

〔3〕 ECHR, *Akbay and Others v. Germany*, Judgment of 15/10/2020, Appl. nos. 41495/15 and 2 others.

〔4〕 *Sorrells v. United States*, 287 U. S. 435, 53 S. Ct. 210 (1932); *Sherman v. United States*, 356 U. S. 369, 78 S. Ct. 819 (1958). 然而，该抗辩在诸如强奸、杀人等严重刑事犯罪中并不成立，参见廖万里：《略论美国刑法中的警察圈套及其借鉴意义》，载《法学家》2001 年第 3 期，第 123 页。

〔5〕 参见最高人民法院刑事审判第一、二、三、四、五庭主办：《刑事审判参考》(总第 72 集)，法律出版社 2010 年版，第 53～58 页。

之下,注定不可能造成社会危害,故因欠缺社会危害性才判决其无罪。[1]“社会政策”理论站在批判被追诉人的立场之上:被追诉人本来是有罪的,只不过出于社会政策的考虑,为了避免警察设置圈套,实施违法的侦查行为,才判决其无罪。然而,在存在犯意诱发型诱惑侦查行为的场合,国家理应更多地从自身进行检讨。因此,笔者认为“当然例外”理论比“社会政策”理论更具有解释力。根据该理论,国家对被追诉人并非可罚而不罚,而是根本没有刑罚权。犯意诱发型诱惑侦查属于一项个人刑罚排除事由。德国刑法理论认为,一般情况下,行为只要符合构成要件该当性、违法性和有责性就成立犯罪,但在特殊的情况下仍需要进一步审查个人刑罚排除事由等其他犯罪成立要件。特别是在存在违反德国宪法中法治国原则的违法侦查行为的场合,首先要讨论的就是犯罪能否成立。在处理犯意诱发型诱惑侦查问题时,应当回归到国家刑罚权产生的根源上来。由于相关犯罪行为是因警察诱发行为人的犯意而产生,因此,犯罪从一开始就不能成立。国家对被追诉人自始不享有实体的刑罚权,当然不能判决其有罪。[2]

笔者认为,无论是基于“社会政策”理论还是“当然例外”理论,无罪说都仅仅只能为被追诉人提供一种实体结果上最优的救济方案。但是,在等待无罪判决的整个审理过程中,被追诉人通常会处于人身自由被限制甚至剥夺的状态,让其承受这个过程中的痛苦也是不正当的。因此,有必要为被追诉人提供更加有效的救济。美国法院创设此项抗辩事由的原因在于该违法侦查行为侵蚀了司法的正洁性。然而,检察官以通过上述违法侦查行为所获得的证据为依据而提起公诉的行为本身也是不正当的。可见,犯意诱发型诱惑侦查行为对司法正洁性的侵蚀并不只及于庭审,刑事诉讼程序根本不应进行到庭审阶段。[3]

---

〔1〕 唐若愚:《犯意引诱型警察圈套中的被告人应按无罪论处》,载《法律适用》2005 年第 12 期,第 87 页。

〔2〕 林钰雄:《国家机关挑唆犯罪之法律效果》,载《刑事程序与国际人权》,台北,元照出版社 2007 年版,第 116～117 页。

〔3〕 See A. Ashworth, *Testing Fidelity to Legal Values: Official Involvement and Criminal Justice*, 63 The Modern Law Review (2000), p. 652.

3. 证据排除说

与减刑说和无罪说不同,证据排除说是从程序法角度讨论被追诉人的救济问题。英国、日本[1]、澳大利亚[2]和我国台湾地区都曾有判决采证据排除立场,该说也得到了我国大陆一些学者[3]及实务人士[4]的支持。证据排除说的合理性在于,既然警察实施犯意诱发型诱惑侦查行为已经违反了程序公正,使用其得来的证据便是对程序公正原则的进一步违反,因此,所得证据应当排除,不得作为法院裁判有罪的理由。2019 年《最高人民法院、最高人民检察院、公安部关于办理毒品犯罪案件收集与审查证据若干问题的意见》第 48 条第 3 款规定:“隐匿身份人员在侦查活动中诱使本无犯意的人实施毒品犯罪,并向其提供涉案毒品,或者向其提供毒资和购毒渠道的,所提供的毒品、毒资以及从其提供的渠道购买的毒品不得作为认定被引诱人员实施毒品犯罪的证据。”这意味着证据排除说已经得到了最高司法机关的认可。

证据排除说的积极意义在于,程序性救济的重要性得以凸显,这为理论和实务的进一步发展开拓了视野。然而,笔者认为该说在回答以下两个问题时仍显无力。第一,证据排除的范围如何?倘若能够排除犯意诱发型诱惑侦查之下收集到的全案证据,当然会因完全没有证据证明被告人有罪而导致无罪判决。[5] 但若无法排除全案证据,除了有可能因证

---

〔1〕 日本最高裁判所已于昭和 53 年 9 月 7 日刑集 32 卷 6 号页 1672 判决承认非法证据排除规则的适用。转引自日本刑事法学研究会主编:《日本刑事判例研究(一)侦查篇》,台北,元照出版社 2012 年版,第 110 页。

〔2〕 See *Ridgeway v. R.* (1995) 184 C. L. R. 19.

〔3〕 参见郑瑞震:《从警察圈套看刑诉中的证据规则》,载《犯罪研究》2002 年第 4 期,第 72 ~ 74 页;亦见何雷:《诱惑侦查规制路径研究——以我国最新修改的〈刑事诉讼法〉第 151 条第 1 款为研究基点》,载《苏州大学学报(哲学社会科学版)》2013 年第 2 期,第 94 ~ 95 页。

〔4〕 最高人民法院刑事审判第一庭编著:《新刑事诉讼法及司法解释案例精析与理解适用》,法律出版社 2013 年版,第 45 ~ 51 页。

〔5〕 此观点可参见何雷:《诱惑侦查规制路径研究——以我国最新修改的〈刑事诉讼法〉第 151 条第 1 款为研究基点》,载《苏州大学学报(哲学社会科学版)》2013 年第 2 期,第 94 页。Vgl. *Jäger*, Beweisverwertung und Beweisverwertungsverbote im Strafprozess, Verlag C. H. Beck München 2003, S. 64ff.

据不足而判决被告人无罪外，还有可能基于剩余的证据判决被告人有罪，[1]且无减刑优惠，这对被告人显然不利。第二，证据排除的依据为何？在德国，证据排除说所对应的乃证据使用禁止（Beweisverwertungsverbote）说。学者们关于证据使用禁止的依据有两种主张：一种观点认为，可以类推适用在讯问中以欺骗手段取证的禁止规定；另一种观点认为，由于犯意诱发型诱惑侦查侵犯了受基本法保护的人性尊严，使被追诉人沦为国家操纵的客体，故属于自主性证据使用禁止，即使在实定法上没有明确对应的证据排除依据，所取得的证据也应当绝对禁止使用。[2] 在我国，非法性并非证据排除的充分条件。我国没有对于侵犯公民基本权利取得的证据绝对排除的规定。尽管《刑事诉讼法》第52条[3]明确规定，“严禁刑讯逼供和以威胁、引诱、欺骗以及其他非法的方法收集证据”，且根据第153条规定，犯意诱发型诱惑侦查亦属非法无疑，但其却不在《刑事诉讼法》第56条规定的排除事由当中，实践中排除此类证据的前景并不明朗。

证据排除方案是针对侦查人员的个别非法取证行为而言的，难以回应诉讼从整体上非法的质疑。试想一下，如果没有侦查人员诱发犯意，犯罪便不会发生，更遑论之后取得的所有证据，所以犯意诱发型诱惑侦查的程序违法性并不止于个别取证行为，而是及于整个诉讼程序。然而，证据排除的诉讼处理只是对个别程序瑕疵的“小修小补”，要回应整个诉讼的非法性问题，仍有必要进一步探究其他的处理方案。

4. 不起诉说

不起诉是对犯意诱发型诱惑侦查进行程序法处理的另一种方式。自 *Latif*; *Shahzad* 案[4]开始，英国法院彻底改变了减刑说的立场，认为对存在

---

〔1〕 See A. Ashworth, *Testing Fidelity to Legal Values: Official Involvement and Criminal Justice*, 63 The Modern Law Review (2000), p. 652; A. Choo, *Abuse of Process and Judicial Stays of Criminal Proceedings*, Oxford University Press, 2008, p. 139. 对证据排除说的批评亦可参见林钰雄：《国家机关挑唆犯罪之法律效果》，载《刑事程序与国际人权》，台北，元照出版社2007年版，第135～137页。

〔2〕 Vgl. *Berz*, Polizeilicher agent provocateur und Tatverfolgung, JuS 1982, 416, 420f.; *Fischer/Maul*, Tatprovozierendes Verhalten als polizeiliche Ermittlungsmaßnahme, NStZ 1992, 7, 13.

〔3〕 该内容亦见于1996年《刑事诉讼法》第43条及2012年《刑事诉讼法》第50条。

〔4〕 *R. v. Latif*; *R. v. Shahzad* [1996] 1 WLR 104.

犯意诱发型诱惑侦查的案件,应当因程序滥用而作出不起诉决定。该观点在 *R. v. Loosely* 案[1]中得到了重申。[2] 该案判决认为违法诱惑侦查的法律后果应包括程序终止和证据排除,其中程序终止的处理方式更为适当。基于违法诱惑侦查而提起的公诉不应得到支持,否则会严重损害法院的公正司法形象。日本最高裁判所也有判决认为对遭受了犯意诱发型诱惑侦查的被追诉人起诉已经构成公诉权滥用,起诉不合法。[3]

不起诉说的优越性一方面在于,这是从批判当事人模式向批判国家模式的彻底转变。减刑说和证据排除说是批判当事人模式的典型代表。两种理论背后都隐含着这样一种思维,即被追诉人是有罪的,但是因为国家的追诉手段欠妥,故需要给予被追诉人一定的补偿。美国法中尽管规定了警察圈套抗辩,但是却需要由辩方证明自己原本没有犯罪倾向,也是基于同样的思维。与之不同的是,不起诉说采纳的是批判国家模式。它首先着眼于国家行为的合法性,即使是在被追诉人原本已有犯罪倾向的情况下,侦查人员及其代理人诱发他人犯罪仍然违法,同样构成对司法正洁性的玷污,应予以否定评价。正如霍夫曼勋爵所言:"不起诉并非由于被告人无罪或者他不能得到公正的审判,也不仅仅是为了制裁警察,而是为了保护整个刑事司法系统的正洁性。"[4]犯意诱发型诱惑侦查本就是严重的程序违法行为,该行为由代表国家机关的警察一方作出,更是难以容忍。只有从批判国家的模式出发,思考被追诉人的救济问题,才能从根本上实现对此类违法行为的遏制。

另外,不起诉说将刑事诉讼程序提早在法院审判之前终结,可以避免不法起诉给被追诉人带来后续的侵害。犯意诱发型诱惑侦查对于司法正洁性的玷污在起诉之时已然存在,也就是说,起诉行为本身是非法的。若

---

〔1〕 *R. v. Looseley*; *A-G's Reference* (*No.* 3 *of* 2000) [2001] UKHL 53, [2001] 1 WLR 2060.

〔2〕 A. Choo, *Abuse of Process and Judicial Stays of Criminal Proceedings*, Oxford University Press, 2008, p. 139 – 141.

〔3〕 日本最高裁判所已于昭和 55 年 12 月 17 日刑集 35 卷 7 号页 672 判决肯定公诉权滥用论。转引自日本刑事法学研究会主编:《日本刑事判例研究(一)侦查篇》,台北,元照出版社 2012 年版,第 110 页。

〔4〕 *R. v. Looseley*, *A-G's Reference* (*No.* 3 *of* 2000) [2001] UKHL 53, [2001] 1 WLR 2060, per Lord Hoffmann, para. 39.

任由此非法起诉启动审理程序,则是容许程序违法进一步发酵。为了从根本上维护司法的正洁性,检察机关应当作出不起诉决定,已经提起公诉的,法官也应当对此给予否定评价。根据案件的具体情形以及相关实定法的规定,上述种种否定评价既可能是程序上的,也可能是实体上的。

笔者认为,相较于减刑说、无罪说和证据排除说,不起诉说的确具有显著的优势。这种优势就在于可以不待法院作出实体判决,而提前终止刑事诉讼程序,从而为被追诉人提供一种及时的、终局性的救济。对抗程序滥用,抵制玷污司法正洁性的最佳方案其实是终止刑事诉讼程序。只不过因为提起公诉本身是连接侦查与审判的关键行为,不起诉同时包含对侦查过程的否定评价以及不开启法庭审判的双重含义,所以学者们才会以不起诉说替代诉讼程序终止说。然而,不起诉说与诉讼程序终止说并非等同,后者才是对被追诉人的最优救济。[1] 至于终止刑事诉讼程序的理论依据何在,笔者认为,有必要引入刑事诉讼条件理论加以分析。

(四)犯意诱发型诱惑侦查的重新定位:非法定诉讼障碍

在存在犯意诱发型诱惑侦查的场合,国家对被追诉人发动刑事追诉自始就存在着合法性方面的风险。欧洲人权法院已经指出,侦查人员挑唆他人犯罪的行为"从一开始"就剥夺了被告人的公平审判权。[2] 不仅如此,警察在实施犯意诱发型诱惑侦查行为的当时就已经构成对国家权力的滥用,并且构成了对司法正洁性的玷污。因此,犯意诱发型诱惑侦查行为从根本上动摇了刑事追诉程序的正当性,其违法性及于整个刑事诉讼。这就有必要通过刑事诉讼条件理论对此违法侦查行为的处理问题予以解释。犯意诱发型诱惑侦查作为一项非法定的诉讼障碍,具有对诉讼程序整体上的排除作用。对于遭受了此违法诱惑侦查的被追诉人,诉讼救济应采程序终止说:无论刑事诉讼进行到哪个阶段,只要发现存在上述违法行为,都必须立即停止刑事追诉。德国联邦最高法院在历史上曾普遍以诉讼障碍事由处理违法诱惑侦查问题。后虽经历了立场的转变,但如今所持立场再次回归诉讼障碍说。2015 年,德国联邦最高法院在其判决中认为,违法诱惑

---

〔1〕 加拿大最高法院的观点认为,停止刑事司法程序是对被追诉人的最合适的救济途径,See *R. v. Mack* [1988] 2 SCR 903. Also see A. Ashworth, "Re-drawing the Boundaries of Entrapment", *Criminal Law Review* (2002, Mar.), p. 163 – 164.

〔2〕 *Teixeira de Castro v. Portugal* (1999) 28 EHRR 101 (judgment of 1998), para. 39.

侦查构成诉讼障碍事由,诉讼程序应予终止。但是出于对实质正义的追求,只有在极端例外的案件中才能以违法诱惑侦查为由终止诉讼。[1]

诉讼条件与国家诉权条件具有一致性,而国家诉权又以具有诉的利益为前提条件。国家只对那些有追诉必要的犯罪行为才有诉的利益,进而享有国家诉权,对此类犯罪行使国家刑罚权才有正当性。如果国家对某行为不享有刑罚权,即对其不享有诉权,这便构成一项诉讼障碍事由,阻碍追诉程序的启动及推进。国家刑罚权的理论基础在于预防犯罪。如果无助于预防犯罪,则国家不应也无必要行使刑罚权,即欠缺诉讼条件。犯罪预防理论包括针对行为人个人的特殊预防,以及针对全部社会人的一般预防。通常情况下,国家针对已经发生的犯罪行为行使具体刑罚权,通过对行为人定罪量刑,并强制其服刑,以达到一般预防与特殊预防的效果。然而,具体刑罚权的落实并非发挥刑罚预防功能的唯一途径。如果潜在的罪犯因为畏惧被刑事追诉而不敢犯罪,则意味着抽象的刑罚权已经可以发挥一般预防功能,此时便无必要再行使具体刑罚权。换句话说,此情况下发动刑事追诉欠缺诉讼条件。

犯意诱发型诱惑侦查是对犯罪预防理论的彻底颠覆。国家通过立法将相关行为规定为犯罪,这一抽象刑罚权的存在已经足以威慑潜在的行为人不敢犯罪,无须再动用具体的刑罚权。但是,侦查人员却要通过诱发犯意的方式制造犯罪,试图"无中生有"地创设具体刑罚权并加以行使,这无疑是对犯罪预防效果的自行消减。[2] 因此,在存在上述违法侦查行为的情况下,国家因自始没有刑罚权而欠缺诉讼条件,对被追诉人不得发动或维持刑事追诉。

刑事诉讼具有阶段性,在不同的诉讼阶段发现了存在犯意诱发型诱惑侦查,应当以不同方式终止诉讼。由于发动侦查应是在立案之后,因此对被追诉人的诉讼救济只涉及立案之后的诉讼处理问题。第一,如果公安机关在侦查阶段发现存在犯意诱发型诱惑侦查,不得将案件移送给检察机关审查起诉,而应当及时依据《公安机关规定》第 186 条规定撤销案件。第二,如果案件已经被移送至检察机关,承办人员在审查起诉过程中发现侦查人员实

---

〔1〕 参见陈真楠:《违法诱惑侦查的法律后果——德国联邦法院判例的最新发展及其启示》,载《环球法律评论》2021 年第 5 期,第 155 ~ 156 页。

〔2〕 林钰雄:《国家机关挑唆犯罪之法律效果》,载《刑事程序与国际人权》,台北,元照出版社 2007 年版,第 140 页。

施了犯意诱发型诱惑侦查行为，应当以《刑事诉讼法》第16条为依据，作出法定不起诉决定。检察机关不仅是公诉机关也是法律监督机关，根据《刑事诉讼法》第171条，检察机关审查起诉的内容还包括是否属于不应追究刑事责任的情况，以及侦查活动是否合法。检察机关的不起诉决定一方面代表其认为本案未达起诉标准；另一方面也是对公安机关违法侦查手段的否定评价。第三，如果在案件被起诉之后才发现存在犯意诱发型诱惑侦查行为，则在一审阶段有两种选择：首先，检察机关可以在法庭辩论终结之前主动撤回起诉；其次，如果检察机关拒绝撤回起诉，法院在审理过程中可以根据《刑事诉讼法》第16条规定裁定终止审理，而无须对被告人作出有罪或无罪的实体判决。第四，对于诉讼条件的审查不仅是第一审法院的义务，同样及于上诉审法院。如果警察实施犯意诱发型诱惑侦查的情况迟至二审阶段才被发现，则二审法院应当裁定撤销原判，终止审理。由于一审判决并非生效判决，所以二审法院裁定撤销原判之后，案件会回归到一审起诉后判决前的状态。为了避免被追诉人继续经受追诉程序的折磨，此类案件撤销原判后，不必再发回原审法院重审，二审法院可以直接终止审理。第五，如果被告人的有罪判决已经生效，在刑罚执行过程中或执行完毕才发现存在犯意诱发型诱惑侦查，则应当立即停止执行刑罚，并启动审判监督程序。再审中检察机关已无撤回起诉的权力，其应当在公诉意见中请求法院判决无罪。[1] 法院也应当积极改判无罪，以纠正之前生效的有罪判决对被告人的不利评价。

或许有人会担心，上述对于国家刑罚权和诉讼条件的理解会影响刑事追诉的力度，有可能导致某些多次犯罪的行为人逃脱法律的制裁。这实属多虑。根据诉讼案件的单一性理论，刑事案件系以一人一行为为单位，对于职业性或连续性犯罪而言，放弃对最后一次“犯罪行为”的追诉并不会影响国家对于之前犯罪行为行使刑罚权。例如，丁长期以贩毒为生，当地公安机关以犯意诱发型诱惑侦查的方式促成了一起毒品“交易”，并将其抓获。公安机关在侦查过程中发现，丁在此次“交易”之前已成功贩毒9次。本案中，尽管不存在数罪并罚的问题，但是对丁的10次贩毒行为仍需要逐

---

〔1〕 在抵消生效有罪判决的既判力方面，法院重新作出的无罪判决会比终止审理的裁定更具有优势。

一进行审查认定。即便公安司法机关对于丁的第10次贩毒行为,因为缺乏刑罚权而不得不放弃刑事追诉,但是国家对于丁之前9次贩毒行为的刑罚权依然存在,发动刑事追诉有理有据。可见,本章所倡导的国家刑罚权及诉讼条件理论并不会导致国家追诉职业性或连续性犯罪的不力。

二、过分诉讼迟延引出的诉讼条件问题

(一)期间合理性作为一项诉讼权利

如果诉讼久拖不决,不仅正义无法及时彰显,被追诉人也将在遥遥无期的诉讼中身心俱疲。《刑事诉讼法》及相关规范中有若干关于办案期限的规定,办案人员的绩效考核标准中也存在诸多关系到诉讼期间的指标,且具有较强的刚性。然而,上述对于诉讼期间的关注乃是基于一种行政化的管理思维,其目的在于便利上级领导行政监控办案人员的时间使用问题。[1] 尽管我国一再强调案件的迅速审判,历次《刑事诉讼法》修改也在诉讼提速方面有诸多努力,但这种对于诉讼效率的追求只是国家司法资源配置的一种方式,并不是从被追诉人权利角度进行的思考。[2] 实践表明,当前模式下的诉讼时间管理在提升当事人,特别是被追诉人的公正感觉方面作用有限。诉讼迟延仍屡见不鲜,有些明显不合理的迟延甚至掩盖于"合法"的外衣之下。除非转向从被追诉人权利的角度进行思考,否则无法从根本上遏止大量存在的诉讼迟延问题。比较法经验表明,同公开、公平、独立的要求一样,期间合理性也是公平审判一项不可或缺的必要特征。[3] 出于对被追诉人公平审判权的关注,被追诉人的诉讼期间权利逐渐进入人们的视野。

首先,刑事诉讼本身即是一种惩罚,诉讼从一开始就是制裁的组成部分。承认被追诉人的诉讼期间权利可以降低附随诉讼而给被追诉人造成的具有刑罚特征的不利负担(Übelszufügungen mit Strafcharakter)[4]。该

---

[1] 参见郭晶:《刑事诉讼时间应如何获得审查和规制?》,载《清华法学》2018年第3期,第143页;艾明:《实践中的刑事一审期限:期间耗费与功能探寻——以S省两个基层法院为主要样板》,载《现代法学》2012年第5期,第180页。

[2] 参见马静华、潘利平:《迅速审判:不同刑事诉讼模式下的理念与制度比较》,载《四川大学学报(哲学社会科学版)》2007年第4期,第129页。

[3] See *Attorney-General's Reference* (*No.* 2 *of* 2001) [2003] UKHL 68, para. 117.

[4] Vgl. *Imme Roxin*, Die Rechtsfolgen schwerwiegender Rechtsstaatsverstöße in der Strafrechtspflege, Herbert Utz Verlag · München 2004, S. 234.

不利负担不只存在于羁押的场合,即使被追诉人行动是自由的,该自由也受到限制,不利负担依旧存在。例如,取保中的被追诉人不得擅自离开居住的市、县,一旦其未经批准赴外地探亲访友,就可能被当成逃跑或有逃跑的危险,转而对其采取完全剥夺人身自由的强制措施。诉讼期间具有类刑罚(strafähnlich)的特征,[1]刑罚的预防功能可以通过诉讼推进得到部分实现。如果将诉讼限定在合理期间范围之内,上述“预支的”制裁尚具有一定合理性;但如果诉讼存在由国家机关导致的不合理迟延,那么就是让被追诉人陷入无根据的、附加的惩罚当中。[2] 被追诉人未被羁押的诉讼期间不可用于折抵刑期,上述类刑罚的不利负担具有不可弥补的缺憾。然而,实践中此种于法无据的诉讼迟延又常被当作一种非正式的惩罚手段加以利用。因此,有必要承认被追诉人在期间方面的诉讼权利,以抵御上述国家滥权。

其次,认可被追诉人有权利要求在合理期间内受审并获得判决,可以避免其长期陷于判决定谳前的“不确定”状态。刑事诉讼本身会给被追诉人带来精神、经济和名誉方面的压力。一旦某人成为刑事案件的嫌疑人,无论最终是否被定罪,他都可能被社会贴上不良标签,因刑事追诉而被限制或剥夺人身自由,甚至因此而失去家庭和工作。在漫长的等待过程中,被追诉人及其亲友还会遭受强烈的精神压力,陷入不安与忧虑当中。对于无辜者而言,国家机关有义务尽早结束此种“不确定”状态,为无辜者恢复名誉;即使是对实体有罪的被告人而言,为了更好地实现刑罚的预防功能,出于对被告人成功改造并顺利回归社会的考虑,也应尽可能缩短不必要的“不确定”状态。换言之,法律层面上确立被追诉人的期间权利,并非完全出于法律的考虑,亦是为了要减少迟延诉讼给被追诉人带来的心理上和社会方面的不利影响。[3]

再次,出于保障被追诉人辩护权的考虑,应避免不合理诉讼期间对其充分有效辩护机会的损害。诚然,要证明诉讼迟延确实侵害了被追诉人的辩护权,在实践中十分困难。然而,期间权利所要保护的并非被追诉人的辩护权本身,而是其可以进行充分辩护的一种机会利益。此种辩护机会是潜在的辩

---

〔1〕 Vgl. *Imme Roxin*, Die Rechtsfolgen schwerwiegender Rechtsstaatsverstöße in der Strafrechtspflege, Herbert Utz Verlag · München 2004, S. 232 ff.

〔2〕 Vgl. BVerfG (2. Kammer des Zweiten Senats) NJW 1995, 1277.

〔3〕 See *Millls R. v.* (1986) 52 CR (3d) 1, 91 – 92.

护权,一旦丧失,被追诉人纵使实际上无辜也会因无机会辩护而被判决有罪。[1] 迟延对辩护机会最直接的影响在于证据状态的改变:在诉讼迟延的场合,涉案的重要证据可能灭失或者在品质上有所下降。特别是在以言词证据为主的案件中[2],关键证人可能在诉讼迟延过程中死亡或失踪而无法作证[3],其他证人的记忆也可能随着时间流逝而衰退,因遗忘而无法充分还原案发当时的情况。证据是充分有效辩护的前提,也是审判公正性的保障。欠缺证据,有效的辩护无从入手,审判的公正性自然会受质疑。

需要注意的是,为了保障被追诉人的辩护权,除了须避免诉讼迟延,还须避免诉讼过速。刑事诉讼应为被追诉人提供机会,保障其"有相当时间和便利准备他的辩护"[4]。这也是被追诉人期间权利的题中应有之意。否则,若被追诉人在得知被指控后匆匆交付审判,他甚至没有机会向律师进行法律咨询,来不及了解和收集证据。缺乏必要的辩护准备,对被追诉人有利的证据和材料无法进入审判,审判对他而言只是一个突然袭击,毫无公正性可言。

最后,确保被追诉人在合理期间内受审并获得判决,也是符合社会公共利益的。民众享有对国家机关勤勉工作的期待利益。国家机关工作人员应当勤勉尽责,以实现有罪之人尽快认罪服法,交付执行刑罚,并要及早解除对无辜者的刑事追诉,转向寻找真正的案犯。唯有如此,方可更好地实现刑罚特殊预防以及一般预防的目的。如果没有在合理期间内作出裁判,即使裁判结果在实体上并无偏颇,也会引发公众的怀疑和批评。此外,诉讼迟延造成的证据灭失还可能妨碍案件真实的发现,使之被迫成为"悬案""挂案",司法威信将会遭到更致命的打击。

---

〔1〕 Andrew L-T Choo, *Abuse of Process and Judicial Stays of Criminal Proceedings*, Oxford University Press, 2008, p. 91.

〔2〕 诉讼迟延给言词证据带来的影响尤为严重。See *Tynan v. US* 376 F 2d 761, 763 (DC Cir 1967); *R. v. Telford JJ, ex p Badban* [1991] 2 WLR 866, 876 – 877.

〔3〕 See eg. *Dicky v. Florida* 398 U. S. 30, 90 S. Ct. 1564 (1970). 本案中审判迟延7年,其间对被告人有利的两位证人死亡。

〔4〕 参见《公民权利与政治权利国际公约》第14条第3款(乙)项。类似规定亦见于《欧洲人权公约》第6条第3款(乙)项:"凡受刑事罪的控告者具有下列最低限度的权利:……(乙)为准备辩护,应有适当的时间和便利。"《美洲人权公约》第8条第2款(三)项:"被控告犯有罪行的每一个人,只要根据法律未证实有罪,有权被认为无罪,在诉讼的过程中,个个都有权完全平等地享有下列的最低限度的保证:……(三)为准备辩护所需要的适当的时间和手段。"

(二)诉讼期间权利的内涵

诉讼期间权利是对“被告人应在合理期间内受审权利”的简化。在现有研究中,常见有将该权利与“不被长期先行羁押的权利”和“迅速审判权”混同,亟须澄清。

1. 该权利的客体是诉讼期间,与未决羁押期间不同

尽管从英美的经验看来,诉讼期间权利出现的最初目的是杜绝长期的未决羁押,[1]但是在后期的发展过程中,上述两项权利逐渐彼此独立。前文已述,诉讼期间本身即具有“类刑罚”的特征,即使未剥夺被追诉人的自由,也足以带来具有刑罚特征的不利负担。《公民权利与政治权利国际公约》《欧洲人权公约》《美洲人权公约》中,诉讼期间与未决羁押期间均分布于不同的条款。[2] 可见,被追诉人的诉讼期间权利具有独立性,而非其他权利的附庸。

我国存在将诉讼期间与未决羁押期间混淆的问题。《刑事诉讼法》第98条将审查起诉及一审、二审的期限理解为羁押期间。根据《国家赔偿法》第17条规定,国家赔偿的范围只限于被追诉人被违法拘留和逮捕的情

---

[1] 参见冯喜恒:《美国联邦法律中的迅速审判权》,载《环球法律评论》2011年第3期,第100页。

[2] 《公民权利与政治权利国际公约》有关诉讼期间的规定在第14条第3款(丙)项:“在判定对他提出的任何刑事指控时,人人完全平等地有资格享受以下的最低限度的保证:……(丙)受审时间不被无故拖延……”而第9条第3款规定限制未决羁押的期限:“任何因刑事指控被逮捕或拘禁的人,应被迅速带见审判官或其他经法律授权行使司法权力的官员,并有权在合理的时间内受审判或被释放。等候审判的人受监禁不应作为一般规则,但可规定释放时应保证在司法程序的任何其他阶段出席审判,并在必要时报道听候执行判决。”《欧洲人权公约》第5条第3款是关于未决羁押期限的限制:“依照本条第一款(丙)项的规定而被逮捕或拘留的任何人,应立即送交法官或其他经法律授权行使司法权的官员,并应有权在合理的时间内受审或在审判前释放。释放得以担保出庭候审为条件。”而诉讼期间权利规定于第6条第1款:“在决定某人的公民权利与义务或在决定对某人的任何刑事罪名时,任何人有权在合理的时间内受到依法设立的独立与公正的法庭之公平与公开的审讯。……”同样,《美洲人权公约》也对此两项权利分别加以规定。该公约第7条第5款规定:“应将被拘留的任何人迅速提交法官或其他经法律认可的行使司法权的官员,该人有权在一段合理时间内受到审判或予以释放而不妨碍诉讼的继续。对该人可予以保释以保证该人出庭受审。”诉讼期间权利规定于第8条第1款:“人人都有权在适当的保证下和一段合理的时间内由事前经法律设立的独立公正的主管法庭进行审讯,以判定对该人具有犯罪性质的任何控告,或决定该人的民事、劳动、财政或具有任何其他性质的权利和义务。”

形,若仅因为审查起诉或法庭审理逾期,被追诉人无法获得国家赔偿。前述规范中对于羁押期间的关注淹没了被追诉人在合理期间内受审的权利需求,似乎只要不存在超期羁押,诉讼期间就失去了意义。这就可能引发进一步的误解:只要延长诉讼期间,羁押期间也可随之延长,就无所谓超期羁押。上述误解十分危险,因为《刑事诉讼法》规定了大量可以延长诉讼期间的情形,甚至允许在特殊情形下,报请最高人民法院批准后无限期延长审限。[1] 尽管报请最高人民法院批准延长审限的情况在实践中很少发生,但这毕竟为肆意侵犯被追诉人的人身自由留下了"合法的漏洞"。此外,将诉讼期间与未决羁押期间捆绑,还可能限制办案人员从容办案。诉讼期间对于办案人员而言,既具有限时功能,也具有授时功能。由于未决羁押期间主要发挥的是限时功能,将二者捆绑,有可能压缩办案人员对于诉讼程序运行的正常时间需求,[2] 令其难以对案件的公正性予以周全考虑而匆忙结案。因此,为杜绝国家机关借助延长诉讼期间来延长对被追诉人的羁押期间,亦为防止办案人员迫于超期羁押的压力而匆忙结案,亟须将被追诉人的诉讼期间权利从未决羁押期间中独立出来。

笔者认为,诉讼期间与未决羁押期间相互独立,二者的正确关系应为:一方面,前者并非后者的附庸,即使被追诉人并未在押,他仍享有诉讼期间的权利;另一方面,是否存在未决羁押是诉讼期间合理性的一项重要判断因素,对于在押被追诉人而言,期间合理性的审查更为严格。正如我国台湾地区"刑事妥速审判法"第 5 条第 1 项规定:"法院就被告在押之案件,应优先且密集集中审理。"我国大陆应树立被追诉人享有独立的诉讼期间权利的意识,并应以此为基础,设置独立于超期羁押的救济措施。在此问题上,《刑事诉讼法》有关自诉案件审限的规定有一定启发意义:第 212 条第 2 款区分被告人被羁押及未被羁押两种情形,前者遵循一般公诉案件的审限规定,通常在 2~3 个月内结案;后者应在受理后 6 个月内宣判。公诉案件的诉讼期间亦应按照此思路进行理解。

---

〔1〕 参见《刑事诉讼法》第 208、243 条。

〔2〕 参见郭晶:《英美法系迅速审判权与欧陆法系诉讼及时原则之间的制度对话——比较法视野下的刑事诉讼"合理期间"》,载《西安交通大学学报(社会科学版)》2018 年第 4 期,第 104 页。

2. 违反诉讼期间权利亦包括审判拙速的情形

诉讼期间权利不等于速审权。强调被追诉人的诉讼期间权利，不仅要求诉讼应尽可能迅速，以避免过分侵犯被追诉人的权利及损害证据的品质，而且也不允许因过分追求速度而使调查程序的周延性受损。〔1〕诚然，诉讼迟延是常见的侵犯诉讼合理期间权利的情形，因而速审权往往得到更多的强调，后文也主要基于诉讼迟延问题展开。然而，基于归谬法可知，若将对速审权的强调达到极致，就可能引发拙速但非公正的审判。正如我国台湾地区"刑事妥速审判法"的立法理由所言："'粗糙的正义，亦非正义'，若法院仅讲求'迅速'，而不顾案件审理'质量'，当事人仅能得到粗糙的正义，空有迅速审判的形骸而无公平正义之实体，难以建立人民对司法的信心。"〔2〕因此，"迅速审判，并非在形式上一味地追求快速结案，而必须以充分保障被告防御权及维持公平正当程序的审理作为其前提"。〔3〕

相较于诉讼迟延，公检法机关工作人员刻意快速推进诉讼的风险同样不可小觑。在案多人少的大背景下，提高诉讼效率成了公检法系统内在一致的价值追求。2012 年《刑事诉讼法》修改，将实践中长期存在的"普通程序简易审"纳入简易程序的适用范围，使其合法化。2018 年《刑事诉讼法》中又规定了速裁程序，进一步压缩了案件的审查起诉期限和审限。法律规范的修改本就是一种明显的行为信号，加之部分绩效考核标准的逆向激励，办案人员快速推进程序便具有了内外双重驱动力。在各方利益驱动下，某些原本须适用普通程序审理的案件可能转而适用简易程序。对于诉讼效率的追求不能损害案件公正。在大力推进认罪认罚从宽程序〔4〕的当下，尤为需要警惕审判拙速带来的风险。即使是在普通程序中，诉讼过速的风险仍不能完全杜绝。如果前期因各种原因未做到及时有效地推进案件的审理程序，在办案期限即将届满之时，办案人员为了避免职

---

〔1〕 Vgl. *Roxin/Schünemann*, Strafverfahrensrecht, Verlag C. H. Beck München 2012, § 16, Rn. 3.

〔2〕 参见我国台湾地区"刑事妥速审判法草案总说明"，台湾司法机构函请审议"刑事妥速审判法草案"案（院台庭刑一字第 0980024413 号）。

〔3〕 陈运财：《〈刑事妥速审判法草案〉评释——由日本法之观点》，载《月旦法学杂志》2010 年第 2 期，第 106 页。

〔4〕 实践中，速裁程序成为办案机关适用认罪认罚从宽程序的最主要选择。

业惩戒亦可能出现迫于压力而匆忙结案的消极现象。“及时是草率和拖拉两个极端的折中,人们都不希望在无充足时间收集信息并思考其意义的情况下草率作出判决。”〔1〕因此,在理解诉讼期间权利时,必须严守对于“迅速”的正确理解:其核心不只是快速,而是正常速度。〔2〕推进诉讼需把握好快慢之间的平衡关系:“迟来的正义,不是正义;拙速的正义,是正义的破灭。”〔3〕

(三)诉讼期间的计算

从比较法经验来看,诉讼期间的起算有几个时间节点可供选择,包括犯罪行为完成时、一审开始时和起诉时。然笔者认为,较为适宜的起算时点应为国家机关采取追诉行动之时,即被追诉人被侦查机关第一次讯问或采取强制措施之时。第一,如果犯罪行为完成之后国家长期没有追诉,虽存在迟延,但这并非诉讼期间权利关注的对象。Schroth教授将诉讼迟延区分为事实上的迟延(schlichte Überlänge)和法律意义上的迟延(qualifizierte Überlänge):前者自犯罪行为终了之时起算;后者特指国家机关已开始追诉,但却并未推进诉讼或未将程序推进至应有程度的情形。〔4〕事实上的迟延已有追诉时效制度予以规制。如果犯罪行为发生后经过法定的追诉时效期限未被追诉,则国家刑罚权消灭,被追诉人因该迟延“受益”。在存在法律意义上诉讼迟延的场合,追诉已开始但悬而未决,这会给被追诉人带来类刑罚的不利负担,需要通过诉讼期间权利加以约束。第二,有立法例将一审开始之时确定为诉讼期间的起算点,〔5〕但笔者并不赞同。被追诉人的诉讼期间权利虽然是其公平

---

〔1〕[美]迈克尔·D.贝勒斯:《法律的原则——一个规范的分析》,张文显等译,中国大百科全书出版社1996年版,第32页。

〔2〕See *United States v. Ewell* 383 U.S. 116,120 (1966).

〔3〕“A balance ought to be maintained between the two commonly known maxims,‘justice delayed is justice denied’and‘justice rushed is justice crushed’.” See *Mehram Ali v. Federation of Pakistan* (PLD 1998 SC 1445), per Chief Justice Irshad Hasan Khan.

〔4〕Vgl. *Schroth*, Strafrechtliche und strafprozessuale Konsequenzen aus der Überlänge von Strafverfahren, NJW 1990, 29, 30.

〔5〕参见我国台湾地区“刑事妥速审判法”第7条规定:“自第一审系属日起已逾八年未能判决确定之案件……审酌下列事项,认侵害被告受迅速审判之权利,且情节重大,有予适当救济之必要者,应减轻其刑……”

审判权的一项内容,但此处的“审判”不应狭义理解为法庭审判阶段。侵犯被追诉人公平审判权的行为不仅可能发生在审判阶段,还包括发生在审前并剥夺其公平审判机会的行为。[1] 诉讼迟延在审前阶段大量存在,且被追诉人欠缺来自公开原则、直接言辞等原则的保护。因此,诉讼期间权利的保护范围应包含审前迟延的场合。第三,被追诉人的公平审判权起始于刑事指控,[2]诉讼期间权利亦然。刑事指控并非以正式起诉为限,只要国家行为实质地影响了有关人的处境,刑事指控就已开始。可见,刑事指控始于具体指控的首次正式通知。[3] 美国联邦最高法院在 *United States v. Marion* 案中确立了“控诉后法则”(the Post-accusation Rule)[4],即诉讼期间从起诉或逮捕[5]时起算。欧洲人权法院在 *Eckle v. Germany* 案件中进一步确立了两项诉讼期间开始的标准:“正式通知”及“实质影响”[6],即一旦权责机关对被追诉人做出了正式通知(the official notification),或被追诉人已因侦查措施实质上受到影响(substantially affected),即认为刑事程序开始,诉讼期间开始计算。根据上述标准,我国的诉讼期间计算起点不应设定为立案决定之时。这是因为立案是以案件为对象的,并不一定涉及特定人。即使在立案时已经确定了犯罪嫌疑人的身份,由于国家机关尚未对嫌疑人采取侦查措施,故亦不应开启被追诉人的诉讼期间。被追诉人自被侦查机关第一次讯问或采取强制措施之时起,开始受到国家追诉行为的实质影响。自上述时间节点,其诉讼期间即开始计算。

期间权利的附着终点以判决生效为准。欧洲人权事务委员会认为,不被无故拖延地接受审判的权利必须被理解为不被无故拖延地获得最终判

---

〔1〕 例如,在存在犯意诱发型诱惑侦查的场合,即使审判符合法定程序,被告人的公平审判权“从一开始”已受到侵害。See *Teixeira de Castro v. Portugal* (1999) 28 EHRR 101 (judgment 1998),para. 39.

〔2〕 参见[英]克莱尔·奥维、罗宾·怀特:《欧洲人权法:原则与判例》(第3版),何志鹏、孙璐译,北京大学出版社2006年版,第195~196页。

〔3〕 参见[奥]曼弗雷德·诺瓦克:《〈公民权利和政治权利国际公约〉评注》,孙世彦、毕小青译,生活·读书·新知三联书店2008年版,第331页。

〔4〕 44 US 307 (1971).

〔5〕 需要注意不同法域下对“逮捕”的理解不同。

〔6〕 See ECHR, *Eckle v. Germany*, Judgment of 15/07/1982, Appl. no. 8130/78, paras. 73–79.

决和量刑的权利。[1] 确定期间的终点需要注意以下三个问题。第一,最终裁决不仅包括有罪和无罪的实体判决,还包括终止诉讼的形式"裁判",故严格来讲,期间终点应是国家机关作出具有法律效力的程序终结处理之时。[2] 这不仅包括法院作出的有罪或无罪判决,还包括《刑事诉讼法》第16条规定的法院的"终止审理"裁定、检察机关的不起诉决定,以及侦查机关撤销案件的决定。第二,上诉程序及发回重审期间应在该权利的保护范畴之内。盖因此阶段被告人仍处于"不确定"的状态之下,且上诉程序的进行必然会在事实上延长诉讼期间;一旦法院撤销一审判决,发回重新审理,事实认定会因时间拖延而更加困难,从而隐含进一步迟延的风险。[3] 实践中的诉讼迟延往往发生在上述场合,此乃诉讼期间权利关注的一大重点。第三,判决生效后,被追诉人的"不确定"状态结束,故针对生效判决的再审程序不连续计入诉讼期间。但是再审程序启动之后,案件复经一审、二审,进而作出裁判,被追诉人再次陷入针对再审过程的"不确定"之中,故此间的诉讼期间应重新计算,被告人对此享有一个新的期间权利。

(四)期间合理性的判断

1. 期间合理性与合法性要求不同

审查判断诉讼期间的合理性,没有一劳永逸的办法。"欠缺所有个案皆可一体适用的绝对期间"[4],是判断期间合理性必须坚持的第一准则。纵使在法律中设置了对诉讼期间的刚性要求,也无法逃避对期间合理性的判断。在此问题上,美国联邦1974年的《迅速审判法》是很好的例证。[5] 该法对诉讼期间设定了明确具体的时间要求,但因期间要求过于严苛僵

---

[1] See *Caldas v. Uruguay*, Communication No. 43/1979, U. N. Doc. A/38/40 at 192 (1983).

[2] Vgl. *Imme Roxin*, Die Rechtsfolgen schwerwiegender Rechtsstaatsverstöße in der Strafrechtspflege, Herbert Utz Verlag · München 2004, S. 52 f.

[3] See Winslow Christian, *Delay in Criminal Appeals: A Functional Analysis of One Court's Work*, 23 Stanford Law Review 676(1976), 676.

[4] 林钰雄:《陆正案人权观察报告——以违法合理程序期间之争点为中心》,载《台湾法学杂志》2010年第6期,第90页。

[5] 美国《迅速审判法》虽然规定了明确具体的期间要求,但其在制定及生效前后备受指责。相关批评可参见冯喜恒:《美国联邦法律中的迅速审判权》,载《环球法律评论》2011年第3期,第110~112页。

化,不得不再设置若干例外来增加弹性空间,而过多的例外规定又可能稀释乃至阉割法定期间的效果。“刑事诉讼程序的进程,在客观上确实存在一定程度的不可预测性……无视个案的具体情形,强行设置一个一体遵行的审限制度,是不符合诉讼规律的形而上学的做法。”〔1〕单一的法定期间设置难以兼顾司法实践的多样需求,仍须结合对期间合理性的审查,才能更好地实现对被追诉人期间权利的保障。

法律要求只是对期间合法性的规定,不能取代对其合理性的判断。合法性与合理性之间是一个质与量的关系,一旦超过法定期间,被追诉人的合理期间权利必然受损。司法机关无须再对期间合理性进行审查,只需权衡决定对被追诉人采取何种救济即可。但是,没有超过法定办案期限,并不一定意味着被追诉人的诉讼合理期间权利没有受损。我国制定法层面对诉讼期间的要求极为弹性,有大量关于延长期限、不计入期限、重新计算期限的规定。实践中,办案人员常常将各种延期权限用到极致,从而实现“合法”的诉讼迟延效果。然而,上述场合的“合法”是办案人员通过滥用其自由裁量权来掩饰案件办理超过法定时限的事实,实乃“隐性”的超期,同样会构成对被追诉人诉讼期间权利的侵害。〔2〕因此,即使未超出法定的办案期限,被追诉人依旧可提出申请,要求司法机关对实际的诉讼期间进行合理性审查。

2. 期间合理性的审查

只要实际经历的诉讼期间超出了办理该案件所必须的诉讼期间,就存在诉讼迟延。然而诉讼期间权利所关注的并不在于是否存在诉讼迟延,而在于这种迟延是否合理。诉讼期间合理性的衡量因素包括国家机关的行为、被追诉人的行为、案件复杂性以及案件对被告影响的严重性。〔3〕对期

〔1〕 万毅:《底限正义论》,中国人民公安大学出版社2006年版,第238~239页。

〔2〕 参见韩红俊:《论适时审判请求权》,载《法律科学(西北政法大学学报)》2011年第5期,第137~138页;王宝鸣、谢善娟:《民事审判中的隐性超审限现象初探》,载《法律适用》2000年第7期,第20页。

〔3〕 See *Dyer v. Watson* [2002] UKPC D 1, [2004] 1 AC 379, para. 52 – 55(1 – 3); Stefan Trechsel, *Human Rights in Criminal Proceedings*, Oxford University Press, 2005, p. 141 – 48. 这也是欧洲人权法院在审查有关合理期间权利申诉时的衡量标准。See ECHR, *Beggs v. The United Kingdom*, Judgment of 06 /11/2012, Appl. No. 25133/06, para. 234; ECHR, *Głowacki v. Poland*, Judgment of 30/10/2012, Appl. No. 1608/08, para. 116; ECHR, *Hartman v. Slovenia*, Judgment of 18/10/2012, Appl. No. 42236/05, para. 44.

间合理性必须进行全面审查，切不可选择其中一两个因素进行判断，否则判断结果必将失之偏颇。笔者认为，在存在迟延的场合，将审查过程进一步区分为迟延的原因及迟延的合理性两阶段，将更有助于理解。

第一，诉讼迟延的原因判断。诉讼迟延是否应归责于国家，是在判断期间合理性问题时首先需要考量的因素。[1] 这也是 Schroth 界定法律意义上诉讼迟延的核心要素。[2] 如果迟延可归责于国家，这种诉讼期间的拖延就不具有合理性。审查国家机关的行为及态度，不仅限于司法机关，也包括立法及行政机关。如果是因为不当立法，或司法人员配备不足等原因造成了诉讼迟延，亦属于国家有义务解决的问题，迟延并不因此而具有合理性。除非迟延是由被追诉人自身造成，否则国家都应为不合理的迟延提供救济。例如，我国台湾地区"最高法院"2014 年度台上字第 2159 号刑事判决的裁判理由中表明："……然法院纵无怠惰延宕之情事，亦非（被告人）徐维岳、张秀嘉之因素所昭致。是本件诉讼程序之迟滞，并无可归责于徐维岳、张秀嘉之事由，对其二人迅速受审之权利不能谓无侵害，且就客观上判断，情节已属重大，自应适用上开规定，减轻二人之刑。"

衡量被追诉人的行为及态度，主要是审查诉讼迟延是否是出于可归咎于被追诉人的原因。例如，被追诉人通过潜逃、自残等行为恶意逃避审判，造成了诉讼迟延，自然不能获得救济。在 *US v. Taylor* 案件[3]中，美国联邦最高法院也将由被告人故意行为造成的审判拖延排除在不合理诉讼迟延之外。根据我国台湾地区"法院适用刑事妥速审判法应行注意事项"第 7 点之（六），除上述原因外，可归责于被告人的其他事由包括：因被告人患有疾病而停止审判，被告人另案长期在国外羁押或服刑，被告人意图阻挠诉讼程序的顺利进行，以及被告人一再无理由地申请回避。至于被告人否认罪行的辩解，属于其正当行使辩护权，不应视为可归责于被告人的诉讼迟延事由。[4] 需要注意的是，衡量此因素需坚持比例原则：即便是被追诉

[1] Vgl. *Imme Roxin*, Die Rechtsfolgen schwerwiegender Rechtsstaatsverstöße in der Strafrechtspflege, Herbert Utz Verlag · München 2004, S. 87f.

[2] Vgl. *Schroth*, Strafrechtliche und Strafprozessuale Konsequenzen aus der Überlangen von Strafverfahren, NJW 1990, 29, 30.

[3] 487 US 326 (1988).

[4] 参见我国台湾地区"最高法院"2014 年度台上字第 1641 号刑事判决。

人滥用权利的场合,也需要审查该行为对诉讼迟延的贡献比例,如果二者显然不合比例,诉讼期间依旧不合理。[1]

第二,诉讼迟延的合理性审查。如果诉讼迟延是由于国家机关的恣意所造成的,或者迟延不可完全归责于被追诉人,则需要进一步对诉讼迟延的合理性进行审查。案件复杂性以及案件对被告影响的严重性是影响期间合理性的两大因素。

"案件复杂"不可概括地成为容许诉讼迟延的理由,必须根据个案的具体情况加以评估。林钰雄教授曾提出如下具体评估因素:犯罪类型、被追诉人数量、案件有无"涉外"因素、证据的规模等。[2] 此外,仍有三点问题需要注意。其一,案件复杂程度与案件严重程度无必然对应关系,即使是严重的杀人案件,也很有可能不及轻微的欺诈案件复杂。其二,欠缺证明被追诉人有罪的证据无法使迟延正当化,盖因基于无罪推定原则,有罪证据不足便应判决被告人无罪,不得因此拖延诉讼。实践中犹应警惕"名为案件复杂,实为有罪证据不足"的诉讼迟延。其三,根据过度禁止原则[3],无论案件多么复杂,都只能在一定幅度内延迟诉讼,如果迟延的程度超出了被指控事实的困难程度和严重程度,这种迟延便不再合理[4]。

如果案件对于被追诉人有特殊的严重性影响,则审查期间合理性应更加严格。例如,国家对在押被追诉人负有特别的勤勉义务,应当尽量压缩诉讼期间,缩短未决羁押的时间;此外,被追诉人在押也会便利国家机关推进诉讼,诉讼进程不会因被追诉人不到案而中断,迟延诉讼也就更加欠缺理由。再如,涉及未成年人的案件应当采取更加严格的审查标准。一方面,诉讼的不确定性会对此类被告人的教育和发展带来更加深刻的影响,直接影响今后的矫正效果。[5] 另一方面,即便实体法上的有关规定是以

---

〔1〕 See ECHR, *Metzger v. Germany*, Judgment of 31/05/2001, Appl. No. 37591/97.

〔2〕 参见林钰雄:《陆正案人权观察报告——以违法合理程序期间之争点为中心》,载《台湾法学杂志》2010年第6期,第98~101页。

〔3〕 所谓过度禁止原则,是指对利益的损害不得超过必要限度。参见[德]齐佩利乌斯:《法学方法论》,金振豹译,法律出版社2012年版,第87页。

〔4〕 Vgl. *Hillenkamp*, Verfahrenshindernisse von Verfassungs wegen, NJW 1989, 2841, 2847. Also see *Dyer v. Watson* [2002] UKPC D 1, [2004] 1 AC 379, para. 53.

〔5〕 See John Jackson & Jenny Johnstone, *The Reasonable Time Requirement: An Independent and Meaningful Right?*, [2005] Criminal Law Review, Jan., 3, 15.

犯罪时的年龄为准,但是否对被追诉人采取适用于未成年人的特别程序,是根据采取程序手段时的年龄来确定。故须特别注意避免诉讼迟延而剥夺被追诉人适用此特别程序的机会。

在各项衡量因素中,是否要求迟延对被追诉人造成了损害,颇具争议。多数观点认为,认定诉讼期间不合理,必须要求对被追诉人造成了损害,甚至认为这在众多衡量因素当中最为重要〔1〕;但也有观点认为,认定被追诉人的合理期间权利受损,不以损害其他权利为要件,甚至在特定情况下,无害的迟延也可以启动最强烈的救济——终止诉讼〔2〕。笔者赞成少数说,因为权利与救济是两个不同的问题。〔3〕合理期间是被追诉人的一项独立权利,只要存在不合理迟延,该权利就受到了侵害,不以其他权利受损为前提。在 *Casanovas v. France* 案件中,人权事务委员会重申任何不适当拖延都与公正审判权不符。〔4〕只要期间不合理,被追诉人就有必要获得救济;至于是否存在损害,所关系到的是应为被追诉人提供何种具体的救济。

在判断期间合理性问题上,还需注意个别期间和整体期间之间的关系。刑事诉讼分为若干诉讼阶段,每个诉讼阶段各自也存在诉讼期间合理性的问题。即使是在某一诉讼阶段内部,贯通式的办案期限规定仍有可能引发"整体上高效,局部上延迟"的程序时间耗费问题。〔5〕无论是个别或总体期间不合理,皆属于违反程序期间合理性的要求。〔6〕即使个别期间合理,累积起来的整体期间未见得合理。如果个别期间与整体期间均存在迟延,则构成"情节加重"的不合理。区分个别期间和整体期间,对于拓宽救济的思路具有积极意义:判断诉讼整体期间的合理性,以诉讼程序已经终结为前提。在诉讼进程中,如果已经发现个别期间存在迟延,就应当立

---

〔1〕 See e. g. *Boolell v. The State* [2006] UKPC 46, para. 32.

〔2〕 See e. g. *Attorney-General's Reference* (*No.* 2 *of* 2001) [2003] UKHL 68, para. 24.

〔3〕 See John Jackson & Jenny Johnstone, *The Reasonable Time Requirement: An Independent and Meaningful Right?*, [2005] Criminal Law Review, Jan., 3, 7.

〔4〕 See *Casanovas v. France*, Communication No. 441/1990, U. N. Doc. CCPRC/51/D/441/1990 (1994).

〔5〕 参见艾明:《实践中的刑事一审期限:期间耗费与功能探寻——以 S 省两个基层法院为主要样板》,载《现代法学》2012 年第 5 期,第 179 页。

〔6〕 参见林钰雄:《陆正案人权观察报告——以违法合理程序期间之争点为中心》,载《台湾法学杂志》2010 年第 6 期,第 89 页。

即提供救济，否则迟延将如滚雪球一般，越发严重。

(五) 迟延的诉讼救济

1. 国家机关负有概括的期间保障义务

被追诉人诉讼期间权利对应的救济不仅包括事后救济，亦包括事前预防。考虑到诉讼迟延的问题在世界范围内普遍存在，国家机关应负有概括的期间保障义务，从整体上预防侵害合理期间的现象发生。在此问题上，欧洲人权法院在 *Kudła v. Poland* 案[1]中作出了一个具有革命性意义的决定：要求成员方积极提供有效的救济途径，从整体上解决本国诉讼迟延的问题。

国家的期间保障义务可以概括为，以一种能够确保有效而迅速审判且不忽略被告其他权利的方式来组建其司法机构和制度。强调此概括性义务的意义在于，使诉讼救济从“现实的个案”转向“潜在的各案”，有助于更大程度上避免诉讼迟延。例如，2012 年《刑事诉讼法》修改，将二审法院因事实或证据原因发回一审法院重审的次数限为一次，即是在“建构有效率的诉讼制度方面”采取的积极措施。除此之外，我国至少还可以考虑从合理配置司法人员及其他司法资源、优化律师制度及拓展国家赔偿范围等方面，进一步为潜在的期间权利人提供更加完善的预防性救济。

2. 针对个案的具体救济手段

国家概括性的期间保障义务不足以为现实中的个案被追诉人提供充分有效的救济。针对个案，还需要提供更加具体的救济措施。前文已述，诉讼期间不合理包括诉讼迟延及拙速两种情况。对于拙速的救济相对容易：如果尚未作出判决，发布延缓诉讼行为的程序决定，将诉讼拉回至正常速度即可；即使已经作出生效判决，再审亦是可行的救济手段。与之相反，对诉讼迟延的救济相对复杂。因此，下文将主要围绕针对迟延的救济方案展开。

第一，减刑方案。为补偿被告人因不合理迟延遭受的损害，法院可以在量刑时减轻其刑。此种减刑并非基于被告人罪责的减轻，其合理性在于：“既然被告犯罪后态度不佳，可以作为加重量刑事由，为何国家的作为与态度不佳，如可归责于国家的诉讼迟延，不能作为减轻量刑事由？”[2]基

---

〔1〕 ECHR, *Kudła v. Poland*, Judgment of 26 October 2000, Appl. No. 30210/96.

〔2〕 林钰雄：《陆正案人权观察报告——以违法合理程序期间之争点为中心》，载《台湾法学杂志》2010 年第 6 期，第 96 页。

于实用性考虑,德国在学说及实务上均有观点认可减刑[1];我国台湾地区“刑事妥速审判法”第7条也采此救济方案。

实践中的减刑方案有以下几点值得注意。其一,既然减刑不以被告人罪责为基础,则可不必受到法定最低刑的限制。根据我国台湾地区“最高法院”2012年度第九次刑事庭会议决议第9点[2],法官可以进行“双重减刑”:不仅可以宣告法定本刑以下之刑期,也可再适用“刑法”第59条酌减[3],即宣告刑可以低于法定最低刑[4]。以此为参考,我国大陆亦可考虑适用减刑方案,不仅可以在法定刑期内酌情减刑,还可以经最高人民法院核准,在法定刑以下判处刑罚。[5] 报请最高人民法院的环节可以对减刑方案的适用进行有效把关,避免滥用。其二,在法定刑以下量刑亦允许免除刑罚。诉讼迟延本身即具有类刑罚的特征,免除刑罚特别适用于迟延已经达到甚至超过了该犯罪应受刑罚的情形。[6] 例如,根据《德国刑法》第60条,[7]限于一定的案件,如果对于遭遇诉讼迟延的被告人量刑明显不当,可以免除其刑罚。其三,减刑不局限于量刑,也可适用于执行阶段。[8] 诉讼迟延的期间可视为已经执行完毕的刑罚期间,根据一定比例折抵刑期。执行模式对被告人的有利方面在于,如果折抵后已经达到假释的期限

---

〔1〕 Vgl. *Roxin/Schünemann*, Strafverfahrensrecht, Verlag C. H. Beck München 2012, §16,Rn. 9.

〔2〕 参见林钰雄主编:《分科六法:刑事诉讼法》(2011~2012年),新学林出版股份有限公司2011年版,第B-2页。

〔3〕 参见我国台湾地区“刑法”第59条规定:“犯罪之情状显可悯恕,认科以最低度刑仍嫌过重者,得酌减轻其刑。”

〔4〕 实践中,为符合罪刑相当的要求,法官减刑亦会寻找明文的法律依据。例如,以赦免为目的的“罪犯减刑条例”可被引用作为法定刑以下的减刑依据,参见我国台湾地区“最高法院”2014年度台上字第2159号刑事判决。

〔5〕 《刑法》第63条第2款。

〔6〕 Vgl. *Imme Roxin*, Die Rechtsfolgen schwerwiegender Rechtsstaatsverstöße in der Strafrechtspflege, Herbert Utz Verlag · München 2004, S. 250 ff.

〔7〕 《德国刑法》第60条规定:“如针对行为人的行为后果严重至判处其刑罚明显不当的程度,法院可免除其刑罚。但行为人因其行为被判处1年以上自由刑的,不适用本规定。”

〔8〕 Vgl. *Roxin/Schünemann*, Strafverfahrensrecht, Verlag C. H. Beck München 2012, §16,Rn. 11.

门槛,可以不待实际执行而直接释放被告人。[1] 其四,被告人的诉讼期间权利具有公益性质。[2] 减刑不以被告人申请为前提,应由法官依职权适用。在此问题上,我国台湾地区的“刑事妥速审判法”有过重大转变。根据“刑事妥速审判法”最初施行的文本,适用减刑必须经由被告人申请,且属于法院的裁量权。“法院适用刑事妥速审判法应行注意事项”第7点之(二)特别强调法院不得依职权进行。我国台湾地区“最高法院”的判决也一再强调,法条表述为“得”而非“应”,故是否减刑是法院自由裁量的事项。[3] 如此规定的后果是,减刑方案在实践中被大量规避了。有鉴于此,2014年6月4日,对“刑事妥速审判法”第7条进行了修正,[4]强调期间权利的公益性质,不仅增加了法官依职权减刑的规定,还将其作为法院的一项职责要求。只要存在法定事由,法院就必须为被告人提供减刑的救济。

需要注意,减刑方案在便利之余,存在十分明显的弊端。其一,量刑是作出判决前的最后一个步骤,适用减刑方案要求案件必须已经达到可以作出实体判决的成熟阶段。如果在发现迟延严重的当时,诉讼进程远未达到这一阶段,为适用减刑,却一定要等待对案件的进一步审理,岂不进一步加重迟延对被告人的损害?案件往往正是因为难办才会难以推进,减刑方案对适用时机的严苛要求可能使司法实践陷入恶性循环。其二,减刑方案可能滋生滥用的风险。量刑以有罪为前提,减刑方案针对无罪案件无从适用。根据无罪推定原则,对于罪证不足的疑案亦然,而疑案恰恰正是实践中诉讼迟延的大部分情况。正如法官在存疑案件中作出留有余地的判决一般,“减刑方案最为致命的滥用,无非就是法官针对未达有罪确信但已严重迟延的案件,最后以减刑打折的和稀泥手段,脱手解决”[5]。故我国台

---

〔1〕 参见林钰雄:《陆正案人权观察报告——以违法合理程序期间之争点为中心》,载《台湾法学杂志》2010年第6期,第94页。

〔2〕 See *United States v. Rodriguez*, 824 F Supp 657 (WD Tex 1993).

〔3〕 参见我国台湾地区“最高法院”2012年度台上字第5974号刑事判决、2012年度台上字第6183号刑事判决。

〔4〕 参见我国台湾地区“刑事妥速审判法”第7条规定:“自第一审系属日起已逾八年未能判决确定之案件,除依法应谕知无罪判决者外,法院依职权或被告之声请,审酌下列事项,认侵害被告受迅速审判之权利,且情节重大,有予适当救济之必要者,应减轻其刑:……”

〔5〕 林钰雄:《陆正案人权观察报告——以违法合理程序期间之争点为中心》,载《台湾法学杂志》2010年第6期,第94页。

湾地区"刑事妥速审判法"第 7 条明确将应判决无罪的案件排除出减刑方案之适用,重申减刑方案的适用不得违背无罪推定原则,以杜绝法官对于存疑案件以减刑应付了事。由此观之,单凭减刑不足以实现对被追诉人的有效救济。

第二,金钱赔偿。金钱赔偿是相较于减刑更为实用便利的救济方案。在 *Kudła v. Poland* 案之前,欧洲人权法院常判定被诉国给予申诉人一定的金钱赔偿以补偿其对期间保障义务的违反。此案之后,欧洲人权法院确立了《欧洲人权公约》第 6 条和第 13 条[1]之间的连接关系。此后,意大利、法国、西班牙、保加利亚等国家纷纷为被追诉人提供金钱赔偿的救济方式,并对本国的国家赔偿法中不合理内容进行修正。

金钱赔偿是较为容易实现的一种救济方案。虽然该方案不能完全充分地补偿被追诉人,但其作为救济方案之一,在正当性基础方面少有非议。金钱赔偿的良好实施需要以充足的经费为担保,并且要求立法机关对本国的国家赔偿法予以必要修正。特别是在无超期羁押,仅有诉讼迟延的场合,应有适用国家赔偿法的空间。例如,只要公务员因故意、过失或怠于执行职务而对人民的自由或权利造成侵害,受害人就有权申请国家赔偿。这就将国家赔偿的范围从超期羁押扩展到单纯超过合理诉讼期间的场合。在此方面,我国的《国家赔偿法》应做必要修正,以使金钱救济成为可能。然而,金钱赔偿方案的弊端同样十分明显。金钱赔偿所能提供的救济仅限于诉讼迟延已经给相关当事人造成实然侵害的场合,对于遏止未然的诉讼迟延并无作用。[2]

第三,加速或延缓程序的决定。程序决定是对诉讼迟延或拙速的一项即时救济。在诉讼进程过速的场合,延缓程序的决定往往可以为被追诉人提供较为充分的救济;在诉讼迟延的场合,只要迟延未达到极度不合理的程度,国家机关也可通过加速程序的决定来救济被追诉人。诉讼迟延不是一蹴而就的,从迟延发生到迟延不合理,再到迟延极度不合理,是一个循序

---

〔1〕《欧洲人权公约》第 13 条规定:"在人民于公约中规定拥有的权利受到侵害时,必须要能够获得国家机关的有效救济。若人民无法有效的获得国内法院之救济,该国将违反公约所规定的此等义务,而人民可以就此对该国提起独立的诉讼。"

〔2〕 See European Commission for Democracy Through Law, Comments on National Remedies in Respect of Excessive Length of Proceedings CDL(2006)021, p. 39.

渐进的过程。国家应在发生迟延时创设及时解决的途径，以避免等到程序极度迟延时陷入被动。形象地说，加速程序的决定使“案件从‘门诊’改挂‘急诊’，而后的程序进行，也改用急诊的标准”[1]。此种救济方案在比较法上广为采用。例如，《奥地利法院组织法》中规定了加速抗告制度[2]，对处于迟延中的程序，当事人可以向上级法院提出抗告，要求审判法院加速裁判；《德国刑事诉讼法》第 33 条 a 款规定了听审异议程序[3]：当事人可以以听审权受侵害为由提出异议，由原法院自我审查，如认为异议有理由，则回复原程序，加速续行。其实，具体由哪级机关审查并非重点，重点在于审查应当及时介入，只要有个别迟延发生，即须启动加速审理的司法机制。法院负有对审判程序主持与推进的义务，由其对审判阶段发生的诉讼迟延进行审查自不待言。除此以外，检察机关作为法律监督机关，对刑事诉讼的整体推进负有监督义务，亦可成为审查的主体。

（六）个案救济的终极手段——终止诉讼

相较于前述各项诉讼救济手段，终止诉讼对于被追诉人的救济更为彻底。由于其所体现出的对于国家追诉行为的批判态度也最为严厉，故终止诉讼只能作为个案救济的终极手段，不能动辄适用。终止诉讼方案的正当性在于，如果迟延的程度已经足以影响“整个程序的容许性”，那么继续推进诉讼就是对法平和价值的进一步扰乱。此时，极不合理的诉讼迟延从根本上动摇了刑事诉讼的正当性，其构成一项诉讼障碍，整个刑事诉讼须因欠缺诉讼条件而立即终止。[4]

---

〔1〕 林钰雄：《陆正案人权观察报告——以违法合理程序期间之争点为中心》，载《台湾法学杂志》2010 年第 6 期，第 90 页。

〔2〕《奥地利法院组织法》第 91 条规定：“当事人对于法院延迟采取程序的做法，如期日的确定、鉴定意见的取得、迟延不完成判决的制作，可以向受诉法院的上级法院提出预防迟延的抗告，抗告法院应命令受诉法院在适当期间内采取程序上作为。”转引自韩红俊：《论适时审判请求权》，载《法律科学（西北政法大学学报）》2011 年第 5 期，第 141 页。

〔3〕 参见《德国刑事诉讼法》第 33 条 a 规定：“法院在裁定中以严重影响裁判的方式损害了参与人的法定听审权，且该参与人对此裁定无权提出抗告和其他法律救济方式时，只要参与人仍处于因该裁定所造成的不利状态，法院应当依职权或依申请，以裁定将程序恢复到裁定作出前的状态。……”参见宗玉琨译注：《德国刑事诉讼法典》，知识产权出版社 2013 年版。

〔4〕 Vgl. *Klaus Volk*, Prozeßvoraussetzungen im Strafrecht: Zum Verhältnis von materiellem Recht und Prozeßrecht, Verlag Rolf Gremer · Ebelsbach 1978, S. 227ff.

在司法实践中,对于遭受极度诉讼迟延的被追诉人适用终止诉讼的救济方案,首先需要克服法源依据方面的障碍。在部分存在相关专门立法的国家和地区,获得实定法上的依据并不存在问题。例如,《美国联邦迅速审判法》规定对于诉讼迟延可驳回起诉,且根据具体情形还可进一步区分为可再诉的驳回起诉及不可再诉的驳回起诉两种方式。〔1〕苏格兰法律亦要求对于侵犯被追诉人合理期间权利的案件,一律终止诉讼。〔2〕即使没有相关的专门立法,也不意味着终止诉讼的救济方案无从适用。宪法同样可以为此方案提供法源依据。例如,在美国,速审权不仅是被追诉人的一项诉讼权利,同时还是一项宪法性权利,其所依据的是美国宪法第六和第十四修正案中的正当程序条款。极不合理的诉讼迟延构成了国家对程序的滥用,从根本上影响了裁判的公正性,故必须当即停止诉讼进行。〔3〕如果侵犯了宪法速审权,那么驳回起诉将是唯一的救济方式。在英格兰的司法实践中,同样是以正当程序为理论依据,法官可以裁量决定对被告人施以终止程序的诉讼救济。〔4〕德国联邦最高法院在其判决中亦明确了其对于终止诉讼方案的支持态度。〔5〕根据《德国刑事诉讼法》第 206 条 a、第 260 条第 3 款〔6〕的规定,若存在诉讼障碍,诉讼应当终止。尽管实定法中未明确认可迟延的诉讼障碍地位,但是过分的诉讼迟延违反了法治国原则,构

---

〔1〕 18 USC 3162 (a) (1).

〔2〕 Scotland Act 1998, section 57(2).

〔3〕 See *Spiers v. Ruddy* [2007] UKPC D 2, [2008] 2 WLR 608, para. 15, per Lord Bingham of Cornhili.

〔4〕 See Andrew L-T Choo, *Abuse of Process and Judicial Stays of Criminal Proceedings*, Oxford University Press, 2008, p. 77 – 80.

〔5〕 Vgl. BGHSt 35, 137. 但是在本案中,德国联邦最高法院不认可诉讼迟延乃一项法定的诉讼障碍,故不得以 Einstellung(此为德国刑事诉讼法的用语)终止诉讼,而是以 Abbruch 终止诉讼。不过德国联邦最高法院此举只是“文字游戏”。无论是 Einstellung 还是 Abbruch,都是终止诉讼,二者并无本质区别。Vgl. *Lutz Meyer- Goßner*, Prozessvoraussetzungen und Prozesshindernisse, Verlag C. H. Beck München 2011, S. 21f.

〔6〕 参见《德国刑事诉讼法》第 206 条 a:“(一)如果审判程序开始后出现程序障碍,法院可在法庭审理外裁定停止程序。(二)对前款裁定可以立即抗告。”第 260 条第 3 款:“如果存在程序障碍,判决书中应当宣布停止程序。”参见宗玉琨译注:《德国刑事诉讼法典》,知识产权出版社 2013 年版。

成宪法意义上的诉讼障碍,国家会因此丧失继续追诉的权力。[1] 可见,即使是在成文法传统下,专门立法的缺失也不会妨碍对遭受极端诉讼迟延的被追诉人提供终止诉讼的程序救济。我国可以尝试从《刑事诉讼法》第16条第6款中找到终止诉讼的概括性法源依据。根据该款规定,只要可以找到免予追究刑事责任的法律依据,就可以终止诉讼程序,无须受到列举事项的限制。这就为法律解释预留了空间,可以尝试通过解释将终止诉讼程序纳入诉讼迟延的救济机制当中。

需要注意的是,即使实定法中存在有关诉讼迟延的漏洞,也不应类比适用追诉时效制度作为上述诉讼终止的法律依据。不同国家和地区关于追诉时效期间的起点、终点,以及时效停止事由的规定不尽相同。追诉时效期间并不总是能够完整覆盖被追诉人诉讼期间权利的保护范围。例如,《俄罗斯联邦刑事法典》第78条第2款规定:"时效期间的计算,以犯罪行为实施之日起始至法院刑事案判决产生效力时终止。"据此,诉讼迟延在其保护范围内。再如,根据《德国刑法》第78条c第3款[2],时效中断亦有上限,逾期则会导致时效期限届满而终止诉讼。这亦可将诉讼迟延的情形包含其中。不过,根据第78条b第3款[3],二审及三审的诉讼期间不在追诉时效的保护范畴,但这属于被追诉人诉讼期间权利应然的涵盖范围。我国关于追诉时效期间起点的法律规定具有一定的模糊性。实践中,有观点将《刑法》第88条第1款理解为赋予了立案以终止时效的法律意义,且该理解在实践中具有相当的影响力。如此一来,只要已经刑事立案,后续程序活动中无论发生何种中断、迟滞与延宕,皆不受追诉时效期间制约,追诉时效制度在保护被追诉人诉讼期间权利方面,完全无法发挥作用。即便实定法中关于追诉时效的规定可以完整涵盖诉讼迟延的情形,通过适用追诉时

---

[1] Vgl. *Imme Roxin*, Die Rechtsfolgen schwerwiegender Rechtsstaatsverstöße in der Strafrechtspflege, Herbert Utz Verlag · München 2004, S. 153ff.; *Hillenkamp*, Verfahrenshindernisse von Verfassungs wegen, NJW 1989, 2841, 2847. *Schroth*, Strafrechtliche und Strafprozessuale Konsequenzen aus der Überlangen von Strafverfahren, NJW 1990, 29, 31.

[2] 《德国刑法》第78条c第3款规定:"时效中断后重新开始计算。但追诉时效最迟于下列时间结束:自第78条a规定的时刻起已经过的期间是法定时效期间两倍,且根据法律的特别规定,时效期间少于3年而经过三年的。第78条b不受影响。"

[3] 《德国刑法》第78条b第3款规定:"在时效期间届满前已公布第一审判决的,在诉讼程序有法律效力地终结前,时效期间不届满。"

效制度来保护被追诉人的诉讼期间权利,也绝非理想的选择。追诉时效只是为刑事诉讼过程的时间耗费划定了上限,[1]其对于被追诉人的诉讼期间权利的保护仅局限于合法性层面,对于期间的合理性审视无能为力。不仅如此,追诉时效期限还远远超过被追诉人可能被判处的刑罚期限。以前者保护后者,必然会令被追诉人的诉讼期间权利大打折扣。实践中,曾有检察机关以"超过追诉时效"为由对侵害被追诉人诉讼期间权利的案件作出了法定不起诉决定。这在当前尚未认可被追诉人诉讼期间权利的司法环境下具有相当的积极意义。但是,长远来看,还是需要在追诉时效制度之外,挖掘更为理想的制度工具。

终止诉讼是保护被追诉人诉讼期间权利的最后手段,只有在迟延造成了无法挽回的损失时才可以考虑适用。这要求迟延导致诉讼的形势发生了根本变化。此时,公正审判已不再可能,终止诉讼不仅可用也是唯一可采的救济方式。[2] 诉讼期间权利与其他诉讼权利不同,被告人不能通过诸如再审等方式获得救济,只能通过当下停止诉讼避免迟延侵害的进一步扩大。然而,如此救济只是一种无奈选择,美国联邦最高法院亦承认该救济形式并非令人满意(unsatisfactorily)。[3] 由于终止诉讼,释放被告人的做法可能与公众对于社会防卫的需求相冲突,故以终止诉讼救济遭遇不合理迟延被告人,必须十分谨慎。英国在 *R v. S* 案件中提出了适用该救济的几项原则[4]:(1)根据上议院确定的规则[5],永久性终止诉讼(a permanent stay)只在例外情况下采用,并非通常手段;(2)如果迟延不是出于可归责于控方的过错,极少终止诉讼;(3)如果被告人的辩护权没有因迟延

---

〔1〕 郭晶:《英美法系迅速审判权与欧陆法系诉讼及时原则之间的制度对话——比较法视野下的刑事诉讼"合理期间"》,载《西安交通大学学报(社会科学版)》2018 年第 4 期,第 103 页。

〔2〕 412 US 434 (1973).

〔3〕 See *Barker v. Wingo* 407 US 514,522 (1973); *Strunk v. US* 412 US 434,439 - 440 (1973).

〔4〕 [2006] EWCA Crim. 756; [2006] 2 Cr. App. Rep. 341;170 JP 434; [2007] Crim. LR 296,para. 21.

〔5〕 See *Attorney-General's Reference* (*No.* 2 *of* 2001) [2003] UKHL 68.

受到严重侵害,就不得终止诉讼,即不认可因无害迟延的诉讼终止[1];(4)在判断损害问题上,应当综合所有情况,进行全面判断,且损害不以现实已经发生的为限,也包括未来可能发生的严重损害;(5)如果综合判断之后,法官认为公平审判仍可实现,就不应终止诉讼。

(七)诉讼救济应采取权衡法则

有权利即有救济。一旦认定被追诉人的诉讼期间权利受到了侵害,就必须要为其提供救济,但具体采取何种救济方式,应进行权衡。诉讼期间权利具有与其他权利不同的特性。首先,与其他诉讼权利相比,被追诉人期间权利的内涵比较模糊,对于期间的"合理性"欠缺一个明确的判准。不仅如此,即便已经认定期间不合理,不合理的程度也有差别。对于不同程度的权利侵害,理应采取不同的救济措施。其次,控辩双方均可能利用诉讼期间,选择有利于己方的诉讼策略。如果诉讼迟延是被追诉人选择的利己策略,即使其期间权利受损,被追诉人也应在一定程度上付出代价,只能适用强度较低的救济手段。最后,强调诉讼的合理期间,不仅是为了保护被追诉人的利益,同时也是为了保护公众利益。期间权利的公益性质必然要求诉讼救济应当综合权衡,兼顾各方利益。

权衡法则必须与具体的权衡因素相结合。美国联邦最高法院在 *Barker v. Wingo* 案件中确立了权衡法则需要考虑的四方面内容,[2] 基于不同的目的,各因素在权衡过程中的比重会有所不同。第一,迟延期间是判断迟延不合理程度的重要指标。第二,迟延的原因亦十分重要。控方恶意操纵的诉讼迟延需对应彻底的救济以及对责任人的严厉制裁;若迟延由被追诉人造成,因国家机关的过错程度较低,救济可更为缓和。然而,这并不意味着被追诉人只能因为国家造成的诉讼迟延获得救济。正确的逻辑是,除非迟延可归责于被追诉人,且被追诉人的过错与迟延成比例,否则国家都不可免除提供救济的义务。为了达到保护社会公共利益的目的,权衡时可以加重迟延理由因素的比重。[3] 第三,被追诉人对迟延的态度对于选择

---

[1] 也有观点认为,即使被告人没有因为迟延受到严重侵害,只要诉讼迟延从根本上损害了刑事司法程序的正洁性,也可适用诉讼终止。See Andrew L-T Choo, *Abuse of Process and Judicial Stays of Criminal Proceedings*, Oxford University Press, 2008, p. 95.

[2] See *Barker v. Wingo* 407 U. S. 514, 530 (1972).

[3] See *United States v. Ewell* 383 US 116, 125 – 126 (1966).

何种救济方案十分重要。如果被追诉人曾经在迟延发生后较短时间内主张过权利,国家机关对于此后的进一步迟延就更加责无旁贷。但是,被追诉人主张权利并不是其获得救济的前提要件。期间权利具有公益性质,即便无人主张,法院仍可依职权进行审查。第四,迟延对被追诉人造成的损害在救济的衡量中至关重要,其权重甚至可以等同于与前三项因素相加之和。[1] 损害不一定已经实际发生,只要存在"实质风险"(substantial risk)即可。[2] 例如,只要迟延对被追诉人行使辩护权造成了实质风险,即可认为损害发生。损害的程度可综合考虑下列因素:指控主要是基于言辞类证据还是文书类的证据;迟延发生在被追诉人得知被指控的内容之前还是之后,即被追诉人是否有机会准备辩护;是否有关键证人在迟延过程中死亡、失踪,或关键物证灭失;被追诉人是否曾经同意或者默许诉讼迟延。

救济方案应当丰富多样,且富有弹性,救济手段须强弱适中。否则,若救济力度不够,被追诉人遭受的侵害无法获得充分补偿,所谓救济不过是隔靴搔痒;而若救济过于严厉,实践中又会被司法人员避而不用。美国即为一例,由于驳回起诉作为唯一的救济方式过于严苛,实务中有许多法官为了回避驳回起诉,而不愿认定被告人的速审权已受侵犯。可见,对被追诉人的诉讼救济应开放多种方案进行选择,以提高被追诉人寻求救济时成功的概率。终止诉讼、减刑、金钱赔偿及程序决定四种救济方案之间是逐级递减的关系,根据被追诉人诉讼期间权利被侵害的程度,公安司法机关可以择一或叠加适用。

---

〔1〕 See *Hill v. Wainwright* 617 F2d 375,379 note 4 (5th Cir. 1980); *Ringstaff v. Howard* 885 F2d 1542,1543 (11th Cir. 1989).

〔2〕 Andrew L-T Choo, *Abuse of Process and Judicial Stays of Criminal Proceedings*, Oxford University Press, 2008, p. 91.

结　语

诉讼条件是刑事诉讼整体的容许性条件，从整体上制约着国家机关发动并维持刑事追诉的正当性。欠缺诉讼条件，应从根本上禁止刑事诉讼。刑事诉讼与民事诉讼不同，不仅仅是法庭审判，还具有线形特征，包括立案、侦查、审查起诉、审判等多个诉讼阶段。诉讼条件在各个诉讼阶段都必须具备，否则刑事追诉程序将因为欠缺诉讼条件而被迫终止。是否具备诉讼条件，是国家机关必须依职权予以审查的内容。如果发现存在疑问，应由控诉一方负责予以澄清，且应达到"证据确实、充分"的程度。诉讼条件相对于案件事实的审查而言具有相对优先性。如果不能确定具备诉讼条件，原则上不得作出实体判决，且决不能判决被告人有罪。公安机关、检察机关和法院在各自负责的诉讼阶段内对诉讼条件予以审查。一旦发现欠缺诉讼条件，且无法补正，应当即终止诉讼程序。在公诉案件中，根据所处诉讼阶段的不同，终止刑事诉讼的裁判方式分为：不立案决定、撤销案件或终止侦查的决定、不起诉决定和终止审理的裁定。在审判阶段，还可能出现终止审理的裁定和无罪判决竞合的情况，应依据竞合规则择一裁判作出。在自诉案件中，法院对于欠缺诉讼条件的案件应劝说自诉人撤诉，或裁定驳回自诉。

"重实体、轻程序"是我国长期以来的司法陋习。

近年来,尽管对非法证据排除问题的关注程度日益提升,但仍不足以从根本上扭转对于刑事诉讼自身价值的轻忽态度。刑事诉讼是落实国家刑罚权的唯一途径。面对国家权力对被追诉人权利的侵害,针对单个证据的排除只是小修小补,不足以对国家机关的程序违法行为予以有效警示。只有从整体上禁绝不正当的刑事诉讼,动用此终极性程序制裁,才能有效制约国家机关有关行为,受到侵害的被追诉人也才能获得有效的诉讼救济。在此背景下,曾经备受冷落的诉讼条件理论应当重新进入人们的视野。诉讼条件理论也需要结合时代背景进化发展,以肩负起制约非法刑事追诉的重任。

《刑事诉讼法》第 16 条已经为欠缺诉讼条件的程序处理提供了法律依据。诉讼条件理论在司法实践中的功能落实,需要借由具体的诉讼条件事由才能实现。诉讼条件是一个集合概念,具有开放性特征,既包括法定的诉讼条件,也包括非法定的诉讼条件。时效届满、赦免、管辖和告诉是国际公认的四项主要的法定诉讼条件。然而,由于我国立法规定的粗陋以及司法实践中长期存在的误解,上述诉讼条件并未发挥其既定的功能。在当前的实定法环境下,需要回归各诉讼条件对应的理论基础,通过法律解释的路径予以矫正。

除了上述法定诉讼条件之外,面对司法实践中出现的新型程序违法行为,诉讼条件理论还可以发展出非法定的诉讼条件加以应对。目前,侦查人员诱发犯意而制造犯罪,以及极端严重的诉讼迟延有成为首批非法定诉讼障碍的趋势。一些国家和地区已经在立法及司法实践中认可了其诉讼条件的地位。此两种程序违法情形在我国亦不鲜见,但立法及司法却长期回避对其会导致具体何种法律后果作出回应。必须承认,观念的转变是最困难的。“重实体、轻程序”理念根深蒂固,想要一步到位,直接认定二者为非法定诉讼障碍,引起诉讼终止的法律后果,是存在困难的。尽管如此,立法及司法机关至少应正视上述问题,选择适合于目前司法环境的“相对合理”的救济方式。在此基础上,循序渐进,逐渐为潜在的受侵害人争取到最佳的程序救济。

参考文献

一、专著类

[1]卞建林、刘玫主编:《外国刑事诉讼法》,中国政法大学出版社2008年版。

[2]朝阳大学编辑:《刑事诉讼法》,吴宏耀、种松志点校,中国政法大学出版社2012年版。

[3]陈春勇:《赦免及其程序问题研究》,中国人民公安大学出版社2010年版。

[4]陈光中主编:《刑事诉讼法》,北京大学出版社、高等教育出版社2013年版。

[5]陈光中、沈国峰:《中国古代司法制度》,群众出版社1984年版。

[6]陈瑾昆:《刑事诉讼法通义》,法律出版社2007年版。

[7]陈瑞华:《比较刑事诉讼法》,中国人民大学出版社2010年版。

[8]陈瑞华:《刑事诉讼的前沿问题》,中国人民大学出版社2005年版。

[9]陈少林、顾伟:《刑事诉权原论》,中国法制出版社2009年版。

[10]成凤明:《英国禁止双重危险规则研究》,知识产权出版社2007年版。

[11]郭金霞、苗鸣宇:《大赦、特赦:中外赦免制度

概观》,群众出版社 2003 年版。

[12]黄豹:《刑事诉权研究》,北京大学出版社 2013 年版。

[13]黄东熊:《刑事诉讼法论》,台北,三民书局 1989 年版。

[14]江伟、邵明、陈刚:《民事诉权研究》,法律出版社 2002 年版。

[15]黎宏:《刑法学》,法律出版社 2012 年版。

[16]李立景:《亲告罪要论——告诉才处理的犯罪的研究新视角》,中国人民公安大学出版社 2003 年版。

[17]李立景:《犯罪私人追诉的法理逻辑》,中国法制出版社 2011 年版。

[18]李心鉴:《刑事诉讼构造论》,中国政法大学出版社 1992 年版。

[19]李哲:《刑事裁判的既判力研究》,北京大学出版社 2008 年版。

[20]林钰雄:《刑事诉讼法》,台北,元照出版社 2010 年版。

[21]林钰雄:《严格证明与刑事证据》,法律出版社 2008 年版。

[22]陶杨:《刑事诉权研究》,中国人民公安大学出版社 2011 年版。

[23]王娜:《刑事赦免制度》,法律出版社 2008 年版。

[24]王兆鹏、张明伟、李荣耕:《刑事诉讼法》,承法数位文化有限公司 2012 年版。

[25]夏勤:《刑事诉讼法要论》,郭恒点校,中国政法大学出版社 2012 年版。

[26]徐朝阳:《刑事诉讼法通义》,范仲瑾、张书铭点校,中国政法大学出版社 2012 年版。

[27]徐静村主编:《刑事诉讼法学》(第 3 版),法律出版社 2004 年版。

[28]阴建峰、王娜:《现代赦免制度重构研究》,中国人民公安大学出版社 2011 年版。

[29]张建伟:《刑事诉讼法通义》,清华大学出版社 2007 年版。

[30]张建伟:《证据法要义》,北京大学出版社 2014 年版。

[31]张明楷:《刑法学》,法律出版社 2011 年版。

[32]张曙:《刑事诉讼管辖制度研究》,法律出版社 2020 年版。

[33]张卫平:《程序公正实现中的冲突与衡平——外国民事诉讼研究引论》,成都出版社 1993 年版。

[34]张卫平:《民事诉讼法》,法律出版社 2009 年版。

[35]张毅:《刑事诉讼中的禁止双重危险规则论》,中国人民公安大学出版社2004年版。

[36]郑磊:《宪法审查的启动要件》,法律出版社2009年版。

[37]周枏:《罗马法原论》,商务印书馆2014年版。

[38]朱虎:《法律关系与私法体系——以萨维尼为中心的研究》,中国法制出版社2010年版。

二、译著类

[39][奥]凯尔森:《法与国家的一般理论》,沈宗灵译,商务印书馆2013年版。

[40][奥]曼弗雷德·诺瓦克:《〈公民权利和政治权利国际公约〉评注》,孙世彦、毕小青译,生活·读书·新知三联书店2008年版。

[41][俄]K. Ф. 古岑科主编:《俄罗斯刑事诉讼教程》,黄道秀等译,中国人民公安大学出版社2007年版。

[42][德]K. 茨威格特、H. 克茨:《比较法总论》,潘汉典等译,法律出版社2003年版。

[43][德]卡尔·拉伦茨:《法学方法论》,陈爱娥译,商务印书馆2003年版。

[44][德]拉德布鲁赫:《法学导论》,米健译,法律出版社2012年版。

[45][德]罗森贝克、施瓦布、戈特瓦尔德:《德国民事诉讼法》,李大雪译,中国法制出版社2007年版。

[46][德]齐佩利乌斯:《法学方法论》,金振豹译,法律出版社2012年版。

[47][德]莱因荷德·齐佩利乌斯:《法哲学》,金振豹译,北京大学出版社2013年版。

[48][德]托马斯·魏根特:《德国刑事诉讼程序》,岳礼玲、温小洁译,中国政法大学出版社2004年版。

[49][德]克劳思·罗科信:《刑事诉讼法》,吴丽琪译,法律出版社2003年版。

[50][德]汉斯-约阿希姆·穆泽拉克:《德国民事诉讼法基础教程》,周翠译,中国政法大学出版社2005年版。

[51][法]卡斯东·斯特法尼等:《法国刑事诉讼法精义》,罗结珍译,

中国政法大学出版社1999年版。

[52][美]约翰·罗尔斯:《正义论》,何怀宏、何包钢、廖申白译,中国社会科学出版社2011年版。

[53][美]詹姆士·Q.惠特曼:《合理怀疑的起源——刑事审判的神学根基》,佀化强、李伟译,中国政法大学出版社2012年版。

[54][日]松尾浩也:《日本刑事诉讼法》,张凌译,金光旭校,中国人民大学出版社2005年版。

[55][日]田口守一:《刑事诉讼的目的》,张凌、于秀峰译,中国政法大学出版社2011年版。

[56][日]田口守一:《刑事诉讼法》(第7版),张凌、于秀峰译,法律出版社2019年版。

[57][日]高桥宏志:《民事诉讼法制度与理论的深层分析》,林剑锋译,法律出版社2007年版。

[58][日]高桥宏志:《重点讲义民事诉讼法》,张卫平、许可译,法律出版社2007年版。

[59][日]谷口安平:《程序的正义与诉讼》(增补本),王亚新、刘荣军译,中国政法大学出版社2002年版。

[60][日]土本武司:《日本刑事诉讼法要义》,董璠舆、宋英辉译,台北,五南图书出版公司1997年版。

[61][日]新堂幸司:《新民事诉讼法》,林剑锋译,法律出版社2008年版。

[62][日]中村英郎:《新民事诉讼法讲义》,陈刚、林剑锋、郭松美译,法律出版社2000年版。

[63][瑞士]萨拉·J.萨默斯:《公正审判:欧洲刑事诉讼传统与欧洲人权法院》,朱奎彬、谢进杰译,中国政法大学出版社2012年版。

[64][苏]M.A.顾尔维奇:《诉权》,康宝田、沈其昌译,李光谟校,中国人民大学出版社1958年版。

[65][意]切萨雷·贝卡里亚:《论犯罪与刑罚》,黄风译,北京大学出版社2013年版。

[66][意]朱塞佩·格罗索:《罗马法史》,黄风译,中国政法大学出版社1994年版。

［67］［英］戴雪：《英宪精义》，雷宾南译，中国法制出版社 2009 年版。

［68］［英］克莱尔·奥维、罗宾·怀特：《欧洲人权法：原则与判例》（第 3 版），何志鹏、孙璐译，北京大学出版社 2006 年版。

［69］黄道秀译：《俄罗斯联邦刑事诉讼法典》，中国民主法制出版社 2021 年版。

［70］黄风译：《意大利刑事诉讼法典》，中国政法大学出版社 1994 年版。

［71］罗结珍译：《法国刑事诉讼法典》，中国法制出版社 2006 年版。

［72］《世界各国刑事诉讼法》编辑委员会编译：《世界各国刑事诉讼法》，中国检察出版社 2016 年版。

［73］徐久生、庄敬华译：《德国刑法典》，中国方正出版社 2004 年版。

［74］赵路译：《俄罗斯联邦刑事法典》，中国人民公安大学出版社 2009 年版。

［75］宗玉琨译注：《德国刑事诉讼法典》，知识产权出版社 2013 年版。

三、论文类

［76］艾明：《实践中的刑事一审期限：期间耗费与功能探寻——以 S 省两个基层法院为主要样板》，载《现代法学》2012 年第 5 期，第 172～184 页。

［77］蔡彦敏：《对民事诉讼法律关系若干问题的再思考》，载《政法论坛》2000 年第 2 期，第 80～86 页。

［78］陈朴生：《诉讼关系与诉讼状态》（上），载《军法专刊》1966 年第 3 期。

［79］陈朴生：《诉讼关系与诉讼状态》（下），载《军法专刊》1966 年第 4 期。

［80］陈洪兵：《追诉时效的正当性根据及其适用》，载《法治研究》2016 年第 1 期，第 104～112 页。

［81］陈少林：《刑事诉权理论与刑事诉讼制度的构建》，载《光明日报》2010 年 2 月 12 日，第 7 版。

［82］陈伟：《刑事追诉时效的实质与从旧兼从轻原则的适用》，载《政法论坛》2022 年第 4 期，第 125～139 页。

［83］陈伟：《法定刑调整后的追诉时效问题及其澄清——以最高人民法院“答复”为中心的考察》，载《环球法律评论》2018 年第 2 期，第 77～89 页。

[84]陈真楠:《违法诱惑侦查的法律后果——德国联邦法院判例的最新发展及其启示》,载《环球法律评论》2021 年第 5 期,第 149 ~163 页。

[85]程雷:《诱惑侦查的程序控制》,载《法学研究》2015 年第 1 期,第 154 ~169 页。

[86]程龙:《特赦的司法处理:性质、程序与效力》,载《烟台大学学报(哲学社会科学版)》2021 年第 1 期,第 11 ~25 页。

[87]丁延龄:《论被赦免者的意愿在赦免制度中的意义——从美国判例法传统到中国实践》,载《西部法学评论》2016 年第 5 期,第 50 ~57 页。

[88]樊学勇、陶杨:《刑事诉权理论视野下的刑事审判制度改革》,载《当代法学》2005 年第 4 期,第 79 ~84 页。

[89]高铭暄、赵秉志、阴建峰:《新中国成立 60 周年之际实行特赦的时代价值与构想》,载《法学》2009 年第 5 期,第 3 ~14 页。

[90]高翼飞:《追诉时效争议问题研究——以刑法和刑事诉讼法的协调为视角》,载《中国刑事法杂志》2020 年第 4 期,第 155 ~176 页。

[91]郭晶:《刑事诉讼迟延问题的三种实体性规制模式——量刑补偿、职业惩戒与金钱支付》,载《政法论坛》2022 年第 4 期,第 140 ~155 页。

[92]郭晶:《刑事诉讼时间应如何获得审查和规制?》,载《清华法学》2018 年第 3 期,第 138 ~158 页。

[93]郭晶:《英美法系迅速审判权与欧陆法系诉讼及时原则之间的制度对话——比较法视野下的刑事诉讼"合理期间"》,载《西安交通大学学报(社会科学版)》2018 年第 4 期,第 97 ~107 页。

[94]郭晶:《诉讼不及时的三种模式与双层认定标准——检讨刑事司法运转速度妥当性的解释性工具》,载《东方法学》2015 年第 1 期,第 138 ~151 页。

[95]郭晶:《刑事诉讼的速度干预理论初探——基于公信塑造与权益救济的功能性反思》,载《中国刑事法杂志》2014 年第 5 期,第 55 ~66 页。

[96]顾培东:《诉权辨析》,载《西北政法学院学报》1983 年第 1 期,第 75 ~78 页。

[97]郭松:《论刑事诉讼中的应诉权》,载《中国刑事法杂志》2006 年第 2 期,第 63 ~68 页。

[98]郭松、吴贤静:《大陆法系刑事诉讼条件理论探微——兼及我国的

借鉴价值》,载《黑龙江省政法管理干部学院学报》2003 年第 6 期,第 86 ~ 89 页。

[99]何显兵:《我国赦免制度的规范与完善——基于中国传统和域外经验的比较考察》,载《社会科学》2019 年第 12 期,第 91 ~ 98 页。

[100]黄豹:《刑事诉权的价值》,载《光明日报》2013 年 7 月 7 日,第 7 版。

[101]蓝冰:《德国新民事诉讼法律关系理论及启示》,载《政治与法律》2008 年第 1 期,第 146 ~ 152 页。

[102]李福林:《我国特赦制度探析》,载《社会科学家》2016 年第 6 期。

[103]李健民:《略论刑事诉讼法律关系》,载《西北政法学院学报》1986 年第 2 期,第 69 ~ 75 页。

[104]李龙:《民事诉权论纲》,载《现代法学》2003 年第 2 期,第 84 ~ 91 页。

[105]李铁刚:《民事诉讼法律关系研究综述》,载《法学研究》1989 年第 4 期,第 60 ~ 64 页。

[106]李扬:《权利与权力的博弈——从聂树斌案谈我国刑事诉权的缺失与补正》,载《中国刑事法杂志》2009 年第 1 期,第 73 ~ 78 页。

[107]李耀、李波:《赦免制度的功能流变——基于制度史与比较法的考察》,载《湖北警官学院学报》2021 年第 3 期,第 130 ~ 140 页。

[108]李扬:《审前阶段刑事诉权研究》,载《昆明理工大学学报(社会科学版)》2009 年第 11 期,第 86 ~ 93 页。

[109]林永谋:《告诉之补正》,载《法令月刊》1991 年第 7 期,第 272 ~ 275 页。

[110]林永谋:《刑事诉讼之法律关系变化与诉讼条件》,载《法令月刊》1994 年第 6 期,第 269 ~ 273 页。

[111]林永谋:《刑事之刑式裁判确定力》,载《法令月刊》1996 年第 4 期,第 197 ~ 202 页。

[112]刘仁文:《论我国赦免制度的完善》,载《法律科学(西北政法大学学报)》2014 年第 4 期,第 152 ~ 162 页。

[113]刘生荣:《论刑事法律关系》,载《中外法学》1993 年第 2 期,第 16 ~ 20页。

[114]柳忠卫:《刑法追诉时效溯及力原则的确证与展开》,载《中外法学》2021 年第 4 期,第 963 ~ 983 页。

[115]柳忠卫:《追诉期限终点的法教义学解释》,载《法学》2020 年第 2 期,第 34 ~ 53 页。

[116]龙宗智:《念斌被再度确定为犯罪嫌疑人问题法理研判》,载《法制与社会发展》2015 年第 1 期,第 43 ~ 52 页。

[117]马可:《程序法事实证明的概念、适用、实质与意义》,载《中国刑事法杂志》2013 年第 10 期,第 39 ~ 46 页。

[118]马静华、潘利平:《迅速审判:不同刑事诉讼模式下的理念与制度比较》,载《四川大学学报(哲学社会科学版)》2007 年第 4 期,第 123 ~ 130 页。

[119]马明亮:《刑事诉权体系的立法设定与实践表达》,载《当代法学》2014 年第 5 期,第 124 ~ 132 页。

[120]孟涛、潘水良:《论标罗诉讼要件理论的创立》,载《政治与法律》2008 年第 5 期,第 155 ~ 160 页。

[121]闵春雷:《严格证明与自由证明新探》,载《中外法学》2010 年第 5 期,第 684 ~ 697 页。

[122]裴苍龄、易萍:《论刑事诉讼法律关系》,载《法律科学(西北政法学院学报)》1996 年第 2 期,第 74 ~ 77 页。

[123]齐云:《论罗马民事诉讼法上的证讼》,载《比较法研究》2015 年第 2 期,第 1 ~ 12 页。

[124]曲新久:《追诉时效制度若干问题研究》,载《人民检察》2014 年第 17 期,第 5 ~ 11 页。

[125]阮齐林:《〈刑法〉第 88 条“不受追诉期限的限制”研究》,载《比较法研究》2022 年第 3 期,第 109 ~ 126 页。

[126]沈宗灵:《对霍菲尔德法律概念学说的比较研究》,载《中国社会科学》1990 年第 1 期,第 67 ~ 77 页。

[127]宋旭明、叶榅平:《罗马法诉权概念之审思——基于文本与逻辑的视角》,载《法学评论》2009 年第 4 期。

[128]孙宁华:《诉权理论对刑事司法改革的启示》,载《西南师范大学学报(人文社会科学版)》2004 年第 5 期,第 50 ~ 55 页。

[129]田平安:《民事诉讼法律关系论》,载《现代法学》1994 年第 6 期,第 14 ~ 19 页。

[130]王登辉:《论法定刑修改对追诉时效的影响——以贪污受贿犯罪为例》,载《政治与法律》2017 年第 7 期,第 150 ~ 160 页。

[131]王登辉:《追诉时效延长抑或终止——〈刑法〉第 88 条之教义学解释及其展开》,载《当代法学》2016 年第 2 期,第 64 ~ 76 页。

[132]王钢:《刑事追诉时效制度的体系性诠释》,载《法学家》2021 年第 4 期,第 44 ~ 58 页。

[133]王红岩、严建军:《广义诉权初探》,载《政法论坛》1994 年第 5 期,第 70 ~ 73 页。

[134]汪建成、李扬:《再论诉权理论在刑事诉讼中的导入》,载陈光中、汪建成、张卫平主编:《诉讼法理论与实践——司法理念与三大诉讼法修改》(2006 年卷),北京大学出版社 2006 年版,第 63 ~ 68 页。

[135]汪建成、祁建建:《论诉权理论在刑事诉讼中的导入》,载《中国法学》2002 年第 6 期,第 122 ~ 130 页。

[136]王亚新:《诉讼程序中的实体形成》,载《当代法学》2014 年第 6 期,第 140 ~ 156 页。

[137]王涌:《寻找法律概念的"最小公分母"——霍菲尔德法律概念分析思想研究》,载《比较法研究》1998 年第 2 期,第 151 ~ 165 页。

[138]王志坤:《论"不受追诉期限的限制"》,载《国家检察官学院学报》2014 年第 6 期,第 81 ~ 91 页。

[139]王志亮、张晓华:《我国宪法"特赦"制度的刑事法治完善》,载《甘肃政法大学学报》2022 年第 2 期,第 77 ~ 89 页。

[140]王志祥:《"南医大女生被害案"的追诉时效问题研究》,载《法商研究》2020 年第 4 期,第 173 ~ 184 页。

[141]吴宏耀:《告诉才处理犯罪的追诉制度:历史回顾与理论反思》,载《中国刑事法杂志》2021 年第 1 期。

[142]徐静村、谢佑平:《刑事诉讼中的诉权初探》,载《现代法学》1992 年第 1 期,第 6 ~ 10、24 页。

[143]薛智仁:《刑事追诉时效之理论根据、法律性质及法律效果》,载《中研院法学期刊》2013 年第 12 期,第 263 ~ 324 页。

[144]严仁群:《回到抽象的诉权说》,载《法学研究》2011 年第 1 期,第 111 ~ 125 页。

[145]姚剑:《刑事司法权的时间规限:释义、特征、形式》,载《法律科学(西北政法大学学报)》2010 年第 5 期,第 115 ~ 123 页。

[146]杨继文:《法定刑调整后追诉时效的刑法与刑诉交错适用》,载《浙江社会科学》2019 年第 5 期,第 67 ~ 74 页。

[147]杨继文:《追诉时效的程序性审查逻辑:期限缩短与司法应对——以适用〈刑法修正案(九)〉和〈关于办理贪污贿赂刑事案件适用法律若干问题的解释〉为视角》,载《中国刑事法杂志》2016 年第 3 期,第 24 ~ 36 页。

[148]姚建龙:《特赦制度的三重视角》,载《人民检察》2009 年第 10 期,第 41 ~ 43 页。

[149]阴建峰:《论赦免的概念及其属性》,载《法学家》2005 年第 4 期,第 67 ~ 75 页。

[150]袁国何:《论追诉时效的溯及力及其限制》,载《清华法学》2020 年第 2 期,第 50 ~ 70 页。

[151]张伟珂:《域外刑事复权制度立法比较研究》,载《法治研究》2014 年第 7 期,第 19 ~ 28 页。

[152]张卫平:《起诉难:一个中国问题的思索》,载《法学研究》2009 年第 6 期,第 65 ~ 76 页。

[153]张卫平:《起诉条件与实体判决要件》,载《法学研究》2004 年第 6 期,第 58 ~ 68 页。

[154]占善刚:《论民事诉讼中之自由证明》,载《法学评论》2007 年第 4 期,第 79 ~ 83 页。

[155][日]松冈正章:《严格证明与自由证明》,郭布、罗润麒译,载《环球法律评论》1981 年第 5 期,第 58 ~ 60 页。

[156]冯珂:《民事诉讼要件理论研究——以德国法及理论为中心》,清华大学 2014 年博士学位论文。

[157]孟涛:《民事诉讼要件理论研究》,重庆大学 2009 年博士学位论文。

[158]闫宾:《民事诉讼要件论》,西南政法大学 2012 年博士学位论文。

[159]徐梦:《刑事诉讼条件研究》,安徽大学 2014 年硕士学位论文。

[160]赵琳琳:《论刑事诉讼条件》,中国政法大学 2005 年硕士学位论文。

[161]郑华合:《诉讼条件之研究——以刑事诉讼为范围》,台湾政治大学法律学研究所1998年硕士学位论文。

四、外文类

[162] Andrew L-T Choo, *Abuse of Process and Judicial Stays of Criminal Proceedings*, Oxford University Press, 2008.

[163] Andrew Ashworth, *Testing Fidelity to Legal Values: Official Involvement and Criminal Justice*, 63 the Modern Law Review 5, 2000, Sep., p. 633 – 659.

[164] Andrew Ashworth, *Re-drawing the Boundaries of Entrapment*, Crim. L. R. 2002, Mar., p. 161 – 179.

[165] Andrew L-T Choo, *Halting Criminal Prosecutions: The Abuse of Process Doctrine Revisited*, Crim. L. R. 1995, Nov., p. 864 – 874.

[166] Oskar Bülow, Die Lehre von den Proceßeinreden und die Proceßvoraussetzungen, Verlag Roth Gießen, 1868.

[167] James Goldschmidt, Der Prozess als Rechtslage: Eine Kritik des prozessualen Denkens, Verlag von Julius Springer · Berlin, 1925.

[168] Jäger, Beweisverwertung und Beweisverwertungsverbote im Strafprozess, Verlag C. H. Beck München, 2003.

[169] Lutz Meyer-Goßner, Prozessvoraussetzungen und Prozesshindernisse, Verlag C. H. Beck München, 2011.

[170] Imme Roxin, Die Rechtsfolgen schwerwiegender Rechtsstaatsverstöße in der Strafrechtspflege, Herbert Utz Verlag · München, 2004.

[171] Claus Roxin/Bernd Schünemann, Strafverfahrensrecht, Verlag C. H. Beck München, 2012.

[172] Klaus Volk, Prozeßvoraussetzungen im Strafrecht: Zum Verhältnis von materiellem Rechts und Prozeßrecht, Verlag Rolf Gremer · Ebelsbach, 1978.

[173] Schroth, Strafrechtliche und Strafprozessuale Konsequenzen aus der Überlangen von Strafverfahren, NJW 1990, 29.

后　记

刑事诉讼条件是一个长久以来被冷落的概念。“冷”到什么程度呢？虽然它是刑事诉讼法学一项基本范畴,但在诸多刑事诉讼法学教材中却少有提及。这令我时常陷入如下的尴尬:当被圈内人问及研究什么时,我在回答“刑事诉讼条件”之后,多半还要追加解释一下它是什么,然后在对方眼神游离地点头回应之际,迅速进入下一个话题。刑事诉讼条件的“冷”使之似乎与学术热点扯不上什么关系。但也多亏了它的“冷”,这个老题目即使在今日也不至于太过时。

我对于刑事诉讼条件理论的关注,源于学生时代一次偶然的实习经历。一位检察官跟我分享了这样一个案例:某线人找到了一位已被抓获毒贩的妹妹,多次央求她卖给自己一些毒品;在拒绝多次之后,最终这个女“毒贩”在她第一次“贩毒”时被抓获。这位检察官同时还介绍了当时的背景:该地正在开展严厉打击毒品犯罪的专项行动,各单位涉毒案件侦办数量要在全市范围内排名考核。案子进入审查起诉阶段到了她手中,可她说:“我良心上是真诉不出去呀,可是又能怎么做到不诉呢?”或许是出于一个学者的“私心”,我希望能帮这位为难的检察官找到一个理论上的出路。兜兜转转才发现刑事诉讼条件理论可以回答上述问题。于是,便有了本书的第六章第一节。此后,在《反家暴法》

出台前夕,也是基于类似的“有感而发”,又有了本书的第四章第二节。再然后,一步一步地,最终有了这本书。

在写作过程中我逐渐发现,刑事诉讼条件理论对于司法实践的解释力要超过我一开始的预期。也正是通过该理论,我才开始“读懂”许多原本“囫囵吞枣”背下的刑事诉讼法条。这就好像在比划出武功“招式”之后终于补上了独门“心法”。武功招式固然厉害,但倘若没有心法的加持,纵使“学会”了再多的武功绝学,最终也逃不过鸠摩智那般走火入魔、武功尽失的结局。

本书写作过程中,我首先要感谢我的导师张建伟教授!承蒙老师不弃,领我这个“后知后觉”的学生进入学术大门。在本课题的研究中,是老师的解疑答惑帮助我不时归正,最终得以成书。感谢台湾“高等法院”前刑事庭庭长兼行政庭长、台湾世新大学法学院前客座教授、台湾私立文化大学法学院前兼任教授、台湾戒严时期不当审判案件审查委员、台湾省律师惩戒委员会委员长陈祐治老师!陈老师在我访台学习期间提供了许多难能可贵的学习机会,并在访学交流结束后一直关怀我的学术成长。感谢中国社会科学院大学法学院王芳凯博士!我曾就很多比较法方面的疑惑屡次求教于芳凯博士,他总是耐心交流并分享了很多宝贵的资料。本书能够顺利出版,要感谢我的“东家”中央民族大学法学院以及北京市教育工会的支持。此外,本书出版还得到了“刑事诉讼·俊杰”助学金的部分资助。感谢我的同门师兄,北京德恒律师事务所高级合伙人唐俊杰博士资助了我学术之路上的“第一桶金”!当然,研究之路上还有诸多其他师友一路扶持,囿于篇幅,恕不能逐一列名道谢。

感谢我的父母一直以来的信任和鼓励!感谢我的先生对我的包容和支持!感谢我的女儿时常为我带来欢乐!希望在她能够读懂书中文字之时,仍能喜爱这份我送她的礼物。